Elogios anticipados para «Recupera tu vida»

Una guía indispensable para la recuperación post-sectaria. Lalich disecciona con claridad y precisión la mecánica del funcionamiento de las sectas.
      Miguel Perlado, Clínica Psicológica, Barcelona, España, Experto internacional en sectas, relaciones sectarias y abuso espiritual

A menudo se pregunta a los niños: «¿Qué te gustaría ser cuando seas grande?» Esta pregunta cobra un significado completamente distinto cuando se crece en una secta. --*Reclama Tu Vida*, Dra. Janja Lalich. Como víctima de cuarta generación de la secta *Luz del Mundo*, a los 39 años apenas estoy *empezando* a sanar a la niña y a la joven mujer que llevo dentro. Ambas merecen elegir libremente quién y qué quieren ser de grandes. Este libro ha sido para mí una importantísima herramienta para entender y aprender que no tiene nada de malo que me tome un tiempo para sanar el daño y el dolor ocasionado por la secta; de hecho, es imprescindible para una recuperación plena.
      Sochil Martin, Superviviente de La Luz del Mundo y denunciante, Protagonista del documental de HBO *Desvelado: Sobrevivir a La Luz del Mundo*

Recupera tu vida es de lectura obligada para todo aquel que quiera comprender el poderoso atractivo que tienen las sectas para mucha gente común y corriente, con sus numerosos disfraces y sutiles tácticas. La lucidez de este libro es vital para todos y cada uno de nosotros.
      Philip G. Zimbardo, Ph.D., Profesor de Psicología, Stanford

Recupera tu vida es un libro que he recomendado encarecida y asiduamente a mis clientes desde que se publicó por primera vez. Como terapeuta que ha trabajado durante más de treinta años con personas que han sido objeto de manipulación, coerción y abuso emocional, considero que este libro es una valiosa fuente de información que destaca situaciones específicas que impactan tremendamente y resultan profundamente cercanas a esta población. La Dra. Janja Lalich es una escritora dotada que escribe con sabiduría, experiencia y compasión.

Rachel Bernstein, LMFT, MSEd, presentadora del Podcast *IndoctriNation*

Durante muchos años no ha habido libro que haya recomendado más que la versión original de *Recupera tu vida* a las numerosas personas sobrevivientes de sectas con las que he hablado. Me entusiasma enormemente que la Dra. Lalich nos haya ofrecido una nueva versión actualizada de este volumen brillante y esencial. Hasta el momento no hay un libro más completo, perspicaz y útil que éste para quienes se recuperan de traumas derivados de experiencias en sectas. Y ahora es hasta mejor que antes. Dado el dramático aumento de sectas y grupos similares que he visto que se ha dado a raíz de la pandemia de COVID-19, para mí, esta nueva edición no podría ser más necesaria, oportuna y apreciada.

Daniel Shaw, psicoanalista y autor de *Traumatic Narcissism: Relational Systems of Subjugation (Narcisismo traumático: Sistemas relacionales de subyugación)*

Este libro ha sido el recurso más importante en mi proceso de sanación. Explica cómo los abusos de poder pueden corromper a cualquier grupo y cómo recuperarse una vez que se logra abandonarlo. Es lo primero que recomiendo a otros sobrevivientes de sectas o abusos.

Sarah Edmondson, autora de *Scarred: The Cult That Bound My Life (Marcada: La secta que encadenó mi vida)*; Podcaster, *A Little Bit Culty*

Como productora de documentales relacionados con sectas, me encontré con numerosos sobrevivientes que me decían: «El libro de Janja me salvó la vida». Después de haberla visto relacionarse y trabajar con quienes han abandonado una secta y tratan de entender qué les pasó mentalmente, sé que esta nueva edición de *Recupera tu vida* será una lectura esencial para cualquiera que haya sido dañado por una secta o un líder sectario. Janja es un tesoro nacional cuya profundidad de comprensión, empatía y capacidad para ayudar a los supervivientes de sectas a recuperarse son incomparables.

Cecilia Peck, *Rocket Girl Productions*

Como musicoterapeuta que trabaja con comunidades afectadas por la violencia política, pandillas y grupos incitadores de odio, entiendo de primera mano que este libro es esencial para identificar y comprender el comportamiento y la dinámica de grupos y relaciones destructivas. Ofrece un marco exhaustivo con consejos prácticos para personas que han salido, que intentan salir o que tienen seres queridos aún atrapados en esos grupos, así como para los profesionales de la salud mental que procuran aprender más sobre el comportamiento sectario. Aplico el marco de Lalich a través de una perspectiva basada en la música para ayudar a mis clientes a recuperarse de los efectos del abuso narcisista y antisocial de poder y control. Este libro puede salvar vidas. Recomiendo compartirlo con tanta gente como sea posible.

Dorian Wallace, MT-BC, musicoterapeuta, compositora y cofundadora de *Mederi Muzik*

«Recupera tu vida» es el mejor libro sobre recuperación de experiencias sectarias que haya leído. Janja Lalich aporta su percepción y empatía a cada página, guiando al lector en su proceso de sanación y ayudándolo a sobreponerse a una infancia o vida en una secta. Una hoja de ruta muy recomendable para la recuperación: este libro es un amigo.

Maroesja Perizonius, criada en varias comunas Rajneesh en los años 70 y 80. Escritora y cineasta holandesa, autora de *Child of the Commune (Hija de la comuna)*

Nota importante

El material de este libro pretende proporcionar una visión general de las cuestiones que atañen a la superación de relaciones abusivas y experiencias vividas en sectas. Se ha hecho todo lo posible para proporcionar información precisa y fiable. Este libro se ha compilado en consulta con profesionales clínicos.

El lector debe tener en cuenta que los profesionales de este campo pueden tener opiniones divergentes y que constantemente se producen cambios. Dado que cada caso es diferente y cada individuo es único, el material aquí contenido no se ofrece como un método uniforme para la rehabilitación ni es exitoso en todos los casos. Por lo tanto, los autores, colaboradores, editores y redactores no se hacen responsables de ningún error, omisión o material desactualizado.

La información contenida en el presente libro se presenta únicamente con fines educativos. No sustituye el asesoramiento profesional informado y específico para cada caso. No se debe utilizar esta información para diagnosticar o tratar un problema de salud mental sin consultar a un profesional clínico o de salud mental calificado. Al evaluar las alternativas disponibles y los cursos de acción apropiados, o si el lector tiene alguna pregunta o inquietud sobre la información de la presente obra, consulte un profesional acreditado, médico, clérigo o asesor legal.

Recupera tu vida

Sanar las heridas de experiencias sectarias y relaciones abusivas

JANJA LALICH

© 1994, 2006, 2025 Janja Lalich

Tercera edición revisada y ampliada. Parte del material del presente libro se publicó originalmente bajo el título *Captive Hearts, Captive Minds: Freedom and Recovery from Cults and Abusive Relationships*, de Madeleine Landau Tobias y Janja Lalich.

Traducción: Felipe Howard Mathews, Irene Vera

Todos los derechos reservados. Impreso en los Estados Unidos de América. Ninguna parte de este libro puede reproducirse o transmitirse de ninguna forma o por ningún medio, electrónico o mecánico, incluyendo fotocopia, grabación o por cualquier sistema de almacenamiento y recuperación de información, sin la debida autorización escrita del editor.

Contacto: info@lalichcenter.org

ISBN: 979-8-9892279-3-8

*A todos los que salieron. . .
y a los que saldrán,
este libro es para ustedes.*

Contenido

Introducción 1

Primera Parte La experiencia sectaria 7

    1. Definición de secta 9
    2. Reclutamiento 21
    3. Adoctrinamiento y resocialización 40
    4. El líder de la secta 59
    5. Narcisismo: un panorama general 81
    6. Psicología del líder narcisista traumatizante de una secta 85
    7. Relaciones abusivas y sectas familiares 88

Segunda Parte El proceso de sanación 111

    8. Abandonar una secta 113
    9. Recuperar la mente 129
    10. Lidiar con las secuelas 142
    11. Lidiar con las emociones 154
    12. Reconstruir una vida 179
    13. Afrontar los desafíos del futuro 195
    14. Sanar del abuso sexual y la violencia 210
    15. Actuar para progresar 228
    16. El éxito sabe a gloria 244

Tercera Parte Familias y niños en las sectas 271

    17. En la secta desde la cuna 273

18. Nuestra vida es para vivirla   293
19. El abuso de menores en las sectas   319

Cuarta Parte   Inquietudes y problemas terapéuticos   343

20. El rol del terapeuta y la voz del paciente   345
21. Sobrevivientes de sectas y traumas   373
22. Lista de comprobación para localizar un terapeuta que pueda ayudarte   378

Reconocimientos   380
Notas   383
Acerca de la autora   401
Acerca del Lalich Center on Cults and Coercion   402

Introducción

«Recupera tu vida: Sanar las heridas de experiencias sectarias y relaciones abusivas» ofrece a los supervivientes de sectas y otros grupos de alta manipulación y control, programas de la industria de adolescentes conflictuados, relaciones y familias narcisistas, así como a parejas, amigos y asistentes profesionales, una comprensión de las estructuras, prácticas y secuelas comunes. Este libro también proporciona una serie de consejos específicos que pueden contribuir a restaurar el sentido de normalidad en la vida de un sobreviviente.

En 1994 fui coautora de mi primer libro sobre este tema, *Captive Hearts, Captive Minds: Freedom and Recovery from Cults and Abusive Relationships*, con la psicoterapeuta Madeleine Landau Tobias. A lo largo de los años hemos recibido cantidad de comentarios positivos sobre ese libro a través de cartas, llamadas telefónicas, postales, correos electrónicos, faxes y contactos personales en conferencias y en nuestras actividades profesionales. Antiguos adeptos a sectas y otros supervivientes de traumas, familias, abogados y profesionales de la salud mental nos decían continuamente que *Captive Hearts, Captive Minds* era siempre su libro de cabecera. Esa acogida positiva (y la necesidad de proporcionar información actualizada) fue el impulso para la segunda edición en 2006, y ahora la presente tercera edición recién revisada y actualizada. Estoy encantada de ofrecer este recurso a las personas que desean evaluar, comprender y, en muchos casos, recuperarse de los efectos de alguna forma de influencia y control coercitivos. Espero que este libro te ayude a *recuperar tu vida* o a empezar una nueva si naciste o creciste en una secta.

Las sectas no desaparecieron (como algunos quisieran creer) con el paso de los años sesenta y la extinción de los «hippies». De hecho, los grupos, programas y relaciones sectarias siguen vigentes y aún prosperan, aunque en algunos casos hayan madurado y «limpiado su imagen». Si hay menos reclutamiento callejero hoy en día, es porque en la actualidad muchas sectas se escudan tras asociaciones profesionales, organizaciones universitarias, seminarios de autoayuda y redes sociales como medios de reclutamiento. Hoy en día personas de todas las edades —incluso familias multigeneracionales— se ven atraídas por una gran diversidad de grupos, movimientos y relaciones caracterizadas por el control que abarcan desde terapias hasta actividades empresariales, desde filosofías *New Age* hasta creencias bíblicas o de otras confesiones religiosas, desde artes marciales hasta ideologías políticas. Dentro de ese abanico incluyo también a la industria de la rehabilitación de adolescentes abusados y traumatizados, que engloba internados, programas naturalistas, campamentos y similares. Y hasta cierto punto las relaciones intrafamiliares narcisistas tienden a engendrar el mismo tipo de trauma y necesidad de recuperación.

La mayoría de las sectas no se presentan formalmente como tales. En la actualidad las mejores estimaciones afirman que hay unos 5.000 grupos de este tipo en Estados Unidos, algunos grandes, otros notablemente pequeños, y quizás miles más en países de todo el mundo. La Dra. Margaret Singer, psicóloga clínica y experta en sectas, estimaba que «entre 10 y 20 millones de personas han estado en algún momento de los últimos años en uno o más de estos grupos».[1] Antes de su desaparición forzosa a mediados de la década de 1990, la *Cult Awareness Network* («Red de concientización sobre sectas») recibía unas 20.000 consultas al año.[2]

La experiencia de formar parte de una secta suele ser conflictiva, como bien lo saben aquellos de ustedes que la han vivido. La mayoría de las veces salir de un entorno sectario requiere un periodo de adaptación para poder recomponerse a uno mismo y su vida de forma que le dé sentido. Cuando se abandona una secta, inicialmente es posible que uno mismo no se reconozca. Puede que te sientas confuso y perdido; quizás te sientas triste y eufórico a la vez. Es posible que no sepas cómo identificar o abordar los problemas a los que te enfrentas. Puede que no tengas la menor idea de quién quieres ser o en qué crees. La pregunta que solemos hacer a un niño «¿Qué quieres ser cuando seas mayor?» adquiere un nuevo sentido para quienes abandonan una secta.

Comprender lo que te ocurrió y volver a encarrilar tu vida es un proceso que puede o no requerir terapia profesional o algún tipo de asesoramiento. El proceso de recuperación y sanación varía en cada persona y puede conllevar altibajos de progreso, momentos de gran lucidez y otros de profunda confusión. Además ciertos factores individuales pueden afectar el proceso de recuperación. Uno de ellos es la duración e intensidad de la experiencia. Otro es la naturaleza del grupo o de la persona con la que te relacionaste, o el lugar que ocupa tu experiencia en una escala que va de relativamente benigna a ligeramente perjudicial o extremadamente dañina. La recuperación de una experiencia en una secta o de una relación abusiva o narcisista no acaba en el momento en que abandonas la situación (ya sea por tu cuenta o con la ayuda de otras personas). Tampoco terminará después de las primeras semanas o meses de alejamiento del entorno. Al contrario, dependiendo de las circunstancias, algunos aspectos de tu implicación en la secta pueden requerir cierta atención durante el resto de tu vida. Esto no tiene por objeto abrumarte, sino sugerirte que algunos traumas perduran mucho tiempo debido a la intensidad y longevidad de la experiencia.

Por ello es importante adoptar una expectativa razonable de cara al proceso de sanación. Sobre todo al principio es posible que simplemente necesites descansar mental y físicamente. Dado que ya no estás sujeto a la misión de «salvar el mundo» o tu alma, la distensión y el descanso dejan de ser pecaminosos. De hecho, son absolutamente necesarios para una vida sana, equilibrada y productiva.

Reingresar al mundo no sectario (o entrar en él por primera vez si has nacido o crecido en una secta) puede ser doloroso y confuso. Hasta cierto punto el tiempo ayuda. Sin embargo, no basta con el paso del tiempo y estar físicamente fuera de la situación. Es preciso afrontar con decisión y por iniciativa propia los problemas y los efectos no deseados de la experiencia vivida. Que el tiempo sea tu aliado, pero no esperes que el tiempo te provea sanación por sí solo. Conozco a ex integrantes de sectas que a pesar de estar ya fuera de esos grupos muchos años, nunca recibieron ningún tipo de asesoramiento u orientación sobre la cultura sectaria o el impacto de los tipos de influencia y control psicosocial utilizados. Son individuos que conviven con una considerable herida emocional y tienen dificultades significativas a causa de conflictos no resueltos respecto del grupo, su líder o su propia participación. Algunos siguen bajo los efectos sutiles (o no tan sutiles) de los sistemas de influencia y control del grupo.

La experiencia vivida en una secta es diferente en cada caso, aun cuando se trate de personas que hayan pertenecido al mismo grupo o familia, o hayan estado bajo la misma situación coercitiva. Algunos exintegrantes pueden tener mayormente impresiones y recuerdos positivos, mientras que otros pueden sentirse heridos y usados, o albergar resentimientos. Las experiencias reales y el grado o tipo de daño sufrido pueden variar considerablemente. Algunas personas logran abandonar una secta con un mínimo de angustia y adaptarse con bastante rapidez a la sociedad en general, mientras que otras pueden haber sufrido graves traumas emocionales, psicológicos o sexuales que requieran una atención eficaz y compasiva. Otras más pueden necesitar atención médica u otros cuidados. Los dilemas pueden ser abrumadores y tienden a requerir una atención reflexiva. Siempre lo he comparado con estar montado en una montaña rusa emocional.

En primer lugar, la autoinculpación (por unirse a la secta o participar en ella, o ambas cosas) es una reacción común que tiende a eclipsar cualquier sentimiento positivo durante la recuperación. A esto se añade cierta sensación de pérdida de identidad y confusión sobre diversos aspectos de la vida cotidiana mientras estabas en la secta. Si fuiste reclutado de adulto, sin duda ya tenías una personalidad definida, a la que algunos se refieren como tu «personalidad presectaria». Mientras estuviste en la secta lo más probable es que desarrollaras una *nueva personalidad* para adaptarte a las exigencias, rigores y ambiente de la vida en el grupo. Esto podría considerarse tu «personalidad sectaria». La mayoría de las sectas ejercen una serie de presiones sociopsicológicas destinadas a adoctrinarte y cambiarte. Es posible que te hayan hecho creer que tu «personalidad presectaria» era totalmente mala y tu «personalidad presectaria adoptada», completamente buena. Tras abandonar una secta, no se vuelve automáticamente a la personalidad anterior; de hecho, a menudo se tiene la sensación de tener dos personalidades o dos identidades. Evaluar esas emociones y afrontar ese dilema —integrar lo bueno y descartar lo malo— es una tarea primordial para la mayoría de los que han formado parte de una secta, y es uno de los temas centrales de este libro.

A medida que intentas redefinir y remodelar tu identidad, es probable que quieras abordar las consecuencias psicológicas, emocionales y físicas de vivir inmerso en un entorno restrictivo, controlado y tal vez abusivo, o de algún modo apegado a él. Y por si todo eso fuera poco, habrá que satisfacer muchas necesidades básicas y superar retos propios de la vida cotidiana. Entre estos se cuenta conseguir empleo y un lugar donde vivir, forjar nuevas amistades, reparar viejas relaciones, afrontar dilemas de fe, abocarse a una profesión o retomar estudios y, muy probablemente, sobreponerse a un desfase social y cultural.

Si te sientes «como pez fuera del agua», puede consolarte saber que no eres la única persona que se ha sentido así. De hecho, la omnipresente e incómoda sensación de alienación que sentí cuando abandoné la secta a la que pertenecía fue parte de lo que me motivó a escribir este libro. Espero que la información aquí contenida no sólo te ayude a librarte de cualquier sentimiento de vergüenza o aprehensión que puedas albergar, sino que también te allane el camino para integrarte a una vida positiva y productiva.

Me sentí obligada a escribir este libro porque la mayoría de las veces una persona que abandona una secta tiene enormes dificultades para encontrar información práctica. Yo también me topé con ese obstáculo. En mi búsqueda de información útil y profesionales especializados en sectas y traumas derivados de la experiencia sectaria, tuve que enfrentar innumerables escollos y callejones sin salida.

❖

Otro asunto sobre el que espero arrojar luz aquí es el daño causado por los «apologistas de las sectas». Estos individuos (en su mayoría académicos) alegan que las sectas (aunque rara vez utilizan ese término) no son dañinas y que los informes sobre secuelas emocionales o psicológicas son exageraciones o incluso montajes por parte de exintegrantes resentidos. Naturalmente no estoy de acuerdo. Es lamentable que el público siga sin comprender suficientemente el peligro potencial de algunas sectas y la necesidad acuciante que tienen los sobrevivientes de recursos públicos y comunitarios. Ciertamente existen riesgos y posibles consecuencias perjudiciales para personas que participan en grupos cerrados y autoritarios y que sufren relaciones abusivas. Si no fuera así, no habría necesidad de organizaciones de investigación e información sobre sectas ni de libros como éste. Además de las consecuencias a nivel individual, hay documentación sobre los peligros para la sociedad derivados de las sectas cuyos seguidores llevan a la práctica sus creencias de forma antisocial —a veces aleatoriamente, otras de forma planificada— mediante actos fraudulentos, atentados terroristas, narcotráfico, tráfico de armas, prostitución forzada de sus integrantes, tráfico de mano de obra, explotación sexual y otros comportamientos violentos o delictivos.

Desde mi punto de vista un grupo o relación se gana la etiqueta de *secta* por sus métodos y comportamientos, no por sus creencias. A quienes criticamos las sectas se nos suele acusar de querer negar a la gente sus derechos, ya sean religiosos o de otro tipo. Lo que criticamos en realidad y a lo que nos oponemos es precisamente a la represión y al despojo de las libertades individuales que suele darse en las sectas. No nos oponemos a las creencias, sino a la manipulación explotadora del idealismo, el compromiso y la confianza de las personas. Nuestra sociedad no debe rehuir de denunciar y responsabilizar a aquellos sistemas sociales (ya sean comunidades, organizaciones, familias o relaciones) que utilizan el engaño, la manipulación, la coacción y la persuasión para atraer, reclutar, convertir, coartar y en última instancia, explotar a las personas.

Además, es importante señalar que existen muchas organizaciones respetables a las que las personas pueden dedicar su vida y al hacerlo, pueden experimentar cierta sensación de transformación personal. Muchas instituciones religiosas y de autoayuda, así como organizaciones políticas y grupos de intereses especiales, son ejemplos de ese tipo de organizaciones no sectarias. No las llamamos sectas porque son instituciones conocidas públicamente que suelen rendir cuentas a algún organismo superior o a la sociedad en general. Cuando la gente se afilia, tiene una idea clara de las estructuras y objetivos de la organización. Las prácticas engañosas o coercitivas no forman parte del crecimiento de esas organizaciones ni de su capacidad para fidelizar a sus afiliados.

En cambio, la pertenencia a una secta no es totalmente voluntaria. A menudo, es el resultado de una intensa influencia sociopsicológica y de control o persuasión coercitiva. Las sectas tienden a vulnerar y despojar a la persona de su independencia, su capacidad de pensamiento crítico y sus relaciones personales y familiares, y pueden tener un efecto negativo en su estado físico, espiritual y psicológico.

Dedico este libro a todas las personas que han experimentado el dolor y el trauma de una secta o una relación abusiva. Dado que resulta incómodo repetir continuamente la frase «secta» o «relación sectaria», en muchos casos a lo largo del libro simplemente la he abreviado como «secta» o «grupo», con la intención de incluir todo tipo de relaciones sectarias. En la misma línea, aunque reconozco la existencia de muchas relaciones sectarias individuales y sectas familiares, tiendo a utilizar simplemente «líder sectario» o «líder» en lugar de especificar siempre «líder» o «pareja abusiva o narcisista». Además, tiendo a utilizar pronombres masculinos cuando me refiero a los líderes sectarios en general. Esto no pretende ignorar el hecho de que hay muchas mujeres líderes de sectas, sino simplemente reconocer que la mayoría de los líderes de sectas suelen ser hombres. Sin embargo, sean hombres o mujeres, la mayoría son victimarios con las mismas oportunidades de atraer a hombres, mujeres y niños de todos los ámbitos y edades a sus redes de influencia.

A lo largo de los capítulos incluyo ejemplos de casos y relatos personales para ilustrar los aspectos específicos de la participación, las secuelas típicas y el proceso de sanación. Algunos ejemplos son composiciones basadas en entrevistas y/o en mi experiencia personal y profesional durante los últimos 35 años con cientos de exintegrantes de sectas y supervivientes de traumas. Algunos exintegrantes hicieron contribuciones específicas o me permitieron citarlos y utilizar sus nombres reales, mientras que otros pidieron seudónimos o anonimato para proteger su privacidad. Estos últimos, así como los casos presentados como ejemplos, se indican en el texto mediante el uso del nombre y la inicial del apellido en la primera mención de dicho nombre.

Si has pertenecido a una secta, es posible que te identifiques personalmente con algunas de las experiencias, emociones, retos y dificultades que se tratan aquí. Otros temas pueden parecerte bastante ajenos y sin relación con tu experiencia. De todos modos, podría serte útil echarles un vistazo, ya que quizá encuentres enseñanzas o sugerencias que resulten útiles para tu situación particular.

Las claves de la recuperación son el equilibrio y la moderación- Estos dos elementos probablemente no existían en la secta. Ahora tienes libertad para crear un programa de recuperación que responda a tus necesidades y deseos; puedes cambiarlo a voluntad para adaptarlo a cualquier nueva circunstancia o necesidad. Lo importante es que hagas lo que te parezca correcto. La mayoría de las sectas te enseñan a reprimir tus instintos. Ahora puedes permitirte conversar «contigo mismo». En esta ocasión puedes escuchar y actuar. A partir de ahora, tú eres el único responsable de establecer y alcanzar tus objetivos. Tú eres el experto en tu propia recuperación. Espero que este libro te resulte útil en tu proceso de recuperación. Te deseo lo mejor.

PRIMERA PARTE

La experiencia sectaria

> *A mayor conocimiento sobre [las sectas], menor susceptibilidad al engaño.*
> — ROBERT JAY LIFTON

1 Definición de secta

Si has sido integrante de una secta y quieres superar tu experiencia, es importante que sepas qué es una secta y qué significa haber participado en una. Las personas cuyas vidas se vieron profundamente afectadas por una secta o un programa de control intensivo o relación abusiva o narcisista responden a sus experiencias de formas muy diferentes: algunos afirman que nunca repetirían la experiencia; otros sienten como si hubieran estado cerca del mal o de un poder al que no pudieron resistirse. Otros describen su participación como «positiva en algunos aspectos y negativa en otros». Posiblemente haya tantas respuestas como grupos sectarios y experiencias individuales.

Sin embargo, muchos antiguos militantes afirman que cuando conocieron a su grupo o a su líder (o cuando se afiliaron por primera vez), sintieron una sensación de asombro, como si se hubieran acercado a algo fascinante. La mayoría recuerda una abrumadora sensación de júbilo, entusiasmo, pasión o expectación. Para aquellos que se acercaron al líder de una secta, la experiencia puede haber tenido un carácter casi hipnótico. Muchos adeptos a sectas se describen a sí mismos como cautivados por un ideal, un grupo o un *líder carismático*, y quizás sin darse cuenta, los términos que emplean apuntan a un aspecto esencial de la experiencia vivida en la secta.

Merriam-Webster define *thrall* (sometido) como «esclavo sirviente: siervo; vasallo; una persona sometida a servidumbre moral o mental, un estado de servidumbre o sumisión, un estado de absorción total».[1] *Thralldom* (estado de sometimiento) puede expresar también una sensación casi mística de éxtasis, una descripción adecuada de la devoción apasionada a una causa, líder o sistema de creencias que se encuentra normalmente en los grupos sectarios. En algunas sectas, los estados de trance y éxtasis se combinan para crear una atmósfera embriagadora. En los grupos basados en ideas extraídas de religiones o culturas orientales, por ejemplo, es habitual hablar de «intoxicación divina», expresada a través del amor y la sumisión a la voluntad del gurú. En sectas aberrantes de base cristiana y grupos de «pastoreo», el señuelo puede consistir en «integrarse plenamente al cuerpo de Cristo» mediante la pertenencia a una iglesia concreta y la obediencia a sus estrictas directrices.

Es importante recordar que el sometimiento es una forma de dominio; someter es dominar. Cuando el sometimiento se ejerce por medio del engaño, la explotación o el abuso, se convierte en algo traumático, doloroso y destructivo, lo que explica por qué mucha gente que ha participado en sectas se refiere a su experiencia negativa en términos de violación espiritual. Los líderes sectarios y la vida en una secta pueden compararse a las sociedades autoritarias descritas en la obra seminal de Hannah Arendt, «Los orígenes del totalitarismo». A partir de su examen de los objetivos de los movimientos totalitarios modernos (por ejemplo, el nazismo, el fascismo y el bolchevismo), Arendt llegó a la conclusión de que el único cometido de esos movimientos es «la dominación permanente de cada individuo en todas y cada una de las esferas de la vida».[2] Esa descripción podría aplicarse con igual validez a muchas sectas.

Las experiencias negativas vividas en una secta así como sus secuelas traumáticas deben afrontarse y explorarse para poder mitigar sus efectos. Esta exploración permite afianzar una evolución positiva y constructiva. Para facilitar la sanación, a la mayoría de los supervivientes de sectas les resulta útil comprender la dinámica de las organizaciones sectarias, su estructura social y su funcionamiento interno, los conceptos relacionados con el condicionamiento psicológico (adoctrinamiento) y la influencia sociopsicológica, así como las sofisticadas técnicas de reclutamiento, retención y control que utilizan las sectas. Es necesario adquirir una comprensión objetiva de tu experiencia con la secta para poder superarla.

¿Qué es una secta?

La mayoría de la gente tiene muy poco conocimiento sobre las sectas antes de unirse a una de ellas. Normalmente, cuando alguien abandona una secta, la autoeducación (o psicoeducación) es —o al menos debería ser— parte importante de su proceso de recuperación. Muchos exintegrantes leen todo lo que pueden sobre sectas y control social. (Las definiciones y características de las prácticas y comportamientos que se incluyen en este libro te ayudarán a comprender los rasgos fundamentales que comparten todas las sectas. La siguiente definición fue adoptada en una conferencia de estudiosos y formuladores de políticas celebrada en 1988.)[3]

> Una secta es un grupo o movimiento que exhibe una alta o excesiva medida de devoción o dedicación a alguna persona, idea o actividad, y que

emplea técnicas coercitivas de persuasión y control poco éticas basadas en la manipulación, como por ejemplo: aislamiento de antiguos amigos y familiares, debilitamiento, uso de métodos especiales para aumentar la carga de sugestión y sumisión, fuertes presiones grupales, manejo de la información, suspensión de la individualidad o del juicio crítico, fomento de la dependencia total del grupo y al miedo a abandonarlo, diseñadas para promover los objetivos de los líderes del grupo en detrimento real o virtual de sus integrantes, sus familias o la comunidad.[4]

Las tres características siguientes, que pueden darse en mayor o menor grado, podrían servir también para distinguir a las sectas de otras comunidades o grupos:

1. Se espera de los adeptos un celo excesivo y un compromiso incuestionable con la identidad y el liderazgo del grupo, al punto de sustituir sus propias creencias y valores por los del grupo.
2. Se manipula y explota a los afiliados y se los induce a renunciar a sus estudios, carreras y familias para dedicar excesivas horas a tareas impuestas por el grupo, como vender puerta a puerta, recaudar fondos, reclutar y hacer proselitismo.
3. Los integrantes, sus familias y la sociedad en general pueden sufrir perjuicios o sufrir graves consecuencias, como problemas de salud física y mental derivados de una atención médica inadecuada, desnutrición, abuso físico y psicológico, privación del sueño, y la participación obligatoria en actividades ilícitas, entre otras.[5]

También soy coautora de una lista de características asociadas a los grupos sectarios basada en muchos años de investigación y observación. Esta lista incluye quince patrones de comportamiento socio-estructurales, sociopsicológicos e interpersonales. Puedes consultar esta lista para evaluar el grupo o la relación en la que estuviste.

Características asociadas a un grupo sectario

Los esfuerzos concertados de influencia y control son la médula de los grupos, programas y relaciones sectarias. Muchos adeptos, antiguos adeptos y simpatizantes de sectas no son plenamente conscientes de la medida en que pueden ser objeto de manipulación, explotación, y hasta maltratos. La siguiente lista de patrones de comportamiento social-estructural, social-psicológico e interpersonal que se encuentran comúnmente en los ambientes sectarios puede ayudarte a evaluar un grupo o relación en particular.

Compara esos patrones con la situación en la que te encontrabas (o en la que tú, un familiar o un amigo se encuentran actualmente). Esta lista puede ayudarte a determinar si hay motivo de preocupación. Ten en cuenta que no pretende ser un medidor de sectas ni una lista de comprobación definitiva para determinar si un grupo específico es una secta o no; no se trata tanto de un instrumento de diagnóstico como de un medio de análisis.

- El grupo profesa una devoción excesivamente celosa e incuestionable hacia su líder, vivo o muerto, y considera su sistema de creencias, ideología y prácticas como la Verdad y la ley absolutas.
- El cuestionamiento, las dudas y la disidencia se desalientan o hasta se castigan.
- Se abusa de mecanismos de alteración mental como la meditación, los cánticos, la glosolalia (hablar en lenguas), las sesiones de denuncia o las rutinas de trabajo extenuantes para suprimir las dudas sobre el grupo y su(s) líder(es).
- Los líderes imponen —a menudo con gran detalle— cómo deben pensar, actuar y sentir. Los miembros deben obtener el permiso de los líderes para cortejar, cambiar de empleo o casarse Además, los líderes prescriben aspectos de la vida cotidiana como la ropa que deben usar, su lugar de residencia, si pueden tener hijos y cómo criarlos y disciplinarlos.
- El grupo se define por su carácter elitista reivindicando para sí mismo, sus líderes y sus miembros un estatus especial, casi divino. Con frecuencia, el líder es visto como una figura mesiánica, un ser elegido o un avatar con una misión divina para salvar a la humanidad.
- El grupo fomenta una visión polarizada del mundo —'nosotros' contra 'ellos'— excluyendo a aquellos que no comparten sus creencias, lo que puede generar conflictos con la sociedad en general.
- A diferencia de docentes y militares, o de los sacerdotes, ministros, monjes y rabinos de las principales confesiones religiosas, que están sujetos a algún tipo de supervisión o rendición de cuentas, el líder de la secta opera sin ninguna autoridad por encima de él.
- El grupo enseña o da a entender que sus fines son presuntamente tan elevados que se justifica cualquier medio que considere necesario para alcanzarlos. Esto puede dar lugar a que los afiliados participen en comportamientos o actividades que habrían considerado reprobables o poco éticos antes de unirse al grupo (por ejemplo, mentir a familiares o amigos, o recaudar dinero para organizaciones benéficas falsas).
- Los líderes manipulan a sus seguidores induciendo sentimientos de vergüenza y/o culpa para dominar y controlar a sus seguidores. A menudo lo consiguen empleando tácticas de presión grupal y manipulación emocional.

- La sumisión al líder o al grupo exige que los integrantes corten con familiares y amigos, y alteren radicalmente los objetivos y actividades personales a los que se dedicaban antes de unirse al grupo.
- El grupo está muy interesado en incorporar nuevos militantes.
- El grupo se muestra muy interesado en ganar dinero.
- Se espera que los integrantes dediquen un tiempo desmesurado al grupo y a las actividades relacionadas con él.
- Se anima u obliga a los afiliados a convivir y/o socializar únicamente con otros afiliados al grupo.
- Los miembros más devotos (los «verdaderos creyentes») ven al grupo como la única fuente de significado en sus vidas; su identidad está completamente ligada al grupo. Consideran que no hay otra forma de vivir o ser fuera de él, y suelen temer represalias contra ellos mismos o sus seres queridos si se atreven a cuestionar o abandonarlo.

Naturalmente, cada grupo debe ser evaluado individualmente, considerando sus prácticas y su comportamiento, con el fin de determinar si exhibe características sectarias. Las sectas pueden ser camaleónicas, capaces de adaptarse a su entorno modificando su apariencia y comportamiento. Con el tiempo, muchas experimentan cambios en su estructura: aumentan o disminuyen en tamaño, se reubican, adoptan nuevos nombres, reorientan (a veces de manera abrupta) sus objetivos y proyectos inmediatos, cambian sus criterios de reclutamiento, etcétera. Y, lo que es más importante, aunque los patrones de estructura y comportamiento sean similares, no todas las sectas son iguales. Las sectas pueden situarse en un espectro de influencia y control, y sus efectos oscilan entre lo relativamente benigno, lo levemente perjudicial y lo dañino o peligroso. Willa Appel, por ejemplo, hizo las siguientes observaciones sobre las diversas formas de control que se dan en las sectas contemporáneas:

«Las sectas pueden clasificarse según la intensidad del control que ejercen sobre sus miembros, así como por su contenido ideológico. En un extremo de la escala de intensidad se encuentran las sectas totalitarias, que intentan controlar por completo el entorno de cada uno de sus seguidores. La mayoría de las sectas totalitarias promueven el retiro total del mundo, condenando a quienes no pertenecen a ellas. Estos grupos ejercen una presión enorme sobre sus miembros para que se ajusten por completo al grupo, rompan todo vínculo con el pasado y renuncien a cualquier pensamiento o acción independiente. Los seguidores están estrictamente reglamentados: viven juntos y trabajan juntos. Las actividades de cada día son dictadas por el grupo. Los seguidores están sometidos a un régimen estricto, viven juntos y trabajan juntos. Las actividades de cada día las dicta el grupo».

«Un factor clave para determinar el grado de control que un grupo ejerce sobre sus adeptos es la cantidad de tiempo dedicada a actividades que alteran la mente –como la oración, los cánticos, la meditación, los rituales grupales, el psicodrama y las sesiones de confesión–, ya que estas actividades aíslan eficazmente a los miembros del mundo exterior. Una encuesta realizada a cuatrocientos exmiembros de cuarenta y ocho grupos diferentes reveló un promedio de cincuenta y cinco horas semanales dedicadas a actividades de este tipo...»

«La libertad de movimiento varía de una secta a otra. Algunas sectas tienen fuerzas de seguridad que, además de proteger al grupo, impiden a sus miembros entrar y salir libremente. Asimismo, las diferentes ramas de una misma secta pueden variar en el grado de control que ejercen sobre sus miembros, y la estructura y organización de cualquier secta puede cambiar con el tiempo.[6]»

Si bien las sectas han existido a lo largo de la historia, nuestra preocupación actual no se limita a la variedad de sectas que surgieron en las décadas de 1960 y 1970, muchas de las cuales siguen prosperando, sino también a la gran cantidad de grupos de reciente formación que han aparecido en la escena. Sin embargo, esas décadas se consideran comúnmente como la época de origen de este fenómeno. ¿Por qué esas décadas? «Hubo muy pocos períodos en la historia estadounidense en los que el sector dominante –la clase media blanca– se transformara de manera tan profunda como lo hizo en las décadas de los sesenta y setenta, de dentro hacia fuera, cambiando su vestimenta, sus costumbres sexuales, sus estructuras familiares y sus patrones religiosos», escribe la galardonada periodista y crítica social Frances FitzGerald. «Y, por supuesto, de ello surgieron muchas cosas: una multitud de religiones nuevas e importadas, todos los movimientos políticos y sociales... literalmente cientos de comunas y demás experimentos de vida comunitaria, y una nueva psicoterapia y un entusiasmo por una amplia variedad de pseudociencias y prácticas ocultistas».[7]

A partir de dicha era de agitación y convulsión política, Estados Unidos (y muchas otras partes del mundo) fueron testigos de la aparición de una secta tras otra. Inicialmente, las sectas reclutaban principalmente a jóvenes; hoy en día las sectas reclutan a personas de todas las edades y procedencias.

Categorías de sectas

Una secta puede ser un grupo social con límites bien definidos o un movimiento social con límites difusos que se mantiene unido mediante un compromiso compartido con un líder carismático. Sustenta una ideología trascendente (a menudo, aunque no siempre, de naturaleza religiosa) y exige un alto nivel de compromiso de parte de sus miembros, tanto de palabra como de hecho.

Las sectas se presentan en una gran variedad de formatos. No todas las experiencias encajarán perfectamente en las siguientes categorías, pero la siguiente lista debería ofrecer una idea de la diversidad de sectas y su alcance en todos los ámbitos de la vida.

Las sectas con *raíces orientales* se caracterizan por la creencia en la iluminación espiritual y la reencarnación, así como por el anhelo de alcanzar la divinidad o el nirvana. Por lo general, el líder toma elementos de una filosofía o religión de origen oriental, como el hinduismo, el budismo, el sijismo o el sufismo, y los distorsiona. Se anima a los miembros a desapegarse de las posesiones materiales y adoptar un estilo de vida ascético o célibe. Las prácticas y técnicas de influencia incluyen la meditación intensiva, la repetición de mantras, la alteración de los estados de conciencia, el celibato o las restricciones sexuales, el ayuno y las restricciones alimentarias, la imposición de determinadas vestimentas o accesorios especiales, los altares y la inducción al trance mediante cánticos, sesgos u otras técnicas, como el «discurso incoherente» o la «conversación en trance» del líder.

Las sectas *religiosas* se caracterizan por la creencia en un dios o un ser superior, la salvación y la vida después de la muerte, a veces junto con una visión apocalíptica. El líder reinterpreta las Escrituras (de la Biblia, el Corán, el Talmud o la Cábala) y a menudo se proclama profeta, cuando no el propio Mesías. Por lo general, el grupo es estricto y a veces emplea castigos físicos como azotes y golpes con varas, sobre todo a los niños. En muchos casos, el abuso sexual de adultos, y especialmente de niños, es generalizado. Con frecuencia, se anima a los miembros a dedicar mucho tiempo al proselitismo. Aquí se incluyen las sectas de origen bíblico, las neocristianas, las islámicas, las judías o hebreas y otras sectas religiosas, muchas de las cuales combinan creencias y prácticas de distintas religiones. Las prácticas y técnicas de influencia incluyen hablar en lenguas, cantar y rezar, el aislamiento, largas sesiones de estudio, la curación por la fe, la autoflagelación o la dedicación de muchas horas a evangelizar, dar testimonio o hacer confesiones públicas.

Las sectas *políticas, racistas o terroristas* se alimentan de la creencia en la transformación de la sociedad, la revolución, el derrocamiento del enemigo percibido o la eliminación de las fuerzas del mal. El líder afirma ser omnisciente y omnipotente. A menudo, el grupo está armado y se reúne clandestinamente, utilizando un lenguaje codificado, apretones de manos y otras prácticas ritualizadas. Los miembros se consideran un grupo de élite, listos para entrar en batalla. Las prácticas y técnicas de influencia incluyen entrenamiento paramilitar, delación entre los miembros, sesiones de lucha o crítica, prácticas destinadas a infundir miedo y paranoia, actos violentos para probar la lealtad, largas horas de adoctrinamiento o la culpabilización por motivos de raza, clase social, religión o antecedentes familiares.

Las sectas *psicoterapéuticas, de potencial humano, de transformación masiva y de superación personal* están motivadas por la creencia en la consecución del objetivo de transformación y superación personal. El líder se autoproclama y pretende ser omnisciente, tener percepciones únicas, en algunos casos se considera un super terapeuta o *supercoach de vida*. Las prácticas y técnicas incluyen sesiones grupales de encuentro, indagación intensa en la vida y la intimidad intelectual, estados alterados provocados por hipnosis y otros mecanismos de inducción al trance, uso de drogas, terapias oníricas, terapia de vidas pasadas o futuras, renacimiento o regresión, tanques de inmersión, estigmatización e intimidación, abuso verbal o humillaciones en privado o en grupo.

Las sectas *de orientación empresarial, de marketing multinivel (MLM, por sus siglas en inglés) y de otros tipos de negocios y coaching* se sustentan en la creencia de que es posible alcanzar riqueza y poder, prestigio y réditos rápidos. El líder, que suele ser ostentosamente fastuoso, afirma que ha encontrado el camino hacia el éxito financiero o la superación profesional. Algunas sectas empresariales son una especie de cruce con otras de naturaleza política y religiosa, dado que se basan en valores familiares ultraconservadores, una moral estricta, la buena salud o el patriotismo. Se incita a los adeptos a participar en reuniones costosas y a veces multitudinarias o en seminarios de larga duración y a vender el producto del grupo a otras personas, lo que constituye un esquema piramidal. Las prácticas y técnicas de influencia incluyen técnicas de venta fraudulentas, culpabilización y avergonzamiento, presión social, control financiero, pensamiento mágico, imaginería manipulada, testimonios públicos y otras técnicas de incentivación intensiva destinadas a anular el pensamiento crítico.

Las sectas *comerciales, de marketing multinivel (MLM) y otros tipos de sectas de negocios y coaching* se sostienen en la creencia de que es posible alcanzar riqueza y poder, estatus y ganancias rápidas. El líder, a menudo ostentosamente extravagante, asegura haber encontrado el "camino" hacia el éxito financiero o la mejora profesional. Algunas sectas comerciales se superponen con las sectas políticas y religiosas, ya que se basan en valores familiares ultraconservadores, una moral estricta, la buena salud o el patriotismo. Se anima a los miembros a participar en reuniones costosas y a veces multitudinarias, o en seminarios de larga duración, y a vender el «producto» del grupo a otros, lo que constituye un esquema piramidal. Las prácticas de influencia incluyen técnicas de venta engañosas, la inducción de culpa y vergüenza, la presión social, el control financiero, el pensamiento mágico, la visualización guiada, los testimonios públicos y otras técnicas de alta excitación destinadas a inhibir el pensamiento crítico.

Las sectas *New Age* se fundamentan en la filosofía «tú eres Dios», en el poder a través del conocimiento interno, en el deseo de conocer el futuro o en la búsqueda de soluciones rápidas. A menudo, el líder se presenta como un místico, un ser ultraespiritual, un canalizador, un médium o un superhéroe. Los grupos *New Age*, más que otros tipos, suelen tener líderes mujeres. Los miembros recurren a la parafernalia *New Age*, como cristales, astrología, runas, dispositivos chamánicos, medicina holística, hierbas, sustancias psicodélicas, seres espirituales o el Tarot u otras cartas mágicas. Las prácticas y técnicas de influencia incluyen trucos de magia, estados alterados, presión social, canalizaciones, avistamientos de ovnis, ajustes de *chakras*, curación por la fe o la afirmación de hablar con maestros ascendidos, entidades espirituales y similares, o de ser sus portavoces.

Las sectas *ocultistas, satánicas o de magia negra* se generan a partir de la creencia en poderes sobrenaturales y, a veces, la adoración a Satanás. El líder profesa ser la encarnación del mal. Son habituales los sacrificios de animales y los abusos físicos y sexuales; algunos grupos afirman que realizan sacrificios humanos. Las prácticas y técnicas de influencia incluyen rituales exóticos y extraños, secretismo, miedo e intimidación, actos de violencia, tatuajes o cicatrices, rituales de corte y sangre, rituales de sacrificio o altares.

Las sectas *individuales o familiares* se fundamentan en la creencia en la pareja, el progenitor o el educador por encima de cualquier otra persona. A menudo, estos individuos son narcisistas. Por lo general, se utiliza una relación íntima para manipular y controlar a la pareja, a los hijos o a los alumnos, quienes creen que la persona dominante posee conocimientos o poderes especiales. Con frecuencia, se ejercen abusos psicológicos, físicos y sexuales graves y prolongados. Las prácticas y técnicas de influencia incluyen el síndrome de placer-dolor, el fomento de la autoinculpación, la dependencia inducida, el miedo y la inseguridad inducidos, el aislamiento forzado, las agresiones y otros actos violentos, el incesto o las privaciones.

La *industria de los adolescentes problemáticos* comprende programas laicos y religiosos de rehabilitación o de salud mental, a veces denominados de «atención colectiva», a los que se envía a los adolescentes (contra su voluntad) para rectificar lo que los padres y otras personas consideran un comportamiento antisocial o destructivo. Estos programas implican el confinamiento del adolescente, el aislamiento y, a menudo, abusos extremos por parte del personal.

Los *cultos de personalidad* se basan en una creencia que refleja la personalidad carismática, los intereses y las inclinaciones del líder venerado. Estos grupos giran en torno a un tema o interés particular, como las artes marciales, la ópera, la danza, el teatro, una determinada forma de arte o un tipo de medicina o curación. Las prácticas y técnicas de influencia incluyen sesiones intensas de adiestramiento, rituales, egocentrismo descarado o actitudes y comportamientos elitistas.

Las sectas como estructuras de poder

En *Bounded Choice: True Believers and Charismatic Cults* («**Tras puertas cerradas: La industria de los adolescentes problemáticos**», traducción libre) presento los resultados de un estudio en profundidad sobre las estructuras y dinámicas de las sectas. Cuatro dimensiones entrelazadas conforman el marco de la estructura, el sistema social y la dinámica interna de una secta.[8]

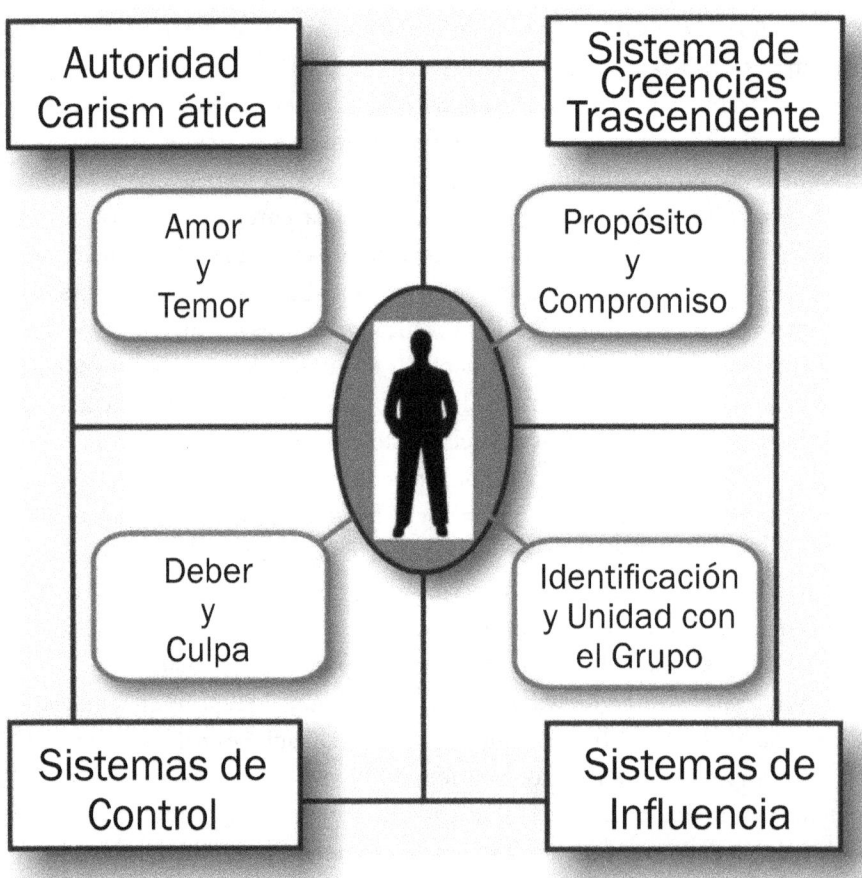

Puedes recurrir a este marco para analizar tu propia experiencia en una secta. Aquí se presentan cuatro dimensiones claramente separadas con fines analíticos, de modo que quienes han dejado atrás su participación en una secta (cuyos recuerdos de sus vivencias en ella suelen ser confusos y contradictorios) puedan deconstruir y comprender más fácilmente cada fase de adoctrinamiento y control.

Autoridad carismática. Es el vínculo emocional entre un líder y sus seguidores. Confiere legitimidad al líder y otorga autoridad a sus acciones, al tiempo que justifica y refuerza las respuestas de los seguidores al líder o a sus ideas y objetivos. El carisma es el gancho que une a un devoto con un líder y/o sus ideas, mientras que este exige una obediencia ciega. El propósito general de la autoridad carismática es ejercer el liderazgo. El objetivo específico es que el líder sea aceptado como la autoridad legítima y ofrezca dirección. Esto se logra mediante privilegios y mandatos. El efecto deseado, por supuesto, es que los miembros crean en el líder y se identifiquen con él.

Sistema de creencias trascendental. Se trata de la ideología general que une a los miembros del grupo y los lleva a comportarse de acuerdo con las reglas y normas establecidas. Esta ideología subyacente se presenta como La Verdad, avalando así una filosofía en la que el fin justifica los medios. Es trascendental porque ofrece una explicación total del pasado, el presente y el futuro, incluyendo el camino hacia la salvación. Y lo que es aún más importante, el líder o grupo también especifica la metodología o receta precisa para la transformación personal que permita recorrer ese camino. El objetivo de este sistema de creencias trascendental es proporcionar una visión del mundo que ofrezca sentido y propósito a través de un imperativo moral. Este imperativo requiere que cada miembro se someta a un proceso de transformación personal, que es esencialmente el programa de adoctrinamiento. El efecto deseado es que el individuo se sienta vinculado a un objetivo superior y aspire a alcanzar alguna forma de salvación. Este efecto se consolida mediante la interiorización del sistema de creencias y los comportamientos y actitudes que lo acompañan.

Sistemas de control. Se trata de la red de mecanismos reguladores reconocidos —o visibles— que guían y garantizan el buen funcionamiento del grupo. Incluye las normas, reglamentos y procedimientos manifiestos que dirigen y controlan el comportamiento de los afiliados. La finalidad de los sistemas de control es simplemente proporcionar una estructura organizativa. El objetivo específico es crear un sistema de comportamiento y un código disciplinario mediante normas, reglamentos y sanciones. El efecto es el acatamiento o, mejor aún, la obediencia.

Sistemas de influencia. Se trata de la red de interacciones sociales e influencia sociopsicológica que reside en las relaciones sociales del grupo. Esta interacción y la cultura de grupo enseñan a los miembros a adaptar sus pensamientos, actitudes y comportamientos en relación con sus nuevas creencias. En muchos sentidos, los mecanismos de influencia son mucho más eficaces que los de control. La finalidad de los sistemas de influencia es moldear la cultura del grupo. El objetivo específico es crear normas de grupo institucionalizadas y un código de buena conducta por el que se espera que se rijan los afiliados. Esto se consigue mediante diversos métodos de presión por parte de los correligionarios y los líderes, y a través de la influencia y el modelado sociopsicológico. El efecto deseado es la conformidad y el renunciamiento de la propia voluntad necesarios no sólo para formar parte del grupo, sino también para alcanzar el objetivo profesado.[9]

La combinación de un sistema de creencias trascendental, sistemas integrales de control estructural y social interconectados, y relaciones carismáticas intensas entre líder(es) y seguidores da como resultado un «sistema autosellante» que exige un alto grado de compromiso (así como expresiones de ese compromiso) de sus miembros principales. Un sistema autosellante es un sistema ensimismado, que no permite considerar pruebas que lo contradigan o puntos de vista alternativos. En casos extremos, un grupo autosellante es excluyente, mientras que su sistema de creencias es totalizante, en el sentido de que ofrece respuesta a todo. Por lo general, la aspiración de estos grupos es alcanzar un ideal de gran trascendencia. Sin embargo, con demasiada frecuencia, un sentimiento de inevitabilidad y la pérdida del sentido de identidad son el resultado de esa aspiración.[10]

A lo largo de los años, algunas personas han utilizado términos o adjetivos alternativos para identificar a los grupos sectarios, como «de alta exigencia», «de control intensivo», «totalistas», «totalitarios», «carismáticos cerrados», «ultra autoritarios», etcétera. En el mundo académico ha surgido un debate bastante encendido sobre el uso de la palabra *secta*, en el que algunos académicos e investigadores utilizan su influencia para disuadir a académicos, juristas, terapeutas, medios de comunicación y otros de identificar a cualquier grupo como secta. Se pueden consultar estudios recientes sobre estos debates y argumentos en *Misunderstanding Cults: Searching for Objectivity in a Controversial Field* («Malinterpretaciones en torno a las sectas: En Busca de Objetividad en un Ámbito Controvertido», traducción libre), editado por Benjamin Zablocki y Thomas Robbins.[11]

Francamente, prefiero usar el término *secta* porque considero que tiene significado y valor tanto histórico como sociológico. Independientemente de cómo se decida llamar a estos grupos, no se deben ignorar los patrones estructurales y de comportamiento que se han identificado a lo largo de años de estudio e investigación, así como a través de los numerosos testimonios de personas que lograron salir de grupos y relaciones sectarias. Ocultar las sectas bajo la alfombra o llamarlas de otra manera no hará que desaparezcan, ni nos ayudará a comprender estos complejos sistemas sociales. Y, lo que es más importante, el encubrimiento y el blanqueamiento no ayudarán a los antiguos miembros de sectas a evaluar sus experiencias ni a recuperarse de ellas de manera íntegra y saludable.

2 Reclutamiento

Examinar la dinámica social e interpersonal de tu grupo es un paso importante en tu proceso de sanación. Comprender las particularidades de tu situación —el proceso de seducción o reclutamiento, los métodos específicos de persuasión y control, y tus propias vulnerabilidades— será clave para deshacer las secuelas no deseadas de una experiencia sectaria.

La descripción de Janet Joyce de su reclutamiento e iniciación en una secta psicoterapéutica/política ofrece una descripción reflexiva de la forma en que una persona se siente atraída y cautivada por una secta. En este caso, también hubo engaño.

Janet Joyce: «Quería hacer del mundo un lugar mejor»

Me licencié en 1969 como miembro de la promoción pionera de la Universidad de California en Santa Cruz. Me especialicé en psicología y me gradué con matrícula de honor, gracias a mi trabajo organizando un programa de voluntariado en el que estudiantes de Santa Cruz trabajaban en los pabellones del Hospital Estadual Agnews. En 1970, después de pasar un año trabajando en varios empleos poco estimulantes llegué a la conclusión de que era hora de seguir adelante con mi vida. Decidí volver al este para buscar trabajo como terapeuta. Tenía contactos allí y estaba deseando empezar mi carrera.

Poco después de llegar a Nueva Jersey, me entrevisté con el director de personal de un centro comunitario de salud mental de reciente financiación y conseguí un puesto como terapeuta de actividades en la sala psiquiátrica del hospital municipal. Apenas comencé a trabajar, me puse a entrevistar candidatos para formar un equipo. Contraté a varias personas que al poco tiempo se convirtieron en mis amigas. Lo que ignoraba entonces era que el director de personal que me había contratado —y la mayoría de las personas que yo había contratado— formaban parte de un grupo conocido fuera del hospital como los *sullivanianos*.

Mi primer contacto real con ese grupo se produjo varios meses después. Le comenté a un compañero de trabajo que me vendría bien un poco de orientación para ayudarme a desempeñar mejor mi labor. Como nueva jefa quería aprender a ser amable y compasiva sin dejar de proporcionar estructura y orientación a mis subordinados. Mi compañera de trabajo me pasó el nombre de su terapeuta y me aseguró que me gustaría. Concerté una cita con la terapeuta en Nueva York y al poco tiempo iba a «terapia» tres veces por semana. Las sesiones eran baratas, lo que me permitía ver a mi terapeuta seguido, y la filosofía de la terapia me pareció acertada. Mi terapeuta era muy consciente de los problemas que yo veía en la sociedad estadounidense y apoyaba mis deseos de hacer del mundo un lugar mejor para todos (no sólo para los adinerados).

Al poco tiempo empezaron a invitarme a fiestas en Nueva York. Eran fiestas bastante salvajes en las que la gente bailaba, hablaba mucho y parecía divertirse. Me invitaban a salir a cenar, a jugar, a montar en bicicleta y a dormir fuera de casa. De repente, tenía una vida social bastante activa en Nueva York. Mi terapeuta me sugirió que me mudara a la ciudad para estar más cerca de mis nuevos amigos. En su sala de espera había un tablero de anuncios lleno de avisos de gente que buscaba compañeros de piso. Al poco tiempo me mudé a una casa relacionada con el grupo, aunque no era plenamente consciente de lo que eso significaba. Sabía que se trataba de un entorno comunitario: gente con que pasar el rato, personas con ideas políticas afines (algo radicales pero sin llegar a revolucionarias) y personas que querían cambiar el mundo y estaban experimentando con nuevas formas de vida. Hacía tiempo que me interesaban la vida en comunidad y los experimentos utópicos. Varios años antes mi hermano se había mudado a un grupo comunitario en California, y al parecer él y su familia estaban muy contentos allí. Yo estaba dispuesta a probar algo nuevo y esto me pareció bien.

Cuando me mudé a Nueva York, pasaba todo el tiempo con personas que estaban en terapia con mi terapeuta o con otros miembros del grupo. Hablaba con mis compañeros de piso y las personas con las que salía sobre mis sesiones de terapia y escuchaba las suyas. Mi terapeuta me preguntaba a menudo acerca de mi infancia y me animaba a hablar de acontecimientos dolorosos. Me dijo que al parecer mis padres en realidad no me querían o que, en el mejor de los casos, simplemente no eran capaces de quererme porque sus padres no habían podido quererlos a ellos. Me dijo que lo mejor para mi terapia sería que me distanciara de ellos durante un tiempo, hasta que pudiera entender mejor mi historia personal. Me animó a contarle mi historia de vida a mis amigos y a escuchar las suyas. Mis recuerdos dolorosos de la infancia siempre eran validados, mientras que los recuerdos felices eran desestimados. Me convencí de haber tenido una infancia desdichada; parecía que mis nuevos amigos eran los únicos que podían comprenderme, ya que sus vidas familiares habían sido tan infelices como la mía.

Llegué a depender de mi terapeuta para todas las decisiones importantes de mi vida. Es que, mis amigos siempre querían saber «qué pensaba mi terapeuta» sobre cualquier cambio importante que estuviera considerando. A veces, mi terapeuta me decía lo que creía que debía hacer incluso si yo no se lo preguntaba. Era como si me conociera de toda la vida y se la veía totalmente comprometida a ayudarme a tomar las mejores decisiones para ser feliz y productiva. Cuando alguno de sus consejos no me convencía del todo, mis amigos y compañeros de piso me insistían en que debía confiar en mi terapeuta y me recordaban que aún no había avanzado lo suficiente en la terapia como para entender qué era lo que más me convenía. No fue sino hasta muchos años después, tras abandonar el grupo, que me di cuenta de que las decisiones que me aconsejaban tomar eran dictadas por el líder y estaban concebidas para mantener a sus miembros en una relación de total dependencia del grupo.

Saúl, el líder y fundador, capacitaba y supervisaba a todos los terapeutas. De ese modo, ejercía un fuerte control sobre la vida de cada persona. A los terapeutas que no obedecían las órdenes de Saúl los amenazaban con expulsarlos del grupo y, por lo tanto, con la pérdida instantánea de sus medios de sustento. Los pacientes que no obedecían también eran amenazados con la expulsión, lo que implicaba perder a sus amigos, quedarse sin trabajo y sin apoyo emocional. Nos explicaban que Saúl velaba por nuestro bienestar y que debíamos sentirnos honrados de que se preocupara por nosotros y nos aconsejara.

Con los años, el grupo se volvió mucho más cerrado. Saúl no solo se consideraba un genio en el campo de la psicoterapia, sino también un brillante pensador y analista político. Fundamos una compañía de teatro político para educar al público sobre los peligros de la guerra nuclear, la energía nuclear y el complejo militar-industrial. Monitoreábamos las centrales nucleares de la zona y escuchábamos constantemente los noticieros para poder evacuar en caso de emergencia (en una flota de autobuses que manteníamos para ese fin). Cuando nos percatamos del peligro del SIDA, dejamos de comer en restaurantes. Esterilizábamos nuestros teléfonos, teclados e incluso las patas de nuestros perros después de que caminaran por las calles de la ciudad. La primera frase de un libro de Saúl rezaba: «El mundo es un lugar peligroso». Y cuanto más tiempo permanecía el grupo bajo su control, más actuábamos todos como si eso fuera cierto. El único lugar seguro en el mundo parecía estar al interior del grupo.

Janet militó en los *sullivanianos* durante 17 años, hasta que una enfermedad que puso en peligro su vida cambió su perspectiva y le hizo cuestionarse la calidad de vida que le proporcionaba la secta.

Quién se integra y por qué

¿Hay algún tipo particular de persona que sea más proclive a integrarse a una secta? No.

Los factores de vulnerabilidad individual pesan mucho más que el tipo de personalidad a la hora de unirse o permanecer en una secta o en una relación abusiva. «Todas las personas están sujetas a diario a diversas formas de influencia e intentos de persuasión»— afirmaba la fallecida Margaret Singer—. «Lo que varía es la vulnerabilidad a la influencia. La capacidad de resistir a los persuasores disminuye cuando uno tiene prisa, está estresado, inseguro, solo, apático, desinformado, distraído o fatigado... También influyen en la vulnerabilidad el rango y el poder del persuasor.

«Ningún tipo específico de persona es propenso a involucrarse con sectas. Alrededor de dos tercios de los estudiados han sido jóvenes promedio inducidos a unirse a grupos en periodos de crisis personal, [como] rupturas sentimentales o fracasos a la hora de conseguir el empleo o universidad de su preferencia. Vulnerable, el joven se afilia a una secta que le promete amor incondicional, nuevos poderes mentales y una utopía social. Dado que las sectas modernas son persistentes y a menudo engañosas en sus métodos de reclutamiento, muchos futuros adeptos al grupo no tienen un conocimiento preciso de la secta y casi ninguna comprensión de lo que finalmente se esperará de ellos a largo plazo».[1]

En las últimas décadas muchas sectas han proliferado y se han producido cambios en las estrategias de reclutamiento y en los objetivos. En la década de los setenta y principios de los ochenta, quienes se unían a esos grupos eran principalmente jóvenes adultos que cursaban la universidad o se encontraban en alguna otra transición vital. En aquel entonces, las sectas eran muy activas (algunas aún lo son) en los campus universitarios y en lugares donde se congregan los jóvenes. Sin embargo, hoy en día, un número creciente de personas de veintitantos años y mayores se unen a grupos sectarios o se involucran en relaciones con narcisistas. En la actualidad la mayoría de las consultas que nos llegan provienen de personas que tienen entre treinta y cincuenta años, o incluso sesenta. Aún así, no existe un perfil único de personalidad que caracterice a los miembros de sectas.[2]

No obstante, la mayoría de los expertos coinciden en que, independientemente de que la persona que se afilie sea joven o mayor, hay ciertos factores preexistentes que podrían facilitar la efectividad de los esfuerzos de captación y adoctrinamiento, así como la duración y la profundidad de la implicación. Entre esos factores se cuentan los siguientes:

- Idealismo
- Necesidad de pertenencia
- Falta de asertividad (dificultad para fijar límites o expresar críticas o dudas)
- Ingenuidad (poca capacidad para cuestionar críticamente lo que se le dice, o lo que observa, piensa, etc.)
- Baja tolerancia a la ambigüedad (necesidad de respuestas absolutas, impaciencia por obtener respuestas)
- Desilusión con la cultura (alienación, insatisfacción con el *statu quo*)
- Susceptibilidad a estados de trance (en algunos casos, podría deberse a experiencias previas con drogas alucinógenas)
- Falta de confianza en sí mismo
- Deseo de trascendencia espiritual
- Ignorancia de cómo un grupo puede manipular a las personas.[3]

Cuando combinamos la lista de factores propiciadores con las vulnerabilidades potenciales antes mencionadas surge un amplio abanico de susceptibilidades humanas. El estereotipo de recluta es una persona joven preocupada por el inminente fin de su etapa universitaria o la incertidumbre de tener que «enfrentarse a la vida». La realidad, sin embargo, es que cualquiera, a cualquier edad —en un momento de confusión, crisis personal o simplemente una transición vital— puede sentirse seducido o cautivado por el atractivo de una secta. Ya sea una persona recién llegada a la ciudad o que haya quedado desempleada, alguien recién divorciado o que haya perdido a un amigo o familiar; alguien que necesite cambiar de profesión o que se sienta deprimido... La inestabilidad y ansiedad que se experimentan en momentos como esos ponen a la persona en una situación de vulnerabilidad emocional, ya sea que tenga veinte años o setenta. Si una persona vulnerable se cruza por casualidad con un anuncio o convocatoria de una secta en Internet, por ejemplo, o con un reclutador personal que le presente una oferta aunque sea medianamente interesante, es probable que ese acercamiento sea exitoso y que el reclutador tenga muchas posibilidades de dejar su huella. «La conversión a las sectas en realidad no es una cuestión de voluntad. Las vulnerabilidades del individuo no solo *lo* «conducen» a un grupo en particular, sino que el grupo manipula esas vulnerabilidades y engaña a los posibles adeptos a fin de convencerlos de que se incorporen al grupo y, en última instancia, renuncien a su antigua vida».[4]

Ya que estamos, desmintamos otro mito: quienes se incorporan a una secta «no son» estúpidos ni anormales; no están locos ni son neuróticos ni de carácter débil. La mayoría de los miembros de sectas tienen una inteligencia superior a la media, son equilibrados, adaptables y muy probablemente, idealistas. En muy contados casos hay antecedentes de trastornos mentales preexistentes.

Cualquiera puede ser reclutado (o seducido) por una secta si sus circunstancias y situaciones personales son propicias. En la actualidad hay tantas sectas formadas en torno a tantos tipos diferentes de creencias que es imposible que una persona afirme a ciencia cierta que jamás podría ceder ante los atractivos de una secta. El reclutamiento que realizan las sectas no tiene nada de misterioso. Es tan sencillo y frecuente como los procesos de seducción y persuasión a los que recurren amantes y publicistas. Sin embargo, dependiendo del grado de engaño y manipulación utilizado, los lazos emocionales que se generan pueden variar en intensidad y duración.

Formas de reclutamiento de las sectas

El psicólogo social Robert Cialdini esbozó seis principios que se emplean generalmente en el proceso de influir en otras personas.[5] Si consideramos la captación de adeptos como una forma de influencia —y en algunos casos, de influencia coercitiva—, los principios de Cialdini nos ayudan a comprender mejor el uso efectivo de técnicas de persuasión. Cada uno de los principios que se explican a continuación está relacionado con tendencias cotidianas del comportamiento humano que pueden utilizarse para inducir adhesión:

La reciprocidad, o el acto de dar y recibir, crea un sentido de obligación. En las sectas la revelación personal suele ser recíproca; es decir, se espera que reveles cosas sobre ti mismo y sobre los demás al grupo, del mismo modo en que los demás te revelan cosas a ti. Ese intercambio hace que te sientas en deuda con el grupo; la reciprocidad crea un vínculo social que te lleva a validar cosas que no aceptarías en circunstancias normales.

La regularidad de las acciones genera compromiso. Una vez que se cede (o se claudica), se volverá a ceder (o a claudicar). Esto facilita un aumento progresivo del grado de consentimiento. Las acciones públicas, es decir, aquellas realizadas delante de otros, aparentemente sin coacción, tienden a reforzar las condiciones necesarias para un compromiso duradero. Esto explica por qué el compromiso de *testificar*, *dar testimonio* u otros tipos de denuncias o confesiones públicas es reforzador.

La autoridad prácticamente se traduce en credibilidad. Si lo dice un *experto*, se da por sentado que debe ser cierto. Este principio induce a las personas a abandonar el pensamiento crítico y actuar de manera reactiva. En una secta el líder es omnisciente y expresa la *verdad suprema*.

La simpatía genera amistad. Al principio la secta te hace sentir valorado; de este modo te integras a algo. Se crea un fuerte sentimiento de pertenencia. Algunos grupos practican el «bombardeo de amor», es decir, colman a los reclutas y nuevos integrantes de atención y de amistades instantáneas.

La escasez induce a la competencia. Se valora lo que es poco común y difícil de conseguir. La secta se posiciona como única asegurando que el suyo es el único camino. Al afirmar que dispone de información exclusiva, el líder de la secta resulta aún más persuasivo. A menudo sus señuelos contienen la advertencia de que la oportunidad que se te está presentando es tu única oportunidad de escuchar al *gurú* u obtener esa información. Te advierten que si no la aprovechas en el acto, dejarás pasar la oportunidad de tu vida.

El consenso proporciona validación social o prueba social. En general la gente sigue el ejemplo de los demás, especialmente de aquellos con quienes tiene afinidad. «Mira a tu alrededor. Muchos otros están haciendo lo mismo que te pedimos a ti», te dice el líder de la secta. Esto se combina con el aislamiento sistemático de tus anteriores fuentes de información, de modo que ahora tu información proviene únicamente de personas afines a ti que reafirman tus nuevas creencias.

Para Cialdini, las sectas son como experimentos de persuasión a largo plazo: aplican los principios de influencia mencionados en entornos estrictamente controlados, lo que lleva a efectos muy intensos y extremos en los pensamientos y acciones de las personas. El trabajo de Cialdini refuerza la conclusión de que no se recluta a un solo tipo de persona, pues subraya que todos somos susceptibles a estas influencias sociopsicológicas cotidianas: «Nos podrán engañar, pero no somos tontos. Aunque nos puedan embaucar, no somos bobos».[6] Conviene recordar esas palabras porque pueden contribuir a superar la vergüenza que sienten muchos ex adeptos a las sectas por haberse implicado inicialmente en ellas.

Según los profesores de psicología Philip Zimbardo y Michael Leippe, el reclutamiento típico de una secta reúne las siguientes características:

- La captación de adeptos convierte un pequeño compromiso inicial en compromisos progresivamente mayores (ven a cenar, pasa el fin de semana, quédate una semana, danos tu dinero).
- Las sectas ofrecen una y otra vez argumentos persuasivos con soluciones sencillas a problemas personales acuciantes.
- Las sectas influyen en las opiniones a través de la efectividad de la dinámica grupal, tanto por el número como por el atractivo personal de todos aquellos integrantes amistosos que comulgan con ellas.
- Las sectas le niegan al adepto la posibilidad de rebatir manteniéndolo inmerso en información y actividades (y nunca solo).
- Las sectas ofrecen algunos refuerzos positivos (como sonrisas, buena comida, el tipo especial de atención que nos hace sentir bien).[7]

La descripción que hace un exintegrante de un fin de semana introductorio ilustra por qué un proceso tan intensivo da resultado:

A primera vista, parece bastante sencillo: ir a un taller de fin de semana, conocer otras maneras de pensar, probarlas; si no te gustan, te vas. Pero sucede mucho más que eso. Cuando una persona está aislada no está en condiciones de percatarse de que la están engañando. El engaño y el aislamiento se refuerzan mutuamente. Comienza con el aislamiento físico o geográfico. Puedes abandonar el campamento de dos maneras: esperando a que acabe el fin de semana para coger el autobús de vuelta a casa o intentando hacer autostop con la esperanza de que alguien te recoja y te lleve de vuelta a la ciudad.

Y quizá lo más significativo es que te aíslas de tu propia mente. ¿Cómo es posible? Si arrancas el día a las siete de la mañana y te vas a dormir a medianoche, si tu día es extremadamente activo y está lleno de actividades grupales, no tienes oportunidad de mirar hacia tu interior y reflexionar. Cuando por fin apoyas la cabeza sobre la almohada, no te quedan energías para mantenerte despierto. En los talleres prácticamente no hay intimidad. De hecho, algunos participantes acompañan a otros al baño y esperan fuera de la caseta... Te presionan intensamente para que te identifiques con el grupo. El conjunto es mucho más importante que el individuo.... Te ves enfrentado a competir con los intereses del conjunto, lo que genera culpabilidad.

Las conferencias del taller son una montaña rusa emocional y un aluvión intelectual. Tratar adecuadamente los conceptos explorados en un taller intensivo de tres días le llevaría a cualquiera meses y meses de asimilación, por no decir varios años. Al final del taller habrás pasado por un intenso periodo de actividad constante, sin posibilidad de reflexionar y sin intimidad, de una inmensa presión hacia la identificación con el grupo, de la sospecha de tus deseos de salir corriendo de allí, del torbellino de emociones y el bombardeo de ideas que te han dejado confuso e inseguro de ti mismo.[8]

Además de estos ejemplos manifiestos, ciertas interacciones comunes y socialmente aceptadas pueden formar parte de la batería de trucos que utilizan los charlatanes, los estafadores y los reclutadores de sectas para manipular, influir, controlar y, al final, conseguir que los candidatos acepten, vuelvan por más, se inscriban y se comprometan. Un buen reclutador sabe que la gente responde a ciertas palabras clave como amor, paz o fraternidad. Tal vez explicará que esos objetivos idealizados pueden alcanzarse si el recluta muestra buena disposición y «se porta bien. En la mayoría de los casos el cambio de comportamiento deseado se logra progresiva y paulatinamente, dado que la conversión a la nueva cosmovisión es un proceso gradual. En muchos casos la persona ni siquiera se da cuenta de cuánto ha cambiado o cuánto se está comprometiendo.

Algunos métodos utilizados durante el reclutamiento y adoctrinamiento en una secta son similares a las técnicas hipnóticas utilizadas en diversos contextos clínicos o terapéuticos. En un entorno sectario, no obstante, este tipo de manipulación tiene un doble propósito: (1) instalar sugestiones hipnóticas profundas que pretenden cambiar comportamientos, neutralizar el pensamiento crítico y los patrones de pensamiento establecidos; y (2) mantener el control del individuo.

El psicólogo clínico Jesse Miller señala las similitudes entre los procesos utilizados en algunas sectas y los empleados en la hipnosis.[9] En la inducción al trance el hipnotizador actúa como un «dispositivo de biorretroalimentación», comentando cada acción del sujeto: «Te pesan los párpados; estás sentado en la silla; estoy sentado a tu lado; se oye un ruido en el pasillo», etcétera. Los reclutadores utilizan tácticas similares para reflejar los intereses y actitudes de los candidatos. Al tocar una fibra sensible, al igual que el hipnotizador, el reclutador conduce al sujeto a partir de un estado psicológico inicial, llevándolo lenta y cuidadosamente a la siguiente fase. Si tiene éxito, el reclutador estará en condiciones de definir la realidad del recluta. Un reclutador hábil establece un entorno (al menos al principio) en el que el recluta se siente especial, querido, entre nuevos amigos y parte de algo único. Mientras el recluta se encuentra en un estado susceptible se le transmiten mensajes verbales y no verbales, directa e indirectamente, sobre el comportamiento y los patrones de pensamiento adecuados. «No se puede ser más categórico» —escribe Miller— al afirmar que «el proceso de conducir y guiar al recluta no sólo forma parte del adoctrinamiento inicial, sino que es también, junto con los elaborados programas de refuerzo y la despiadada manipulación de la culpa y la humillación, una característica permanente de la pertenencia a una secta».[10]

Desde el proceso de reclutamiento hasta las primeras etapas de adhesión, la secta vigila cuidadosamente la conversión (o resocialización) de cada persona a las formas de pensar y ser del grupo. Poco a poco se conduce a la persona —a veces de forma meticulosa— a niveles de compromiso cada vez más profundos. Utilizando esas técnicas básicas de influencia social la secta logra ejercer un control significativo sobre el individuo, influyendo en última instancia en sus procesos mentales y en sus actividades y acciones cotidianas, aun cuando se encuentre físicamente apartado del grupo.

Contrato de Afiliación a una Organización o Relación Sectaria

En la profesión médica los contratos éticos garantizan que los pacientes han dado su «consentimiento plenamente informado». Es decir, que si un médico no informa a un paciente sobre los riesgos, posibles efectos secundarios y opciones de tratamiento, el paciente desinformado tiene derecho a demandarlo por mala praxis. A continuación, presento un contrato simulado de afiliación a una secta.[11] Pregúntate si diste tu consentimiento informado en el momento de tu captación, o si te habrías afiliado de haber sabido que tu participación implicaría las condiciones que se enumeran.

Yo, _____, acepto afiliarme a _____.
Soy consciente de que mi vida cambiará de las maneras que se enumeran a continuación. Tengo pleno conocimiento de lo que hago y acepto todas las condiciones siguientes:

1. Mis sentimientos positivos sobre mi persona provendrán de caerles bien a otros integrantes del grupo y/o a mi líder, y de recibir la aprobación de ellos.
2. La totalidad de mi atención mental se centrará en resolver los problemas del grupo/líder y en empeñarme en evitar que se produzcan conflictos.
3. Mi atención mental se centrará en complacer y proteger al grupo/líder.
4. Mi autoestima se verá fortalecida al resolver los problemas del grupo y aliviar el dolor del líder.
5. Dejaré de lado mis aficiones e intereses. Dedicaré mi tiempo a lo que disponga el grupo/líder.
6. Mi vestimenta y aspecto personal serán los que determine el grupo/líder.
7. No necesito tener certeza de qué es lo que siento. Solo me concentraré en lo que siente el grupo/líder.
8. Ignoraré mis propias necesidades y deseos. Las necesidades y deseos del grupo/líder son lo único importante.
9. Los sueños que tengo de cara al futuro estarán vinculados al grupo/líder.

10. Lo que diga o haga estará determinado por mi miedo al rechazo.
11. Lo que diga o haga estará determinado por mi miedo a la ira del grupo/líder.
12. Emplearé mi aportación como medio para sentirme a salvo con el grupo/líder.
13. Mi círculo social disminuirá o desaparecerá a medida que me vaya integrando con el grupo/líder.
14. A medida que vaya integrándome con el grupo/líder, renunciaré a mi familia.
15. Los valores del grupo/líder se convertirán en los míos.
16. Valoraré más las opiniones y forma de proceder del grupo/líder que las mías propias.
17. Mi calidad de vida estará equiparada a la del grupo, no a la del líder.
18. Todo lo que es acertado y beneficioso se debe a la creencia del grupo, al líder o a las enseñanzas.
19. Todo lo que está mal es por mi causa.
20. Adicionalmente renuncio a los siguientes derechos:

- Abandonar el grupo en cualquier momento sin necesidad de justificarme ni someterme a un periodo de espera
- Mantener el contacto con el mundo exterior
- Obtener la educación, la carrera y el futuro de mi elección
- Recibir atención médica razonable y tener injerencia al respecto
- Tener voz y voto en cuanto a mi propia disciplina y la de mi familia, y pretender moderación en cuanto a métodos disciplinarios
- Disponer de control sobre mi cuerpo, incluidas las decisiones relacionadas con el sexo, el matrimonio y la procreación
- Pretender sinceridad en mis relaciones con las autoridades del grupo
- Exigir honestidad en las actividades proselitistas que se me encomienden
- Pretender que todas las reclamaciones sean escuchadas y tratadas con equidad mediante una investigación imparcial
- Recibir apoyo y cuidados en mi vejez en agradecimiento por mis años de servicio[12]

Unas palabras sobre la disociación

Desde la década de 1890, a partir de los trabajos de Pierre Janet y Sigmund Freud, se tiene conocimiento de que las reacciones emocionales abrumadoras ante hechos traumáticos pueden producir un estado alterado o disociativo. La disociación es un «estado anormal, en que la persona se desconecta de su conciencia habitual», en el que se interrumpen las conexiones normales de la memoria, el conocimiento y la emoción.[13] En situaciones traumáticas o abrumadoras, disociarse puede ser vital. Por ejemplo, el entumecimiento puede permitir que el sobreviviente sea capaz de sobrellevar eventos brutales sin dejar de ser funcional. La desventaja de eso es que, mucho tiempo después, la persona solo experimentará recuerdos parciales de los hechos traumáticos, distorsiones cognitivas sobre el significado del evento, pesadillas y otros síntomas del trastorno de estrés postraumático (TEPT o TEPTC).

El prestigioso psiquiatra Robert Lifton se refiere a la disociación como «insensibilización psíquica» o secuestro de una parte del yo. Lifton señaló que este fenómeno mental adaptativo ayuda a explicar, por ejemplo, cómo los médicos nazis pudieron reprimir sus sentimientos al participar en experimentos inmorales, asesinatos y genocidios.[14] La disociación, por tanto, es una especie de fragmentación del yo, a veces denominada «escisión», y se considera un estado alterado de conciencia. Estos estados alterados pueden producirse mediante la inducción intencionada de un trance, como la hipnosis, o pueden ser una respuesta a un trauma. La disociación también puede producirse a través de prácticas como el canto o la meditación, a través de una combinación de largas horas de lectura o sesiones de crítica destructiva, y a través de la fatiga o el miedo.

La palabra «disociación» aparece con frecuencia en este libro porque la disociación inducida es común entre las víctimas de sectas. Por su parte, la disociación involuntaria es otra más de las secuelas a largo plazo que con frecuencia se experimentan tras abandonar la secta. Por medio de la disociación inducida la secta puede influir y controlar los pensamientos, sentimientos y comportamientos de sus miembros. Posteriormente al abandono de una secta muchas personas descubren que entran involuntariamente en estado de disociación o bien que este se *dispara* a partir de recuerdos o hábitos relacionados con la secta.

En algunas sectas la disociación es un objetivo declarado; por ejemplo, puede interpretarse como una aproximación a la divinidad. En otras, la disociación se convierte en un medio de supervivencia para los devotos; de lo contrario, el mundo sectario en el que viven sería imposible de soportar.

No obstante, aunque la disociación es útil como mecanismo de supervivencia, una persona en estado disociado no es plenamente funcional y es además fácilmente sugestionable y obediente, lo que perpetúa la influencia y el control de la secta.

Por qué es tan difícil abandonar una secta

La experiencia de haber pertenecido a una secta casi siempre está plagada de contradicciones.[15] Al salir es probable que te enfrentes tanto a la ilusión como a los miedos de tener que forjarte una nueva vida y en muchos casos una nueva identidad. No obstante, se te presenta la oportunidad de participar en la «construcción del yo» sin las limitaciones de un sistema de creencias cerrado. El proceso no siempre es fácil. Dejar el grupo o la relación puede haber sido una experiencia angustiosa, quizá hasta aterradora. Puede que te haya llevado meses o incluso años. Cuando te fuiste, es posible que no comprendieras del todo por qué lo hiciste; de hecho, es posible que aún no tengas claros todos tus motivos y deseos inconscientes. O tal vez tras abandonar el grupo durante un tiempo te hayas arrepentido de haberlo hecho. Es posible que aún tengas conflictos al respecto.

También puede que te preguntes por qué te quedaste tanto tiempo. «¿Por qué tardé tanto? ¿Por qué no me fui antes?» son algunas de las preguntas que pueden asediarte. «¿Cómo pude creerme todas esas tonterías? ¿Cómo pude ser tan estúpido? ¿Por qué creí que el líder era Dios?» La mayoría de quienes sobreviven a una secta siguen haciéndose preguntas como ésas durante bastante tiempo después de haber logrado salir.

En última instancia, como persona reflexiva (que seguramente lo eres, de lo contrario no estarías leyendo este libro), ahora intentas encontrarle sentido a todo. ¿Qué ocurría en tu secta? ¿Cómo te afectó como individuo? ¿Cómo es posible que siga afectándote? ¿Cuál era tu papel en el grupo y en sus actividades? ¿Por qué hiciste lo que hiciste o creíste lo que creíste? Esos interrogantes son una parte importante del proceso de sanación.

Las sectas son organizaciones sociales complejas que están estructuradas para institucionalizar controles e influencias sociales que tienden a beneficiar al grupo y/o a su líder. Para comprender plenamente tus experiencias, reacciones y comportamientos, resulta útil examinar la estructura social de las sectas, las interacciones sociales que tienen lugar y tu papel en ese sistema social.

Pero antes abordemos la culpa y la vergüenza asociadas a esa pregunta candente: ¿Por qué no me fui antes? Y a las otras que también queman: ¿Por qué lo acepté? ¿Por qué no lo denuncié? ¿En qué estaba pensando? Y así podríamos seguir. ¿Te resulta familiar? Intentemos liberarte de ese calvario.

Para empezar, no hay una sola respuesta a esa pregunta. Hay al menos diez condiciones o factores de peso que influyen en que una persona permanezca en una secta. Las expondremos a continuación.

Las creencias

De los muchos factores que dificultan la salida de una secta, es probable que las creencias sean el punto de partida. Las creencias (y el sentido de compromiso con ellas) constituyen una fuerza extraordinariamente potente, ya sea que se depositen en un dios o religión concretos, en una ideología política, en un modo de vida particular, en determinada estructura familiar, en la existencia de la magia o en lo que sea. Poder llevar a la práctica la propia fe o sus creencias sobre el mundo es sumamente atractivo. El sentido de pertenencia, de formar parte de algo, es inherente a la condición humana. Las creencias nos ayudan a darle sentido a nuestro universo.

En el mundo de las sectas, las creencias constituyen el pegamento que une a las personas a un grupo. Empiezas a seguir la corriente —independientemente del grupo al que pertenezcas— porque crees en el grupo y en los ideales que profesa. Crees en los objetivos y en las personas que trabajan contigo para alcanzarlos. Crees que vas a conseguir algo. Crees en el líder. En la mayoría de las sectas, a los adeptos se les dice que, para adherirse a las creencias del grupo, deben hacer ciertos cambios. Como fiel devoto, lo consientes: «Vale, lo acepto. Creo en esto, lo comparto, y haré los cambios necesarios». Poco a poco esos cambios empiezan a tener un efecto radical en tu forma de pensar y en tus acciones, aunque no seas del todo consciente de ello. Esa fe acarrea consecuencias en tu comportamiento y acciones cotidianas, o en la abstención de actuar, según sea el caso.

Decencia y lealtad

Otro elemento clave que influye en que alguien permanezca en una secta es que la mayoría de las personas son decentes y sinceras. Desean hacer el bien, ser altruistas y lograr algo en la vida. Y su lealtad es otro factor importante: la mayoría de las personas, una vez comprometidas con algo no suelen retractarse de ese compromiso.

Cuando uno se compromete con un grupo en el que cree fervientemente, le cuesta mucho echarse atrás. Ya después, cuando empieza a ver cosas que no aprueba, puede decirse a sí mismo: «Declaré que iba a comprometerme y me advirtieron que iba a ser difícil. Ahora hay cosas que no me parecen bien, pero ya había afirmado que seguiría adelante y me comprometí. Así que me quedaré un poco más». Claro está que durante todo ese tiempo, los dirigentes y quienes te rodean te dicen en términos sutiles (o no tan sutiles) que es conveniente que sigas adelante.

Además, a nadie le gusta levantarse y decir: «Renuncio». Para que no se los tache de desertores, se aferran a la situación. Lo que no saben es que cuanto más tiempo permanezcan en el grupo, más difícil les será abandonar. No querer que se lo considere desertor es otro factor que mantiene a alguien en una secta.

Respeto por la autoridad

A todos nos enseñaron a respetar a las figuras de autoridad, a los líderes y a las personas que nos dan respuestas. De pequeños, y durante nuestros años formativos, nos enseñan que hay respuestas y autoridades. Se supone que debemos escuchar esas respuestas y admirar a las personas que «saben más que nosotros». De ahí que, cuando te dicen que no cuestiones a tu secta, tu razonamiento para obedecer es que hacer lo contrario sería una falta de respeto al líder «que todo lo sabe». Al fin y al cabo, el líder sabe lo que hace y tiene las respuestas supremas. Se desaconseja hacer preguntas y plantear dudas.

A fin de reforzar la obediencia, todo grupo suele tener algún tipo de pauta de castigo para los infractores. Cuando alguien cuestiona la autoridad, está permitido ridiculizarlo o calificarlo de renegado/a, espía, agente, infiel, Satanás o cualquier término despectivo que emplee ese grupo en particular. El lenguaje interno de cada secta siempre incluye términos destinados a denigrar y burlarse de los que cuestionan, a los que se hace sentir mal por albergar dudas o plantear cuestionamientos. En la mayoría de los casos, si cuestionabas algo, la lógica cerrada de la secta (y la presión social) te convencía de que cuestionar significaba que no eras un creyente convencido. De ahí que dejaras de hacerlo.

En última instancia los seres humanos hacen lo que sea necesario para sobrevivir en un entorno determinado. Cuando te integras a una secta gran parte de tu entorno y muchas de tus opciones vitales se encuentran controladas: tus recursos económicos, el acceso a la información, el trabajo que puedes realizar, tu tiempo libre, tu círculo social, a veces incluso se controla tu vida sexual. Te adaptas y aprendes a funcionar para permanecer en el grupo. Es más fácil conformarse, seguir la corriente y ser un buen creyente, un buen seguidor, que resistirse.

Presión social y falta de información

La presión social es un factor crítico para mantener a alguien en una secta. En las dos sectas de las que formé parte había médicos, abogados, asistentes sociales, profesionales con todo tipo de títulos universitarios y personas muy inteligentes. Su presencia hacía aún más difícil oponerse porque parecía que, al fin y al cabo incluso ellos se las arreglaban de lo más bien en ese entorno.

Los seres humanos nos vemos más influidos por nuestros pares que por cualquier otra cosa. Ex integrantes de sectas han relatado innumerables veces alguna variación del siguiente escenario: «Cuando me atrevía a pensar en abandonar el grupo, miraba a mi alrededor y pensaba: 'Pues, Juan sigue aquí, Jackie sigue aquí y María también sigue aquí. Yo debo de ser el problema; debo de ser yo. No lo entiendo. Ha de ser que el problema es mío; será cuestión de esforzarme más'». En las sectas, la gente se siente así porque nadie más habla, porque nadie *puede* hablar. El que lo hace se siente solo, aislado, contaminado y equivocado. Directa o indirectamente, los adeptos se animan unos a otros a comportarse de determinadas maneras aprobadas por la secta, y dado que somos animales sociales, resulta difícil resistirse a tales presiones.

Además, la deshonestidad de la secta sobre ciertos asuntos impide que sus adeptos sepan lo que ocurre en realidad. No sólo se los priva de fuentes de información externas, sino que se les cuentan mentiras y tergiversaciones acerca de la secta, el líder y las actividades del grupo. Se amplifica la importancia o influencia de las acciones de la secta, exagerándola en relación con la realidad, y se realza la imagen del líder, si es que no se la fabrica directamente. Con frecuencia se exagera el número de seguidores o afiliados para que el grupo parezca más grande y popular de lo que es, y se distorsionan los acontecimientos mundiales, así como las actitudes del mundo exterior hacia la secta. Esos mitos sobre la secta y la sociedad no solo los perpetúa el líder, sino también su círculo íntimo. La consiguiente ignorancia de la mayoría de los afiliados les impide hacer una evaluación precisa de su situación.

Agotamiento y confusión

El agotamiento y la confusión reducen la capacidad de acción de los adeptos. En la mayoría de los grupos a los miembros se los hace trabajar mañana, tarde y noche, y no es de extrañar que se agoten y sean incapaces de pensar con claridad. Después de varias semanas de jornadas laborales de 14 a 20 horas, 7 días a la semana, sin vacaciones, sin tiempo libre, sin diversión, sin aficiones y sin una verdadera relación íntima con tu pareja o cónyuge (si lo tienes), vives sumido en la niebla. Algunos exmiembros describen sentirse como si tuvieran un velo sobre los ojos, como si no estuvieran en contacto con el mundo físico. Funcionaban de memoria. Hay gente que dice, a modo de broma: «Los seguidores de tal o cual secta tienen la mirada vidriosa». Así es en muchos casos y en parte lo que provoca ese efecto vidrioso es, ni más ni menos que puro agotamiento.

Cuando no puedes pensar y sientes que a duras penas puedes sobrevivir cada día, a lo único que aspiras es a llegar al final de la jornada sin incurrir en el castigo que te imponga el grupo. Este puede consistir en tareas agotadoras, críticas, cuotas exorbitantes de recaudación de fondos, abusos sexuales o violencia. Sigues adelante a duras penas. Te sientes muy confundido, pero no sabes cómo afrontar tu confusión. Puede que inicialmente te hayas planteado preguntas, pero una vez establecido el ritmo, ni siquiera tienes tiempo de recordarlas ni de pensar en las que albergas ahora. Lo único que quieres es pasar el día y tal vez dormir un poco. Y ojalá sobrevivir.

Marginación del pasado

En casi todos los grupos, con el paso del tiempo los afiliados terminan por separarse de su pasado. Dejan de ver a familiares o amigos que no se integraron al grupo. Quizá se intentó reclutar a esas personas, pero no estaban interesadas. En muchos casos, tras un periodo de implicación y compromiso creciente, los integrantes dejan de tener contacto regular con personas del mundo exterior.

Algunas personas trabajan internamente en el grupo durante toda su afiliación. No tienen un empleo externo. Tienen poco o ningún contacto humano que no sea con otros integrantes de la secta. Si van a una campaña de reclutamiento, a una tarea de organización o a un acto público, salen al mundo con un propósito. El contacto con los demás es completamente superficial y controlado por el grupo, con sesiones informativas previas, sesiones informativas posteriores y meticulosos mecanismos de información para controlar el comportamiento de los adeptos cuando están en otro entorno. De este modo, todo tu universo se convierte en la gente con la que estás, tus actividades diarias, las reuniones a las que asistes y la casa en la que vives (normalmente con otros afiliados). Estás rodeado, de modo que con el tiempo pierdes el contacto con tu pasado y tu vida anterior al ingreso en el grupo. Si has nacido o crecido en el grupo, naturalmente tienes pocas o ninguna experiencia significativa fuera del grupo que te pueda aportar otra perspectiva.

Puede que incluso olvides quién eras antes de afiliarte. En algunos grupos las personas adoptan nuevos nombres y a menudo desconocen los nombres reales de sus compañeros. Los que conviven con otros no pueden decirles su verdadero nombre. Todo debe mantenerse en secreto: los afiliados tienen instrucciones de conseguir buzones postales para su correspondencia, utilizar seudónimos siempre que sea posible y pasar inadvertidos. Otro nombre, una identidad completamente nueva y una conexión mínima con tu pasado o el mundo exterior: esas son las intensas influencias que pueden haberte mantenido ligado a tu grupo.

Después de vivir en un entorno en el que todos piensan y actúan igual, aunque no estés tan aislado como en sectas más restrictivas, tu perspectiva se reduce y tu capacidad de comunicación se atrofia. Si ves a tu familia, por ejemplo, es una experiencia tan alienante que lo único que quieres es volver corriendo a tu grupo. Aunque la vida en la secta sea miserable y llena de privaciones, de alguna manera extraña, el grupo resulta cómodo porque no es *la sociedad burguesa*, o *de Satanás*, o cualquier otra connotación negativa que tu secta dirija al mundo no sectario. Esa profunda desconexión del mundo te lleva a pensar que nunca podrás irte, y entras en una especie de estado de parálisis emocional y psicológica (por no mencionar que muchos afiliados tienen poco o ningún acceso a recursos económicos, y en términos prácticos dudan de que pudieran llegar lejos aunque se marcharan).

Miedo

Otra razón por la que la gente no abandona las sectas es simplemente porque tienen miedo. Muchos grupos persiguen a los desertores. Los amenazan, los castigan o incluso los ponen bajo arresto domiciliario. Si intentan escapar son detenidos por la secta. Si cometen el error de decirle a alguien que están pensando en marcharse, se los suspende de las actividades del grupo, se los condena al ostracismo y se los castiga. Se los critica, se los pone en la «picota» y, en la mayoría de los casos, se los «convence» rápidamente de que se queden. Como integrante del grupo, llegas a saber de esos incidentes y temes que te ocurra lo mismo. Nuevamente, marcharse no parece una opción factible.

En algunos casos, los afiliados son expulsados, literalmente echados del grupo, a veces depositados frente a un hospital o en casa de sus padres. Luego en la secta los expulsados son denostados y demonizados. Se les inscribe en una lista de enemigos y gente indeseable. Es posible que se digan mentiras horrendas sobre ellos para reforzar la postura de la secta sobre por qué ya no son afiliados. Tal denuncia no es una perspectiva agradable para alguien que está pensando en abandonar. La imagen de paria se cierne sobre ellos y cargar con ella parece un destino peor que la muerte.

Pensar en irte también conlleva la amenaza de que, aunque salgas, los no creyentes no te aceptarán. En cuanto descubran lo que eras, morirás en el acto o te echarán. Nadie te dará empleo; nadie te querrá; nunca tendrás una relación. Eres un perdedor. Esa visión tiene un efecto paralizante: te refuerza para que permanezcas en la secta.

Sentimiento de culpa por haber participado

El último factor que cierra la puerta de la trampa es la propia participación activa del afiliado a la secta. Quieras o no admitirlo, has participado de la vida de la secta. Es difícil abandonarla, en parte porque todavía quieres creer que puede ser viable, y en parte por la vergüenza y la culpa que sientes. Tal vez participaste en actividades que en la vida normal nunca habrías considerado, actos moralmente reprobables o que nunca habrías creído que podrías llevar a cabo o presenciar. Ese tipo de culpa y vergüenza ayuda a mantener a la gente en las sectas. Les impide decir simplemente: «Voy a largarme ya».

Efectos

La totalidad de la experiencia vivida en la secta y todas esas influencias fomentan una dependencia forzada. Aunque inicialmente tal vez fueras un individuo completamente autónomo e independiente, al cabo de cierto tiempo, aunque te cueste admitirlo, pasaste a depender del grupo para satisfacer tus necesidades sociales, familiares, de percepción de ti mismo y de supervivencia. En mayor o menor medida te decían a diario lo que tenías que hacer y eso te llevó a una involución. Puede que la autonomía te resultara totalmente confusa e insufriblemente abrumadora. ¿Cómo consigue alguien en semejante estado de ánimo levantarse y marcharse después de que le hayan hecho creer que no podía funcionar sin la gracia del líder y el apoyo del grupo?

Los efectos de uno o varios de estos factores o condiciones pueden ser muy fuertes. La mayoría de las personas experimentan alguna combinación de los siguientes síntomas: (1) incapacidad para pensar con claridad o tomar decisiones, (2) pérdida de autoestima, (3) pérdida de confianza en sí mismas, (4) regresión a un estado mental infantil y dependiente, tras haber renunciado a diversos grados de autodeterminación, (5) desconfianza de sí mismas y/o del mundo exterior, y (6) incapacidad para actuar, sintiéndose paralizadas por el miedo. ¿Es de extrañar, entonces, que no te fueras antes?

Llegado ese momento, no es necesario que sigas castigándote por tu participación en la secta. En muchos sentidos, el autocastigo no es más que otra manifestación de los comportamientos de autoculpabilización que te enseñaron en el grupo. Quizá sea el momento de permitirte superarlo.

3 | Adoctrinamiento y resocialización

Los procesos de adoctrinamiento y conversión que se observan en muchas sectas se identifican de diversas maneras. Nos referiremos a esos innumerables procesos como «condicionamiento psicológico» o «programa de condicionamiento psicológico». En parte lo hacemos en deferencia al Dr. Robert Lifton, cuyo trabajo ha sido fundamental para nuestra comprensión de los procesos de influencia y control que son parte integral de las sectas.[1]

Hay diferencias fundamentales entre los programas de condicionamiento psicológico que usan las sectas y el tipo de condicionamiento social que emplean la mayoría de los padres y las instituciones sociales convencionales. Por regla general, los padres, las escuelas, las iglesias y otras organizaciones acreditadas no recurren a la coacción extrema ni al engaño ni a prácticas manipuladoras reñidas con la ética en sus métodos de enseñanza o formación. En la mayoría de los casos el propósito del condicionamiento social es incentivar a un niño a que se convierta en un adulto autónomo o formar y educar a una persona para que se desempeñe plenamente como integrante responsable de una organización o sociedad en particular.

Las sectas, por el contrario, llevan a cabo procesos concertados y dirigidos intencionalmente para adoctrinar a sus seguidores, a menudo con el objetivo de crear un «agente movilizado», un «verdadero creyente» o un adepto devoto que cumplirá de todo corazón y sin reservas las órdenes de la secta. Muchas sectas emplean la manipulación, el engaño y la persuasión explotadora para inducir en sus afiliados la dependencia, la conformidad, la obediencia rígida, el pensamiento atrofiado y el comportamiento infantil.

La influencia y la manipulación psicológica y social son parte de la naturaleza misma de la experiencia sectaria. A lo largo de los años se han utilizado diversas etiquetas para describir estos procesos. No suelo usar el término «lavado de cerebro» porque se malinterpreta y a menudo se asocia con exageraciones de la época del «Terror Rojo» en Estados Unidos. Una celda de una prisión o una sala de torturas se alejan demasiado de la sutileza y sofisticación de los sistemas de influencia y control de las sectas actuales.

El origen del término «lavado de cerebro» reside en una traducción deficiente de los caracteres chinos correspondientes a «manipulación cognitiva» o «reconfiguración cognitiva». Esos términos se referían a la campaña que llevó a cabo el presidente Mao Zedong desde los años veinte hasta los sesenta para reformar primero a su núcleo de seguidores y luego a la población de China.

Por desgracia, «lavado de cerebro» se ha convertido en un término problemático. En primer lugar, el público y algunos estudiosos han tendido a simplificar y distorsionar en exceso el análisis y la descripción del fenómeno que hace Lifton. Por otra parte, los apologistas de las sectas (principalmente estudiosos de la religión y de los nuevos movimientos religiosos) que defienden a las sectas por medio de acciones legales y en los medios de comunicación han conseguido, con cierto éxito, difamar el término y han intentado durante décadas censurarlo y desterrarlo del uso académico y común.

No obstante, el término «lavado de cerebro» es ampliamente entendido como una especie de devoción excesiva a una causa o a una persona, que se da en casos donde la persona que se dice que ha sufrido lavado el cerebro sufre o sufrió una influencia indebida por parte de otra persona o programa. En el ámbito académico, una obra que reúne años de investigación tanto en psicología social como en neurociencia (el estudio del cerebro) es *Brainwashing: The Science of Thought Control* («Lavado de cerebro: la ciencia del control del pensamiento»), de Kathleen Taylor, investigadora científica de la Universidad de Oxford (Inglaterra).[2] Quizá esta obra y otras en preparación ayuden a desmitificar el concepto y arrebatárselo a los detractores que pretenden negar que esas experiencias son reales.

En aras de la claridad también tiendo a no emplear el término «control mental», ya que no lo considero rigurosamente científico y me parece engañoso. Sin embargo, me doy cuenta de que mucha gente lo usa, entendiéndolo como sinónimo de «lavado de cerebro» o «reconfiguración cognitiva». Yo prefiero los términos «adoctrinamiento» y «reconfiguración cognitiva» que acuñó Lifton para describir los cambios deliberados y los resultados observados en su estudio de las prácticas coercitivas utilizadas con los prisioneros de guerra durante la guerra de Corea y en las universidades revolucionarias de la China comunista del presidente Mao. En ocasiones también utilizaré «persuasión coercitiva», un término introducido por el psicólogo social Edgar Schein en sus estudios realizados más o menos al mismo tiempo que los de Lifton.[3]

Para referirme al resultado del condicionamiento sociopsicológico en las sectas, prefiero el término «resocialización». En la mayoría de los casos el resultado es un cambio de visión del mundo, y la adopción de un nuevo sistema de creencias así como de los pensamientos, comportamientos y actitudes que lo acompañan. Estos cambios de visión del mundo suelen manifestarse en profundos cambios de personalidad, consecuencia de programas deliberados de influencia y control del comportamiento (es decir, adoctrinamiento). A menudo, los efectos de una conversión tan profunda son inquietantemente evidentes para la familia y los amigos que no forman parte de la secta. Después de unirse a una secta o a una relación sectaria, las personas tienden a alejarse de su vida anterior, adoptan nuevas creencias y valores, y en algunos casos se comportan de una manera muy diferente, incluso opuesta, a sus patrones de toda la vida.

Entender la reconfiguración cognitiva

Muchos sobrevivientes de sectas niegan selectivamente algunos aspectos de sus experiencias. Otros se enfadan y se resisten ante la mención de «control mental», «adoctrinamiento» o «lavado de cerebro». Sienten que es imposible que les hayan hecho algo así. Para el sentido de identidad de una persona resulta bastante perturbador contemplar la posibilidad de haber sido controlada o dominada. Los propios términos —«lavado de cerebro», «control mental», «adoctrinamiento»— suenan fuertes e irreales. Sin embargo, la única manera de que quienes dejaron una secta superen los efectos de la manipulación mental y el control sociopsicológico es enfrentar la realidad.

En su reconocido libro *Thought Reform and the Psychology of Totalism*, Lifton esboza los procesos sociopsicológicos utilizados para crear lo que él denomina «totalismo ideológico». Se trata de la unión del individuo y determinadas ideas, o la fusión del individuo con un conjunto concreto de creencias. A través de su investigación, Lifton descubrió que cada persona tiene una propensión a la «alineación emocional binaria». La combinación de esa tendencia con una ideología *de todo o nada* deriva en totalismo. Es una fórmula bastante infalible: rasgos individuales de carácter desmesurados más una ideología extremista equivalen a totalismo, una visión extrema del mundo. Y como escribe Lifton: «Donde existe totalismo, una religión, un movimiento político o incluso una institución científica se reducen a poco más que [una] secta».[4]

Lifton identifica ocho «mecanismos psicológicos» que utiliza como criterios para evaluar si una situación concreta califica como una secta totalista o como un «entorno de manipulación cognitiva». Cuanto más presentes estén estos mecanismos psicológicos, más restrictiva será la secta y más eficaz el programa de condicionamiento cognitivo.

Cada uno de los mecanismos que presenta Lifton desencadena un ciclo predecible: (1) el contenido prepara el terreno, (2) la justificación del contenido se basa en una creencia o filosofía absolutista, y (3) a causa del sistema de creencias extremista, una persona en un entorno de ese tipo tiene una reacción conflictiva y polarizada y se ve obligada a tomar una decisión. Inmersas en un entorno totalitario, la mayoría de las personas toman decisiones totalistas. El resultado de esa interacción social y psicológica es una «reconfiguración cognitiva», es decir, un cambio en la persona.[5] Aunque recomendamos al lector que lea la obra de Lifton en su totalidad, a continuación presentamos resúmenes de sus ocho mecanismos.

1. El *control del entorno* implica el control de toda la comunicación e información, lo que incluye el diálogo interior de cada seguidor. Eso establece lo que Lifton llama «autoconvencimiento definitivo», que significa que ya no es necesario esforzarse ni pensar sobre lo que es cierto o real. En última instancia eso elimina las dudas y evita el autocuestionamiento.
2. La *manipulación mística* es la reivindicación de una autoridad (divina, sobrenatural o de otro tipo) que afirma que el fin justifica los medios, porque el fin está determinado por un propósito superior. Ciertas experiencias se orquestan para que parezca que ocurren espontáneamente. Se le exige al adepto que se subordine al grupo o a la causa y que deje de cuestionar, porque ¿quién puede cuestionar el «propósito superior»? La expresión individual y las acciones autónomas desaparecen.
3. La *exigencia de pureza* es esencialmente una visión binaria del mundo en la que el líder es el árbitro moral supremo. Eso crea un clima de culpa y vergüenza, en el que se consideran normales los castigos y las humillaciones. También crea un entorno en el que los integrantes se espían y denuncian unos a otros. Al someterse a una exigencia de pureza imposible de cumplir, que además induce a la culpa, los afiliados pierden su orientación moral.
4. El *culto a la confesión* implica un acto de entrega y exposición total. El adepto pasa a ser *propiedad* del grupo. Ya no tiene un sentido del equilibrio entre valía y humildad y experimenta una pérdida de límites entre lo que es secreto (conocido sólo por el yo interior) y lo que conoce el grupo.
5. La *«ciencia sagrada»* describe la forma en que la doctrina del grupo se considera la Verdad Suprema. Aquí no se permiten preguntas. Esto refuerza el enclaustramiento intelectual e inhibe el pensamiento individual, la autoexpresión creativa y el desarrollo personal. La vida ya sólo puede percibirse a través del filtro de la doctrina dogmática «sagrada».
6. La *instrumentalización del lenguaje* es el uso de una jerga interna al grupo (y sólo comprensible por él). La limitación del lenguaje limita a la persona. La capacidad de pensar y sentir se reduce considerablemente. La imaginación deja de formar parte de las experiencias vitales y la mente se atrofia por el desuso.

7. La *doctrina por encima del individuo* es la negación del yo y de cualquier percepción que no sea la del grupo. Ya no existe la realidad personal. El pasado —tanto de la sociedad como del individuo— se altera para adaptarse a las necesidades de la doctrina. Así, se remodela al adepto, nace el individuo modelado por la secta y su sentido de integridad se pierde.
8. La *anulación de la existencia* es el proceso por el que el grupo se convierte en el árbitro supremo y todos los no creyentes pasan a ser considerados malvados o *no personas*. Si no pueden ser reclutados, entonces pueden ser castigados o incluso eliminados. Este proceso crea una mentalidad de «nosotros contra ellos» que genera miedo en los seguidores, quienes aprenden que la vida depende de la voluntad de obedecer. Es en este punto cuando los individuos se fusionan con las creencias del grupo.

En los programas efectivos de reconfiguración cognitiva, el yo básico (o la imagen fundamental de uno mismo) se ve socavado por la exigencia de transformación del grupo.[6] Los ataques al yo básico tienden a hacer que las personas se sientan inherentemente defectuosas. «Alterar el yo o perecer» es el lema no declarado de muchas agrupaciones que exigen este tipo de autotransformación extrema. El objetivo de estas agresiones íntimas es llevar a los miembros a identificarse y fusionarse con el grupo (o el líder). El resultado es que los miembros experimentan una ansiedad extrema por su valía personal e incluso por su propia existencia. En un entorno así los sentimientos de desintegración personal son habituales.

El yo fundamental de una persona se construye a lo largo de su vida y engloba todas las formas en que la persona aborda, reacciona y afronta las emociones, las relaciones y los acontecimientos. Cada persona desarrolla mecanismos psicológicos de defensa que utiliza para percibir, interpretar y lidiar con la realidad. El ataque sistemático al yo fundamental rompe el equilibrio interno de la persona y su percepción de la realidad. Para algunos —señala la Dra. Margaret Singer— «la vía más sencilla para reconstituir el yo y recuperar nuevamente el equilibrio es "identificarse con el agresor" aceptando la ideología de la figura de autoridad que ha sumido a la persona en un estado de profunda confusión». En efecto, la nueva ideología (teoría psicológica, sistema espiritual, etc.) funciona como un mecanismo de defensa [...] y evita que el individuo tenga que inspeccionar de forma directa emociones del pasado que pueden resultarle abrumadoras».[7]

Reconocer este ataque a la estabilidad psicológica y a los mecanismos de defensa de una persona es fundamental para entender por qué algunas sectas logran una aceptación tan rápida y dramática de su ideología y por qué las sectas pueden engendrar dificultades psicológicas y otros problemas de adaptación. El objetivo de un programa de reconfiguración cognitiva es cambiar la esencia misma de un ser humano de modo que adopte una determinada ideología, doctrina o líder, y se adapte y comporte en consecuencia. Una vez lograda esa hazaña, la conformidad u obediencia del adepto o de la pareja (en el caso de las relaciones abusivas) suele estar garantizada.

Pautas para un programa de condicionamiento psicológico

¿Qué tipo de entornos se prestan a tales manipulaciones psicológicas? Según la Dra. Singer, ciertas condiciones potencian los intentos de captación, adoctrinamiento, retención y control. Esas condiciones son las siguientes:

- Mantener a la persona inadvertida de lo que ocurre y de cómo se la va alterando paso a paso
- Controlar el entorno social y/o físico de la persona, sobre todo su tiempo
- Crear persistentemente una sensación de impotencia
- Manipulación de un sistema de recompensas, castigos y experiencias para inhibir comportamientos que reflejen la identidad anterior de la persona
- Manipular un sistema de recompensas, castigos y experiencias para promover la ideología y creencias del grupo, así como los comportamientos aprobados por éste
- Plantear un esquema lógico cerrado y una estructura autoritaria que no permita la retroalimentación y que no pueda modificarse salvo por aprobación de la dirección o por orden ejecutiva.[8]

En aras de la claridad, hay que distinguir entre un programa de condicionamiento psicológico y una secta. Una secta es un sistema social (grupo, relación o familia) con una estructura de poder desequilibrada, un esquema de creencias trascendental y mecanismos estructurales y sociales de influencia y control. Normalmente una secta tiene su origen en un líder autoproclamado que afirma tener una visión o unos conocimientos especiales que compartirá con el adepto si este lo sigue y le entrega su facultad de tomar decisiones. Por otro lado, un programa de condicionamiento psicológico hace referencia a procesos y presiones sociopsicológicas que provocan los cambios de comportamiento deseados en diversos contextos. Aunque el establecimiento de un programa de condicionamiento psicológico no implica necesariamente que se trate de una secta, casi todas las sectas emplean algún tipo de modificación de mentalidad para influir y controlar a sus adeptos.

Las sectas pueden utilizar los siguientes métodos, entre otros, para avanzar en su proceso de adoctrinamiento, o programa de condicionamiento psicológico:

- Disociación inducida y otros estados alterados (hablar en lenguas, cánticos, inducción al trance mediante afirmaciones repetidas, periodos prolongados de meditación, largas sesiones de denuncia, juicios públicos, sesiones de críticas centradas en un individuo, abusos sexuales, torturas, etc.).
- Control de la información entrante y saliente del entorno del grupo
- Aislamiento de familiares y amigos
- Control de los recursos económicos de los integrantes
- Privación de sueño y alimentos
- Presión social y jerárquica
- Extensas sesiones de adoctrinamiento (a través de estudios bíblicos, escritos o discursos del líder, formación política, formación en ventas o clases de autoconocimiento)
- Rigurosas medidas de seguridad y normas cotidianas

No todos los grupos emplean todas estas técnicas. Una secta terapéutica, por ejemplo, puede resultar bastante eficaz utilizando solo algunas de ellas (junto con el encanto de un terapeuta manipulador). Algunas sectas pueden no tener necesidad de utilizar el aislamiento, la dieta inadecuada o la fatiga para ejercer control sobre sus afiliados. La mayoría de los líderes de sectas incorporan una selección de técnicas de modificación de mentalidad y las emplean según sea necesario para adoctrinar y controlar a sus seguidores.

Hoy vemos pruebas de este tipo de condicionamiento sociopsicológico en la formación de terroristas y perpetradores de atentados suicidas. El profesor de psicología Anthony Stahelski escribe: «Los investigadores del terrorismo han llegado en general a la conclusión de que la mayoría de los terroristas no son inicialmente psicópatas, que la mayoría de los terroristas no son obvia ni sistemáticamente enfermos mentales y que todavía no se ha identificado un patrón de personalidad terrorista universal».[9] En la formación de terroristas se ha identificado un programa de condicionamiento social de cinco fases, que incluye despojar a los militantes de sus identidades e identificar a los enemigos como perversos e inhumanos.[10] Esto no difiere mucho de lo que ocurre en las sectas; sin embargo, en la mayoría de los casos, las acciones emprendidas (o promovidas) contra los «enemigos» de una secta no son tan graves como las que llevan a cabo los terroristas (aunque hay algunos puntos en común).

Como señala Singer, tras la exposición a este tipo de influencia indebida, un adepto a una secta puede «parecer una versión mental y emocionalmente constreñida de su antiguo yo».[11] No es extraño, por tanto, que familiares y amigos expresen su preocupación cuando un ser querido se une a un grupo excesivamente controlador o se relaciona con un individuo carismático o manipulador y comienza a evidenciar cambios sorprendentes de personalidad y conducta. Como tampoco lo es que una persona que se libera de una relación de ese tipo requiera de un periodo de recuperación.

Conversión a una secta: Engaños, dependencia y temor

Algunos de los primeros investigadores en estudiar el uso de técnicas de reconfiguración cognitiva en la China comunista y durante la guerra de Corea fueron testigos de conversiones drásticas de creencias, que atribuyeron a lo que denominaron el «síndrome DDT», es decir, la creación de un estado de debilidad, dependencia y temor en las personas sometidas a los procesos de cambio orquestados.[12] Lifton, Schein y otros demostraron más tarde que la debilidad (por ejemplo, la coerción física real), en realidad no era un ingrediente necesario para lograr la conversión.[13] De ahí que actualmente se hable de un síndrome DDT modificado que describe lo que se suele ver en las sectas de hoy en día: engaño, dependencia y temor.[14]

Engaño

Las sectas contemporáneas recurren a medios de persuasión corrientes, aunque a menudo sutiles. Algunas sectas recurren al engaño en el proceso de reclutamiento y/o a lo largo del periodo de afiliación. En esos casos el verdadero propósito, las creencias y los objetivos finales del grupo no se explican con claridad a los reclutas o afiliados, especialmente en los niveles más bajos. Las sectas pueden utilizar clases de meditación, escuelas de informática, clínicas de salud, programas de telemarketing, empresas editoriales, ofertas financieras, seminarios empresariales, empresas inmobiliarias, grupos de estudio de la Biblia, grupos de estudio político, sitios de Internet y grupos universitarios como organizaciones «fachada» para atraer a posibles adeptos.

Aunque la mayoría de las sectas suelen apelar a los deseos normales de la gente común, su reclutamiento tiende a potenciar esos anhelos mediante una especie de período ritual de cortejo. Se seduce al posible devoto con la promesa de una recompensa, ya sea realización personal, conocimientos especiales, crecimiento espiritual, satisfacción política, salvación religiosa, compañía para toda la vida, riqueza, prestigio, poder o lo que más anhele la persona en cuestión en ese momento. Esa conexión con los anhelos más íntimos de una persona es el «anzuelo» del reclutamiento. En cierto modo el líder de la secta se convierte en el genio de la lámpara mágica que promete hacer realidad esos anhelos. En algunos casos el engaño arraiga durante esa fase inicial de captación. En otros entra en juego después de que la persona se haya comprometido plenamente con el grupo.

Dependencia

La etapa de reclutamiento y los primeros días de afiliación a una secta se conoce comúnmente como «fase de luna de miel». A modo de incentivo se suele conceder uno de los deseos del recluta. Una vez concedido tal favor el recluta se siente profundamente en deuda con el grupo, y espera que corresponda (esta acción ilustra «el principio de reciprocidad» de Cialdini comentado anteriormente).

Mientras tanto, se insta a los reclutas y nuevos afiliados a compartir o confesar sus secretos más profundos, sus debilidades y sus miedos, a abrirse a que los líderes de la secta indaguen en su intimidad. A los futuros devotos se les marca el ritmo cuidadosamente a lo largo del proceso de conversión. Se les ofrece apenas la información necesaria para captar su interés. En algunos casos se los engaña o se los coacciona psicológicamente (normalmente a través de la culpa, la vergüenza o el temor) para que se comprometan más con el grupo o la relación. Generalmente no se los presiona al punto de incomodarlos demasiado, para no despertar sospechas.

Para cultivar la dependencia en el recluta, los militantes veteranos pueden modelar patrones de comportamiento deseables para el nuevo integrante, de modo que éste pueda comprobar las recompensas, el reconocimiento y la aceptación que genera dicha conducta. Eso proporciona evidencia social de los méritos y ventajas del nuevo sistema de creencias. La superioridad del grupo queda firmemente establecida mediante la combinación de la presión social y los constantes recordatorios de las debilidades y vulnerabilidades del nuevo integrante. Este empieza a confiar en el grupo o en el líder para su bienestar futuro y una vez logrado eso, el grupo puede llevarlo a adoptar comportamientos y patrones ideológicos que satisfagan las necesidades de la secta.

A partir de ese momento la coerción psicológica se incrementa mediante prácticas como meditación intensificada, cánticos, extensas sesiones de oración, hipnosis, privación del sueño y otras técnicas de alteración mental diseñadas para manipular, influir y controlar. Al mismo tiempo, el adoctrinamiento en la «ciencia sagrada» del grupo continúa con largas sesiones de estudio, conferencias, actividades grupales y seminarios que consumen mucho tiempo. Se insta a los nuevos afiliados a declarar su lealtad al grupo o a la ideología y a aislarse cada vez más de su forma de pensar anterior. Pronto el nuevo integrante acepta la definición del grupo sobre lo que es correcto e incorrecto y se convierte a la causa.

La secta impone ahora expectativas y exigencias aún mayores. Se hace cada vez mayor hincapié en las debilidades y fracasos del nuevo adepto a la vez que se ignoran sus virtudes. No se tolera nada que no implique dedicación total. El grupo o el líder se posicionan como infalibles. Las dudas y la disidencia se desalientan activamente, cuando no se castigan.

Con el propósito de reprimir la así llamada personalidad o previo estilo de vida maligno del recluta, el grupo fomenta activamente una mayor participación en actividades grupales y en prácticas de alteración mental aún más intensas. Ya sea por prohibición del grupo o por considerarlo un acto de autoprotección, se restringe el acceso a información externa y se disuade al nuevo afiliado de cultivar contactos de su vida anterior, sobre todo con familiares o amigos íntimos. Tales interacciones podrían evidenciar conflictos entre las nuevas creencias y las antiguas, y alterar los frágiles fundamentos necesarios para garantizar la adhesión al grupo.

Temor

Las enseñanzas de la secta gradualmente insinúan un sentimiento de temor en el recluta que lo aísla aún más e impide su deserción del grupo. Esto se logra aumentando la dependencia del grupo mediante exigencias crecientes, críticas y humillaciones cada vez más intensas y, en algunos casos, amenazas sutiles o manifiestas de castigo (físico, espiritual, emocional o sexual). Hasta los bebés y los niños pueden ser considerados responsables de las infracciones más pequeñas y obligados a ajustarse a las exigencias del grupo a pesar de su edad. El temor también se intensifica una vez que los miembros pasan a depender, aunque sea parcialmente, del grupo o se alejan cada vez más de su antigua red de soporte.

Muchos grupos utilizan métodos eficaces de control social, como las amenazas de excomunión, el rechazo y el abandono por parte del grupo. Si una persona está completamente alejada del resto del mundo, permanecer en el grupo parece ser la única opción. Los integrantes llegan a tener miedo de perder lo que consideran el apoyo emocional, psicológico y social del grupo, independientemente de lo controlador o debilitador que este pueda ser.

Otra técnica para provocar temor es la inducción de fobias. Muchas sectas transmiten mensajes fóbicos, como los siguientes: «Si te vas, estarás condenado a innumerables ciclos de encarnación», «te volverás loco o morirás si dejas el grupo», «te quedarás en la ruina y no encontrarás la forma de sobrevivir», «estás condenado al fracaso o a terribles accidentes si no obedeces», «si dejas esta iglesia, estás abandonando a Dios», «si te sales, ocurrirán trágicos sucesos en la vida de tus seres queridos», etcétera. Muchos grupos totalistas utilizan la evocación de fobias como medio de control y dominación, y es una forma bastante eficaz de evitar que se desvíen los afiliados dubitativos. La inevitable internalización de esos miedos es bastante profunda.

Los tres principales elementos que sustentan el control coercitivo son la dependencia, la debilidad y el temor. Estos pueden generarse mediante el uso de 8 técnicas sociopsicológicas.

Técnicas de Influencia y Control Coercitivo Utilizadas por las Sectas
Adaptado de los Principios del Sociólogo Albert Biderman, también conocido como el Diagrama de Coerción de Biderman de 1957, extraído de Métodos Coercitivos Comunistas para Doblegar Psicológicamente a un Individuo

Método General	Efectos (Propósitos)	Variantes
1. Aislamiento	Priva a la víctima de todo apoyo social que refuerce su capacidad de resistir. Desarrolla una intensa preocupación por sí mismo. Hace que la víctima dependa del interrogador.	Confinamiento solitario completo. Aislamiento completo. Semi aislamiento. Aislamiento grupal.
2. Monopolización de la Percepción	Fija la atención en la situación inmediata. Fomenta la introspección. Elimina los estímulos que compiten con los controlados por el captor. Frustra toda acción que no sea acorde con la obediencia.	Aislamiento físico. Oscuridad o luz brillante. Entorno estéril. Movimiento restringido. Comida monótona.
3. Debilitación y Agotamiento Inducidos	Debilita la capacidad mental y física para resistir.	Semi inanición. Exposición. Explotación de heridas. Enfermedad inducida. Privación del sueño. Restricción prolongada. Interrogatorio prolongado. Escritura forzada. Sobre exigencia.
4. Amenazas	Fomenta la ansiedad y la desesperación.	Amenazas de muerte. Amenazas de no salir. Amenazas de interrogatorio y aislamiento sin fin. Amenazas contra la familia. Amenazas vagas. Cambios misteriosos de tratamiento.
5. Indulgencias Ocasionales	Proporciona motivación positiva para la obediencia. Dificulta la adaptación a la privación.	Favores ocasionales. Fluctuaciones en la actitud del interrogador. Promesas. Recompensas por obediencia parcial. Seducción.
6. Demostración de "Omnipotencia" y "Omnisciencia"	Sugiere la inutilidad de la resistencia.	Confrontación. Simulación de que la cooperación se da por sentada. Demostración de control total sobre el destino de la víctima.
7. Degradación	Hace que el costo de la resistencia sea más perjudicial para la autoestima que la rendición. Reduce al prisionero a preocupaciones de "nivel animal".	Prevención de la higiene personal. Entornos sucios e infestados. Castigos humillantes. Insultos y burlas. Negación de privacidad.
8. Imposición de Demandas Triviales	Desarrolla hábitos de obediencia.	Escritura forzada. Aplicación de reglas minúsculas.

El doble vínculo

La eficacia de un programa de reconfiguración cognitiva también puede mejorarse mediante el uso de la técnica del «doble vínculo». Este callejón emocional sin salida se define en Merriam-Webster como un «aprieto psicológico en el que una persona [normalmente dependiente] recibe de una misma fuente mensajes contradictorios que no le permiten dar una respuesta adecuada».[15] A menudo, un adepto a una secta se enfrenta al menosprecio haga lo que haga. El doble vínculo transmite un mensaje de desesperanza: hagas lo que hagas, sales perdiendo.

Los sistemas sectarios de influencia y control suelen diseñarse para generar conformidad y obediencia. Exigen una respuesta y la tienen. El doble vínculo, sin embargo, no tiene respuesta. El devoto es criticado haga lo que haga. He aquí un ejemplo:

> Jackson D. pertenecía a una secta política de izquierdas que enseñaba a sus militantes a «tomar la iniciativa dentro de los límites de la disciplina». Esto significaba que debían aplicar toda su creatividad e inteligencia a cualquier situación en la que se encontraran sin violar las estrictas normas y políticas del grupo. Esta regla permitía a los líderes criticar constantemente a los seguidores, pues cualquier comportamiento independiente podía considerarse fuera de los límites de la disciplina y, sin embargo, no actuar en una situación determinada podía ser tachado de pusilanimidad, cobardía o pasividad.
>
> En una manifestación frente al gobierno del municipio para protestar por un recorte salarial a los trabajadores municipales, Jackson vio acercarse al alcalde. Creyéndose un valiente militante dispuesto a defender la postura de su organización, Jackson se dirigió directamente al alcalde y le preguntó qué iba a hacer con los recortes salariales. Cuando se informó de esta acción a la jefa del grupo, ésta montó en cólera y ordenó que se criticara duramente a Jackson por incumplir la disciplina, ser egocéntrico, promocionarse sólo a sí mismo e intentar hacerse con el poder. Una semana después, Jackson fue enviado a otro piquete, donde se esperaba que apareciera un jefe sindical. El líder le dijo a Jackson que más le valía estar preparado para enfrentarse al jefe sindical. «¿Sobre qué?» preguntó Jackson, temblando. «¡Sabes muy bien de qué se trata!», exclamó su jefa.

Como ilustra este ejemplo, los dobles vínculos intensifican la dependencia al inyectar un elemento adicional de imprevisibilidad en la vida de los adeptos a la secta. En consecuencia, nunca pueden llegar a sentirse del todo cómodos. El miedo les impide cuestionar a aquellos de los que se han vuelto dependientes.

Cuando esta táctica tiene éxito los afiliados son incapaces de salir del estado de dependencia. Pasan la mayor parte del tiempo andando con pies de plomo, sabiendo que deben actuar, pero temiendo que cualquier acción pueda acarrear una reprimenda, un castigo o algo peor. Vivir con manipulaciones tan flagrantes y mensajes contradictorios puede hacer que alguien se sienta como si estuviera volviéndose loco, aumentando así el estrés continuo de la vida en la secta.

Formación de la identidad sectaria

La siguiente lista de los doctores West y Singer incluye prácticas y comportamientos que suelen formar parte del adoctrinamiento exitoso de una secta. Cada elemento contribuye al control y a la posible explotación del individuo:

- Aislamiento del recluta y manipulación de su entorno inmediato
- Control de sus canales de comunicación y fuentes de información
- Debilitamiento causado por una dieta deficiente y fatiga
- Degradación o disminución del ego
- Inducción de incertidumbre, miedo y confusión, con el objetivo de que los adeptos se entreguen al grupo apelando a la alegría y la certidumbre
- Alternancia de dureza e indulgencia en un contexto disciplinario
- Presión social, a menudo aplicada a través de sesiones ritualizadas de dilemas internos, con el objeto de generar culpabilidad y exigir confesiones públicas
- Insistencia por parte del líder aparentemente omnipotente y/o de los líderes de nivel medio en que la supervivencia del recluta —física o espiritual— depende de su identificación con el grupo
- Asignación de tareas monótonas o actividades repetitivas, como cantar o copiar materiales escritos a mano
- Actos de traición simbólica y renuncia a uno mismo, a la familia y a los valores anteriores, diseñados para aumentar la distancia psicológica entre el recluta y su anterior modo de vida.[16]

Los efectos de vivir en esas condiciones pueden ser graves. En algunos casos, señalan West y Singer, «a medida que pasa el tiempo, el estado psicológico del afiliado puede deteriorarse. Se vuelve incapaz de pensar de forma compleja y racional; sus respuestas a las preguntas se vuelven estereotipadas; le resulta difícil tomar incluso decisiones sencillas sin ayuda; su juicio sobre los acontecimientos del mundo exterior se ve afectado. Al mismo tiempo puede haber tal reducción de su capacidad de discernimiento que no se dé cuenta de lo mucho que ha cambiado».[17] El resultado del proceso de conversión puede describirse de la siguiente manera:

> Después que el converso se compromete con la secta, su forma de pensar, sentir y actuar se convierte en algo natural, mientras que aspectos importantes de su personalidad anterior a la secta se suprimen o, en cierto sentido, decaen por el desuso. Si se permite que irrumpan en la conciencia, los recuerdos reprimidos o las dudas persistentes pueden generar ansiedad, lo que a su vez puede desencadenar una inducción defensiva al trance, como hablar en lenguas, para proteger el sistema de pensamientos, sentimientos y comportamiento impuesto por la secta. La persona puede funcionar adecuadamente, al menos en un nivel superficial. Sin embargo su adaptación continua depende de que mantenga reprimidas sus antiguas formas de pensar, objetivos, valores y apegos personales.[18]

Duplicación

Se requiere un cambio drástico de identidad para que una persona se adapte al alto grado de disonancia cognitiva que puede haber en una secta. Lifton identificó este mecanismo de adaptación como «duplicación». La duplicación es la formación de un «segundo yo» que convive con el anterior, a menudo durante un tiempo considerable. Según Lifton, la duplicación es un fenómeno universal que refleja la capacidad de cada persona de adoptar un yo dividido o tendencias opuestas en el yo. «Pero» —escribe— «ese yo opuesto puede tornarse peligrosamente desenfrenado, como ocurrió con los médicos nazis [...] Ese yo opuesto puede convertirse en el usurpador desde dentro y sustituir al yo original hasta hablar por la totalidad de la persona».[19]

Durante el reclutamiento y la permanencia en la secta se exhorta a los adeptos a renunciar a su individualidad (sus identidades y egos) y a ser absorbidos por la identidad del grupo. En algunas sectas de meditación orientales este acto de sumisión se ilustra con la metáfora de teñir la túnica una y otra vez hasta que sea del mismo color que la del gurú: la idea es que emulando al gurú e imitando su comportamiento se acaba mimetizándose con el Maestro. En otras sectas esta unidad o estado de totalismo se consigue mediante otros tipos de instrucción y condicionamiento. Las técnicas de manipulación mental para inducir estados alterados también sirven para apoyar el desarrollo y la aparición de lo que algunos han llamado «la personalidad sectaria». Bajo el estrés de cumplir con las exigencias de la secta los afiliados desarrollan nuevas identidades. Algunos investigadores han identificado la aparición de ese personaje como una «seudo personalidad»,[20] una adaptación que le permite al individuo, a través de ella, llevar a cabo actividades impuestas por la secta que normalmente irían en contra de sus valores, como mendigar, la promiscuidad sexual, mentir, renunciar a la atención médica que necesite o participar en actividades violentas o delictivas.

Ya sea que lo llamemos duplicación, personalidad sectaria o seudo personalidad, este fenómeno contribuye a explicar por qué no existe un desacuerdo aparente entre los sistemas de valores opuestos de la personalidad de la secta y la personalidad del individuo antes de unirse a la misma. La primera sonríe benignamente porque la segunda está bien atada y amordazada, encerrada en una jaula de miedo. En pocas palabras, ayuda a explicar por qué personas decentes y racionales pueden acabar haciendo cosas indecentes e irracionales. Esta capacidad de adaptación también se ha reconocido como parte integrante de la psique humana. En ocasiones puede salvar vidas, como la de un soldado en combate.[21] Este aspecto de la duplicación que puede salvar vidas es crucial para comprender al adepto a una secta, cuyas adaptaciones de personalidad son tanto un requisito impuesto por la misma como un mecanismo de supervivencia.

Como ya se ha explicado, el objetivo de la reconfiguración cognitiva es que el sujeto se mimetice con el ideal. En las sectas, los límites del ego personal desaparecen a medida que los afiliados empiezan a vivir para el grupo o la ideología. Ese cambio de identidad, a menudo acompañado de acciones como dejar los estudios, cambiar de trabajo, evitar a la familia y abandonar a los viejos amigos, intereses y aficiones es lo que tanto alarma a las personas que ven cómo un familiar o amigo se ve totalmente consumido por la vida sectaria.

Es posible que muchos de los que abandonan una secta ni siquiera sean conscientes de hasta qué punto han adoptado una nueva identidad, y que al igual que sus familiares y amigos, se sientan desconcertados por sus propios comportamientos y sentimientos incoherentes. Eso puede hacer que algunos antiguos afiliados se sientan aún más aislados y frustrados porque intuyen que algo anda muy mal, pero no saben qué ni cómo. Desgraciadamente, durante el reclutamiento, a muchos futuros adeptos a una secta no se les informa que pueden producirse cambios tan profundos y devastadores.

Escribí este poema aproximadamente un año después de abandonar la secta. El Partido Democrático de los Trabajadores era una secta política de izquierdas, dirigida por una mujer, en la que estuve más de diez años, la mayor parte de ese tiempo en altos cargos de dirección.

> **Sin título**
>
> *Supongo que lo peor de todo*
> *fue lo que le hicieron a mi cerebro.*
> *Tomaron mi cerebro*
> *junto con mis sentimientos,*
> *mi control*
> *mi pasión y mi amor.*
>
> *Tomaron mi cerebro y me convirtieron en algo*
> *que yo no quería ser.*
> *Perdí de vista el sentido.*
> *Me hundí en la locura.*
> *Perdí el control de mí misma,*
> *el respeto por mí misma.*
> *Mi yo.*
>
> *Quería forjar un mundo mejor.*
> *Estaba dispuesta a luchar por eso,*
> *dispuesta a sacrificarme.*
> *Pero me despojaron de mi alma,*
> *la dieron vuelta de adentro para afuera.*
> *Me convirtieron en algo*
> *distinto a lo que quería ser.*
> *Y supongo que lo peor de todo*
> *es que hice lo mismo con otros*
> *iguales que yo.*

Opciones delimitadas: el dilema del creyente auténtico

Basándome en mis más de 30 años de investigación, mi propia experiencia en una secta y mi estudio comparativo a profundidad de dos sectas (el Partido Democrático de los Trabajadores y Heaven's Gate), desarrollé un nuevo modelo para ayudar a explicar la mentalidad sectaria, en particular la preocupante cuestión de por qué algunos integrantes de sectas se comportan o actúan de formas que parecen irracionales, perjudiciales o contrarias a sus propios intereses. La siguiente información procede de mi libro *Bounded Choice:*

True Believers and Charismatic Cults («Elección delimitada: los verdaderos creyentes y las sectas carismáticas»).[22]

Mi marco de referencia, que consta de cuatro partes (autoridad carismática, sistema de creencias trascendente, sistemas de control y sistemas de influencia) puede ayudarte a entender cómo en un grupo totalista todo tiende a encajar como un rompecabezas tridimensional. Todos los acontecimientos —incluidos los del mundo exterior— encajan perfectamente en el esquema del líder y muy pocas cosas suceden por casualidad; al menos eso parece. Todo se interpreta para que coincida con la visión absolutista del líder sobre el mundo, incluida la reformulación de la vida personal del líder y de sus afiliados. A veces la ideología del grupo se llega a modificar para adaptarse a los nuevos tiempos o a sucesos concretos: por ejemplo, las profecías fallidas fueron explicadas por los líderes de los Testigos de Jehová, que con el tiempo también cambiaron los edictos relativos a las vacunas, los trasplantes de órganos y las transfusiones de sangre. Los primeros mormones cambiaron su postura sobre la poligamia y otras prácticas sospechosas, así como sus políticas sobre la inclusión de afiliados no blancos.

Marshall Applewhite, el líder de *Heaven's Gate*, tuvo que cambiar la visión de ese grupo sobre cómo «abandonarían la Tierra» después de que su correligionaria muriera de una enfermedad específicamente terrenal, cáncer. La certeza de ser recogidos por naves espaciales había quedado en tela de juicio, por así decirlo. Otro resultado probable de la muerte de su compañera fue que Applewhite (y por tanto el grupo) cambiara su postura sobre el suicidio. Inicialmente los dos líderes juraron estar en contra del suicidio, insistiendo en que ni ellos ni sus pretendidos alumnos se quitarían jamás la vida. Más bien experimentarían una metamorfosis física (un cambio de forma) antes de ascender al «Siguiente Nivel». Aquella metamorfosis nunca se produjo, pero sí el suicidio en masa.

En las estructuras de poder sectarias, con sus sistemas de influencia y control, tanto el líder como los afiliados tienen una función. Para ti —el adepto— el objetivo es alcanzar un ideal imposible y recriminarte continuamente por no lograrlo. Mientras tanto, el objetivo del líder es perfeccionar un cuerpo de seguidores que se esfuercen constantemente por alcanzar ese ideal imposible y le rindan culto en todo momento. Cuando el proceso funciona, tanto los líderes como sus seguidores quedan atrapados en lo que llamo una «realidad delimitada», es decir, un sistema social hermético en el que cada aspecto y cada actividad reconfirman su validez. No hay lugar para información que lo desmienta, ni para otras formas de pensar o de ser.[23] Este es un ejemplo del proceso que Schein identificó como «persuasión coercitiva».[24]

En este contexto, las decisiones personales se convierten en decisiones colectivas ejercidas por el líder, ya que nadie más está calificado ni tiene autoridad para tomarlas. Las decisiones personales, cuando surgen, se formulan y quedan delimitadas dentro del marco de referencia hermético y la forma de deliberación de la secta, que siempre prioriza la organización. Además, esas decisiones se ven obstaculizadas o limitadas por la constricción de los patrones mentales de cada afiliado, quienes, una vez más, siempre anteponen la organización a todo lo demás. Ese es el fundamento del concepto de opciones delimitadas.

Como consecuencia del éxito del adoctrinamiento y la resocialización, en cierta forma el individuo se convierte en un microcosmos del sistema hermético en el que está inmerso. Entra en lo que Lifton identificó como «el estado de reclusión personal», es decir, la reclusión del yo dentro de ese sistema hermético.[25] Eso se convierte en una trampa psicológica. El estado mental de reclusión que supone el objetivo máximo de la vida sectaria es profundamente restrictivo, dado que el devoto se cierra, tanto al mundo exterior como a su propia vida interior.

En un sistema sectario los límites del conocimiento se cierran herméticamente y se refuerzan mediante la resocialización, el uso de la ideología y la institucionalización de controles sociales.[26] La finalidad de este profundo cambio de visión del mundo es la reconstrucción de la personalidad. La finalidad última es conseguir que el devoto se identifique con «el agente socializador»[27] —el líder de la secta, el patriarca o la matriarca de la secta, o la pareja controladora y maltratadora, según el caso. El resultado deseado es un nuevo yo (la persona moldeada por la secta) cuyas acciones estarán dictadas por la «voluntad imaginada» de la figura autoritaria.[28] Dicho de otro modo, no es necesario que el líder carismático u otros integrantes del grupo estén presentes para decirle a un seguidor lo que tiene que hacer; más bien, una vez internalizadas las doctrinas y adoptado su punto de vista, el fiel y leal seguidor sabe exactamente lo que debe hacer para mantenerse en el favor del líder omnisciente y omnipotente.

Al fiel seguidor le basta con «imaginar» qué acciones emprender, sabiendo que actuará dentro de los límites de la realidad de la secta, porque en cierto sentido su yo se ha fusionado con el líder y el grupo. ¿Qué otra realidad existe? Lo único que el adepto ya no puede imaginar es la vida fuera del grupo. Es decir, el afiliado a la secta está constreñido por sanciones externas (reales o imaginarias) e internalizadas. Para entonces las opciones que quedan son "delimitadas". Aunque son opciones, no son libres. Son opciones de vida o muerte, en sentido figurado, y en algunos casos en sentido literal.

Este dilema sociopsicológico, estas opciones delimitadas, contribuyen en gran medida a entender por qué es tan difícil abandonar una secta o una relación abusiva. Tras considerar todo lo que hemos presentado aquí, esperamos que te resulte más fácil entender por qué te quedaste, por qué hiciste lo que hiciste y por qué creíste lo que creíste. Te viste envuelto por una poderosa combinación de fuerzas que eran totalistas, manipuladoras y perjudiciales. Mientras no consigas comprender la magnitud de esa situación, seguirás dudando de ti mismo en lugar de darte una tregua. A nadie le gusta admitir que estuvo bajo la influencia de otra persona (o que fue engañado), pero a menos que lo hagas es probable que sigas castigándote innecesariamente.

Esto no quiere decir que no tuvieras responsabilidad personal por tus acciones; claro que la tenías, como todos (a menos que nos apunten con una pistola a la cabeza). Pero actuabas bajo la presión de lo que jurídicamente se conoce como «influencia indebida», y en algunos casos, puede que te hayan engañado por completo. No te quitaron el libre albedrío, pero sí lo distorsionaron y limitaron.

En cuanto a tu salida, sólo cuando te hiciste lo bastante fuerte como para darte cuenta de que podías abandonar el sistema social sectario en el que vivías pudiste empezar a liberarte, y a dar finalmente el salto. Ahora te enfrentas al reto de cambiar otra vez tu visión del mundo, esta vez por decisión propia.

4 El líder de la secta

Cuando alguien abandona una relación sectaria negativa o dañina, a menudo se pregunta: «¿Por qué alguien (mi líder, mi pareja o mi maestro) me haría algo así? Cuando el engaño y la explotación se hacen evidentes, puede resultar difícil aceptar la enorme injusticia de la victimización y el abuso. Con frecuencia los antiguos miembros de una secta tienen dificultades para ordenar sus experiencias y tienden a culparse a sí mismos. No comprenden inmediatamente el papel vital del líder de la secta y a veces se muestran reacios a responsabilizar al líder de ciertos comportamientos, acciones y consecuencias.

No se puede explorar ni comprender a fondo una secta sin entender a su líder. Los psicólogos Edward Levine y Charles Shaiova señalan que la formación de una secta, sus métodos de proselitismo y de influencia y control «están determinados por ciertas características destacadas de la personalidad del líder de la secta...». Estos individuos son personalidades autoritarias que intentan compensar sus profundos e intensos sentimientos de inferioridad, inseguridad y hostilidad formando grupos sectarios principalmente para atraer a aquellos a quienes pueden coaccionar psicológicamente y mantener en un estado pasivo-sumiso, y secundariamente para utilizarlos para aumentar sus ingresos [estatus u otros beneficios]».[1]

Al examinar los motivos y las actividades de los líderes sectarios, resulta dolorosamente obvio que la vida en una secta rara vez es placentera para sus adeptos, ya que el desequilibrio de poder inherente a las mismas engendra injusticias y abusos de todo tipo. Como defensa ante la profunda ansiedad que conlleva esa sensación de impotencia, muchas personas en sectas y relaciones abusivas adoptan una postura de autoinculpación. Habitualmente, esta actitud de autodesprecio se ve reforzada por el mensaje egocéntrico del grupo, que proclama que los seguidores nunca son lo bastante buenos y son responsables de todo lo que sale mal.

Una parte importante del proceso de recuperación psicoeducativa es desmitificar el poder del líder de la secta. Este examen del poder es fundamental para conseguir una verdadera libertad e independencia del control del líder. El proceso comienza con algunas preguntas básicas: ¿Quién era esa persona que decía ser Dios, omnisciente, todopoderoso? ¿Qué conseguía con esa mascarada? ¿Cuál era el verdadero objetivo del grupo (o de la relación)?

En las sectas y en las relaciones abusivas, las personas en posiciones de subordinación suelen terminar por asumir la responsabilidad de los abusos que sufren, como si merecieran el trato vejatorio o como si este fuera para su propio bien. A veces se obstinan en creer que son malas en lugar de considerar que la persona en quien confían no es digna de crédito, es poco fiable o es cruel. Sencillamente les resulta demasiado aterrador enfrentarse a la verdad: esto amenaza el equilibrio de poder y conlleva el riesgo del rechazo total, la pérdida o, incluso, la muerte de sí mismos o de seres queridos. Esto explica por qué un miembro de una secta maltratado o explotado puede desencantarse de la relación o el grupo y, sin embargo, seguir creyendo en las enseñanzas, la bondad y el poder del líder. O, al menos, seguir bajo la influencia del líder.

Aun después de abandonar el grupo o la relación, muchos ex adeptos arrastran una carga de culpa y vergüenza, pero siguen considerando a su antiguo líder como una figura paternal, bondadosa o hasta divina. Esto es bastante frecuente en quienes se alejan de sus grupos, sobre todo si nunca recurren a los beneficios del asesoramiento psicológico o la terapia cuando se salen. A menudo se observa un fenómeno paralelo en mujeres maltratadas y niños que sufren abusos de sus padres u otros adultos a los que admiran.

Para sanar de una experiencia traumática de ese tipo, es importante comprender quién y qué es el agresor. Mientras persistan las ilusiones sobre la motivación, los poderes y las capacidades del líder, quienes han estado sometidos se privan de una importante oportunidad de crecimiento: la de empoderarse y liberarse de la tiranía de depender de otros para su bienestar, crecimiento espiritual o felicidad.

La dinámica del poder autoritario

El propósito de una secta (ya sea grupal, familiar o individual) es satisfacer las necesidades emocionales, financieras, sexuales y/o de poder del líder. La palabra más importante aquí es «poder». La dinámica en torno a la cual se forman las sectas es similar a la de otras relaciones de poder y es esencialmente ultraautoritaria, basada en un desequilibrio de poder desproporcionado. El líder de la secta, por definición, debe poseer una personalidad autoritaria para desempeñar su papel en la dinámica de poder. Los elementos tradicionales de las personalidades autoritarias incluyen los siguientes rasgos, identificados por el profesor de ciencias políticas Ivan Volgyes:[2]

- Tendencia a establecer jerarquías
- Afán de poder (y riqueza)
- Hostilidad, odio y prejuicios
- Juicios superficiales sobre las personas y los acontecimientos
- Una escala de valores unilateral que favorece al que está en el poder
- Interpretación de la amabilidad como debilidad
- Tendencia a utilizar a las personas y a ver a los demás como inferiores
- Tendencias sádico-masoquistas
- Incapacidad de sentirse plenamente satisfecho
- Paranoia

En un estudio sobre dictadores, el psicólogo Peter Suedfeld escribe:

Dado que el acatamiento depende de que se perciba al líder como alguien poderoso y sabio, se puede invocar al líder siempre vigilante y omnipotente (y a sus instrumentos invisibles pero observadores y eficaces, como la policía secreta) del mismo modo que a un Dios inobservable pero omnisciente [...] Del mismo modo, la pompa y la ceremonia que rodean a tal individuo lo hacen más admirable y menos semejante al común de los mortales, lo que aumenta tanto su confianza en sí mismo como la confianza de sus súbditos. Este fenómeno se observa no sólo en líderes individuales, sino también en movimientos enteros.[3]

Se ha identificado a algunos dictadores modernos como líderes de sectas, no sólo por la adulación que exigen del público en general en sus respectivos países, sino también por la dinámica controladora y corrupta de su círculo íntimo de lugartenientes y aduladores. Sin duda, Adolfo Hitler, José Stalin, Mao Zedong y Pol Pot encajan en este paralelismo entre líder de secta y dictador.

Sin embargo, una personalidad autoritaria es sólo un aspecto del líder de una secta. Hay otros rasgos y características a tener en cuenta.

¿Quién se convierte en líder de una secta?

Con frecuencia, en los encuentros de exmiembros de sectas se produce un animado intercambio cuando los participantes comparan sus respectivos grupos y líderes. Al empezar a describir a su líder especial, iluminado y único —ya sea un pastor, un terapeuta, un político, un profesor, un amante o un *swami*—, los presentes suelen sorprenderse cuando se enteran de que sus otrora venerados líderes son, en realidad, bastante similares en temperamento y personalidad. Pareciera que estos líderes hubieran sido cortados con la misma tijera, o que hubieran asistido a la «Escuela de Formación de Gurúes en Serie».

En algunos casos las similitudes y los patrones de comportamiento observados en los líderes de sectas de todo tipo parecen estar arraigados en rasgos de personalidad preocupantes comúnmente asociados con el Trastorno de Personalidad Narcisista o Trastorno de Personalidad Antisocial (o sociopatía). Psiquiatras, médicos, psicólogos clínicos y otras personas han estudiado estos rasgos y criterios de diagnóstico durante más de medio siglo, y sus investigaciones proporcionan una visión fascinante de este tipo de personalidad autoritaria y abusiva.

Generalmente, los grupos sectarios tienen su origen en un líder vivo al que un grupo de fervientes creyentes considera un dios o un ser similar a un dios. Además de un talento expresivo y una gran capacidad de persuasión, estos líderes poseen una intuición notable que les permite percibir las necesidades de sus seguidores y atraerlos con promesas seductoras. Gradualmente, el líder inculca en el grupo su propia ideología (y, en ocasiones, sus inclinaciones o predilecciones más extrañas). A continuación, crea las condiciones para que sus seguidores no puedan o no se atrevan a poner a prueba sus afirmaciones. (¿Cómo se puede demostrar que alguien no es el Mesías?... ¿O que el mundo no terminará en tal o cual fecha?... ¿O que los humanos no están poseídos por extraterrestres de otra dimensión?). Mediante la influencia y el control sociopsicológico, los líderes de sectas manipulan a sus seguidores para que acepten una nueva ideología y luego les impiden ponerla a prueba o refutarla.

Está claro que individuos maduros y psicológicamente sanos pueden ser inducidos a la dependencia de un líder; esto es aún más cierto en un entorno grupal. Jerrold Post, líder en el campo de la psicología política y la elaboración de perfiles de personalidad, escribe:

> Un líder carismático hábil moldea e induce intuitivamente esos estados en sus seguidores. Algunos pueden sentirse atraídos por sectas religiosas carismáticas, otros por la senda del terrorismo y, especialmente en tiempos de tensión social, otros pueden sentirse atraídos por la bandera de un líder político carismático. Cuando uno se siente sobrepasado, asediado por el miedo y la duda, resulta sumamente seductor poder suspender el juicio individual y depositar la fe en el liderazgo de alguien que transmite con convicción y certeza que tiene las respuestas, que conoce el camino, ya sea el

reverendo Moon o el reverendo Jim Jones, Adolf Hitler o el ayatolá Jomeini. Especialmente mediante un hábil uso de la retórica, un líder así persuade a su necesitado público: «Síganme, que velaré por ustedes. Juntos podemos empezar de nuevo y construir una nueva sociedad. La culpa no es nuestra, sino que está ahí fuera y el único obstáculo para la felicidad, la paz y la prosperidad que merecemos es el enemigo externo, que busca destruirnos».[4]

El papel del carisma

En general, las personalidades carismáticas se distinguen por su magnetismo irresistible, su estilo arrollador y la seguridad con la que promueven algo: una causa, una creencia o un producto. Una persona carismática que ofrece esperanzas de nuevos comienzos suele captar la atención y atraer a un séquito.

Merriam-Webster define carisma como «un poder extraordinario; una magia personal de liderazgo que suscita una lealtad o un entusiasmo popular especial hacia una figura pública (como un líder político); un encanto o atractivo magnético particular».[5]

El sociólogo alemán Max Weber fue el primero en estudiar el carisma a fondo en el siglo XIX. Explicó: «El término "carisma" se aplicará a cierta cualidad de la personalidad de un individuo en virtud de la cual se lo distingue de los hombres ordinarios y se lo trata como a alguien dotado de poderes o cualidades sobrenaturales, sobrehumanas o, al menos, específicamente excepcionales. Su don consiste en lograr congregar discípulos a su alrededor».[6]

Weber describió a un líder carismático como un «*berserker*» con arrebatos de pasión maníaca, un «chamán», un «mago» que entra en trance mediante un ataque epiléptico, un «estafador» sumamente refinado e incluso un «intelectual...» llevado por su propio éxito demagógico; en otras palabras, «hombres que, según los juicios convencionales, son "los más grandes" héroes, profetas y salvadores».[7] Según Weber, la pretensión de legitimidad de la persona carismática reside no solo en acumular adeptos que se entregan a la veneración del héroe, sino también en generar entre sus adeptos un sentido del deber de deificar al líder carismático y prometerle fidelidad y compromiso absolutos.

Claro está que, en el caso de las sectas, sabemos que esa inducción a la devoción incondicional no se produce de forma espontánea, sino que es el resultado de sistemas de influencia y control basados en una serie de técnicas de condicionamiento psicológico. El carisma por sí solo no es nocivo ni engendra necesariamente líderes de sectas. Sin embargo, el carisma es, esencialmente, una relación social imponente y de gran alcance construida sobre un desequilibrio de poder significativo. En efecto, el carismático ejerce una gran influencia sobre quienes responden a él. Con frecuencia esa respuesta se malinterpreta como algo más de lo que es: una respuesta visceral, una liberación emocional, un sentimiento íntimo de asombro. Esa malinterpretación conduce fácilmente a reacciones extremas o irracionales por parte de los adeptos.

Un excelente ejemplo de esto se puede observar en el reciente fenómeno de la maestra espiritual india Amma, conocida como «la santa de los abrazos». Millares de personas de todo el mundo esperan hasta diez horas para recibir de ella un abrazo de tres segundos, y a veces, también unos pétalos de flores o un beso de chocolate Hershey´s que les es entregado en mano.[8] Sus adeptos consideran que Amma es un avatar, una deidad que ha venido a la Tierra, un acontecimiento que ocurre una vez cada mil años. Se calcula que ha abrazado a «entre 25 y 30 millones de personas hasta la fecha».[9] Tras el fugaz abrazo, los devotos se marchan llorando. Ya sea que lloren de éxtasis o de agotamiento, muchos creen haber vivido una experiencia espiritual.

Desde luego que el carisma en sí no es necesariamente perjudicial. Los actores y músicos famosos tienen carisma, al igual que muchos deportistas y líderes empresariales. El carisma es un fenómeno fascinante que suele suscitar respuestas positivas. Sin embargo, los líderes carismáticos corruptos utilizan este complejo fenómeno interpersonal de forma interesada, y a veces destructiva para los demás. La combinación del carisma con ciertos trastornos de la personalidad (como la sociopatía) es una mezcla letal; tal vez sea la misma receta que se utilizó en «la escuela de formación de gurúes en serie». Para el líder de una secta, el carisma es quizá más útil durante las primeras etapas de la formación de la secta. Se necesita un líder persuasivo y de voluntad férrea para convencer a la gente de una nueva creencia y luego convocar a su alrededor a los recién nuevos conversos como adeptos entregados. Una malinterpretación del supuesto carisma personal del líder de una secta fomenta la creencia de sus adeptos en sus cualidades divinas o mesiánicas.

De hecho, el carisma es deseable para alguien que se propone atraer seguidores. Sin embargo, al igual que la belleza, el carisma reside en el ojo del que mira. María, por ejemplo, puede quedar completamente cautivada por un determinado instructor de un taller, y prácticamente desmayarse con cada una de sus palabras, mientras que su amiga Susana no siente el más mínimo cosquilleo. Cuando una persona está bajo el influjo del carisma el efecto parece muy real. No obstante, el carisma no es más que una reacción de adoración a una figura idealizada en la mente del admirador. Cuando una sola persona se siente así de atraída, nace un líder carismático. Cuando más de una persona experimenta ese sentimiento, puede empezar a tomar forma un grupo carismático.

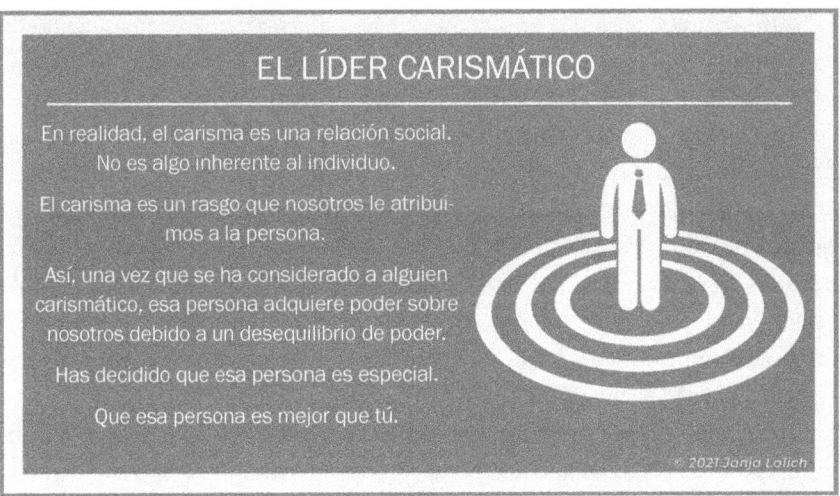

A la larga, las habilidades de persuasión (que pueden ser o no carismáticas) son más importantes para la longevidad de una secta que el carisma del líder. El poder y el arraigo de las sectas dependen del entorno o sistema social configurado por el programa de condicionamiento psicológico, los mecanismos de influencia y control, y los principios cautivadores del sistema de creencias, todo lo cual suele ser conceptualizado y puesto en práctica por el líder. El círculo íntimo de confianza del líder o sus principales lugartenientes ayudan en este proceso, sin duda. Algunos integrantes del círculo íntimo alcanzan el «carisma por delegación»; es decir, al ser confidentes del líder, son portadores de la autoridad de éste.

Es importante señalar que la psicopatología del líder, y no su carisma, es la fuente de la manipulación, explotación y abuso sistemáticos que pueden darse en una secta. Un líder carismático puede tener poder sobre la gente y no necesariamente abusar del mismo, aunque la posibilidad siempre latente.

Trastornos de personalidad de los líderes de sectas

Los grupos y las relaciones sectarias se forman principalmente para satisfacer las necesidades específicas de los líderes, muchos de los cuales parecen sufrir algún tipo de trastorno emocional o de personalidad. Son pocos, por no decir ninguno, los líderes que se someten a pruebas psicológicas o entrevistas clínicas prolongadas que podrían permitir un diagnóstico certero. Sin embargo, los investigadores y profesionales clínicos que estudian y observan a los líderes de las sectas los describen como egocéntricos, narcisistas, megalómanos, neuróticos, psicóticos, psicopáticos, sociópatas o con algún trastorno de la personalidad diagnosticado.[10]

Está claro que no todos los líderes de sectas (ni necesariamente ninguno de los mencionados en este libro) padecen trastornos de personalidad. Sin embargo, parece haber una disfunción psicológica y social significativa en algunos líderes de sectas, cuyos comportamientos demuestran rasgos bastante consistentes con diversos trastornos de personalidad preocupantes. (Nota: Entre profesionales, se han utilizado diferentes términos para referirse a estos trastornos en distintas épocas. Por ejemplo, en ciertos periodos, el término «psicópata» era la nomenclatura preferida, mientras que en la actualidad se usa más «sociópata» o Trastorno Antisocial de Personalidad. Esperamos que nuestro uso de estos términos diferentes no resulte demasiado confuso para el lector. Lo importante es que los tres términos se refieren esencialmente al mismo tipo de trastorno de personalidad).

El psiquiatra Otto Kernberg considera la personalidad antisocial como un subgrupo de la personalidad narcisista: «Las principales características de estas personalidades narcisistas son la grandiosidad, el egocentrismo extremo y una notable ausencia de interés y empatía por los demás, a pesar de que se muestren muy ansiosos por obtener su admiración».[11] Muchos antiguos seguidores de sectas afirman que, al principio de su implicación, sus líderes aparentaban tener un interés genuino por ellos, lo que interpretaban como una actitud cariñosa, comprensiva y empática por parte del líder. Sin embargo, eso cambió a medida que su implicación se hizo más profunda y se vieron obligados a ajustarse a las expectativas del líder y del grupo.

Según el Manual de Diagnóstico y Estadísticas de los Trastornos Mentales (el libro de referencia empleado para realizar evaluaciones y diagnósticos psiquiátricos), los rasgos centrales del Trastorno de Personalidad Antisocial son el engaño y la manipulación.[12] La prevalencia del trastorno es de «aproximadamente el 3% en varones y alrededor del 1% en mujeres».[13] La combinación de rasgos de personalidad y comportamiento que permite realizar este diagnóstico debe ser evidente en la historia de la persona, no sólo durante un episodio concreto; es decir, se considera un trastorno crónico y de larga data. Ciertos comportamientos y rasgos inflexibles, persistentes y desadaptativos hacen que la persona tenga un funcionamiento social u ocupacional significativamente deteriorado. A menudo, los signos de este trastorno se manifiestan por primera vez en la infancia y la adolescencia y se expresan a través de patrones distorsionados de percepción, relación y pensamiento sobre el entorno y sobre uno mismo.[14] En términos sencillos, esto significa que algo falla, está alterado o no anda del todo bien en la persona, lo que crea problemas en su forma de relacionarse con el mundo.

Robert Hare, experto en el estudio de la psicopatía, ofreció una descripción de la personalidad psicopática que coincide con el comportamiento y las acciones de muchos líderes de sectas. Hare calcula que hay al menos dos millones de sociópatas, o psicópatas, en Norteamérica. Escribe: «Los psicópatas son depredadores sociales que seducen, manipulan y se abren camino despiadadamente por la vida, dejando un amplio rastro de corazones rotos, expectativas destrozadas y carteras vacías. Carentes por completo de conciencia y de sentimientos hacia los demás, toman egoístamente lo que quieren y hacen lo que les place, violando las normas y expectativas sociales sin el menor sentimiento de culpa o arrepentimiento».[15]

Para ser claros, la psicopatía no es lo mismo que la psicosis. Esta última se caracteriza por la incapacidad de distinguir lo real de lo imaginario; se pierden los límites entre uno mismo y los demás, y el pensamiento crítico se ve gravemente afectado. Si bien, por lo general, no son psicóticos, los líderes de sectas pueden experimentar episodios psicóticos, lo que puede llevar a su propia destrucción o a la del grupo. Un ejemplo extremo de ello es el asesinato-suicidio en masa que se produjo en noviembre de 1978 en Jonestown, Guyana, en el Templo de los Pueblos dirigido por el reverendo Jim Jones. Siguiendo sus órdenes, más de 900 hombres, mujeres y niños perecieron mientras Jones se sumía en lo que probablemente fuera una psicosis paranoide.

El neuropsiquiatra Richard Restak afirma: «La esencia del diagnóstico de psicopatía reside en reconocer que una persona puede aparentar ser normal y, sin embargo, una observación minuciosa revelaría una personalidad irracional o incluso violenta».[16] De hecho, inicialmente muchas personas con trastornos de personalidad aparentan ser bastante normales. Se nos presentan como encantadoras, interesantes e incluso humildes. La mayoría, como escriben los autores Ken Magid y Carole McKelvey, «no sufren delirios, alucinaciones ni alteraciones de la memoria; su contacto con la realidad parece sólido».[17]

Otros, en cambio, pueden presentar una marcada paranoia y megalomanía. En un estudio clínico de pacientes psicopáticos hospitalizados, Darwin Dorr y Peggy Woodhall escriben lo siguiente:

> Descubrimos que nuestros psicópatas eran similares a las personas normales (en el grupo de referencia) en cuanto a su capacidad para experimentar los acontecimientos externos como reales y en cuanto a su sentido de la realidad corporal. En general, tenían buena memoria, concentración, atención y función del lenguaje. Presentaban una elevada tolerancia a la estimulación aversiva externa [...] En algunos aspectos se parecen claramente a las personas normales y, por tanto, pueden pasar por razonablemente normales o cuerdas. Sin embargo, descubrimos que eran extremadamente primitivos en otros aspectos, aún más que los pacientes abiertamente esquizofrénicos. Aunque en algunos aspectos

su pensamiento era cuerdo y razonable, en otros era psicóticamente ineficiente y/o intrincado.[18]

El investigador Larry Strasburger describió así a las personas con Trastorno de Personalidad Antisocial:

> Estas personas son impulsivas, incapaces de tolerar frustraciones y demoras, y tienen dificultades para confiar. Adoptan una postura paranoide o externalizan su experiencia emocional. Tienen poca capacidad para establecer una alianza de trabajo y una escasa capacidad de autoobservación. Su ira es aterradora. Con frecuencia se dan a la fuga. Sus relaciones con los demás son muy problemáticas. Cuando están cerca de otra persona, temen ser engullidas, fusionadas o perder su identidad. Al mismo tiempo, paradójicamente, desean la proximidad; la frustración de sus anhelos de recibir cariño, cuidados y ayuda a menudo los conduce a la rabia. Son capaces de la furia primitiva de un niño manifestada con las capacidades físicas de un adulto, y siempre están a punto de pasar a la acción.[19]

En última instancia, «el psicópata debe obtener lo que quiere, cualquiera que sea el coste para los que se interponen en su camino».[20]

El maestro de la manipulación

¿Cómo podría manifestarse algo de eso en el líder de una secta? Los líderes sectarios poseen una extraordinaria habilidad para seducir y ganarse a sus seguidores. Seducen y cautivan. Entran en una habitación y acaparan toda la atención. Imponen una lealtad inquebrantable y una obediencia estricta. Son, como escribe Restak, «individuos cuyo narcisismo es tan extremo y grandioso que existen en una especie de espléndido aislamiento en el que la creación de un yo exuberante prima sobre los compromisos legales, morales o interpersonales».[21]

La paranoia puede manifestarse en delirios de persecución simples o elaborados. Son sumamente suspicaces, y pueden sentir que son objeto de conspiraciones, espionaje, engaños o difamación por parte de una persona, un grupo o una agencia gubernamental. Cualquier reacción desfavorable, real o sospechada, puede interpretarse como un ataque deliberado contra ellos o el grupo (teniendo en cuenta la naturaleza delictiva de algunos grupos y el comportamiento antisocial de otros, esos temores pueden tener una base real).

Naturalmente, es más difícil evaluar si la creencia de estos líderes en sus poderes mágicos, omnipotencia y conexión con Dios (o cualquier otro poder superior o sistema de creencias que profesen) es delirante o simplemente forma parte de la estafa. La megalomanía, o la creencia de que uno es capaz o tiene derecho a gobernar el mundo, es igualmente difícil de evaluar sin pruebas psicológicas, aunque numerosos líderes de sectas afirman sin ambages que su objetivo es gobernar el mundo. En cualquier caso, bajo el barniz superficial de la inteligencia, el encanto y la humildad profesadas, bulle un mundo interior de rabia, depresión y miedo.

«Defraudador de confianza»[22] es una forma de describir a esos personajes; de hecho, es una descripción acertada de los saqueadores de nuestros corazón, alma, mente, cuerpo y bolsillo. Dado que un porcentaje significativo de miembros actuales y antiguos de sectas han estado en más de un grupo o relación sectaria, aprender a reconocer el estilo de personalidad del «defraudador de confianza» puede ser un antídoto útil para evitar futuros abusos.

Perfil de sociópata

Las 15 características que se detallan a continuación, basadas en las listas de comprobación desarrolladas por Cleckley y Hare, identifican rasgos que se encuentran habitualmente en quienes perpetran abusos psicológicos y físicos.[23] A efectos de esta exposición, los términos *sociópata* y *líder sectario* se utilizan indistintamente. Para ilustrar estos puntos, a continuación se presenta un estudio de caso del líder de la Rama Davidiana, David Koresh. Al leer el perfil, es importante tener en cuenta las siguientes características comunes que Robert Jay Lifton encuentra en situaciones sectarias:

- Un líder carismático que... se convierte cada vez más en objeto de culto
- Una serie de procesos que pueden asociarse con la «persuasión coercitiva» o el «condicionamiento psicológico»
- La tendencia a la manipulación desde el poder... por medio de la explotación —ya sea económica, sexual o de otro tipo— de personas que se encuentran en una búsqueda sincera y que aportan idealismo desde las bases.[24]

Con esto no queremos dar a entender que todos los líderes sectarios sean sociópatas, sino que algunos exhiben numerosas características de comportamiento sociopático. Tampoco proponemos que utilices esta lista de comprobación para realizar un diagnóstico. Más bien, ofrecemos esta lista de comprobación como una herramienta que te ayude a identificar y desmitificar rasgos que puedas haber observado en tu líder:

1. Labia y encanto superficial
La labia o desenvoltura al hablar es un rasgo distintivo de los sociópatas. Suelen utilizar el lenguaje sin esfuerzo para seducir, confundir y convencer. Destacan por su narrativa cautivadora. Exudan confianza en sí mismos y pueden tejer una red que intriga a los demás y los atrae a la vida del sociópata. Sobre todo son persuasivos. Suelen ser capaces de destruir verbalmente a sus detractores o de desarmarlos emocionalmente.

2. Manipulación y timo
Los sociópatas no reconocen la individualidad ni los derechos de los demás, lo que hace permisibles todos y cada uno de sus comportamientos egoístas. Este tipo de persona es experta en la «manipulación psicopática», identificada por la psiquiatra Ethel Person como una manipulación interpersonal «basada en el encanto. El manipulador parece servicial, encantador, incluso congraciador o seductor, pero es encubiertamente hostil, dominante [...] Percibe a [la víctima] como un agresor, un competidor o simplemente como un instrumento para ser utilizado».[25] Dicho de otro modo, el comportamiento de un sociópata no conoce límites: para él, todo vale.

El sociópata divide el mundo en tontos, pecadores y él mismo. Descarga poderosos sentimientos de miedo y rabia dominando y humillando a sus víctimas. Tiene especial éxito cuando, a través de una fachada de encanto, convierte a su víctima en aliado, un proceso que a veces se describe como vampirismo o terrorismo emocional. Abundan los ejemplos de este tipo de manipulación en la literatura sobre Jonestown, la Familia de Charles Manson y otros grupos sectarios. Es especialmente frecuente en las relaciones sectarias individuales y en las sectas familiares.

3. Megalomanía
El líder sociopático de la secta disfruta de un enorme sentimiento de superioridad y derecho. Cree que todo se le debe por derecho. Obsesionado con sus propias fantasías, siempre debe ser el centro de atención. Se presenta a sí mismo como el Supremo: iluminado, un vehículo de Dios, un genio, el líder de la humanidad y a veces, hasta el más humilde de los humildes. Tiene una necesidad insaciable de adulación y audiencia. Su grandiosidad también puede ser una defensa contra el vacío interior, la depresión y los sentimientos de intrascendencia. La paranoia suele acompañar a la grandiosidad, reforzando el secuestro del grupo y la necesidad de protección contra un entorno percibido como hostil. De este modo, crea una mentalidad de «nosotros contra ellos».

4. Mendacidad patológica

Los sociópatas mienten con frialdad y facilidad, incluso cuando es evidente que están faltando a la verdad. Les resulta casi imposible decir la verdad de forma constante sobre un asunto, ya sea importante o secundario. Mienten sin motivo aparente, aunque parezca más fácil y seguro decir la verdad. A veces se le llama «mentir porque sí».[26] Confrontar esas mentiras puede provocar una rabia imprevisiblemente intensa o simplemente una sonrisa búdica.

Otra forma de mentir, que es muy común entre los líderes de sectas, se conoce como «pseudología fantástica», que es una extensión de la mentira patológica. Los líderes tienden a crear un complejo sistema de creencias, en muchos casos sobre sus propios poderes y aptitudes, en el que a veces quedan atrapados ellos mismos. El psiquiatra Scott Snyder escribe: «A menudo es difícil determinar si las mentiras son una verdadera distorsión delirante de la realidad o se expresan con la intención consciente o inconsciente de engañar».[27]

Estos manipuladores rara vez son pensadores originales. Plagiarios y ladrones, casi nunca dan crédito de las ideas que plantean a sus verdaderos creadores. Son extremadamente convincentes, enérgicos en la expresión de sus puntos de vista y talentosos para pasar las pruebas del detector de mentiras. Para ellos la verdad objetiva no existe: la verdad es lo que les ayuda a satisfacer sus necesidades. Este tipo de oportunismo es muy difícil de entender para quienes no son sociópatas. Por esa razón, los seguidores son más propensos a inventar o aceptar todo tipo de explicaciones y razonamientos para las aparentes incoherencias en el comportamiento de su líder: «Sé que mi gurú debía de tener una buena razón para hacer esto» o «lo hizo porque me quiere, aunque me duela».

5. Ausencia de remordimiento, vergüenza y culpabilidad

En el núcleo del sociópata hay una rabia profundamente arraigada, que está escindida (es decir, separada psicológicamente del resto del yo) y reprimida. Algunos investigadores teorizan que esto se debe a que se sintieron abandonados en la infancia o en los primeros años de vida.[28] Sea cual sea el origen emocional o psicológico, los sociópatas ven a quienes los rodean como objetos, objetivos u oportunidades, no como personas. No tienen amigos; los sociópatas tienen víctimas y cómplices, y estos últimos suelen acabar siendo víctimas. Para los sociópatas el fin siempre justifica los medios y no hay lugar para sentimientos de remordimiento, vergüenza ni culpa. Los líderes sociópatas de sectas se sienten justificados en todas sus acciones porque se consideran los árbitros morales definitivos. Nada se interpone en su camino.

6. Emociones superficiales

Aunque los sociópatas pueden exhibir arrebatos de emoción, la mayoría de las veces se trata de respuestas calculadas para obtener un determinado resultado. Rara vez revelan una variedad de emociones, y las que revelan son superficiales en el mejor de los casos, y fingidas en el peor. Los sentimientos positivos de calidez, alegría, amor y compasión son más fingidos que sentidos. Estas personas no se conmueven por cosas que alterarían a cualquiera que no sea sociópata, pero tienden a indignarse por asuntos insignificantes. Son espectadores de la vida emocional de los demás, tal vez envidiosos y desdeñosos de sentimientos que no pueden experimentar o comprender. En definitiva, los sociópatas son fríos, tienen emociones superficiales y viven en su propio mundo oscuro.

Escondido tras la «máscara de la cordura», el líder sociopático de una secta sólo expone sus sentimientos en la medida en que sirven a un motivo oculto. Puede presenciar u ordenar actos de absoluta brutalidad sin experimentar la más mínima emoción. Se coloca a sí mismo en un papel de control total, que desempeña a la perfección. Lo que más se promete en las sectas —paz, alegría, iluminación, amor y seguridad— son objetivos que están siempre fuera del alcance del líder y por lo tanto, también de sus seguidores. Dado que el líder no es auténtico, tampoco lo son sus promesas.

7. Incapacidad de amar

Aunque se refiera a sí mismo, por ejemplo, como la «encarnación viva del amor de Dios», el líder es trágicamente defectuoso porque es incapaz de dar o recibir amor. En su lugar se ofrecen sustitutos del amor. Un ejemplo típico podría ser la afirmación del gurú de que su enfermedad o desgracia (por lo demás incoherente con su estado iluminado) se debe a la profundidad de su compasión por sus seguidores, por lo que asume su karma negativo. No sólo se supone que los devotos deban aceptar esto como prueba de su amor, sino que también se espera que se sientan culpables de sus fallos. Una vez aceptadas las creencias del grupo, es imposible refutar esa afirmación.

La tremenda necesidad del líder de ser amado va acompañada de una incredulidad igualmente fuerte en el amor que le ofrecen sus seguidores, lo que da lugar a que a menudo someta a sus devotos a pruebas indeciblemente crueles y duras. La rendición incondicional es un requisito absoluto. A modo de ejemplo, en una secta se obligaba a la madre de dos niños pequeños a decirles todas las noches que amaba a su líder más que a ellos. Más tarde, como prueba de su devoción, se le pidió que renunciara a la custodia de sus hijos para poder quedarse con su líder. El amor del líder nunca se pone a prueba; debe aceptarse sin más.

8. Necesidad de experimentar emociones fuertes

Son habituales entre los sociópatas los comportamientos que buscan despertar emociones fuertes, en muchos casos eludiendo la letra o el espíritu de la ley. A veces, este comportamiento se justifica como preparación para el martirio: «Sé que no me queda mucho tiempo de vida; por lo tanto, mi tiempo en esta tierra debe ser vivido al máximo» o «Ciertamente incluso yo tengo derecho a divertirme o pecar un poco». Por lo general este tipo de comportamiento se hace más frecuente a medida que el sociópata se deteriora emocional y psicológicamente.

Los líderes de sectas viven al límite, poniendo a prueba constantemente las creencias de sus seguidores, a menudo con comportamientos, castigos y mentiras cada vez más descabellados. También pueden estimularse mediante arrebatos inesperados y aparentemente espontáneos, que suelen adoptar la forma de abusos verbales y a veces castigos físicos. Aunque el sociópata muestra una fría indiferencia hacia su entorno, su impasibilidad puede transformarse rápidamente en furia descargada sobre quienes lo rodean.

9. Insensibilidad y falta de empatía

Los sociópatas se aprovechan fácilmente de los demás, expresando un desprecio absoluto por sus sentimientos. Una persona en apuros no es importante para ellos. Aunque son inteligentes, perceptivos y saben evaluar a las personas, no establecen conexiones reales con los demás. Utilizan su «don de gentes» para explotar, abusar y ejercer el poder. Los líderes sociopáticos de sectas son incapaces de empatizar con el dolor de sus víctimas.

Las víctimas de sectas niegan su crueldad porque les resulta difícil creer que alguien a quien quieren tanto pueda hacerles daño intencionadamente. Por ende, les resulta más fácil racionalizar el comportamiento del líder como necesario para el bien general o individual. La única salida para el devoto sería enfrentarse de una vez a la abrumadora verdad de que ha sido victimizado, engañado y utilizado. Sin embargo, tomar conciencia de ello haría que la persona se sintiera tan profundamente herida que, como medida de autoprotección, niegue el abuso. Si el devoto llega a darse cuenta de la explotación, en muchos casos siente que se ha perpetrado algo siniestro.

10. Escaso control del propio comportamiento y carácter impulsivo

Al igual que los niños pequeños, muchos sociópatas tienen dificultades para regular sus emociones. Los adultos con rabietas dan miedo. La rabia y el maltrato, alternados con expresiones simbólicas de amor y aprobación, producen un ciclo adictivo tanto para el maltratador como para el maltratado (y una sensación de desesperanza en este último). Esta dinámica también se ha reconocido en relación con el maltrato doméstico y la violencia de género.[29]

El líder sociopático de una secta actúa con cierta regularidad, a menudo en privado, a veces en público, normalmente para vergüenza y consternación de sus seguidores y otros observadores. Puede actuar de forma sexual, agresiva o criminal, a menudo con ira. ¿Quién podría controlar a alguien sin sentido de la responsabilidad ni de los límites personales, que se cree omnipotente, omnisciente y con derecho a cualquier deseo o capricho? Generalmente ese comportamiento aberrante es un secreto bien guardado, que sólo conocen unos pocos discípulos de confianza. Los demás sólo ven perfección.

Estas tendencias están relacionadas con la necesidad de estimulación del sociópata y su incapacidad para tolerar la frustración, la ansiedad o la depresión. Con frecuencia es necesario racionalizar el comportamiento incoherente de un líder, ya sea por parte del líder mismo o de sus seguidores, para mantener la coherencia interna. Esta incoherencia suele considerarse de inspiración divina y separa aún más a los empoderados de los impotentes.

11. Problemas de conducta precoces y delincuencia juvenil
Los sociópatas suelen tener un historial de dificultades conductuales y académicas. Suelen salir adelante académicamente aprovechándose de otros alumnos y profesores. Los enfrentamientos con autoridades de menores son frecuentes. Igualmente habituales son las dificultades en las relaciones con los compañeros, en el cultivo y mantenimiento de amistades, en el autocontrol y en la gestión de conductas aberrantes, como el robo, los incendios provocados y la crueldad hacia los demás.

12. Irresponsabilidad y escasa fiabilidad
Indiferentes a las consecuencias de su comportamiento, los sociópatas dejan tras de sí los estragos de la vida y los sueños de otras personas. Pueden ser totalmente ajenos o indiferentes a la devastación que infligen a los demás, que no consideran ni su problema ni su responsabilidad.

Los líderes sociopáticos de sectas rara vez aceptan la culpa de sus fracasos o errores. La búsqueda de chivos expiatorios es habitual y la culpa recae en los seguidores, en personas ajenas al grupo, en la familia de un afiliado, en el gobierno, en Satanás... en cualquiera y en todos menos en ellos mismos. La culpabilización puede seguir un procedimiento ritualizado, como un juicio, una acusación «en caliente» o una confesión pública (en privado o delante del grupo). La condena es un reforzador efectivo de la pasividad y la obediencia, que produce culpabilidad, vergüenza, terror y conformidad en los seguidores.

13. Comportamiento sexual promiscuo e infidelidad

La promiscuidad, el abuso sexual infantil, las relaciones y matrimonios múltiples, las violaciones y los actos sexuales de todo tipo son comportamientos practicados con frecuencia por los líderes sociopáticos de sectas. A la inversa, puede existir un estricto control sexual de los seguidores a través de tácticas como el celibato forzado, los matrimonios concertados, las rupturas y divorcios forzados, la separación de los hijos de sus padres, los abortos forzados y los partos obligatorios. Para los sociópatas, el sexo es principalmente una cuestión de control y poder.

Este comportamiento va acompañado de una enorme irresponsabilidad, no sólo por las emociones de los seguidores, sino también por sus vidas. En una secta, por ejemplo, se fomentaban las relaciones sexuales múltiples a pesar de que se sabía que uno de los principales líderes era portador del VIH. Este tipo de negligencia hacia los demás no es infrecuente entre los sociópatas.

La fidelidad conyugal es rara entre los sociópatas. Suele haber informes de innumerables aventuras extramatrimoniales y depredación sexual de integrantes adultos y niños de ambos sexos. El comportamiento sexual de un líder de este tipo puede mantenerse oculto a todos excepto al círculo íntimo o puede formar parte de las prácticas sexuales aceptadas por el grupo. En cualquier caso, debido al desequilibrio de poder entre líder y seguidores, el contacto sexual nunca es realmente consentido y es probable que tenga consecuencias perjudiciales para el seguidor.

14. Falta de un plan de vida realista y modo de vida parasitario

El líder sociópata de una secta suele saltar de una cosa a otra, haciendo innumerables esfuerzos por volver a empezar mientras busca nuevos terrenos fértiles que explotar. Un día puede aparecer como músico de rock, al siguiente como mesías; un día como vendedor a domicilio, al siguiente como fundador de un programa de auto rejuvenecimiento; un día como profesor universitario, al día siguiente como el nuevo Lenin que trae la revolución a Estados Unidos.

La otra cara de este estilo de vida errático es la promesa de futuro que el líder de la secta hace a sus seguidores. Muchos grupos reivindican como objetivo la dominación del mundo o la salvación en el momento del Apocalipsis. El líder es el primero en proclamar la naturaleza utópica del grupo, que generalmente es una justificación para un comportamiento irracional y controles estrictos.

Frecuentemente, el sentido de legitimación del líder queda demostrado por el contraste entre su lujoso nivel de vida y el empobrecimiento de sus seguidores. La mayoría de los líderes de sectas se mantienen gracias a los regalos y donaciones de sus devotos, a los que pueden presionar para que entreguen gran parte de sus ingresos y posesiones mundanas al grupo. Los forasteros simpatizantes y los denominados «compañeros de viaje» también son los principales objetivos de las solicitudes de contribuciones financieras para apoyar al líder. La esclavitud, la prostitución forzada y una serie de actos ilegales en beneficio del líder son habituales en el entorno de una secta. Este tipo de explotación demuestra perfectamente el tercer punto de Lifton, que es la idealización desde las bases y la explotación desde el poder.

Los sociópatas también tienden a preocuparse por su propia salud mientras permanecen totalmente indiferentes al sufrimiento de los demás. Pueden quejarse de estar agotados debido a la carga de tener que preocuparse por sus seguidores, a veces afirmando que no les queda mucho tiempo de vida, lo que infunde miedo y culpa en sus devotos y fomenta una mayor servidumbre. Son muy sensibles a su propio dolor y tienden a ser hipocondríacos, lo que a menudo entra en conflicto con sus declaraciones públicas de autocontrol y habilidades curativas sobrehumanas. Según ellos, las enfermedades que no contraen se deben a sus poderes, mientras que las que contraen son causadas por su supuesta compasión al asumir el karma de sus discípulos o resolver los problemas del grupo.

15. Versatilidad delictiva o empresarial

Los líderes de sectas cambian su imagen y la del grupo según sea necesario para evitar procesamientos y litigios, para aumentar los ingresos y reclutar a una diversidad de afiliados. Tienen una habilidad innata para atraer a seguidores que poseen las aptitudes y conexiones de las que ellos mismos carecen. La longevidad del grupo depende de la voluntad de los líderes de adaptarse según sea necesario para preservar el grupo. Con frecuencia, cuando las actividades ilegales o inmorales salen a la luz pública, los líderes de las sectas se trasladan, a veces llevándose con ellos a todos o algunos de sus seguidores. Pasan inadvertidos para reaparecer más tarde con un nuevo nombre, una nueva fachada grupal y, tal vez, un nuevo giro en su historia.

Un caso a modo de ejemplo: David Koresh

El 19 de abril de 1993, más de ochenta hombres, mujeres y niños murieron en Waco (Texas) cuando el fuego arrasó el complejo de la Rama Davidiana, conocido como Rancho Apocalipsis. Los davidianos eran una escisión de la Iglesia Adventista del Séptimo Día. Sus miembros eran seguidores de David Koresh, que se autodenominaba el «Mesías Pecador». Los devotos de Koresh creyeron hasta el final que sus vidas le pertenecían y que él podía decidir sobre sus vidas. Algunos todavía sostienen esa creencia.

Inmediatamente después de la espantosa conflagración televisada estalló la polémica sobre el origen del incendio: ¿fue provocado por los vehículos blindados que el FBI utilizó para inyectar gas lacrimógeno en el edificio y forzar la evacuación, o el fuego fue provocado deliberadamente en el interior del edificio por seguidores leales a las órdenes de Koresh? ¿Podrían haber sido ambas cosas? Probablemente nunca se sabrá. Sin embargo, algunos de los que vimos con horror cómo las llamas devoraban los edificios, sabíamos con toda seguridad una cosa: que no se trataba de un suicidio en masa. Más bien fue el desafortunado y terrible final de un grupo de personas manipuladas por un líder sectario carismático y sociópata.

En el periodo de análisis que siguió a la tragedia, algunos profesionales de la salud mental clasificaron a Koresh como psicótico, mientras que otros lo calificaron de psicópata o sociópata. En un artículo publicado en el Washington Post, Richard Restak criticó duramente la mala gestión del asunto por parte del gobierno. Creía que la tragedia podría haberse evitado si Koresh hubiera sido tratado como un psicótico y no simplemente como «un criminal más». Restak describió los principales indicadores de la psicosis: «Delirios de persecución, frecuentemente acompañados de megalomanía; excitación errática, desorganizada e irascible; ideas descabelladas y extravagantes e indiferencia ante las normas sociales; una convicción constante y distorsionada de la maldad en sí mismos y en los demás». Según Restak, «Koresh cumplía esos criterios con creces».[30]

Otro artículo sugirió que Koresh podría haber padecido el «síndrome de Jerusalén».[31] El psiquiatra Eli Witztum, especialista en el tratamiento e investigación de este trastorno, explicó que algunos peregrinos que visitan Jerusalén experimentan delirios y desorientación, llegando a requerir hospitalización para su estabilización y posterior regreso a casa. Peregrinos de diversos credos y nacionalidades han experimentado estos delirios religiosos y paranoides. Koresh visitó Jerusalén en 1985. Aunque no existe registro de que haya sido ingresado en un hospital psiquiátrico, Witztum especuló que la visita de Koresh a la Ciudad Santa pudo haber intensificado su autopercepción mesiánica.

Koresh exhibió muchos de los rasgos psicóticos descritos por Restak y otros, pero aun así creemos que era principalmente un sociópata, y no un psicótico. Para facilitar el análisis, destacaremos en cursiva las características de los sociópatas. A pesar de que nos centramos en las características sociopáticas de la personalidad de Koresh, no debemos olvidar su capacidad de encanto y sus dotes de persuasión, que atrajeron a decenas a su influencia. Koresh era muy serio, dedicado y convincente, y sus seguidores creían que era un hombre de Dios.

David Koresh (nacido Vernon Wayne Howell) fue hijo de una madre adolescente de quince años.[32] Cuando Koresh tenía dos años, su padre abandonó el hogar y su madre acabó casándose con otro hombre. Según su abuela, David y su padrastro no se llevaban bien y Koresh afirmó haber sufrido malos tratos en casa. Desde la infancia mostró serios problemas de conducta. Con un historial de problemas de aprendizaje, baja asistencia y un bajo rendimiento escolar, Koresh abandonó la escuela en 9º grado. En 1979, a la edad de 19 años, fue expulsado de la Iglesia Adventista del Séptimo Día por su comportamiento problemático y por considerárselo una mala influencia para los jóvenes de la iglesia. Quería hacerse con el poder y no respetaba los principios de la Iglesia. Ya desde joven tenía una sorprendente habilidad para memorizar pasajes bíblicos. Con *labia y encanto superficial* explotó esa habilidad como maestro de las Escrituras y líder de su futuro rebaño.

A principios de la década de 1980 Koresh se unió a la secta *Branch Davidian*, liderada por la familia Roden. Mediante la manipulación y una serie de juegos de poder Koresh consiguió hacerse con el control del grupo engañando y burlando al líder, George Roden. Roden desafió a Koresh en 1987 en una prueba para ver quién de los dos tenía más poder divino (el reto consistía en resucitar a un miembro fallecido del grupo). Cuando Roden exhumó el cadáver, Koresh lo hizo arrestar por «profanación de cadáveres». Luego hubo un choque armado entre Koresh y Roden. Aunque Koresh fue detenido y acusado de intento de asesinato, su juicio terminó con un jurado en desacuerdo y se desestimaron los cargos.

Mientras Roden estaba encarcelado, Koresh se hizo cargo del grupo y empezó a utilizar técnicas clásicas de condicionamiento psicológico, como el aislamiento, privación del sueño, agotamiento físico mediante actividades sin sentido y exceso de trabajo, privación de alimentos e inducción de fobias. Sometía a sus seguidores a largas horas de adoctrinamiento; en ocasiones sus estudios de la Biblia se extendías por quince horas. Koresh reclutó a varios cientos de hombres, mujeres y niños, tanto en su comunidad como en viajes a Israel, Australia, Inglaterra y otras partes de Estados Unidos.

Su *megalomanía* era bien conocida. Su tarjeta de visita llevaba impreso «Mesías», y afirmó en numerosas ocasiones: «Si la Biblia es verdad, entonces yo soy Cristo». Algunos le creyeron. Persuadió a maridos para que le entregaran a sus esposas y a familias para que le entregaran su dinero y sus hijos. El 19 de abril de 1993 había cerca de un centenar de personas que creían en su promesa de una vida celestial después de la muerte.

La *insensibilidad y falta de empatía* de Koresh quedaron patentes en el trato que daba a sus seguidores. Esto era especialmente evidente en el trato que daba a los niños, de los que abusó física, emocional y sexualmente. Además, los mantuvo como rehenes durante el enfrentamiento con el FBI, tratándolos como peones en su juego de poder final. Se calcula que murieron veinticinco niños entre sus seguidores. Koresh *mentía de forma patológica* a los medios de comunicación, a las fuerzas gubernamentales y a sus seguidores. Por ejemplo, incumplió repetidamente sus promesas de rendición y aseguró a sus seguidores que estarían a salvo en búnkeres subterráneos. Su falta de *remordimientos, vergüenza y culpabilidad* se hizo patente con el tiempo, ya que admitía con frecuencia que era un pecador sin par. Nunca se supo que haya mostrado remordimiento por el daño causado a tantos de sus seguidores o por el sufrimiento de sus familias.

Koresh reveló claramente su incapacidad para el amor y su inestabilidad sexual al acostarse y «casarse» con todas las mujeres del grupo, incluidas las esposas de otros hombres y niñas de tan sólo doce años. Tras exigir celibato a todos los hombres, Koresh debió de regodearse con su disfrute sádico al mantener relaciones sexuales con sus esposas, incluso con las de sus lugartenientes más leales. Su continuo acopio de armas y munición, sus arranques de ira irracionales y su actividad frenética dentro del complejo evidenciaba una insaciable necesidad de estimulación. Su inestabilidad emocional se advertía también en esos arrebatos de ira, y más aún en el maltrato físico a niños y adultos que lo adoraban y en su constante y arbitraria modificación de las normas de comportamiento. Su modo de vida parasitario le permitía vivir de las ganancias de los demás mientras él se consideraba un rey bíblico, el mismísimo Cristo. Su naturaleza impulsiva se manifestaba en los castigos que imponía a adultos y niños ante cualquier muestra de lo que él consideraba falta de respeto o desobediencia. Gobernaba por capricho y decreto, usando el terror como herramienta de control.

A lo largo de su vida quedó patente su versatilidad delictiva. Era conocido por su comportamiento problemático desde su adolescencia; lo habían detenido por intento de homicidio; había acopiado armas ilegales y había abusado sexualmente de niños y de varias personas. Por último, su propia muerte y la de sus seguidores —ya fuera provocada accidentalmente por tanques del FBI o deliberadamente por miembros de la secta— pusieron de manifiesto, como mínimo, su total «irresponsabilidad». Para una persona con este tipo de trastorno de personalidad antisocial, sus seguidores son considerados tontos, incautos y explotables. No los considera personas; son juguetes desechables dignos de ser usados y abusados. La idea de asumir responsabilidades es tan ajena a una persona así como la capacidad de sentir compasión, empatía o simpatía, a menos que tenga algún motivo oculto para simular tales sentimientos.

David Koresh demostró a lo largo de su vida una determinación inquebrantable por alcanzar sus objetivos, sin importar las consecuencias para los demás. Es probable que su comportamiento empeorara por la intensa presión de sus dos últimos meses bajo el asedio de la ATF y el FBI, llevando su comportamiento a límites extremos. Los profesionales de la salud mental y los investigadores de sectas seguirán cuestionando durante mucho tiempo los diagnósticos de Koresh, no como un debate científico, sino como un asunto de profunda preocupación social.

Desenmascaramiento del gurú

Al leer la lista de comprobación de quince puntos y el perfil de David Koresh, es posible que observes características similares o que explican algunos de los atributos, actitudes y comportamientos de tu líder. Desenmascarar o desmitificar al líder es una parte importante de la recuperación posculto. Familiarizarse con las características de este trastorno de personalidad puede ayudarte a evitar ser revictimizado. A continuación, te presentamos algunas preguntas que pueden ayudarte a reflexionar sobre tu experiencia:

- ¿Conocías bien a tu líder? ¿Lo conocías de primera mano o por los testimonios de terceros?
- ¿Qué sentiste cuando lo conociste?
- ¿Cambiaron esos sentimientos durante el tiempo que pasaste en el grupo o la relación?
- ¿Era tu líder carismático, encantador, ingenioso o capaz de influir en una multitud? ¿Cómo utilizaba esas cualidades para salirse con la suya?
- ¿Creías que tu líder tenía poderes especiales, una espiritualidad exaltada o conocimientos especiales? ¿Sigues creyéndolo?
- ¿Alguna vez descubriste a tu líder mintiendo o fingiendo? ¿Era incoherente? ¿Cómo racionalizabas lo que veías y oías cuando era claramente aberrante, irracional o abusivo?
- ¿Cómo racionalizaba tu líder su comportamiento cuando era aberrante, irracional o abusivo?
- ¿Cuántos de los rasgos enumerados en el perfil observaste en tu líder?
- ¿Había líderes de segundo nivel en el grupo? ¿Se parecían psicológicamente al líder o eran discípulos devotos que seguían órdenes ciegamente?
- ¿Qué sabes de la infancia, la adolescencia y los primeros años de la edad adulta de tu líder? ¿Se ajusta al patrón?
- ¿Tuviste relaciones sexuales con tu líder? ¿Cómo surgió esa relación y cómo se explicó o justificó?

5 Narcisismo: un panorama general
Beth Matenaer

Beth Matenaer, LPC, es consejera profesional licenciada y terapeuta de trauma. Residente en Carolina del Sur, ha trabajado con adultos, niños, adolescentes y familias durante más de 25 años. Como superviviente de la industria de los adolescentes problemáticos, ha dedicado su carrera a tratar a clientes que muestran la complejidad del estrés postraumático (TEPT y TEPT-C) y otras víctimas de situaciones de alto conflicto y coerción.

El narcisismo se caracteriza por un patrón persistente de comportamientos relacionales problemáticos, que reflejan una alteración en la identidad y una deficiencia en la capacidad de establecer vínculos interpersonales saludables. Se manifiesta en un espectro continuo, que abarca desde rasgos narcisistas normales presentes en la población general, hasta la forma más severa conocida como *Trastorno de Personalidad Narcisista* (TPN). Si bien no todos cumplen con los criterios diagnósticos completos, la presencia de rasgos narcisistas tóxicos puede tener un impacto significativo y perjudicial en las personas cercanas.

Se estima que la prevalencia del Trastorno de Personalidad Narcisista (TPN) oscila entre el 0,5% y el 5% en la población general, con variaciones posibles según el grupo demográfico estudiado. Observaciones empíricas sugieren una mayor prevalencia de rasgos narcisistas en determinados grupos, tales como figuras prominentes en la industria del entretenimiento, líderes de culto abusivos y algunos líderes empresariales. Es importante señalar que, en ciertos contextos profesionales, comportamientos como la autoconfianza extrema y la búsqueda de atención pueden ser valorados y, por ende, culturalmente recompensados. Esta dinámica podría contribuir a una mayor manifestación de rasgos narcisistas sin que necesariamente se cumplan los criterios diagnósticos para TPN.

Los narcisistas tienden a conectar con personas empáticas y explotarlas.

Patrones generales de comportamiento

- Egocentrismo (interno o externo)
- Verse a sí mismo como excepcional, extraordinario, legitimado
- Necesidad patológica de admiración
- Falta de empatía
- Falsa sensación de empoderamiento
- Tendencia a la paranoia
- Carismático e intrigante, especialmente en las primeras etapas de la relación

Comportamientos adicionales

- Descarta las necesidades de los demás
- Cree que los demás existen para ser manipulados y utilizados
- Explotador
- Supone que los demás lo ven tan especial como él se ve a sí mismo
- Es difícil llevarse bien con él a menos que la persona no narcisista subyugue sus necesidades
- Busca y/o utiliza la atención como arma
- Reacciona de forma exagerada y se enfurece si se lo desafía
- Puede recurrir a la intimidación, la manipulación y la coerción para asegurarse el control

El narcisismo se expresa de diferentes maneras. Como tal, si bien hay varios «tipos» de narcisistas, la alta necesidad de control, admiración, y la falta de empatía sostenible es siempre el rasgo central y se mantiene constante en todos los tipos.

Las cuatro formas de narcisismo

Existen cuatro tipos reconocidos de narcisistas. Una persona que padece NPD puede manifestar una combinación de estos tipos o exhibir uno de ellos de forma más predominante, junto con un subconjunto de otros rasgos narcisistas.

El narcisista clásico

- Sentido de grandeza (autoimagen inflada)
- Debe ser el centro de atención
- Elevada necesidad de control

- Necesidad exagerada/patológica de admiración
- Superficial
- Explotador
- Demuestra un comportamiento intimidatorio
- Puede ser descarado y detestable

El narcisista comunitario

- Complejo de salvador
- Falso sentido de la filantropía
- Autopromoción perpetua
- Utiliza la generosidad para recibir admiración/validación
- Se queja de todo aquello que percibe como falta de atención
- Retira su apoyo al percibir falta de atención

El narcisista perverso

- Es el tipo más peligroso de narcisista
- Clásico + antisocial
- No tiene códigos ni principios morales
- Muy presente entre la población que sufre violencia doméstica/maltrato infantil y en sectas nocivas
- Pone a otros en la mira y busca hacerles daño
- Se ensaña con los demás y busca herirlos
- Sumamente manipulador
- Motivado por el poder
- Viola los derechos de los demás
- Utiliza la experiencia personal para captarte y obtener ventaja
- Deja una estela de destrucción, un reguero de víctimas
- Muestra interés por los demás para sacar ventaja, no porque realmente le importen; recopila información para usarla más tarde (contra ti o contra otros)
- Usa, abusa y desecha repetidamente
- Despiadado, paranoico, vengativo
- A menudo explota a los que tienen una gran necesidad de aprobación
- Su objetivo es cualquiera que suponga que lo critica, irá a por ti; actuará para neutralizarte antes de que puedas hacerlo tú

El narcisista encubierto

- Es sutil; difícil de detectar
- Suele asumir el papel de víctima
- Guarda rencor
- Se considera privilegiado y merecedor de todo; es más agresivo-pasivo
- Su generosidad es siempre interesada
- Siempre considera que compite contigo y con los demás
- Desacredita sistemáticamente a quienes establecen límites y defienden sus derechos
- Tiende más a la depresión
- Se siente incomprendido o ignorado
- Aparenta modestia, por ejemplo, finge ser humilde.
- Dedica mucho tiempo a culpar y avergonzar a otros
- Si es padre, le cuesta celebrar los éxitos de sus hijos; compite con ellos por la atención y el reconocimiento
- No asume riesgos, pero critica despiadadamente a quienes sí lo hacen
- Hipersensible a las críticas
- Puede llegar a ser extremadamente discutidor
- Negativo; critica constantemente a los demás; imposible de complacer por mucho que uno se esfuerce
- Aplica la ley del hielo, ignorando completamente a alguien, como si no existiera
- Recurre a comportamientos que inducen a la culpa

6. Entender la psicología del líder narcisista traumatizante de una secta

Daniel Shaw

Daniel Shaw es psicoanalista y ejerce en Nueva York. Es autor de dos libros: Traumatic Narcissism: Relational Systems of Subjugation (Narcisismo traumático: sistemas relacionales de subyugación), y Traumatic Narcissism and Recovery: Leaving the Prison of Shame and Fear (Narcisismo traumático y recuperación: Liberación de la cárcel de la vergüenza y el miedo). Contacto: www.danielshawlcsw.com

Para contribuir a desmitificar el poder carismático del líder de una secta o de una pareja controladora y subyugadora, y para exponer la fragilidad que se esconde tras su «ilusión de omnipotencia», elaboré un relato que describe lo que denominé «el sistema relacional de subyugación del narcisista traumatizante»[1]. Comprender la psicología del narcisista traumatizante contribuye a liberarse de influencias coercitivas y de la manipulación abusiva.

A continuación resumo mi descripción de este perfil particular, explicando cómo alguien adopta esas características y cómo suele comportarse. Aunque este perfil psicológico varía en cada individuo en términos de detalles específicos, identifico patrones y comportamientos generales que suelen estar presentes en el narcisista traumatizante (NT). El NT puede ser de cualquier género, pero nos referiremos a él en masculino.

Trauma intergeneracional

El adulto NT es alguien que normalmente ha crecido expuesto a vergüenza y humillación crónicas a manos de sus padres y/u otros tutores cercanos.

Con frecuencia en la historia evolutiva del NT también hay una alienación y humillación importantes por parte de compañeros y figuras de autoridad.

Los padres del niño que se convierte en adulto NT envidian y resienten el derecho del niño a la dependencia. Los padres narcisistas requieren, encubierta o abiertamente, que el niño reconozca la validez exclusiva de las necesidades y deseos de los padres, lo que significa que el niño debe avergonzarse de sus propias necesidades y deseos y verlos como lo ven los padres: como irrelevantes o despreciables, es decir, codiciosos, egoístas, débiles, moralmente aborrecibles.

Los padres narcisistas de este tipo adoptan la postura de considerar despreciable la dependencia de los demás y se convencen de haber trascendido la dependencia. El niño traumatizado que ha sido adoctrinado efectivamente para ver sus necesidades naturales de dependencia como algo vergonzoso y desdeñable, y que como adulto afirma no necesitar a nadie ni a nada, levanta defensas rígidas y maníacas contra una dependencia vergonzante y se convierte en un NT.

El NT adulto consigue superar la vergüenza y la humillación que experimentó durante su infancia desarrollando un delirio de omnipotencia y reinventándose a sí mismo como un superhombre divino. Lo que se oculta a sí mismo y a los demás es lo intensa y desesperadamente necesitado que está en realidad. Su propio trauma se convierte en el trauma que inflige a los demás.

Infalibilidad y autolegitimación ilusorias

Al tratar de mantener constantemente la ilusión de omnipotencia, el adulto NT está obsesionado por conservar un rígido sentido de superioridad y perfección, de infalibilidad, autosuficiencia y autolegitimación. Defiende de forma acérrima, normalmente beligerante, su convicción de rectitud y justificación. Si se ve confrontado con cualquier tipo de amenaza a su omnipotencia delirante, a cualquier cuestionamiento, desacuerdo o desobediencia, se precipita a castigar.

Lo vuelve todo contra el otro, avergonzando y humillándolo, desprestigiando y denigrando a cualquiera que se atreva a poner en tela de juicio su infalibilidad. Ataca a los demás como si él fuera su víctima, cuando en realidad el agresor es él. No debería pasarse por alto ni minimizarse la naturaleza psicótica de su delirio de rectitud, por muy inteligente, socialmente hábil y funcional que pueda parecer el NT.

Transferencia de la vergüenza

Apoyándose en su negación maníaca de cualquier necesidad o sentimiento de vergüenza, el NT se encarga de que la necesidad y la vergüenza que lo atormentan se les transfieran a los demás. Así es como el NT se protege del autodesprecio y de la humillación que tanto lo mortifican. Debe demostrar constantemente que el desprecio y la vergüenza propios de la dependencia / debilidad / pecaminosidad son ajenos y por ningún motivo propios.

Alternando un seductor bombardeo amoroso con comportamientos intimidatorios, menospreciativos y vergonzantes, el NT controla a los demás mientras les exprime la vida. Así es como se mantiene vivo e hiper inflado. Prácticamente coloniza a los demás, utilizándolos como huéspedes en los que proyectar y controlar la vergonzante sensación de necesidad e inferioridad que no soporta ver en sí mismo.

En el caso de las sectas, cuyos líderes son casi siempre narcisistas traumatizantes, los seguidores se vacían a sí mismos para llenarse de la perfección percibida del líder; el precio que pagan es que deben mantener dentro de sí el miedo, la vergüenza y la dependencia que el líder niega en sí mismo.

Represión de la subjetividad del otro

El seguidor del NT es seleccionado específicamente para recibir estas proyecciones despectivas, especialmente la proyección de la vergüenza en relación con la dependencia. El líder TN de la secta sólo considera válidas sus propias necesidades y califica a su seguidor como carente y egoísta si muestra algún signo de interés personal o subjetividad independiente.

Aunque el líder NT de la secta insta constantemente al seguidor a superarse a sí mismo trabajando más arduamente y comprometiéndose más, no puede soportar la posibilidad de que el seguidor lo supere y no lo necesite. La situación es la siguiente: se espera que el seguidor aspire a ser tan perfecto como el líder de la secta, pero se le dice constantemente que no da la talla y que no se esfuerza lo suficiente. El líder lo avergüenza y humilla sistemáticamente, alegando que es lo mejor para él, de tal manera que sólo puede progresar si deja de decepcionar al líder. Sin embargo, lo que el líder teme e intenta destruir es precisamente el desarrollo del seguidor, su subjetividad, su dignidad como persona por derecho propio. Esto crea el doble vínculo que lleva al seguidor a tomar, en palabras de Lalich, una «decisión condicionada».[2]

Aunque pueda parecer lo contrario, el líder sectario NT la necesita desesperadamente al adepto. Sometiendo a sus seguidores y alimentándose de ellos, explotándolos, socavando su subjetividad, arrebatándoles su fuerza vital –y transfiriéndoles, a cambio, la vergüenza y el miedo que niega tajantemente–, el NT utiliza el único medio a su disposición para satisfacer su necesidad insaciable de convencerse de su omnipotencia delirante.

7 Relaciones abusivas y sectas familiares

Aparte de las sectas más grandes, publicitadas y que la mayoría conoce, abundan tres tipos de sectas menores: (1) grupúsculos, por lo general sin nombre, de menos de una docena de miembros que siguen a un líder en particular, un «maestro» omnipotente; (2) «sectas familiares» en las que el cabeza de familia utiliza técnicas extremas de persuasión para controlar a la familia e imponerle la dinámica adecuada según su criterio; y (3) las «sectas bipersonales» –quizás las menos reconocidas– que consisten en relaciones abusivas entre dos personas que implican características sectarias. Las sectas «sin nombre» y las «familiares» tienden a superponerse; dicho de otro modo, a veces una secta familiar incorpora a otros miembros y pasa de estar compuesta únicamente por personas emparentadas por nacimiento o matrimonio a incluir a personas externas.

Estas sectas pequeñas y relaciones abusivas suelen tener un impacto mucho más intenso en el individuo que las sectas grandes por la sencilla razón de que toda la atención –y el abuso– se centran en una o unas pocas personas, a menudo con consecuencias particularmente perjudiciales. Otra característica común es que las víctimas en estas relaciones suelen ser principalmente mujeres.

Son muchos los que pueden estar implicados en este tipo de relaciones abusivas sin saberlo. A la mayoría de las personas les incomoda pensar que su entorno familiar es una secta, por lo que racionalizan sus sospechas o evitan las críticas u observaciones de amigos o familiares. Pero como hemos visto, la única forma de liberarnos de los modelos de influencia y control sectarios es informarnos acerca de ellos.

Un factor importante a tener en cuenta es que el maltrato no tiene que ser necesariamente físico; en muchos casos, puede ser verbal o emocional.[1] Este maltrato aparentemente menos grave suele llevar a la víctima a dudar de sus propias reacciones porque al no sufrir agresiones físicas suele ser incapaz de explicarse el maltrato a sí misma ni a los demás. Nuestra colega Margaret Singer solía llamar a este fenómeno «*gaslighting effect*» (efecto "encandilamiento"), referenciando al clásico del cine *Gaslight*, protagonizada por Ingrid Bergman y Charles Boyer.[2] En la película, Boyer interpreta a un hábil canalla que somete al personaje de Bergman a manipulaciones mentales diarias que lenta e insidiosamente la llevan al borde de la locura. La película es una magnífica ilustración de lo que muchos maltratadores llaman *gaslighting* o *encandilamiento*, práctica que puede dejar psicológicamente indefensas a las víctimas, haciéndolas dudar de su propio sentido de la realidad.

Quizás una de las relaciones abusivas menos comprendidas en este contexto sea la que se da entre dos individuos.

Sectas bipersonales

La relación abusiva identificada como «secta bipersonal» o «secta de dos» es una relación íntima deliberadamente manipuladora y explotadora entre dos personas, que a menudo implica el engaño y abuso físico y/o sexual de la pareja subordinada. Es importante señalar que no todas las relaciones abusivas son sectarias. Hay marcadores específicos que separan el abuso sectario de las situaciones en las que uno de los miembros de la pareja puede tener problemas de control de la ira, patrones de abuso de drogas o alcohol, o una disfunción psicológica leve.

En las sectas bipersonales, también denominadas «relaciones sectarias», existe un importante desequilibrio de poder entre los dos participantes. El más fuerte, o el que detenta el poder, utiliza su influencia para controlar, manipular, abusar y explotar al subordinado. En esencia esta relación es una versión bipersonal de una secta mayor.

Las sectas bipersonales pueden encontrarse en matrimonios o parejas que conviven en unión libre; relaciones entre jefes y empleados; entre pastores y feligreses; relaciones entre padres e hijos; relaciones entre terapeuta y paciente; entre carcelero y prisionero o entre interrogador y sospechoso; situaciones de secuestro; entornos de bandas, fraternidades o hermandades u otros grupos con intereses especiales; y contextos de profesor/alumno (incluidos entornos académicos, artísticos y espirituales, por ejemplo, con un profesor, un maestro de yoga, un instructor de artes marciales o un mentor de arte).[3] Esperamos que este libro sea útil y sanador para las personas que han sufrido este tipo de abuso individualizado.

Debido al creciente interés público y profesional por el tema de la violencia intrafamiliar, se ha reconocido hasta cierto punto el uso de métodos de influencia y control psicológicos en las relaciones de maltrato. En mayor o menor medida, los hombres o las mujeres que maltratan a sus parejas emplean las mismas técnicas de manipulación que se utilizan en las sectas para controlar a sus miembros y obtener su conformidad y obediencia. El objetivo es el servilismo, y esas técnicas de influencia y control son métodos de probada eficacia, aprendidos instintivamente y perfeccionados a lo largo del tiempo. Los métodos más comunes incluyen «aislar y provocar miedo; la alternancia de amabilidad y amenazas para producir desequilibrio; [y] la inducción de la culpa, la autoculpabilidad, la dependencia y la indefensión aprendida».[4] El grado de presencia de estas características en una relación afecta la intensidad del control y lleva a que se identifique o no la relación como «sectaria».

Algunos expertos en el campo de la violencia doméstica consideran que los celos son el componente central y motor principal de las relaciones abusivas,[5] mientras que, más típicamente, los factores determinantes en las relaciones sectarias abusivas son el control y la culpa. Otra característica importante de las relaciones sectarias es que el maltratador imparte un sistema de creencias o ideología para justificar sus acciones y el estilo de vida que le impone a la pareja (o la familia). En ese momento, no sólo es la figura de autoridad, sino que se convierte en un semidios.

La psiquiatra Judith Herman describió esta devoción sectaria en su explicación del vínculo traumático que se produce entre la persona maltratada y su agresor:

> El constante ciclo de terror e indulto, especialmente en el contexto aislado de una relación amorosa, puede dar lugar a un sentimiento de dependencia intensa, casi de adoración, hacia una autoridad divina y omnipotente. Aunque la víctima puede vivir aterrorizada por su ira, también puede verlo como la fuente de la fuerza, la guía y la vida misma. La relación puede adquirir un carácter extraordinariamente especial. Algunas mujeres maltratadas hablan de entrar en una especie de mundo exclusivo, casi delirante, abrazando el grandioso sistema de creencias de sus compañeros y suprimiendo voluntariamente sus propias dudas como prueba de lealtad y sumisión.[6]

Por lo general, una pareja maltratada suele someterse a los siguientes abusos y/o comportamientos:

- Dominio verbal, físico y/o [sexual] desde el inicio de la relación
- Despertar y mantener el miedo
- Generación y perpetuación del miedo
- Expresiones de «amor» sujetas a determinadas condiciones o circunstancias
- Inducción de impotencia y desamparo
- Expresiones patológicas de celos

- Comportamientos que infunden esperanza
- Aislamiento/encarcelamiento
- Imposición de secreto obligatorio[7]

En las relaciones sectarias abusivas se observan varios comportamientos adicionales:

- Adulación forzada del agresor, que autoproclama cualidades divinas
- Aplicación sistemática de métodos manipuladores de persuasión y control
- Adhesión forzada a una doctrina o sistema de creencias que justifica los comportamientos abusivos
- Grave pérdida de autopercepción y fusión de identidades, en la que el subordinado se fusiona con el superior
- Insistencia en llevar a cabo el «plan» del maestro

La historia de Hedda Nussbaum y Joel Steinberg ilustra cómo se manifiestan estas dinámicas en las sectas bipersonales.

Hedda Nussbaum: «Él era el centro de mi universo»

A finales de 1987 Estados Unidos se conmocionó con la noticia de la horrible muerte de una niña de seis años en Nueva York a la que su padre golpeó hasta dejarla inconsciente. La policía fue alertada después de que la madre de la niña llamara al 911, preocupada porque su hija no reaccionaba. A través de las noticias y de los testimonios posteriores en los juicios, nos enteramos de la vida de pesadilla que llevaba Hedda Nussbaum, una tímida editora de libros infantiles, y de sus dos hijos adoptados ilegalmente, que vivían atemorizados y sumidos en la miseria causada por las drogas. Aquel mundo retorcido y perverso había sido creado por el maltratador marido de Nussbaum, el acaudalado abogado Joel Steinberg. Steinberg había matado a la niña aquella noche, antes de que Hedda pidiera ayuda, y un año después fue condenado por homicidio culposo en segundo grado y homicidio involuntario en primer grado. Se le impuso una pena máxima de 25 años; cumplió aproximadamente dos tercios de dicha condena y fue puesto en libertad en 2004 (las noticias apuntan a que sigue negando su responsabilidad en la muerte de la niña).[8]

Hedda había conocido a Joel trece años antes, en 1975. Poco después empezaron a vivir juntos. Nunca se casaron porque Joel decía que un papel no era necesario si dos personas estaban realmente comprometidas la una con la otra. El abuso emocional y el control comenzaron casi de inmediato. Durante una entrevista en Larry King Live en junio de 2003, Hedda explicó que Steinberg no era abiertamente abusivo al principio, sino que se centraba en moldear su personalidad. Ella era tímida y obediente, y creía que los cambios que él le pedía eran por su propio bien. «Casi todas las noches actuaba conmigo como un terapeuta», dijo. Después de reuniones sociales criticaba a Hedda detalladamente: «Deberías haber hecho esto, deberías haber dicho aquello», le decía.[9]

Los abusos físicos comenzaron a los tres años de relación, escalando rápidamente en frecuencia e intensidad. Como muchas otras víctimas de relaciones abusivas, Hedda fue hospitalizada en numerosas ocasiones. «La primera vez que terminé en un hospital» —cuenta— «fue la primera vez que me golpeó, en 1978. Y le dije al médico: "Mi novio me pegó". Pero entonces recordé que era abogado, que era un hombre maravilloso que me ayudaba un montón. Así que le dije: "No, no. Borre eso. Mejor táchelo". Todavía conservo una copia de ese informe, aquel informe médico con la frase tachada». A lo largo de los años, las palizas fueron graves: una ruptura del bazo, una fractura de rodilla, costillas fisuradas, dientes partidos, una oreja de coliflor y un sinfín de cicatrices en la cara y el cuerpo. De hecho, por un tiempo, la imagen de Hedda, con el rostro horriblemente magullado y destrozado en una foto policial, se convirtió en el símbolo de la violencia doméstica en Estados Unidos.

Larry King, como tanto otros, le preguntó por qué no había dejado a Joel. Hedda respondió que lo había intentado cinco o seis veces. «La primera vez que intenté dejarlo, llegó a casa justo cuando estaba haciendo las maletas. Me preguntó: "¿Qué haces?" Le dije: "Me voy". En un abrir y cerrar de ojos, estaba en el suelo con una pierna destrozada. Me tumbó, me metió en un baño helado para bajarme la hinchazón. Creo que ahí se dio cuenta de lo mucho que detestaba yo el agua fría y empezó a usarla como medida disciplinaria, según él. Si algo le molestaba, me ordenaba: "¡A la bañera!" El castigo: baños de agua helada, sentada ahí, temblando. Con los años, me fue convenciendo cada vez más de que era un sanador. Llegó a convencerme de que tenía poderes mágicos. Y lo digo en serio. Me privaba de la comida, del sueño... Me aisló de mi familia, mis amigos, mi trabajo. Ya casi nunca salía de casa.»

Hedda consiguió marcharse varias veces, pero siempre la convencían de que volviera, ya fuera Steinberg mismo o sus amigos (que no sabían nada de los malos tratos). Hedda no quería que la gente se enterara de que la maltrataban, por eso nunca se lo dijo a sus amigos ni a nadie.

Tras la detención de Steinberg y durante el juicio, Hedda recibió tratamiento médico y psicológico por los abusos. Durante algún tiempo, se aferró a la idea de que Steinberg era Dios, de que era perfecto. Relató: «Después fui al hospital *Four Winds*. El juicio comenzó un año después... Aunque hablaba con los fiscales, a causa de todo el lavado de cerebro, sentía que seguía enamorada de Joel. Un día, algo... finalmente todo cobró sentido. Esa noche no pude dormir. Me levanté y tomé un cuaderno en el que solía dibujar. Era un diario. Fui a otra habitación y empecé a dibujar a Joel... Y de pronto, repentinamente lo vi tal como era en realidad... Lo llamo "el día en que se me abrieron los ojos"».

En una conferencia celebrada aproximadamente un año después, Samuel Klagsbrun, psiquiatra y director ejecutivo del Hospital *Four Winds*, presentó un extraordinario informe sobre su trabajo con Hedda.[10] Explicó que, mediante manipulación psicológica y graves abusos físicos, Hedda había sido «degradada y rebajada al nivel de una esclava. Se transformó en una autómata, un robot». El discurso de Klagsbrun en la conferencia se titulaba: «¿Existe la sumisión voluntaria?» La conclusión unánime de los asistentes fue que, en situaciones así, la respuesta es un no contundente. Lo que sigue es un resumen de la ponencia de Klagsbrun:

> Hedda aguantó años de humillaciones verbales y castigos diseñados para «educarla», pero en los dos últimos años, la violencia escaló a agresiones diarias y brutales palizas, a veces con un poste de madera de 4x4, hasta que la tortura y el miedo se volvieron su normalidad. Joel se valió de su hija adoptiva, manipulándola para que se volviera contra su madre, lo que intensificó la humillación de Hedda y arrastró a la niña a los sádicos rituales de Joel. La niña no tardó en convertirse también en víctima de sus golpes, hasta que finalmente la asesinó.
>
> Al comenzar su terapia, Hedda permanecía prácticamente muda y carente de emociones... Tuvo que pasar un año para que pudiera, finalmente, llorar la muerte de su hija. Aunque sabía que su pareja era responsable de la muerte de su hija, seguía insistiendo en que él la amaba. En las primeras sesiones de terapia, negaba el dolor y se aferraba a los recuerdos positivos de la relación como escudo. Pero poco a poco empezó a desentrañar el ciclo de abuso: castigos, recompensas, aislamiento, más castigos, y así sucesivamente.
>
> Al desentrañar los entresijos de la relación, Hedda comenzó a identificar las manipulaciones y los comportamientos premeditados de Joel. Asumiendo el papel de tutor, se transformó en la figura omnipresente que la consolaba después de infligirle los castigos y curaba las heridas que él mismo causaba. Así, logró que lo viera como un sanador. Al alternar la crueldad con momentos de falso romanticismo, mantenía viva la ilusión de ser su amante. Confinada en casa y aislada de su familia, Joel le negaba cualquier contacto con el mundo exterior. Él era el alfa y el omega de su mundo.

Durante una entrevista en 2003, Larry King preguntó a Hedda, con cierto escepticismo: «Pero, no todas las mujeres maltratadas sufren un lavado de cerebro y se convierten en prisioneras metódicas de su maltrato, ¿verdad?» Y ella, con gran lucidez, respondió: «No, no todas. Pero creo que muchas sufren una forma de manipulación mental, incluso aquellas que no son agredidas físicamente. Cuando un hombre les repite sin cesar: "Eres inútil, no sirves para nada, nunca haces nada bien", ellas acaban creyéndoselo, y eso también es una forma de lavado de cerebro».

La naturaleza sectaria de las relaciones abusivas

A pesar de este tipo de cobertura informativa, las relaciones abusivas en las que se utilizan métodos sectarios para dominar a la víctima no se reconocen ampliamente. En consecuencia las mujeres tienden a quedar atrapadas en ellas. La psicoterapeuta Shelly Rosen señala que, en contra de la opinión desinformada, estas mujeres no son frágiles ni débiles mentales, sino «fuertes, ambiciosas e inteligentes».[11]

En las relaciones abusivas las técnicas de manipulación y control persuasivo empiezan a sustituir a la sana comunicación bidireccional entre iguales. A veces el maltratador o líder busca intencionadamente una pareja o seguidor al que cree que puede moldear hasta someterlo. En esos casos la fase de cortejo es una forma de reclutamiento: las posibles amantes son cuidadosamente examinadas y elegidas. El cortejo comienza una vez que el líder selecciona a la pareja, normalmente basándose en el conocimiento de sus necesidades y vulnerabilidades.

Aunque el público tiende a pensar, erróneamente, que sólo los estúpidos, los excéntricos, los chiflados y los divagantes se involucran en sectas, esto es sencillamente falso. Según estudios y la experiencia profesional de quienes trabajan en este campo, se sabe que muchos integrantes de sectas fueron a las mejores escuelas del país, tienen títulos universitarios o profesionales avanzados y tenían carreras y vidas exitosas antes de involucrarse en una secta o en una relación de abuso sectario. Pero en un momento de vulnerabilidad –y todos los sufrimos cada tanto en la vida (fin de una relación amorosa, pérdida de un empleo, un rechazo, muerte de un familiar, etc.)–, una persona puede caer bajo la influencia de alguien que parece ofrecer respuestas o un sentido de dirección.

El caso de Lee Boyd Malvo ilustra el tipo de violencia que una persona atrapada en una relación sectaria puede verse influida a cometer. El comportamiento aberrante puede florecer fácilmente en esas relaciones cerradas y controladoras que están fuera de las normas de la sociedad y tienden a permanecer ocultas a la vista hasta que es demasiado tarde.

Lee Boyd Malvo: «Como una marioneta»

No todas las relaciones sectarias bipersonales implican necesariamente sexo o intimidad sexual. Algunos ejercen el control de otras formas, como cuando una persona subordinada es dominada por una figura mayor avasallante. Un claro ejemplo es la relación entre Lee Boyd Malvo y John Allen Muhammad, autores de los diez asesinatos cometidos por francotiradores que aterrorizaron la zona metropolitana de Washington D.C. en octubre de 2002.[12] Trágicamente, Malvo fue utilizado por el psicópata Muhammad en su plan para aterrorizar y asesinar a ciudadanos inocentes a lo largo y ancho del país. Mediante la coacción, el dominante Muhammad influyó en el joven Malvo hasta el punto de anular su capacidad para discernir entre el bien y el mal.

Malvo, un adolescente prácticamente abandonado por su madre, estaba completamente subyugado a Muhammad, de 42 años. Muhammad había mantenido una breve relación con la madre de Malvo y cuando ésta terminó, invitó a Lee a vivir con él y lo entrenó para ser su «sombra». Ex soldado del ejército y experto en armas, Muhammad quebrantó al adolescente, maleable e introvertido, sometiéndolo a diversos regímenes estrictos en una versión perversa de campamento de entrenamiento militar. Siguiendo el patrón de las sectas, Malvo llamaba «padre» a Muhammad y dependía de él para todo. La vigilancia implacable de Muhammad mantenía al dócil adolescente bajo su férreo control.

Según el testimonio de expertos en salud mental, el impresionable joven Malvo «perdió todo sentido de moralidad, todo sentido de identidad, y se convirtió en poco más que una extensión del ego del Sr. Muhammad».[13] Por su parte, Muhammad entrenó a Malvo para que fuera un soldado en su «guerra contra los Estados Unidos», aunque se especula que gran parte de la motivación de Muhammad tenía que ver con una venganza dirigida contra su ex esposa, que vivía en la zona donde se produjeron los asesinatos.

Entre las técnicas de influencia y control que Muhammad empleó para moldear a Malvo se encontraban el aislamiento, el control de su alimentación y sueño, la obligación de ver vídeos violentos, el adiestramiento en el manejo de armas y la instrucción en una interpretación violenta del islam y el separatismo negro.[14] Tan devastado se sentía Malvo por el programa de adoctrinamiento y los violentos planes en los que debía participar, que llegó a intentar suicidarse para evitar tener que matar. Un psiquiatra de la defensa lo resumió así: «Malvo se había fusionado con el Sr. Muhammad. Actuaba como su representante... Era una simple marioneta en sus manos».[15] El psiquiatra precisó que para Malvo los asesinatos en la escuela, por ejemplo, eran injustificables, pero que estaba «cumpliendo el plan».[16]

Con la realidad distorsionada y sometido a una vigilancia implacable, Malvo se encontraba en una encrucijada sin salida: ¿qué alternativa le quedaba? Si bien el asesinato le generaba conflicto, las enseñanzas de Muhammad le habían grabado a fuego que las emociones eran el enemigo, ¿cómo podía entonces fiarse de sus propios sentimientos? Muhammad representaba la única figura paterna en la vida de Malvo, pero tras esa fachada se escondía un asesino despiadado que había pervertido la mente de un joven solitario. Ambos fueron declarados culpables de asesinato: Muhammad fue sentenciado a muerte, y Malvo a cadena perpetua sin posibilidad de libertad condicional.

❖

Las relaciones sectarias y de dominación pueden arraigar en una variedad de entornos y contextos, y pueden implicar a hombres y mujeres, jóvenes y mayores por igual. Naturalmente, existe cierto grado de influencia y control en todas las relaciones y entornos sociales, porque el poder es inherente a todas las relaciones sociales. Lo que marca la diferencia es el alcance y el tipo de control, como también la manipulación y el engaño que subyacen a los métodos de persuasión, y el tipo de poder (por ejemplo, divino, mágico) de quien lo detenta y los fines que se persiguen.

Sectas familiares

Semejantes a las relaciones abusivas, las sectas familiares y las pequeñas sectas desconocidas tienden a mantenerse ocultas. Ofrecen un entorno propicio para el abuso, pues la figura autoritaria goza de impunidad al no ser cuestionada ni denunciada. Estas sectas pueden ser familias de apariencia tradicional, unidas por lazos de sangre o matrimonio, o bien grupos de individuos congregados bajo el mando de una persona. Solo en contadas ocasiones, cuando los abusos dentro de dichas familias alcanzan niveles extremos, se hacen públicos. Pero la mayoría de las veces estos casos no ven la luz del día. Nuestra sociedad, con su lema de «vive y deja vivir», permite que los abusos más terribles contra adultos o niños ocurran a plena vista sin que nadie haga sonar las alarmas. A continuación, presentamos dos ejemplos recientes.

El patriarca Marcus Wesson

En junio de 2005, en Fresno, California, Marcus Wesson, patriarca ultra autoritario, fue declarado culpable de nueve cargos de asesinato por las muertes de nueve de sus hijos y nietos, y de catorce cargos de abusos sexuales por agredir sexualmente y violar a siete de sus sobrinas e hijas menores de edad.[17] El jurado recomendó la pena de muerte para Wesson. Nueve cadáveres, todos ellos de sus hijos o nietos de edades comprendidas entre 1 y 25 años, fueron amontonados sobre un charco de sangre en la parte trasera de la casa donde vivía esta familia polígama e incestuosa. Cada víctima había recibido un disparo en el ojo.

El análisis de ADN demostró el horror: Wesson había tenido hijos con sus propias hijas. En el transcurso del juicio, antiguos residentes del hogar revelaron que los abusos sexuales a las niñas comenzaban a la temprana edad de siete u ocho años. Para la mayoría de quienes lo conocían, este hombre de 58 años era un líder inofensivo. Algunos vecinos, sin embargo, percibían a la familia como «una extraña mini comunidad patriarcal». Otros, en cambio, señalaban el férreo control que Wesson ejercía sobre las mujeres y los niños. Aparentemente, Wesson adoctrinaba diariamente a su familia, imponiendo una particular visión de la poligamia y el incesto fundamentada en sus tergiversaciones bíblicas.

En el juicio contra Wesson, los testigos, entre ellos una de sus hijas sobrevivientes, ofrecieron testimonios escalofriantes que relataban «años de disciplina férrea, violaciones sistemáticas y prolongadas conversaciones sobre "procrear para el Señor"». Después del juicio, los fiscales declararon: «Wesson tenía tal dominio sobre su familia que algunas de las jóvenes a las que había engendrado aún lo defendían. Una de sus hijas llegó a testificar que no había nada de malo en las relaciones sexuales entre padre e hija, e incluso defendió a Wesson a pesar de que sus propios hijos habían sido asesinados».[19]

«La Familia» de Winifred Wright

Años antes del caso de Wesson, en San Rafael, California, otro clan patriarcal y sectario se cobró una víctima: un niño pequeño murió de inanición. Este grupo, conocido como «La Familia», llevaba operando más de una década. Winifred Wright, el líder, había procreado al menos 16 hijos con sus seguidoras. Bajo el yugo de Wright, sustentado en una ideología vegetariana y un desprecio absoluto por la sociedad, los niños eran mantenidos en completo aislamiento, privados de luz solar y contacto humano, alimentados con una dieta miserable y sometidos regularmente a brutales palizas y ataduras. Años antes, uno de esos niños había muerto en la más tierna infancia, pero la autopsia no logró determinar la causa del fallecimiento.

Irónicamente, en el momento de la muerte de su segundo hijo, Wright contaba con cuatro seguidoras, todas de familias pudientes, entre ellas la nieta del fundador de la *Xerox Corporation*. Wright había tenido siete hijos con una de estas mujeres, seis con otra, y la miembro más reciente del clan, una joven de 20 años, solo tenía un hijo hasta la fecha. Todos los niños sufrían deformidades y malnutrición severa. Padecían raquitismo, deformaciones extremas en las piernas y, en su mayoría, retraso mental. Con cinismo, Wright justificó la muerte por inanición de su hijo de diecinueve meses como un acto de la «voluntad de Dios», argumentando que su familia simplemente seguía sus principios al rechazar la medicina moderna. Pero lo que las pruebas judiciales revelaron era aún más escalofriante: Wright poseía un «Libro de Reglas» que detallaba los castigos a los que debía someterse a los niños, que prescribía ataduras, azotes, mordazas de cinta adhesiva, aislamiento y humillaciones.

Con el tiempo, Wright fue tejiendo su red para atrapar mujeres, a las que luego intimidaba y aterrorizaba mediante agresiones sexuales, drogadicción forzada o disparos al techo. Sus devotas hacían las veces de reclutadoras, buscando y captando nuevas mujeres para su harén. Atraían a las mujeres con ofertas como sesiones espirituales gratuitas o la promesa de ser fotografiadas para un mural mundial con noventa mujeres. Las que picaban el anzuelo eran invitadas primero a la casa de dos pisos del grupo en San Francisco, y luego a su residencia en el condado de Marin. Una vez allí, los encuentros con Wright se volvían cada vez más inquietantes. Algunas mujeres huían despavoridas o asqueadas, pero otras se quedaban.

Con el tiempo, la pequeña secta se instaló en una calle tranquila de San Rafael, buscando pasar aún más desapercibida. Se encerraron en sí mismos, sin contacto alguno con los vecinos, quienes jamás sospecharon que tantos niños vivieran hacinados en aquella casa. Ninguno de los niños asistía a la escuela (supuestamente recibían educación en el hogar), y pese a que diversos organismos públicos habían sido alertados sobre el comportamiento sospechoso y el potencial maltrato infantil, nadie intervino. Sólo la muerte de su hijo pequeño puso fin a dos décadas de impunidad durante las cuales Winifred Wright lideró su secta con mano de hierro, condenando a su familia a una vida de reclusión y sadismo.

En 2003, Wright fue sentenciado a 16 años y 8 meses de prisión por poner en riesgo la vida e integridad de menores. Dos mujeres de la secta familiar se declararon culpables de los cargos y fueron igualmente encarceladas. A los tres (Wright y las dos madres) se les retiró la patria potestad y los 14 niños supervivientes fueron dados en adopción. Las condenas de las mujeres fueron atenuadas, pues el juez admitió la naturaleza sectaria del grupo y reconoció que su capacidad de actuar con libertad había sido «considerablemente mermada».[21]

Si bien las sectas mencionadas estaban encabezadas por hombres, también hay sectas familiares con líderes femeninas. Aunque los ejemplos citados se caracterizaron por abusos físicos y violencia extrema, no todas las sectas familiares recurren a tales métodos. En otras, los miembros de la familia son simplemente manipulados y dominados psicológicamente por un líder autoritario. Si bien puede no haber violencia física, ya hemos visto que el abuso verbal y emocional, aunque sutil, puede ser igualmente destructivo y alcanzar resultados similares.

Criado entre dos sectas
Raanan Lewis

Raanan Lewis creció en el seno de dos grupos de control estricto (judaísmo fundamentalista y un ciclo intergeneracional de abusos que se manifestó en forma de secta familiar). Aunque se liberó de la secta religiosa a los 20 años, tardó más de 15 años en escapar de los abusos de su familia biológica. Explica su experiencia y su camino hacia la sanación.

Fui criado dentro de dos sectas simultáneamente: El fundamentalismo judío y una secta familiar.

En la corriente del judaísmo a la que adheríamos —denominada ultraortodoxa u ortodoxa moderna— nos machacaban con una profecía sobre el fin de los días. En nuestra condición de pueblo elegido por Dios, seríamos guiados al Huerto del Edén tras la llegada de la salvación. Sólo los verdaderos creyentes tendrían cabida, mientras que el resto afrontaría diversos grados de servidumbre y un purgatorio judío. Armado con esta doctrina que consideraba justa, aprovechaba cada ocasión para predicar a quienes no compartían nuestra fe. Pero, sin saberlo, cada vez que mi comportamiento virtuoso era mal recibido, se reforzaba en mí la idea de «NOSOTROS contra ELLOS».

Esa misma dinámica, definida por el humor siempre inestable de mi madre, cambiaba constantemente en el seno de nuestra secta familiar. Mi madre, una narcisista cruel con un don para el dramatismo, vivía en un estado de ira casi constante. Cuando no desplegaba su ira, me inculcaba una gran desconfianza hacia las personas. Me enseñaron a temer primero a mi madre y luego a la religión. Me preparó para ver el mundo a través de sus ojos empañados, dado que constantemente hacía comentarios del tenor de: «Eres demasiado sensible». «Nunca te entenderán». «Eres un solitario, como yo».

Mi papel obligado dentro de aquella dinámica familiar era hacer de terapeuta de sillón. Pasé mi infancia practicando técnicas de spa para las numerosas dolencias de mi madre, mientras ella me contaba historias traumáticas de su infancia. Mis cuentos a la hora de dormir eran relatos desgarradores de incesto, violaciones y abusos. Con el tiempo su drama se convirtió en el mío. Me enseñó a empatizar profundamente con su experiencia y me recordaba constantemente que era mucho peor de lo que jamás podría ser la mía. Eso me creó una temprana desconfianza en mí mismo, lo que me dificultaba dimensionar mi propio dolor.

Cada vez que experimentaba alguna emoción, me autoengañaba, tachando mi dolor de egoísta. «Lo mío nunca será tan grave como lo que sufrió mamá», me repetía. Mi madre era también intrínsecamente negligente, jamás me dedicaba tiempo a menos que fuera para servirla. Estaba lejos de ser una madre atenta, pues solía dormir hasta después del mediodía y desatendía por completo las necesidades de sus hijos. Sin embargo, para guardar las apariencias solía asistir a las reuniones de padres y profesores y a otros actos públicos de nuestra comunidad.

Aunque ni el colegio ni el templo me brindaban seguridad, a menudo la situación era peor en casa. En casa me criticaban por ser «demasiado sensible», «demasiado sentimental» y simplemente por ser «diferente». Ya fuera por mi voz o por cómo me peinaba, todo era terreno abonado para las crueles bromas de mi madre. Si bien yo era el centro de aquellas novatadas familiares, no se limitaban a mí. Aunque ella iniciaba las bromas, esperaba que todos participáramos. Y lo hacíamos por miedo y lo consentíamos irremediablemente. Nadie quería enfrentarse a la ira de mi madre.

De niño pasaba mucho tiempo solo y nunca me sentí querido. Mi madre solía presumir ante sus amigas de mi «capacidad innata para entretenerme solo», pero para mí era una forma de supervivencia.

Fuera de casa me pintaban como un marginado. Puede que fuera por mi extravagancia, por mi naturaleza afeminada o por cualquier otra cosa. Aunque yo no veía lo mismo que ellos, eso no impedía que me maltrataran. Mientras que en el colegio y en el templo nos sermoneaban sistemáticamente sobre los roles de género, en casa no siempre estaban tan claramente definidos. Cuando no hacía las veces de terapeuta de mi madre o no me sometían al adoctrinamiento en el templo, casi siempre me dejaban solo. Eso me daba tiempo para travestirme y jugar con muñecas. No me disciplinaban por ese comportamiento, así que no me parecía inapropiado. Sólo se convirtió en algo conflictivo cuando asistía a los servicios sabáticos vestido de mujer.

Incapaz de prever la humillación que sufriría, un día me metí mi camiseta rosa preferida en los pantalones antes de salir para la sinagoga con papá. Poco después de que empezara el servicio, me dirigí al vestíbulo de la sinagoga, donde saqué la camiseta y me puse a brincar y a pavonearme, perdido en mi propio mundo, como solía hacer en casa.

De repente, me vi rodeado de un montón de niños que se reían de mí y me señalaban. Confundido y humillado, me quedé inmóvil, como congelado. Justo entonces, un adulto del templo me agarró del brazo y me dijo: «¡Ven conmigo, *mariconcito*!»

Instantes después llegó mi padre. En lugar de ofrecerme apoyo, también él me tomó con fuerza del brazo, solo que me lo apretó y no me soltó ni un instante durante todo el trayecto de vuelta a casa. Ni bien llegamos le informó inmediatamente a mi madre lo sucedido. Ella empezó enseguida su ataque despiadado, diciéndome cosas como: «Me das asco. No me extraña que no le gustes a nadie». Poco después mi padre me recibió en el estudio con su cinturón.

A partir de entonces me etiquetaron de «egoísta» porque no lograba proyectar la imagen del niño más devoto de nuestra comunidad. Nadie me explicó nunca qué había hecho mal, pero la vergüenza me lo comunicaba todo. Había avergonzado a mi familia. El rumor de mi camiseta rosa se extendió rápidamente dentro de nuestro templo, convirtiéndome en blanco de una crueldad sistemática. Se burlaban de mí y me ridiculizaban públicamente. Maricón, *Amalec* (nombre bíblico de un enemigo judío), mentiroso, mariposita, *niddah* (término bíblico para una mujer en estado de impureza ritual debido a la menstruación), *zonah* (prostituta en hebreo), *gánav* (ladrón en hebreo), egoísta y pervertido eran los insultos más comunes con que se me agredía tanto dentro como fuera de casa.

Al mismo tiempo que daba mis primeros pasos como travesti, un familiar con ciertos trastornos se mudó por una temporada con nosotros. Una tarde, con los adultos fuera de la vista, abusó de mí. En plena agresión escuché que mi padre lo llamaba desde lejos. Todo acabó tan repentinamente como había empezado, dejándome confundido y solo en su cama. A los pocos días se marchó sin dar explicaciones. La tensión en la casa era palpable y yo me sentía responsable. Mis padres no decían ni pío y yo no me atrevía a preguntar.

A los pocos días, mi madre me sentó para explicármelo. Con una sonrisa diabólica en el rostro, me dijo: «Es tu culpa que se haya ido. Esta vez sí que te pasaste». Empecé a sollozar inmediatamente, lo que provocó una cruel reacción en ella. «Deja de lloriquear. No eres una niña». Acto seguido, se levantó y abandonó la habitación. Aquella interacción me marcó para siempre.

Mientras tanto en el templo se intensificaban las prédicas centradas en el Fin de los Tiempos y la devoción a la confraternidad. Me sentía atrapado, sin esperanza de escapar. Fue entonces cuando se detonaron en mí la depresión y las ideas suicidas. Empecé a deambular sin rumbo, deseando a cada paso que un piano de cola se desplomara desde el cielo sobre mí, arrancándome de un brochazo de este mundo cruel.

A medida que se acentuaba mi dolor interior, aumentaban los malos tratos. aumentaba el abuso. Maltratado físicamente, acosado por mis compañeros y humillado por el profesor al comienzo de cada clase, no tenía a quién recurrir. Cuando volvía a casa, me avergonzaban por ser distinto y llamar la atención, en lugar de pasar inadvertido entre los demás. Según mis padres, yo era el causante de mis propias dificultades.

La pubertad marcó el comienzo de lo que he denominado el «péndulo religioso». Al sentirse marginados por nuestra comunidad, mis padres empezaron a explorar la vida fuera de la religión, fluctuando entre ser fieles devotos y no creyentes. Estas fases duraban meses y podían terminar en cualquier momento sin previo aviso. A menudo iba al colegio donde se me advertía sobre los males del mundo secular y luego volvía a casa donde experimentaba un ambiente alejado de la religión. Aunque era emocionante encender la televisión y utilizar la electricidad durante el *Shabat*-algo expresamente prohibido-, desataba en mí una feroz lucha interna que le añadía otra faceta más de complicación a mi ya de por sí confusa existencia. Me preguntaba qué implicaría eso en el contexto del Fin de los Tiempos y mi salvación.

El otro obstáculo era la imagen que proyectaba de miembro de una secta. No era consciente de que resaltaba como una mosca en la leche fuera de nuestra comunidad. Aunque no estábamos tan aislados como los amish, tampoco éramos como nuestros vecinos. Yo tenía algo de experiencia con el mundo exterior, pero sólo dentro de los confines de mi papel de «verdadero creyente», donde nuestra meta era la rectitud. Mi uniforme sectario incluía, pero no se limitaba, a rizos de *payous* (patillas judaicas), una *kipá* (especie de gorro) plantada sobre la cabeza, y, debajo de la ropa, un *tzitzit* (prenda religiosa parecida a la «ropa interior mágica» mormona) que me picaba mucho e insistía en asomarse por todos los ángulos. Sentía que me miraban como bicho raro dondequiera que fuéramos.

Esa constante dicotomía entre lo religioso y lo secular hizo estragos en mi psique durante años. Agobiado por la aparente imposibilidad de cambiar mi realidad, intenté suicidarme más de una docena de veces durante esos difíciles años. Mis innumerables intentos nunca llegaron más allá de una que otra herida leve o un fin de semana vomitando violentamente. Debido a la constante negligencia de mis padres, jamás se dieron cuenta y yo lo mantuve oculto. En décimo grado, los convencí de que me enviaran a una escuela pública. Hacer amigos resultó ser todo un desafío. Me uní a algunos grupos extracurriculares, pero esto también fue difícil porque la religión era casi siempre un obstáculo. Nunca podía estar del todo presente fuera de casa o de nuestra comunidad religiosa.

Con el tiempo, el péndulo religioso en que vivía me mostró en uno de sus extremos una luz en la oscuridad, revelándome la posibilidad de liberarme de los lazos religiosos que me limitaban. Empecé a actuar con rebeldía: asistía a una reunión escolar obligatoria en el *Shabat* o iba al cine. En ocasiones en que repentinamente nos volvíamos de nuevo «verdaderos creyentes» sin previo aviso, esto solía chocar con mis responsabilidades seculares. Mi acto de rebeldía consistía en permanecer fiable para el mundo exterior.

Aunque me había vuelto lo bastante valiente como para desafiar a mi religión, seguía teniéndole terror a mi madre. No era bueno para ocultar mi rastro; ella siempre parecía conocer mi paradero. Eso daba lugar a que mis padres practicaran juegos perversos conmigo. «¿Qué clase de ejemplo le da uno sus hijos dejándolos a un lado de la carretera sin más que la ropa que llevan puesta?» Siempre me sacaban ventaja para enseñarme duras lecciones. Convencido de que mi madre era telepática, me volví cada vez más paranoico. A pesar de que sólo confiaba en mis hermanos, todos mis secretos salían a la luz una y otra vez. Cada palabra que compartía le era comunicada de inmediato a mi madre. No podía confiar en nadie. Por desgracia, nunca llegué a comprender la perversidad que reinaba en mi familia. Tardé mucho más en comprender aquella retorcida dinámica familiar.

Cuando «salí del closet» (como gay), para mi sorpresa mi madre me aceptó (en la superficie). Me aseguró que siempre lo había sabido, porque «una madre conoce a su hijo». No pude evitar sentirme confundido. A lo largo de los años, había acogido a innumerables figuras homófobas en casa. Nunca ocultaron su desprecio hacia mí. A los veinte años mis padres se habían decantado por una versión más moderada del judaísmo, integrándose más en la sociedad general.

No había lugar para reconocer el fundamentalismo, y cada vez que intentaba poner el tema sobre la mesa, me convertía en un problema, no sólo para mi madre, sino para todos en nuestra familia: «Mamá tuvo una vida dura y tú no haces más que empeorarla. ¿Qué te pasa, Raanan? ¿Cómo puedes ser tan cruel? Por Dios, qué egoísta eres». Esa era la respuesta general a mi trauma. Lo único que hizo aquello fue revolver aún más el cuchillo que tenía clavado. Cuando compartí la historia de mi abuso, quedó claro que no me creían. Me cuestionaban, así que empecé de nuevo a replegarme y ensimismarme. Siempre sentí que me veían como un mentiroso, algo que he ido superando con terapia, pero que aún me duele.

La década de mis 20 fue difícil. Entre los 17 y los 25 años fui agredido sexualmente en más de una docena de ocasiones. No entendía nada de límites, carecía de discernimiento y no sabía ni cuándo o cómo decir que no. Eso me llevó a un estado de ensimismamiento aún más profundo, que desembocó en intentos de autodestrucción. Recurrí al alcohol, las drogas, el trabajo sexual y la promiscuidad. Sufrí múltiples crisis en soledad, sin tener a quién recurrir. Mi familia me acusó de consumir drogas intravenosas y volvieron a tildarme de egoísta por mis problemas.

Hubo muchos momentos en los que me distancié de algunos familiares. Entonces no lo entendía, pero todos continuaban informándole de todo a mi madre. No existía posibilidad real de tener una relación independiente con ninguno de ellos. Todo acababa llegando a oídos de la matriarca de nuestra secta familiar. Tampoco se limitaba a la familia, sino que para colmo los problemas se extendían a muchos de los conocidos que teníamos en común.

La pandemia me brindó el espacio necesario para darme cuenta del maltrato que había sufrido. Poco a poco había ido tomando medidas para mudarme lo más lejos posible del hogar de mi infancia, sin darme cuenta de mi motivación subyacente. Lo que empezó como una mudanza al lado opuesto del país hace más de una década terminó en que «saltara el charco» y me estableciera en Europa. Antes de la pandemia visitaba a mi familia con frecuencia, pero la pandemia misma me obligó a distanciarme geográficamente, lo que me permitió tener tiempo para reflexionar y procesar, libre de su influencia.

Mientras tanto, yo estaba sufriendo una enfermedad no diagnosticada (desde la infancia) que me obligó a someterme a una cirugía invasiva, dejándome secuelas traumáticas permanentes. Fue entonces cuando por fin empecé a ver a mi familia con claridad. Me di cuenta de que nadie había hecho ni el más mínimo intento de hacerme sentir considerado o querido. No recibí flores ni una tarjeta, no hubo ni siquiera una sola comunicación. En cambio, en un chat grupal, quienes se suponía que se preocupaban por mi bienestar me pidieron que no compartiera los detalles de mi experiencia. Durante esa época me devoré la serie de documentales sobre sectas *The Vow*. No entendía cómo ni por qué, pero algo en ella me cautivó. En ese periodo conocí a varias personas a través del documental y me sumergí en mi propia introspección. Eso me hizo despertar definitivamente a la realidad de mi maltrato.

Mientras acudía a terapia, comencé a leer con avidez innumerables libros y empecé a ver las cosas con mayor claridad aún. Mi familia no sabía cómo reaccionar. A veces fingían empatía; un instante después, se desvanecía.

Tomé la decisión de alejarme de ellos, de uno en uno. No fue una decisión fácil, pero era parte de mi proceso de sanación.

Me han llamado problemático, y a decir verdad, me da igual. Poco a poco he ido reconstruyéndome con el apoyo de un grupo de personas increíbles. Sigo luchando a diario, pero estoy encontrando la paz interior y aprendiendo a confiar en mi intuición. Me examino a mí mismo con regularidad, exploro mis propias necesidades y deseos y puedo afirmar que he aprendido a ser mi propio defensor. Convertir mi trauma en una pasión por ayudar a otros a sanar ha sido el mejor regalo para mi recuperación.

Liberarse de relaciones abusivas

Liberarse de una relación abusiva es bastante difícil, y mucho más cuando ha adquirido características sectarias. Las dudas, la incertidumbre y la vergüenza, la humillación y la dependencia económica, la pérdida de compañeros, la sensación de impotencia y desesperanza y, por supuesto, el miedo a sufrir lesiones o a morir pueden impedir que cualquier persona intente liberarse.[22] Y al igual que ocurre con los integrantes de una secta mayor, las personas atrapadas en sectas familiares o en relaciones abusivas de tipo sectario temen perder o traicionar el sistema de creencias que les inculcó su agresor.

El psiquiatra forense Gary Maier les sugiere a las víctimas de maltrato que no se adapten al maltrato, sino que salgan de la relación cuanto antes, o que busquen la forma de cambiar la situación si el agresor está dispuesto a recibir ayuda y dejar de ejercer la violencia.[23] Hoy en día, la disponibilidad de educación pública, intervención policial y refugios para mujeres maltratadas significa que muchas víctimas de malos tratos pueden salir por sí mismas hablando con alguien ajeno al entorno del maltrato o acudiendo a un refugio.

No obstante, sabemos que en muchos casos las tácticas abusivas no se reconocen a simple vista, y a menudo esto ocurre cuando la víctima está tan atrapada psicológicamente que no puede actuar por sí sola. A este respecto, Maier escribe lo siguiente:

> Por desgracia, son demasiadas las mujeres que permanecen en el papel de víctimas durante años y cuando intentan cambiar, descubren que no tienen fuerzas para doblegar a su maltratador. Llegan a desconfiar tanto de su propio juicio que no se sienten capaces de salir adelante por sí mismas, sobre todo cuando existe la realidad de tener que criar a los hijos y no están seguras de contar con apoyo económico. En estas circunstancias, el ciclo de abusos puede prolongarse durante años. Aunque sea una madre y ama de casa y/o empleada competente, la combinación de tácticas

de control utilizadas contra ella y su percepción de que no tiene apoyo erosionan su confianza. El ciclo del maltrato continúa.[24]

Afortunadamente, es posible salir de esas relaciones y buscar ayuda. Cuando en una relación abusiva se ha recurrido a la coacción psicológica y a la explotación manipuladora, la persona que la abandona puede sentir un «terror paralizante, ansiedad constante, aprensión, paranoia y sentimientos de fatalidad inminente... [Puede sentirse fatigada, pasiva e incapaz de actuar, exhibiendo... mala memoria]».[25] Estos son los mismos tipos de dificultades que encuentran las personas que abandonan una secta.

Asistencia de víctimas de relaciones abusivas
Shelly Rosen

Shelly Rosen, LCSW, es una psicoterapeuta con 35 años de experiencia clínica. En los años ochenta y principios de los noventa trabajó en la Clínica de Sectas JBFCS, y sigue atendiendo a antiguos afiliados y a sus familias en su consulta privada de Manhattan. Shelly practica la psicoterapia con adultos y ofrece consultas individuales y de grupo a terapeutas clínicos en ejercicio. Tiene formación en psicoterapia psicoanalítica relacional/interpersonal, psicoterapia sensoriomotora, terapia de familias y sistemas familiares internos. Es Profesional de Experiencias Somáticas (SEP) y Consultora Certificada de EMDR. Shelly enseña psicoterapia especializada en traumas en el Instituto de Psicoterapia Contemporánea, el Instituto de Formación para la Salud Mental y el Instituto Nacional de Psicoterapia. Con el apoyo de una subvención del Ministerio de Trabajo, Shelly trabaja con un equipo interdisciplinario para diseñar e implementar un plan de estudios que mitigue las reacciones de trauma psicológico para los EMT, paramédicos y sus pacientes. Este protocolo se introducirá en los programas de SME de todo el país.

Se recomienda encarecidamente que todos los antiguos miembros de sectas, incluidas las sectas individuales/bipersonales, familiares y anónimas, se informen sobre temas de lavado de cerebro, sectas, influencia social, intimidación, abuso y trauma. Una persona que ha sido dañada en una secta más grande probablemente se beneficiará más de la información sobre el condicionamiento psicológico y la presión social, dado que puede haber estado alejada del líder de la secta (o no haberlo conocido nunca). Sin embargo, para las personas que estuvieron en una secta bipersonal o familiar, la información sobre abusos, maltratos y trauma causado por traiciones es más relevante debido a su relación personal con el líder.

Las personas que abandonan sectas familiares también viven una experiencia de salida singular. Cuando una persona abandona una secta más grande y la mayoría de las sectas bipersonales, a menudo tendrá una comunidad fracturada a la que volver: algunos familiares, viejos amigos, etc. Por el contrario, alguien que abandona una secta familiar deja atrás a todos y todo lo que conocía, tal y como les sucede a las personas nacidas o criadas en una secta. Mientras que, alguien que abandona una secta familiar deja atrás a todos y todo lo que conocía, como sucede con quienes nacen o se crían en una secta. Esas personas se beneficiarán de la información contenida en la sección «Cuestiones e inquietudes terapéuticas», así como en otras secciones del libro, en función de sus experiencias.

Uno de los objetivos más importantes para la recuperación de alguien que logra salir de una relación sectaria abusiva, ya sea familiar, anónima o bipersonal, es que comprenda en profundidad el origen del poder del líder y aprenda a redefinirlo. Los ejemplos de este capítulo demuestran ampliamente cómo los adeptos tienden a idealizar e idolatrar a sus líderes. En la mayoría de los casos, son incapaces de ver que los líderes son individuos autoritarios con serios trastornos. Anteriormente aprendimos que la mayoría de los líderes de sectas padecen trastornos de personalidad, según la definición del DSM-IV. Esos trastornos se han identificado como rasgos antisociales, narcisismo, de personalidad límite y paranoia. Las personas que sufren estos trastornos de personalidad tienen formas fijas y rígidas de ver el mundo y de interpretar sus interacciones con los demás. La mayoría de las personas que los padecen no son necesariamente tipos «puros» que cumplen a rajatabla todos los criterios del DSM, sino que presentan una combinación de atributos.

Por ejemplo, es muy probable que una persona con tendencias antisociales (un sociópata) manipule a sus víctimas adrede y a sabiendas. Esos líderes suelen estudiar cómo manipular a la gente; premeditan su dominio y manipulación.

Los narcisistas, por el contrario, se sienten profundamente humillados, son envidiosos, iracundos y vacuos. Mantienen a raya esos sentimientos mostrándose altivos y despectivos, actuando con grandiosidad e intentando controlarlo todo. Si no consiguen captar la atención del público, se derrumban y se sienten muy mal.

Por su parte, las personas con personalidades *borderline* (personalidad límite) son hipersensibles al abandono. Pueden idealizar a alguien en un momento dado, pero al menor indicio de abandono, pueden reaccionar con una cólera que busca culpables. En las relaciones abusivas, esa oscilación mantiene a los integrantes enganchados emocionalmente. Las víctimas viven para los supuestos buenos momentos y se autoinculpan de la rabia de su pareja.

El líder (o pareja dominante) y la víctima coinciden en culpar a la víctima. La persona sumisa sigue intentando superarse con el convencimiento de que si lo consigue, solo experimentará buenos momentos en la relación.

Las personas con personalidad paranoide viven en un sistema binario cerrado («nosotros contra ellos»). Todos los conflictos interpersonales se interpretan como desafíos antagónicos, asumiendo que los demás están en su contra, mienten o niegan la verdad que ellos perciben. Aun cuando los subordinados estén de acuerdo con ellos, los paranoicos pueden llegar a sospechar de lo que «traman» sus compañeros. Por lo tanto la relación nunca es pacífica. El subordinado en estas relaciones siempre está a la defensiva, siempre se le acusa de algo.

Puede que reconozcas una combinación de estos rasgos en el líder de la secta/pareja con quien conviviste (o convives). Recuerda que estos individuos tienen formas rígidas de ver el mundo, y esa rigidez es lo que define su trastorno de personalidad. En definitiva, son inflexibles, tienen dificultades para aprender de la experiencia y disminuyen su ansiedad sólo cuando tienen el control absoluto. El narcisista está desesperado por ser admirado y se desenvuelve mejor cuando mantiene una dominación constante. Al *borderline* le aterroriza el abandono y exige lealtad total: llámese mental, emocional, física y/o espiritual. Y el paranoico está seguro de que van tras él, por lo que anhelan una aprobación total. Estas actitudes rígidas autoimpuestas hacen que líderes o compañeros así sean incapaces de empatizar con los demás.

Como ya se ha señalado, los integrantes de sectas bipersonales y familiares se ven profundamente influenciados por la personalidad del líder. En general, los seguidores de este tipo de sectas no fueron seducidos por una ideología general o un grupo social militante, sino más bien por el carisma directo del líder. Dicho carisma puede manifestarse como la idealización temprana del líder por parte de un miembro con personalidad límite (*borderline*), o como la aparente seguridad en sí mismo de un narcisista o sociópata.

La mayoría de las personas, al entrar en una secta o en una relación de abuso de características sectarias, son normales y psicológicamente sanas, y no tienen un marco desde el cual interpretar los trastornos de personalidad. Por eso, fácilmente confunden el carisma del líder con señales de grandeza o excelencia personal. Y dado que la mayoría de los miembros de sectas no son rígidos ni sufren trastornos de personalidad, son naturalmente flexibles, curiosos, dispuestos a aprender de su experiencia y abiertos a nuevas ideas. Por desgracia, cuando se comparan con su líder ostensiblemente infalible, pueden tender a dudar de sí mismos e interpretar esa duda como debilidad en lugar de fortaleza. A menudo, se ven impresionados por la aparente seguridad y el poder de su líder, quien toma las riendas, controla y manipula a los demás. Así, los afiliados malinterpretan la rigidez de su líder como «sapiencia».

Los supervivientes de sectas bipersonales, anónimas y familiares necesitan información sobre trastornos de personalidad, y también pueden beneficiarse de la psicoeducación en relación con el maltrato, el acoso (véase www.bullyonline.org) y los abusos.[26] Los traumas derivados de traiciones suelen ser numerosos en estos casos debido al predominio de los abusos físicos, emocionales y sexuales en esas relaciones. Los libros sobre incesto y trauma pueden ser de gran ayuda. Es imperativo una psicoterapia con un profesional familiarizado con traumas derivados de abusos.

Los ex miembros de estas pequeñas sectas también tienen más probabilidades de verse enredados en el sistema judicial que las personas que abandonan grupos sectarios más grandes. La separación, el divorcio, la propiedad y la custodia de los hijos son algunas de las cuestiones que pueden requerir atención. En muchos casos el cónyuge, padre o madre, o líder rígido y controlador se muestran competentes y seguros ante el juez o el jurado, mientras que la víctima traumatizada puede parecer ansiosa, histérica, culposa e incluso hostil (debido, al menos en parte, al trastorno de estrés postraumático o al trastorno de estrés postraumático complejo). Los sitios web sobre trastornos de personalidad (por ejemplo, www.bpdcentral.com y samvak.tripod.com) identifican este fenómeno y ofrecen consejos útiles para familiares que enfrentan procesos judiciales. Recomiendan formas de minimizar el conflicto y el trauma durante los procedimientos judiciales. Muchos abogados especializados en sectas dan consejos similares a los miembros que abandonan grupos más grandes:

- Cíñete a los hechos.
- Mantén un registro meticuloso de los incidentes y las infracciones penales cometidas por el líder.
- Mantén la calma y permite que el líder actúe de forma inapropiada y/o extraña ante el tribunal sin interferencias.
- Evita comentar sobre sistemas de creencias o ideas y cíñete a los actos delictivos que el líder pueda haber cometido.
- Contrata a un abogado que esté familiarizado con los problemas de estar en el tribunal en oposición a alguien con un trastorno de personalidad (actualmente hay talleres sobre este tema para mediadores de divorcio y abogados).
- Informa a tu abogado sobre lo relacionado específicamente con abusos, trastornos de personalidad, condicionamiento psicológico y sectas.
- Corta todo contacto con el líder/cónyuge o con los restantes integrantes leales del grupo, a menos que existan circunstancias inusuales, como

mantener contacto con niños o familiares vulnerables que aún puedan estar bajo el control del líder.
- Permite que las autoridades sigan involucradas.

Aunque quizás nunca lleguemos a conocer el diagnóstico o la motivación del líder de una secta, esta información debería ayudarte a comprender mejor la relación que tuviste con él. A menudo, esto reduce la tendencia a culparte a ti mismo. La mayoría de nosotros creemos que los demás piensan y sienten como nosotros, por lo que a veces puede resultar difícil aceptar que el líder a quien amabas y admirabas era incapaz de amarte o sentir empatía. También puede ser difícil asimilar que te sentías atraído por alguien que se veía seguro, fuerte y conocedor, pero que en realidad estaba psicológicamente afectado y profundamente perturbado. Aunque ahora no lo veas, en última instancia eres tú quien posee flexibilidad, resiliencia y capacidad de crecimiento. En cierto sentido, los roles se han invertido, y lo más probable es que no estés acostumbrado a pensar así, a priorizarte por encima del líder, por ejemplo. Y, si bien asimilar esto quizás te resulte doloroso, a la larga puede ser lo que te libere de las ataduras emocionales y la autoinculpación.

Aunque gran parte del material de este libro se refiere a situaciones sectarias de mayor envergadura, una víctima de una relación abusiva de corte sectario —ya sea individual o bipersonal, anónima o familiar— debe considerar la posibilidad de revisar todos los capítulos y poner en práctica cualquiera de las sugerencias y ejercicios que le parezcan adecuados. Además, en la mayoría de las regiones existen excelentes recursos relacionados con violencia doméstica y relaciones abusivas. En algunos casos, los servicios de Testigos Víctimas pueden proporcionar apoyo médico, legal y de asesoramiento. Busca también en una guía telefónica y/o en Internet los servicios locales.

En algunos casos, será necesaria una terapia a largo plazo y una rehabilitación intensiva para ayudar a un superviviente de una secta familiar o de una secta bipersonal a llevar una vida normal. Pero es posible vivir en paz después de una experiencia en una secta. Un ejemplo: lo alentador que fue ver a la encantadora Hedda Nussbaum, cariñosa y vibrante, convertirse en una activista que dio charlas contra la violencia por todo el país, trabajó en centros de asesoramiento sobre violencia doméstica y hasta escribió sus memorias sobre los años que vivió junto a Joel Steinberg, *Surviving Intimate Terrorism* («Sobrevivir al terrorismo íntimo»). Comprensiblemente, optó por su propia seguridad en 2017, cambiando su nombre y mudándose de ubicación cuando Steinberg salió de prisión.

SEGUNDA PARTE

El proceso de sanación

Piensa lo que quieras,
pero piensa siempre por ti mismo.
—DORIS LESSING

8 Abandonar una secta

La experiencia dentro de una secta es única para cada individuo. Hay quienes experimentan brevemente con una técnica de meditación, sin sentirse atraídos por participar en cursos avanzados ni por mudarse al *ashram* de un grupo. Otros, en cambio, renuncian instantáneamente a todo —incluyendo estudios universitarios, carrera, posesiones, hogar y familia— para realizar trabajo misionero en un país extranjero o para reubicarse en alojamientos provistos por la secta. Y luego están los que nacen y crecen dentro de una secta, sin haber tenido la opción de elegir al grupo.

Tras su paso por la secta, algunos continúan con sus vidas aparentemente sin verse afectados; pero es más común que experimenten dificultades emocionales o psicológicas: insomnio, inquietud, desorientación, ataques de pánico, pérdida de memoria, depresión... En mayor o menor grado, los exmiembros pueden sentirse culpables, avergonzados, furiosos, perdidos, confundidos, traicionados, paranoicos, asustados, tristes, irreales, o como si vivieran en la niebla. Los profesionales que trabajan con supervivientes de sectas observan que los exmiembros pueden tardar uno o dos años en «recuperar su adaptación previa», y que algunos sufren crisis psicológicas o quedan marcados durante años.[1] De nuevo, quienes nacieron y crecieron en la secta afrontan retos y ajustes distintos (ver la sección sobre Familias y Niños en Sectas). Los siguientes ejemplos ilustran la diversidad de respuestas:

Cynthia N., de 38 años, había pasado doce años en un grupo *New Age*, donde llegó a ocupar una posición de liderazgo bastante destacada. Se fue porque, según dijo, «ya no me sentía bien allí. Sabía que algo iba terriblemente mal y llegué a la conclusión de que me volvería loca si me quedaba». Tras abandonar el grupo, regresó a casa de sus padres, retomó sus estudios y consiguió un buen empleo. No obstante, cinco años más tarde, acudió a terapia para abordar secuelas emocionales. Cynthia comenzó la terapia debido a una leve depresión; había empezado a sentir que la vida era plana y sin alicientes, y que le costaba confiar en los demás y forjar amistades. Y al compararse con sus coetáneos le daba la sensación de haberse perdido etapas de la vida importantes, como casarse, tener hijos, comprar una casa o desarrollarse profesionalmente.

Brian R. participó en el mismo grupo que Cynthia. Tres meses después de comenzar cursos intensivos y asesoramiento en el grupo, fue hospitalizado por intento de suicidio. Al momento de su captación tenía 18 años y estudiaba en la universidad. Inmediatamente después de integrarse al grupo su rendimiento empeoró notablemente. Empezó a tener alucinaciones; veía y oía a su líder hablarle. Temía estar poseído por demonios. Ante ese comportamiento, el grupo le pidió a Brian que se marchara; se estaba convirtiendo en un estorbo. Como no le permitían quedarse, se convenció de que tenía que suicidarse para renacer y volver a integrarse al grupo. Brian no tenía antecedentes de trastornos emocionales antes de unirse a la secta, de hecho, mantenía una excelente relación con su familia y sus compañeros. Tras su hospitalización, y someterse a medicación y psicoterapia, Brian se recuperó, retomó los estudios y en la actualidad trabaja a tiempo parcial.

Evaluar los daños

¿Por qué algunas personas resultan tan dañadas por su experiencia en una secta mientras que otras salen aparentemente indemnes? ¿Por qué algunos sufren episodios psicóticos o intentan suicidarse tras abandonar el grupo, mientras que otros son capaces de restablecer el orden en su vida? No existen respuestas sencillas a estas preguntas, ya que son muchas las variables que influyen en la readaptación tras abandonar una secta.

En el capítulo 2 se trataron ciertos rasgos de personalidad o puntos débiles que podrían ya sea dificultar o incrementar la susceptibilidad al reclutamiento y la conversión a una secta. Sin embargo, existen otras variables que pueden afectar la vulnerabilidad y susceptibilidad de la persona durante su permanencia en el grupo. Estos factores, en conjunto, influyen en el impacto de la secta en el individuo y en las posibles secuelas. Para evaluar dicho impacto, es necesario examinar tres etapas diferentes de la experiencia en la secta: antes, durante y después. El material de esta sección se basa en observaciones derivadas de nuestra práctica, en la experiencia de otros asesores y en investigaciones sobre desarrollo humano.

Antes de integrarse a una secta

Entre los factores de vulnerabilidad previos a la participación en una secta se encuentran la edad, los antecedentes de problemas emocionales y ciertas características de la personalidad.

Edad

Los niños nacidos o criados en una secta crecen en un entorno cerrado y controlado en el que pueden aceptarse creencias, valores y normas extrañas, poco ortodoxas y perjudiciales. Cuando alguien abandona una secta en la que se ha criado, puede sentirse realmente como un «extranjero en tierra extraña» y tener dificultades para adaptarse a la sociedad dominante, no sectaria. Es probable que la vida en la secta haya retrasado el desarrollo emocional y académico; pudo haber limitado el acceso a la atención médica. Además, la persona puede haber sufrido abusos físicos, emocionales y/o sexuales.[2]

La experiencia de abandonar una secta presenta desafíos únicos para quienes son reclutados durante la adolescencia o juventud, un período crucial del desarrollo personal. Al salir de la secta, este grupo etario se enfrenta a la necesidad de completar tareas vitales para su desarrollo que quedaron pendientes, como la individuación, la separación de la familia y la toma de decisiones trascendentales acerca de educación y carrera. Asimismo, en muchos casos tampoco llegan a explorar a fondo y oportunamente las cuestiones relacionadas con las relaciones sentimentales, el sexo y el matrimonio. Normalmente los adeptos a sectas no tienen la oportunidad de transitar esas etapas y experiencias normales del desarrollo. Algunos, al salir del grupo, se quejan de sentirse como adolescentes de 30 o 40 años.

Ciertos acontecimientos o momentos difíciles en la vida pueden aumentar la susceptibilidad al reclutamiento sectario a cualquier edad. Estos incluyen factores de estrés intensos, como un divorcio, el desempleo o un cambio de trabajo; el inicio o la finalización de estudios, una pérdida significativa (personal o económica), una mudanza; el matrimonio, el nacimiento de un hijo o la muerte de un ser querido. La pertenencia a una secta, con su promesa de alivio del sufrimiento, ofrece un sustituto para el dominio personal de estos acontecimientos vitales estresantes. Este alivio suele ser prematuro y, en el mejor de los casos, temporal; en el peor, resulta perjudicial para un crecimiento personal genuino.

Por lo general, los problemas y factores de estrés que existían antes de que la persona se uniera a la secta vuelven a asomar cuando la abandona. Cuando estos problemas reaparecen, pueden afectar la forma en que las personas enfrentan la vida postsectaria y cómo manejan las emociones y conflictos vinculados a las causas originales de su estrés.

Antecedentes de trastornos emocionales

Tener un historial de trastornos o fragilidad emocional puede aumentar la vulnerabilidad al reclutamiento y la susceptibilidad al adoctrinamiento. Hay sectas que, por ejemplo, centran sus actividades de captación en grupos de apoyo como Alcohólicos Anónimos y otras agrupaciones con dinámicas y metodologías similares, ya que estas comunidades suelen ser un caldo de cultivo para potenciales miembros. Algunos grupos de meditación oriental prometen específicamente alivio de trastornos emocionales, mientras que otros ofrecen un atractivo místico a los interesados en las filosofías o corrientes orientales. Del mismo modo, las sectas psicoterapéuticas y las de potencial humano, las políticas, comerciales y las de estilo *New Age* tienden a aprovecharse de la enorme cantidad de personas que buscan transformar radicalmente sus vidas o cambiar la sociedad. Los individuos con antecedentes de trastornos emocionales son más propensos a experimentar esos mismos trastornos durante su permanencia en el grupo. Por lo tanto, suelen necesitar intervenciones psicoterapéuticas tras abandonar la secta.

Los individuos con antecedentes de trastornos emocionales tienen más probabilidades de experimentar ese tipo de trastornos durante su permanencia en el grupo. Por lo tanto, suelen necesitar intervenciones psicoterapéuticas tras abandonar la secta.

Factores de personalidad

Todos nacemos con distintos grados de inteligencia, sensibilidad, resistencia emocional y otros rasgos de personalidad. Muchos de esos rasgos no sólo se heredan, sino que también se ven reforzados o atenuados por las oportunidades educativas y sociales a las que somos expuestos durante la primera infancia y la adolescencia. Dependiendo de los puntos fuertes o débiles específicos y del tipo de educación y socialización recibidas, cada persona responde de forma diferente al trauma y al estrés (incluido el provocado por la participación en una secta). Por ejemplo, alguien que tiene acceso a recursos y busca tratamiento de forma proactiva es probable que alivie los efectos de la experiencia más rápidamente que alguien a quien se le han negado esas cosas. Además, el dominio que una persona tenga sobre crisis previas puede afectar su capacidad para afrontar los traumas derivados de la pertenencia a una secta.

Durante la permanencia en la secta

Durante la participación en una secta, los factores de vulnerabilidad se relacionan con el tiempo de permanencia en la misma, la intensidad del proceso de adoctrinamiento, la gravedad del daño psicológico infligido, el acceso a atención médica y redes de apoyo externas.

Tiempo de permanencia en el grupo

El impacto de la experiencia en una secta depende, en parte, del tiempo que la persona haya estado involucrada. Un factor relacionado es el grado de exposición a los procesos de adoctrinamiento e influencia del grupo, así como a sus sistemas de control. En algunos grupos, pueden pasar años antes de que se manifiesten los efectos nocivos. En otros, el adoctrinamiento para ascender a los niveles superiores de la actividad sectaria puede ser arduo o estar restringido a unos pocos elegidos. En otros, los nuevos adeptos pueden involucrarse a tiempo completo en cuestión de semanas. Otro factor es el tipo de responsabilidad que la persona tenía mientras estaba en el grupo. Por ejemplo, alguien que formaba parte del círculo íntimo del líder podría haber tenido acceso a información y decisiones que, más tarde, podrían exacerbar los sentimientos de culpa o vergüenza.

Intensidad y severidad del adoctrinamiento

Cada secta emplea sus propios métodos para persuadir a los reclutas de que se comprometan por completo. Aunque a primera vista parezcan diferentes, muchos procesos de influencia son fundamentalmente similares: su finalidad y resultado son idénticos. Por ejemplo, dedicar horas a meditar o hablar en lenguas para comulgar con su deidad puede parecer, en principio, diferente a, por ejemplo, participar en largas sesiones de crítica grupal. Sin embargo, estas técnicas comparten un objetivo común: potenciar el reclutamiento, la conversión y la retención, es decir, mantener a los miembros leales, ligados al grupo y sumisos a sus objetivos y a su líder.

Sin embargo, estas técnicas comparten un objetivo común: potenciar el reclutamiento, la conversión y la retención, es decir, mantener a los miembros leales, ligados al grupo y sumisos a sus objetivos y a su líder. Sin embargo, la intensidad y el rigor de las técnicas de conversión y control varían en los distintos grupos e incluso pueden variar en el mismo grupo en distintos momentos. Por ejemplo, los miembros con un estatus periférico o de asociado pueden vivir experiencias muy distintas a las de los integrantes del núcleo interno que se dedican por completo.

Los métodos específicos de adoctrinamiento también presentan variaciones en cuanto a su efecto. Por ejemplo, un taller intenso de una semana o un fin de semana que incluya privación del sueño, formas de hipnosis y autoexposición, junto con un alto grado de supervisión y falta de privacidad, probablemente producirá cambios rápidos. Por el contrario, la participación en un grupo que utiliza métodos más sutiles y a largo plazo probablemente producirá cambios más sutiles. Algunas sectas también recurren a métodos intrusivos que afectan a sus miembros a un nivel íntimo o sexual. Por ejemplo, pueden imponerse relaciones obligatorias, ya sea con los líderes o con otros miembros, lo cual puede generar gran malestar y sufrimiento.

Agresiones físicas y amenazas de violencia
Muchos grupos utilizan la amenaza de la violencia como mecanismo de control. A veces, la violencia va más allá de la amenaza, ya que los comportamientos violentos son inherentes a la dinámica del grupo. Presenciar la muerte o las lesiones de otra persona puede ser tan traumático como sufrirlas personalmente. En ocasiones, existe participación en actividades delictivas, lo cual agrava los sentimientos de culpa y vergüenza e intensifica el temor a represalias legales y chantaje por parte de la secta. Los abusos físicos y sexuales también pueden aumentar el riesgo de traumas y daños emocionales. El miedo es un arma poderosa, y vivir atemorizado durante un tiempo prolongado afecta significativamente el estado mental y el bienestar de una persona.

Atención médica deficiente o inadecuada
La condición física de un exmiembro y su actitud hacia la atención médica pueden influir en su adaptación posterior a la salida de la secta. A muchos exmiembros les cuesta adoptar una perspectiva realista sobre los temas de salud. Por ejemplo, un joven abandonó una secta intensamente homófoba, cuyo líder denigraba constantemente a lesbianas y gays. Tras abandonar el grupo, el joven contrajo VIH, pero se privó de los nuevos tratamientos médicos que podrían haberle salvado la vida, debido a la culpa residual que aún sentía por su participación en la secta.

Además, puede que no se disponga de atención médica, dental u oftalmológica, o que esté prohibida en grupos en los que la atención a la salud física o mental personal siempre está subordinada a los objetivos de la secta o del líder. La carencia de elementos básicos como gafas o audífonos puede tener consecuencias desastrosas. Por ejemplo, un miembro de una secta, que no había podido tratar sus problemas de visión, falleció al caer por el hueco de un elevador. En algunos grupos, la enfermedad o la discapacidad se interpretan como falta de fe, obra de demonios, evasión o algo que debe superarse rezando. Sin embargo, en otros, simplemente se ignora, mientras que en los más extremos, la enfermedad grave, tanto física como psicológica, conlleva la expulsión del grupo.

A los miembros enfermos se los abandona en las salas de urgencias de hospitales locales o se los envía de vuelta a sus casas. Hasta la fecha no existen estudios sobre las tasas de morbilidad o mortalidad en los grupos sectarios o en la población de antiguos afiliados. Numerosos informes anecdóticos en los medios de comunicación, así como en revistas médicas y psicológicas, sugieren que la pertenencia a grupos y relaciones sectarias ha causado varias muertes evitables, entre ellas, el suicidio. Por ejemplo, exmiembros de un conocido grupo contabilizan al menos 31 suicidios en los últimos 13 años, incluyendo al menos dos hijos adultos de altos cargos.[3]

Pérdida de apoyo externo
El apoyo de familiares y amigos, así como la disponibilidad de recursos, sin duda influyen en la capacidad de un exmiembro para integrarse o reintegrarse a la sociedad. Muchas sectas disuaden a sus miembros de conservar las relaciones que tenían antes con personas ajenas a la secta. Algunas prohíben el contacto con algunos o todos los familiares o amigos. Otras sectas animan a sus miembros a conservar buenas relaciones con la familia, pero los tienen tan ocupados que cualquier contacto significativo con personas fuera del grupo se vuelve prácticamente imposible. Y hay otras que promueven las buenas relaciones familiares con la esperanza de que sus miembros reciban dinero, regalos importantes o herencias.

El contacto limitado o inexistente con familiares y amigos tiende a exacerbar el aislamiento y la vulnerabilidad a la visión del mundo dogmática de la secta. El restablecimiento de esos contactos ayuda a compensar la pérdida y la soledad que, como es natural, sienten los antiguos adeptos al abandonar un entorno tan intenso. Para aquellos que crecieron dentro de una secta y posteriormente decidieron abandonarla, es posible que inicialmente cuenten con escasos o ningún familiar o amigo fuera del grupo. Este es uno de los múltiples desafíos particulares que enfrenta esta población de ex miembros de sectas.

Después de participar en una secta

Diversos factores pueden acelerar la sanación tras abandonar la secta y mitigar las dificultades. Muchos de ellos están relacionados con el proceso psicoeducativo. A menudo, los antiguos adeptos pasan años en relativo aislamiento, sin hablar de sus experiencias en la secta ni enfrentarse a ellas. La vergüenza y el silencio pueden intensificar el daño causado por el grupo y hasta impedir la sanación. Comprender la dinámica de la conversión y el compromiso con una secta es una parte esencial de la sanación y de una transición sólida a una vida integrada después de la secta. Las siguientes medidas pueden ayudar:

- Participar en sesiones dirigidas por profesionales especializados en recuperación de afectados por sectas.

- Infórmate sobre las sectas y su dinámica (funcionamiento interno, sistemas de influencia y control, etc.).
- Dar participación a familiares y amigos antiguos y nuevos (si te sientes cómodo) en la revisión y evaluación de tu experiencia en una secta.
- Acudir a un psicoterapeuta o a otro tipo de consejero, preferiblemente alguien que esté familiarizado con las sectas, los traumas y los problemas y retos habituales tras la experiencia sectaria, o que esté dispuesto a informarse al respecto.
- Asistir a un grupo de apoyo para antiguos seguidores de sectas.

Al reclamar una respuesta de salud pública al fenómeno de las sectas en nuestra sociedad, el psiquiatra Louis J. West escribe acertadamente: «Los datos existentes bastan ahora para convencer a cualquier persona razonable de que las afirmaciones sobre los daños causados por las sectas son de buena fe. Ya hay un buen número de personas muertas o moribundas, enfermas o con disfunciones, lisiadas o con un desarrollo inadecuado debido a su participación en sectas. Se las explota; se las utiliza y se abusa de ellas; su salud se resiente; se las obliga a cometer fechorías que van desde la mentira («engaño celestial») hasta el asesinato. Sus vidas son engullidas por días, meses y años».[4]

Abandonar la secta

La forma en que una persona abandona una secta también puede influir en su proceso de recuperación. Las maneras más comunes de abandonar una secta son: marcharse voluntariamente (*walkaways*); ser expulsado (*castaways*); perder al líder por fallecimiento, desaparición, abdicación o derrocamiento, o descubrir que el grupo se ha derrumbado; o recibir asesoramiento para salir. Cada tipo de salida puede generar reacciones y secuelas específicas.

Marcharse voluntariamente

La mayoría de los miembros de sectas abandonan el grupo por su cuenta. Una encuesta realizada a más de 500 antiguos miembros reveló que el 75% abandonó el grupo sin ningún tipo de intervención.[5] Otra encuesta, realizada a 308 antiguos afiliados, indicó que el 60% lo hizo por su cuenta, sin ayuda externa formal.[6] A menudo, quienes se marchan voluntariamente no logran precisar qué los llevó a hacerlo. Simplemente, no podían tolerar seguir en el grupo o en la relación. Inicialmente la mayoría de quienes se marchan voluntariamente tienen poca o ninguna idea de en qué se han involucrado. La naturaleza de la influencia psicológica, la manipulación o el abuso que puede haber tenido lugar no suele ser evidente para las personas que aún están influenciadas por las justificaciones y racionalizaciones del pensamiento y la cosmovisión de la secta. Algunas personas abandonan el grupo o la relación sabiendo sólo instintivamente que, para su supervivencia emocional o física, tenían que salir. La decisión de marcharse nunca es fácil y, a menudo, es físicamente difícil de llevar a cabo.

Algunas personas solo consiguen escapar de su grupo con grandes dificultades, a veces incluso corriendo peligro. Una antigua miembro de un grupo de transformación masiva describió su salida de la siguiente forma:

Solo vi a algunos familiares una vez durante los 20 años que estuve involucrada. Cuando finalmente abandoné el grupo, estaba distanciada de la mayoría de mis parientes, todos los cuales vivían a varios miles de kilómetros de distancia, en otro continente. Bien podían haber estado en otro planeta. Sola, sin dinero y sin conocer la sociedad en la que había vivido durante casi dos décadas, pero de la que no formaba parte, me sentía una extraña tanto en mi país como para mí misma.

Para algunos, marcharse es lo más difícil que han hecho en su vida. Implica no solo enfrentarse a lo desconocido, sino también asumir la posibilidad de que su líder fuera un fraude y de haber desperdiciado un tiempo valiosísimo. También puede significar lidiar con el miedo y la confusión de quizás haberse equivocado al irse.

Ser expulsado

Para aquellos a quienes se les comunica que deben abandonar el grupo (sea cual sea la razón), la vergüenza y la culpa pueden llegar a ser abrumadoras. Raramente la expulsión se percibe en el momento como algo afortunado; aunque se sabe de algunos miembros de sectas que han suplicado a sus líderes que los expulsen, viéndolo como la única salida. Tanto quienes se marchan por su cuenta como quienes son expulsados pueden sentir que han defraudado a Dios y perdido toda esperanza espiritual, o que han incumplido sus compromisos políticos o filosóficos. Algunos incluso creen estar condenados no solo en esta vida sino también en el más allá (y quizás por incontables encarnaciones).

Algunos grupos utilizan deliberadamente las amenazas de expulsión como un medio para controlar a sus miembros. En un grupo de meditación, por ejemplo, se separa a los recién llegados de los miembros establecidos mientras el gurú denuncia a los ausentes como seres no espirituales, controlados por demonios e indignos de su guía o bendiciones. Enaltece a los presentes y, al mismo tiempo, les exige que se pongan a la altura o correrán la misma suerte que el grupo rechazado. Las expulsiones de este grupo son frecuentes y arbitrarias; a menudo se perdonan y luego se vuelve a amenazar con ellas por algún acto de incumplimiento inventado. Del mismo modo, en las relaciones abusivas o sectas familiares, la amenaza de abandono o rechazo es un medio de manipulación muy efectivo.

Sin asesoramiento o formación sobre sectas y la psicología social de la influencia, quienes son expulsados son propensos a sufrir un sentimiento extremo de pérdida y aislamiento, como el que se describe a continuación:

A *George O.*, integrante de la alta dirigencia de una pequeña secta política, se le recomendó que vendiera drogas para recaudar fondos para el grupo. Cuando fue detenido tuvo que asumir las consecuencias solo, entre ellas la falta de apoyo económico para gastos legales y una dura condena de cárcel. Más tarde, cuando regresó al grupo, fue expulsado por haberse atrevido a expresar su decepción ante la falta de apoyo del grupo. Rechazado y solo, George añoraba la euforia política que sentía en el grupo, el afecto y la solidaridad de sus camaradas y la sensación de elitismo. Cayó en una profunda depresión. Se sentía un completo fracasado y, políticamente, un cero a la izquierda. Finalmente, tras meses de súplicas y disculpas, le permitieron volver, lo pusieron a prueba y le asignaron tareas humildes. Poco después el líder le ordenó que realizara actos sexuales con él. Totalmente desmoralizado, le volvieron a pedir que abandonara el grupo, sin darle explicación alguna. Amargado y confundido, experimentó una sensación sumamente desalentadora una mezcla de fracaso y pérdida, que lo llevó a sumirse en una depresión aún más profunda que la anterior, empujándolo al borde del suicidio.

Mientras estuvo en la secta, a George le resultaba imposible cuestionar el comportamiento de su superior o desobedecer órdenes. Sólo después de salir pudo empezar a analizar y cuestionar. Su desesperación lo impulsó a buscar respuestas y a ver el grupo con claridad. Con esa nueva perspectiva, pudo hacer su duelo y reconstruir su vida.

Pérdida del líder

La pérdida del líder puede provocar la disolución de un grupo, a menos que haya un miembro con características emocionales y cualidades de liderazgo similares que pueda convencer al grupo de seguirlo. A menudo se produce una pugna por el liderazgo, lo que puede llevar a que algunos grupos se vuelvan menos autoritarios mientras que otros se tornan aún más restrictivos y abusivos.

Ya sea que el líder «se retire a un clima más cálido», sea arrestado, derrocado por sus seguidores o muera, el efecto inicial de su ausencia desorienta al grupo. Los seguidores pueden reaccionar de varias maneras: racionalizar la pérdida, culpar a la sociedad, esperar el regreso o el renacimiento de su líder o la salvación prometida, culparse a sí mismos o simplemente distanciarse. La racionalización o búsqueda de justificaciones, es un mecanismo de defensa emocional que sirve para contrarrestar la ansiedad. Se utiliza típicamente en las sectas para explicar comportamientos que contradicen o violan las enseñanzas. La racionalización detiene el pensamiento crítico y refuerza la dependencia. Esta dependencia puede continuar mucho después de que el líder se haya ido. La racionalización es común cuando la personalidad y el comportamiento del líder son erráticos. Por lo tanto, los miembros pueden considerar la partida del líder como una acción admirable, más que una traición. El siguiente es un ejemplo de racionalización:

El *Dr. D.*, líder de una secta psicoterapéutica, era muy admirado por sus seguidores por su singular terapia y su glamuroso y aventurero estilo de vida. Autoproclamado millonario y empresario, afirmaba que un éxito como el suyo era posible para todos sus clientes, siempre y cuando siguieran al pie de la letra sus enseñanzas y su ejemplo. Cuando el Dr. D. anunció su retiro, alegó que se sentía agotado por el incansable trabajo que había realizado en favor de sus clientes y que necesitaba recuperarse en un clima más cálido. Traspasó su consulta a otros e hizo comentarios ambiguos sobre la posibilidad de volver algún día. Sus clientes, acostumbrados durante años a aceptar sus largas vacaciones y su imprevisibilidad, aceptaron la noticia con sentimientos encontrados. Racionalizaban su pérdida y esperaban el día en que estuvieran lo suficientemente «sanos» como para seguir su ejemplo. Envidiaban su aparente libertad, tomando el anuncio como una nueva prueba de su vida altamente evolucionada, en lugar de la deserción que realmente era. Afortunadamente, gracias a las sesiones con un terapeuta ético, la mayoría de los seguidores pudieron, con el tiempo, ver al Dr. D. como el estafador que en realidad era y considerar su desaparición como una bendición en lugar de una pérdida.

La espera del regreso o renacimiento del líder o de la salvación prometida puede prolongarse durante largos periodos de tiempo. Los miembros de una secta pueden esperar indefinidamente a que el líder se reencarne o habite en el cuerpo de un miembro vivo. Los grupos que proclaman la llegada del Juicio Final pueden posponer ese fatídico día repetidamente una vez que su líder haya desaparecido.

Los seguidores suelen culparse a sí mismos, independientemente de cómo se haya ido su líder. Los devotos pueden sentir que no eran lo suficientemente espirituales, que no honraron lo suficiente al líder, que no eran dignos de los esfuerzos del líder, que causaron la enfermedad o la muerte del líder debido a su mal comportamiento, que fueron egoístas, etcétera, como lo ilustra el siguiente ejemplo:

Un gurú le decía frecuentemente a *Ruth V.* que en otras vidas ella no había logrado alcanzar la iluminación y que ésta era la última vez que él volvería por ella. Cuando se marchó a Sudamérica sin aclarar su relación, al principio ella se sintió abandonada. Estaba segura de que le había fallado; todo era culpa suya. La realidad –se enteró más tarde– era que el gurú estaba aburrido de la responsabilidad del grupo, que además le parecía poco rentable. Buscaba una forma más fácil y lucrativa de ganarse la vida. Aunque enterarse de eso fue doloroso, ayudó a Ruth a relativizar la experiencia.

La muerte de un líder puede dejar al grupo en crisis, sobre todo si es inesperada. Pueden surgir disputas por el control del grupo entre varios líderes de segundo nivel o integrantes del círculo íntimo. A veces otra figura influyente ocupa el lugar del antiguo líder y reúne a algunos de los seguidores a su alrededor. El grupo puede dividirse en dos o más facciones. En otros casos las sectas se distancian mientras esperan a que regrese el líder o mientras los fieles intentan decidir qué hacer.

Salida con asesoramiento e intervención planificada

Un porcentaje menor de seguidores de una secta abandona el grupo o la relación buscando asesoramiento para la desvinculación (*exit counseling*), un tipo de intervención similar a las que se realizan con personas que abusan de sustancias. Se trata de reuniones planificadas en las que participan el miembro en cuestión, su círculo familiar o de amigos, y un equipo de profesionales especializados en este tipo de intervención, cuyo objetivo es capacitar al interesado para decidir, con pleno conocimiento de causa, sobre su lealtad al grupo.[7]

En la década de 1970, un número creciente de familias empezó a preocuparse por el papel de las sectas en los nuevos y perturbadores comportamientos de sus hijos adultos: abandono de los estudios, ruptura de lazos con familiares y amigos y, a veces, desaparición total. Como respuesta, surgió la desprogramación, un primer intento, con frecuencia poco sofisticado, de abordar el creciente problema de la participación en sectas. El término «desprogramación» pretendía identificar un proceso de debate y evaluación que se proponía como el polo opuesto de la «programación» deliberada y, a menudo, engañosa que las sectas ejercían sobre sus miembros.

Con el tiempo, y a medida que algunas sectas impedían cada vez más el acceso de personas ajenas, incluidos los familiares, a sus miembros, el proceso de desprogramación empezó a implicar el secuestro y la detención forzosa de miembros en el lugar donde se iba a llevar a cabo la desprogramación. Aunque inicialmente la desprogramación no era un proceso coercitivo, con el tiempo el término llegó a asociarse con el secuestro sorpresivo y el confinamiento de un miembro de una secta por parte de un desprogramador contratado por la familia. Algunos desprogramadores adquirieron una reputación bastante controvertida, y hubo varias acusaciones de abuso.

Si bien la desprogramación involuntaria puede liberar a una persona de una secta o de una relación abusiva, también puede acarrearle problemas. Aparte del hecho de que el secuestro es ilegal, esta forma de detención ha demostrado ser traumatizante en sí misma. Los antiguos miembros que fueron desprogramados afirman tener sentimientos muy encontrados sobre la experiencia. Aunque muchos agradecen a sus padres, a su cónyuge o a su pareja que los hayan sacado de la secta, a veces también sienten una profunda rabia por la forma en que se llevó a cabo la intervención. Además, los síntomas postraumáticos, como pesadillas, pensamientos intrusivos y recuerdos de la desprogramación pueden retrasar su recuperación de la experiencia sectaria.

Durante muchos años, la desprogramación se consideró la única opción viable para las familias afectadas. Sin embargo, también existía el riesgo de que las familias, mal informadas, entraran en pánico y tomaran decisiones apresuradas con consecuencias negativas. (Si bien reconocemos el profundo dolor de las familias que sentían que esa era la única alternativa para liberar a sus seres queridos de una secta o relación abusiva, en su momento nos opusimos y hasta la fecha seguimos oponiéndonos a la desprogramación como medio para liberar a alguien de una secta). Por otro lado, reconocemos que cuando hay menores implicados y existen pruebas de daños, las familias o, en algunos casos, las autoridades, deben actuar de acuerdo con las leyes de protección infantil y priorizar el interés superior del menor. En nuestra opinión, la protección de los menores debe prevalecer sobre los caprichos o las necesidades de cualquier secta o líder.

Con el paso de los años, se han desarrollado nuevos métodos no coercitivos para ayudar tanto a los miembros de sectas como a sus familias. Afortunadamente, la desprogramación ha sido reemplazada por un enfoque más respetuoso, de carácter pedagógico, con una aplicación más profesional, resultados más eficaces y que, al ser voluntario, generalmente no resulta traumatizante. Los siguientes ejemplos ilustran los resultados positivos derivados de conversaciones y exploraciones consensuadas. El primero describe una intervención planificada, mientras que el segundo muestra las ventajas de una sesión psicoeducativa para personas que ya han abandonado una secta.

David S. se sentía cada vez más inquieto por la participación de su esposa en un centro *New Age* que promovía una combinación de terapia corporal, meditación, canalización de entidades desencarnadas y asesoramiento por parte de personas no profesionales. La comunicación se volvió cada vez más tensa a medida que David y Myra empezaron a tener desacuerdos sobre la crianza de los hijos, el sexo y las finanzas familiares. Cuando David escuchó rumores de conducta sexual inapropiada en el centro, consultó a un terapeuta familiar con experiencia en sectas. Se documentó extensamente sobre técnicas de manipulación mental y creencias *New Age*, y se preparó para una intervención de asesoramiento para salir del grupo. Tras consultar y entrevistar a varios profesionales, eligió un equipo que le pareció competente, confiable y con el que se sintió cómodo.

Preocupados por los comportamientos cada vez más extraños de Myra, David y sus suegros pasaron mucho tiempo con el grupo de asesoramiento para la desvinculación preparando la intervención. Los asesores investigaron a fondo las creencias de la secta y sus antecedentes históricos, y entrevistaron a los familiares para conocer sus opiniones sobre Myra y comprender sus vulnerabilidades e intereses. Estando el grupo de expertos y la familia tan bien preparados, la intervención transcurrió sin complicaciones. Aunque Myra se sorprendió al principio por la preocupación de su familia y la aparición de los consultores, accedió a escuchar lo que tenían que decirle. Podía haber puesto fin a la intervención en cualquier momento pidiéndoles que se marcharan o abandonando ella misma la casa. Al cabo de tres días Myra pudo comprender las técnicas de influencia y control que se utilizaban en su grupo para manipularla y aprovecharse de ella. Decidió no volver.

Un fin de semana, la Dra. Margaret Singer y yo nos reunimos con 20 exmiembros de una secta de inspiración oriental. Algunos habían pertenecido a la secta durante 30 años o más. Todos habían abandonado el grupo pocos meses después de enterarse de las prácticas sexuales abusivas de su gurú. La reunión de fin de semana fue organizada por dos exmiembros del grupo y se diseñó como una experiencia educativa que combinaba explicaciones sobre manipulación mental con una visión general de las creencias filosóficas del grupo, incluyendo sus orígenes y las falacias en su doctrina y liderazgo. Además, se organizó un taller aparte para los hombres que habían sufrido abusos sexuales por parte del gurú.

El fin de semana resultó catártico y sanador. Tras comprender la dinámica de influencia y control de la secta y los efectos de las manipulaciones y mentiras del gurú, los exmiembros comenzaron a afrontar sus sentimientos de fracaso, culpa y vergüenza relacionados con su experiencia en la secta. Muchos optaron por continuar su proceso de recuperación asistiendo a terapia o a grupos de apoyo para exmiembros.

Una de las ventajas de una intervención planificada es que los participantes reciben un curso breve sobre sectas y adoctrinamiento, y tienen la oportunidad de aprender cómo su grupo o líder se desvía de las prácticas morales o las estructuras de creencias aceptadas. También pueden conocer el origen del sistema de creencias del grupo, que podría haber sido malinterpretado u ocultado. Este proceso educativo les brinda una nueva comprensión de su participación en la secta. Provistos de información y recursos, y a menudo respaldados por una red de apoyo de amigos y/o familiares, los miembros activos de la secta están mejor preparados para afrontar la decisión de permanecer en el grupo o abandonarlo. Si optan por lo segundo, también están mejor capacitados para iniciar su proceso de recuperación.

Evaluación de la propia participación

Se ha demostrado que los siguientes grupos de preguntas suelen ser útiles para los exmiembros de sectas que intentan comprender sus experiencias. Es aconsejable revisar estas preguntas periódicamente a medida que se avanza en el camino hacia la recuperación. Los guiarán hacia nuevas perspectivas y un nivel de comprensión más profundo.

Revisa tu reclutamiento

- ¿Qué sucedía en tu vida en el momento en que te uniste al grupo (o conociste a la persona que se convirtió en tu pareja maltratadora)?
- ¿Cómo y dónde te contactaron?
- ¿Cuál fue tu primera reacción o sentimiento hacia el líder o el grupo?
- ¿Qué o quién te atrajo inicialmente al grupo o al líder?
- ¿Te engañaron durante el reclutamiento? Si es así, ¿cómo?
- ¿Qué te prometieron el grupo o el líder? ¿Lo obtuviste alguna vez?
- ¿Qué te ocultaron que podría haberte hecho cambiar de opinión sobre unirte si lo hubieras sabido?
- ¿Por qué el grupo o el líder se interesaron en ti?

Comprende las influencias psicológicas empleadas por el grupo

- ¿Qué técnicas de influencia utilizaba tu grupo o líder? (Cánticos, meditación, privación del sueño, aislamiento, drogas, hipnosis, críticas, miedo, etc.). Enumera cada una y explica cómo servía a los propósitos del grupo.
- ¿Cuál fue la más eficaz? ¿Cuál fue la menos eficaz?
- ¿Qué prácticas sigues realizando que te resulta difícil abandonar? ¿Puedes percibir algún efecto en ti cuando las llevas a cabo?

- ¿Cuáles son las creencias y los valores del grupo? ¿Cómo llegaron a convertirse en tus creencias y valores?

Puede resultar útil repasar los ocho criterios de Lifton para el condicionamiento psicológico (Capítulo 3) y la discusión sobre por qué es tan difícil abandonar una secta (Capítulo 2), así como el concepto de decisiones condicionadas (Capítulos 1 y 3). Todos ellos son marcos de referencia útiles para analizar y evaluar tu participación. ¿Puedes identificar aspectos de tu experiencia en la secta que se ajusten a los temas de Lifton o al modelo de 4 fases de Lalich? Este ejercicio puede ayudarte a entender la complejidad del sistema social en el que vivías y a comprender mejor qué puedes hacer para puedes liberarte de sus influencias residuales.

Examina tus dudas

- ¿Cuáles son tus dudas actuales sobre el grupo o el líder?
- ¿Sigues creyendo que el grupo o el líder poseen todas o algunas de las respuestas?
- ¿Aún sientes temor de encontrarte con el líder o los miembros del grupo en la calle?
- ¿Alguna vez piensas en regresar? ¿Qué sucede en tu mente cuando se te ocurre?
- ¿Crees que tu grupo o líder tiene algún poder sobrenatural o espiritual para dañarte de alguna manera –física o espiritualmente– ahora que te has ido?
- ¿Crees que Dios (o algún ser superior) te maldice por haber abandonado el grupo?

Las respuestas a esta última serie de preguntas te ayudarán a evaluar hasta qué punto puede seguir afectándote la influencia de la secta.

9. Recuperar la mente

El solo hecho de tomar conciencia de que estuviste en una secta suele resultar chocante. Nadie se une a una secta a sabiendas ni considera que pertenece a una. Aceptar esa verdad puede llevar meses o incluso años. Puede resultar doloroso reconocer que te traicionaron, se aprovecharon de ti, te engañaron o abusaron de ti. Puede afectar tu integridad mental y emocional, provocando miedo y rabia. La explotación por parte de una secta es un asalto a tu verdadera identidad. Precisamente por eso, a muchos exmiembros de sectas les cuesta reconocer que formaron parte de un grupo o relación de este tipo.

La negación es común entre los exmiembros que no buscan asesoramiento para desvincularse o informarse sobre las sectas. Informarte sobre las sectas te proporciona el lenguaje para explicarte a ti mismo lo que ocurrió y el marco (o los parámetros) para comprender tu implicación. A menos que aceptes la experiencia como sectaria, es posible que no dediques tiempo a informarte, a la introspección y a comprender lo que te ocurrió, lo que posiblemente prolongue las secuelas no deseadas de tu participación.

Si tienes dudas de si estuviste en un grupo o relación sectaria, a continuación te indicamos varias cosas que puedes hacer para disipar tus dudas:

- Haz una lista de los ocho mecanismos de condicionamiento psicológico de Robert Lifton (Capítulo 3) y determina si alguno de ellos se aplica a tu situación.
- Revisa la lista de técnicas de adoctrinamiento típicas de las sectas elaborada por Margaret Singer y Louis West (Capítulo 3) y determina si se utilizó alguna de ellas.
- Analiza tu grupo utilizando el esquema de decisiones condicionadas de Janja Lalich (Capítulo 4), compuesto por cuatro partes: autoridad carismática, sistema de creencias trascendentales, sistemas de influencia y sistemas de control.

Una vez que reconozcas haber pertenecido a una secta, podrás empezar a comprender la complejidad de tu participación y la injusticia de la traición y la explotación. Los sentimientos que pueden surgir son respuestas normales al trauma. Incluyen el shock, la negación y, luego, respuestas de duelo como dolor, culpa, vergüenza, miedo y rabia. No existe una varita mágica que haga desaparecer rápidamente esos sentimientos. La recuperación no puede apresurarse, pero se producirá. Los intentos de anestesiarse mediante el abuso del alcohol y otras sustancias, la promiscuidad sexual, la búsqueda constante de una nueva secta (buscar una solución rápida uniéndose a otro grupo potencialmente destructivo) y los intentos de suicidio sólo prolongan el periodo de negación, retrasan la recuperación y agravan los problemas.

Las dificultades cognitivas relacionadas con la conciencia y el juicio son comunes entre los antiguos seguidores de sectas. En este capítulo describimos algunas de las principales dificultades y retos cognitivos a los que se enfrentan los antiguos adeptos, y en el siguiente esbozamos algunos ejercicios y recursos útiles para ayudarte a superarlos. Una vez que identifiques los mecanismos de influencia y control que se utilizaron en tu situación, podrás aprender a desarmar sus efectos psicológicos residuales indeseados.

La nube de indecisión

Algunos exmiembros tienen dificultades para tomar decisiones. Decidir algo tan importante como «qué hacer con el resto de tu vida» de por sí puede parecerle imposible a cualquier persona, pero a un exmiembro de sectas hasta las decisiones más pequeñas pueden resultarles abrumadoras o paralizantes.

Al dictar todas las reglas y normas y eliminar la libertad de elección, las sectas generan una dependencia infantil en sus seguidores. Ese grado de control suele ser aún mayor en las relaciones y familias sectarias abusivas. En algunos grupos la dependencia aumenta a través de un sistema de captadores de discípulos, mentores, agentes de control, o supervisores que aprueban o desaprueban todos los aspectos de la vida cotidiana e informan a sus dirigentes de los supuestos progresos de los afiliados. Otros grupos utilizan técnicas de autocontrol que obligan a los miembros a llevar diarios o presentar informes (o autocríticas) de todos los pensamientos, comportamientos o acciones negativos que los llevan a dudar o a infringir las normas. Normalmente esos diarios e informes se entregan al grupo.

La mayoría de las sectas castigan las faltas leves o cualquier intento de autonomía. Esto se manifiesta en reprimendas o «represiones», como algunos las llaman; privación de sueño o comida; castigos físicos o trabajos forzados;

denuncias y humillaciones por parte del grupo; amenazas de expulsión, maldición o posesión por demonios; amenazas de muerte y, en algunos casos, la muerte real. Ya sean manifiestos o encubiertos, esos mecanismos de control fomentan la dependencia del grupo e impiden la autonomía y la toma de decisiones personales. Incluso después de abandonar la secta ese comportamiento arraigado puede perdurar en el tiempo. Una exintegrante afrontó su incapacidad para tomar decisiones de la siguiente manera:

Sharon Y. dejó un grupo de corte bíblico después de 4 años de intensa práctica de hablar en lenguas y devoción a su pastor, quien controlaba todas las facetas de su vida. Se describió a sí misma como un pez fuera del agua, dando coletazos en tierra firme, incapaz de tomar una decisión y atenerse a ella. Pensar le resultaba esquivo. Apenas tomaba una decisión, olvidaba por qué la había tomado o se convencía a sí misma de que era mejor no llevarla a cabo. Era exasperante tanto para ella como para su familia y amigos. Sharon tenía dificultades para tomar decisiones importantes: mudarse de casa de sus padres, cambiar de empleo o retomar los estudios. Casi igual de difíciles eran las decisiones menores, como qué ropa ponerse, qué comer o qué hacer en cada momento.

Sharon encontró que hacer listas era un importante primer paso. Cuando se enfrentaba a una alternativa o decisión, grande o pequeña, la reducía al mínimo. Por ejemplo, hizo una lista de los pros y los contras de mudarse. Una vez decidido que mudarse era importante, hizo otra lista de lo que necesitaría para hacerlo con éxito. A Sharon le habían enseñado que su mente era el enemigo, así que pensar era un hábito que tenía que volver a aprender. Tuvo que aprender a ser paciente consigo misma; a permitirse cometer errores y también a aprender de ellos; a perdonarse y atribuirse el mérito de sus aciertos. Tomando primero pequeñas decisiones y disfrutando después de la confianza y autoestima que le aportaban los buenos resultados, empezó a retomar la confianza en sí misma.

Tomar decisiones se vuelve menos desalentador con la práctica y la experiencia. Es uno de los derechos y privilegios más preciados de la libertad.

La barrera del lenguaje cargado

«Cargar el lenguaje» es una técnica de influencia que se repite prácticamente en todas las sectas. Los eslóganes y la terminología del grupo sirven como atajos para la comunicación y detienen el pensamiento creativo, inquisitivo o crítico. Los antiguos adeptos suelen descubrir que siguen utilizando la jerga del grupo sin ser conscientes de ello. El lenguaje cargado interfiere en la capacidad de pensar de forma independiente y crítica, creando barreras para la comunicación con los demás. En algunos casos, cuando los antiguos afiliados se topan inesperadamente con palabras o frases propias del lenguaje interno de la secta, pueden disociarse o experimentar diversos sentimientos: confusión, ansiedad, miedo, culpa, vergüenza o rabia.

La mayoría de nosotros tiene un diálogo interior (nuestros pensamientos) tan automático que lo damos por sentado. Nuestros pensamientos interpretan automáticamente lo que experimentamos y sentimos. Si empezáramos a pensar en alemán sin conocer el idioma, probablemente nos asustaríamos y confundiríamos. Del mismo modo, cambiar el significado de las palabras genera ansiedad, inseguridad e incluso impide pensar y nos aísla. A causa del lenguaje cargado de la secta, algunos antiguos adeptos descubren que necesitan hacer un esfuerzo especial para volver a aprender su lengua materna.

Las sectas cambian el significado de muchas palabras y expresiones comunes y cotidianas, lo que hace que la comunicación fuera del grupo sea dolorosa y confusa. Puede que descubras que ya no tienes un vocabulario adecuado para entender tu propio mundo interior, y mucho menos el mundo que te rodea. Un antiguo miembro de un grupo de transformación colectiva describe ese fenómeno:

Mi vocabulario se componía principalmente de lo que yo llamo «idioma sectario», o terminología de la secta, que básicamente es el lenguaje propio del grupo. Era difícil verbalizar lo que sentía en mi interior porque las expresiones eran las del grupo. Lo único que podía expresar con soltura era la postura del grupo sobre quienes decidían abandonarlo. Ya de por sí me costaba saber lo que creía, pero era aún peor no poder explicarlo con palabras sencillas. Toda la terminología de la que disponía tenía significados sectarios y eso volvía a desencadenar mi conflicto interior. Hasta la fecha, cuando me emociono mucho o me canso, sigo teniendo dificultades con el vocabulario. Empiezo a hablar o a pensar en el lenguaje de la secta. Eso puede resultar chocante y frustrante.

A veces mis pensamientos eran circulares al punto de dejarme confundido. Me ayudaba escribirlos. Así no tenía que pensar en ellos ni resolver nada: estaban escritos y podía resolverlos más tarde. Escribía hasta que no tenía nada más que decir. A veces estudiaba mis diarios y veía que ya no tenía tantas dificultades como antes. Eso me ayudaba. Me obligué a leer libros y visité la biblioteca con frecuencia. Aunque inicialmente no entendía mucho de lo que leía, leía cada libro en la medida de mis posibilidades. Me resultó especialmente útil el libro de Orwell, 1984. Comparaba la vida de los personajes con la mía.

Otra persona que había estado en un grupo similar durante 20 años tenía dificultades extremas para hablar un inglés normal que la gente entendiera, a pesar de ser su lengua materna: «Durante las primeras semanas fuera del grupo tuve que dedicar un tiempo cada día para reaprender inglés, hasta que logré sustituir cada término de la secta por una palabra equivalente en inglés». La televisión, las revistas, los crucigramas y los libros –de todo tipo– pueden servir para que te familiarices con el idioma y reconstruyas tu vocabulario. Leer el periódico y escuchar las noticias también son actividades muy recomendables para reeducar la mente, expandir el léxico y mantenerse al día con los acontecimientos mundiales. Otra técnica útil consiste en hacer una lista de todos los términos y frases específicos relacionados con la secta y luego buscarlos en un diccionario. Ver las definiciones y usos aceptados puede ayudar a reorientar tu razonamiento y restablecer tu capacidad de autoexpresión.

Otro efecto secundario típico de la participación en una secta es la dificultad para concentrarse. Muchos antiguos adeptos afirman que, inmediatamente después de abandonar el grupo, les resultaba imposible leer más de una o dos páginas seguidas de un libro. Tampoco lograban leer un periódico completo, y olvidaban lo que leían o escuchaban al poco tiempo. Esto se debe, en parte, a la pérdida de capacidad de pensamiento crítico causada por el programa de condicionamiento psicológico y el entorno controlado de la secta, y, en parte, a la pérdida de familiaridad con su lengua materna. Aunque a veces puede resultar agobiante, esa incapacidad de concentración suele ser temporal.

La flotación y otros estados alterados

Otra dificultad habitual después de la experiencia sectaria es aprender a manejar el desconcertante fenómeno del estado de trance, también llamado «flotación o disociación». A veces una persona oscila entre su personalidad anterior a la experiencia sectaria y la que adquirió a consecuencia de ella. La familia se siente aliviada al ver que su ser querido recupera la espontaneidad, el sentido del humor y una personalidad vivaz, pero experimenta confusión y ansiedad cuando reaparece la persona velada, chata y desconfiada adquirida en la secta.

Los exmiembros de grupos que utilizan extensivamente el canto, el hablar en lenguas y la crítica grupal intensa, así como técnicas hipnóticas, de imaginería y de trance (incluyendo la meditación), experimentan con frecuencia episodios de flotación. La flotación ocurre porque la mente ha sido entrenada para disociarse durante dichas prácticas, por lo que en determinadas condiciones, una persona habituada a ellas puede caer involuntariamente en un estado disociado. Dependiendo de las rutinas de cada secta, los episodios disociativos pueden incluir alucinaciones desagradables o extrañas y pueden causar una ansiedad considerable.

La **disociación** es común, incluso en la población general y va desde la ensoñación leve hasta el extremo del trastorno de personalidad múltiple. Los síntomas disociativos posteriores a la experiencia sectaria se manifiestan de diversas formas. Al flotar uno se siente desconectado de su entorno o de su cuerpo. La concentración se hace difícil, la capacidad de atención se acorta y las actividades sencillas se convierten en tareas complicadas. La necesidad de tomar hasta las más pequeñas decisiones puede producir confusión y pánico. Se pierde la noción de la realidad. Pero como ocurre con otras dificultades, esto también pasará con el tiempo. En el siguiente capítulo encontrarás algunos ejercicios que te ayudarán a afrontar estas experiencias incómodas y desorientadoras.

Los casos de flotación moderados y graves, conocidos como «despersonalización» (o trastorno de despersonalización), implican una sensación de separación o desapego de tu cuerpo. Es como si abandonaras tu cuerpo y flotaras por encima de ti mismo, observándote pensar, comportarte e interactuar con los demás. En algunos grupos la despersonalización se considera el estado más elevado de conciencia, y sus miembros se esfuerzan mucho por alcanzarlo. En realidad la despersonalización es paralizante y no tiene ninguna ventaja para funcionar en el mundo.

La **desrealización** es otra forma de disociación. En la despersonalización, el yo parece irreal; en la desrealización, el «mundo» parece irreal. El entorno puede parecer sin vida, brumoso, distante o plano. Las personas desrealizadas pueden ver auras vibrantes alrededor de objetos inanimados, que pueden parecer más grandes o pequeños de lo que realmente son.

En ocasiones, la desrealización y la despersonalización se producen al mismo tiempo. Ambos estados pueden ir acompañados de alucinaciones visuales o auditivas, a menudo relacionadas con el sistema de creencias de la secta. Algunos antiguos devotos pueden ver u oír a dioses, semidioses u otras entidades o fenómenos relacionados con la secta mucho después de haber abandonado la misma y dejado de meditar o de participar en cualquier práctica que indujera estos estados.

Ciertos grupos, por ejemplo, enseñan que los pensamientos no dejan huella en la mente, que pensar es «como dibujar una línea sobre el agua». Esta idea se implanta en la mente durante el trance para actuar como una orden silenciosa, destinada a borrar determinados recuerdos o pensamientos no deseados; es decir, como una instrucción hipnótica que busca generar una forma de amnesia. A los afiliados se les enseña a alcanzar un estado de «desapego». Se les dan advertencias como: no te apegues a tus pensamientos; deja que tus pensamientos fluyan sobre ti; un pensamiento viene y va, no es algo de qué preocuparse. Después de recibir este tipo de formación, muchos antiguos afiliados sólo recuerdan vagamente el tiempo que pasaron en el grupo y es fácil que se disocien y vuelvan a caer en los comportamientos aprendidos en la secta. Sin el asesoramiento adecuado, pueden no ser conscientes de la causa de sus comportamientos disociativos posculto. Este deterioro del recuerdo, conocido como «amnesia de origen», es bastante común entre las personas que han experimentado estados disociativos o desrealizados en sectas.

Darle a un meditador, mientras se encuentra en estado de trance, instrucciones específicas o veladas sobre lo que debe buscar concretamente es lo que se conoce como «sugestión poshipnótica». Esto se debe a que los meditadores, consciente o inconscientemente, tienden a buscar y experimentar lo que creen que se espera de ellos (un fenómeno conocido como «expectativa de demanda»), los terapeutas suelen decir que los pacientes freudianos sueñan en simbolismos freudianos, mientras que los pacientes junguianos sueñan en simbolismos junguianos. En la meditación guiada por sectas, la aparición de ciertas imágenes o fenómenos deseados es interpretada como un signo de progreso por parte de los líderes y por ende, por sus seguidores. La disociación constante provocada por la meditación u otras prácticas puede aumentar la vulnerabilidad de una persona a la sugestión y la dirección.

El adoctrinamiento por sugestión directa o indirecta puede producirse en momentos susceptibles inmediatamente antes y después de estas prácticas de alteración mental. La sugestión directa o indirecta y los estados disociativos impiden a los adeptos cuestionar o juzgar las tácticas de la secta. Afirmaciones generalizadas como «el Maestro siempre tiene una buena razón» o «el Maestro imparte enseñanzas a muchos niveles» pueden aceptarse entonces como explicaciones universales de todo comportamiento.

Las prácticas inductoras de trance (también llamadas «técnicas de alta excitación») asociadas a la meditación se dan en la mayoría de los grupos orientales y *New Age*. Cantar, hablar en lenguas, las visualizaciones guiadas, la oración, los decretos y los movimientos físicos repetitivos como girar, pueden conducir a estados de trance (o estados alterados de conciencia). La mayoría de las sectas políticas y de superación personal, *New Age*, religiosas y psicoterapéuticas llevan a cabo largas e intensas sesiones de crítica que pueden producir disociación y efectos de flotación. Asimismo, los síntomas disociativos son una secuela frecuente de presenciar o participar en acontecimientos traumáticos como actos violentos o abusos físicos o sexuales.

Normalmente, los episodios disociativos provocados por las prácticas y experiencias sectarias son temporales (una noticia alentadora si los padeces), pero pueden durar hasta varios meses. Con el tiempo, deberían disminuir en frecuencia y duración.

La angustia de la pérdida de memoria

Son muchos los factores responsables de los problemas de memoria durante y después de la pertenencia a una secta. La memoria a corto plazo, también conocida como memoria operativa, es la retención y recuperación de cantidades limitadas de material antes de que se olvide o se almacene a largo plazo. La memoria de largo plazo se refiere a lo que la mayoría de nosotros entendemos como memoria, es decir, recordar acontecimientos significativos e información recopilada durante toda una vida de experiencias.

Durante la estancia en el grupo, conductas como el consumo de drogas y/o alcohol, el efecto de traumas emocionales o físicos, la práctica prolongada de técnicas disociativas y los niveles intensos de estrés pueden interferir en la memoria de corto y largo plazo. El cerebro puede sintonizar selectivamente elementos de la realidad o simplemente no almacenarlos en la memoria de largo plazo.

Además de la pérdida de memoria, los antiguos adeptos con frecuencia experimentan dificultad para concentrarse, pensamientos obsesivos y episodios disociativos durante algún tiempo después de abandonar la secta. El siguiente ejemplo ilustra cómo afrontó un antiguo miembro la confusión causada por la pérdida temporal de memoria.

Marsha J. tenía tantas dificultades hasta para realizar pequeñas tareas que creía que se estaba volviendo loca. Cuando dejaba algo, olvidaba inmediatamente dónde lo había dejado; cuando iba de compras, a menudo olvidaba por qué había ido a la tienda. Sus olvidos aumentaban cuando estaba estresada, cansada o con hambre. Aunque antes Marsha se enorgullecía de su buena memoria, ahora tenía dificultades para recordar datos y cifras, números de teléfono y cosas por el estilo, y hasta le costaba seguir conversaciones.

Para solucionar ese problema Marsha elaboraba cada noche una lista de lo que quería hacer al día siguiente. La lista era sencilla y desglosaba cada tarea en sus componentes más pequeños para que pudiera sentirse realizada al recordar y cumplir lo que se había propuesto. Además, al final del día repasaba lo que había hecho. Llevar un diario se convirtió en una forma de conectar sus pensamientos y observar su progreso diario. Si leía o escuchaba conceptos importantes que quería recordar, los escribía. Luego, los personalizaba asociándolos con sus propias experiencias. Todo esto tranquilizó a Marsha y le hizo ver que no estaba perdiendo la cabeza. Con el tiempo y la práctica, su memoria se fue fortaleciendo.

Otras técnicas útiles para recuperar la memoria consisten en recordar experiencias compartidas con antiguos amigos y familiares, o rememorar juntos, revisar álbumes de fotos y diarios, ver películas o leer libros de antes de entrar en la secta, escribir una cronología de los acontecimientos ocurridos antes y durante su tiempo en la secta y visitar a personas y lugares de su vida antes de la secta.

La perturbación de los pensamientos obsesivos

El Diccionario Psiquiátrico Campbell define la obsesión como «una idea, emoción o impulso indeseado que se impone a la conciencia». Esta imposición ocurre de forma repetitiva e insistente, y contra la voluntad del individuo. Es importante señalar que una obsesión puede considerarse esencialmente normal cuando es de corta duración y se minimiza o incluso elimina simplemente desviando la atención hacia otros temas. Generalmente, las obsesiones se manifiestan como ideas o imágenes sensoriales, que van cargadas de una fuerte emoción. Por otra parte, aunque con menor frecuencia, también surgen obsesiones como sentimientos aleatorios, sin ideas claras asociadas. Estas generan estados de ansiedad o pánico, sensación de irrealidad o incluso despersonalización.[1]

Los antiguos seguidores de una secta, ya de por sí propensos a dudar mucho de sí mismos, caen fácilmente presa de pensamientos obsesivos sobre la naturaleza de la realidad, la verdad sobre el líder o el grupo y más concretamente, sobre si hicieron lo correcto o no al marcharse, como ilustra el siguiente caso:

Carmen T. fue devota de un gurú oriental durante cinco años. Lo observó hacer «milagros», hacer aparecer objetos de la nada, curar enfermos y pasar días enteros sin dormir. Al asumir la dirección de su *ashram*, se percató de que una procesión de mujeres entraba y salía de la habitación de su gurú, quien supuestamente era célibe. Ya no podía negar sus dudas internas ni los rumores cuando ella misma fue invitada a participar en actividades sexuales con su Maestro en nombre del Tantra (lograr el crecimiento espiritual mediante técnicas sexuales).

Deprimida y decepcionada, abandonó el grupo. Durante muchos meses se sintió obsesionada por el dilema de si su gurú era bueno o perverso, si ella corría algún tipo de peligro espiritual, etc. Consultó a un consejero especializado en sectas orientales y misticismo, quien le brindó información clave para comprender su experiencia. Fue aleccionador descubrir que los milagros no eran más que trucos de magia, como los que hacen los magos en los teatros, y esto la ayudó a liberarse de la influencia del gurú.

El pensamiento obsesivo puede ser muy debilitante. En muchos casos las personas que lo padecen se sienten demasiado avergonzadas para contárselo a nadie, por lo que sufren en silencio y a veces temen estar volviéndose locas.

Las limitaciones del pensamiento binario

Tras pasar mucho tiempo viendo el mundo desde la perspectiva rígida, dogmática y binaria (blanco o negro, bueno o malo, correcto o incorrecto) que la secta inculcó, cuesta discernir entre los valores y la visión del mundo que se tenían antes de la secta y los que se adquirieron durante ella, y decidir si reordenar, desechar o incorporar estos últimos. Como persona independiente que vuelve al mundo, el exmiembro de la secta debe elegir su propia moral y sus propios valores. No basta con abandonar el grupo, hay que empezar una nueva vida.

Ver el mundo en blanco y negro es una de las consecuencias de la exposición a las ideologías sectarias. Las sectas crean un mundo en el que se conocen todas las respuestas (sólo para la secta, por supuesto). Ese tipo de pensamiento protege a los miembros de la ansiedad de pensar por sí mismos. Los mantiene controlados y cooperativos.

Cuando una persona sale de una secta, es común que invierta temporalmente sus valores, de forma que lo que antes se consideraba malo, ahora se percibe como bueno, y viceversa. Esta sigue siendo una construcción limitante que no es más que una versión diferente de la fórmula «blanco o negro». De hecho, la verdad y la vida se componen de muchos matices de gris. Esta toma de conciencia puede ser aterradora porque obliga a las personas a aceptar que no hay respuestas fáciles. Una exmiembro describió así su enfoque de este dilema:

Para ayudar a desmantelar este pensamiento dicotómico, empecé a preguntarme: «¿Dónde se sitúa esto en la escala de grises?» Esta pregunta se convirtió en una de mis preferidas y me fue muy útil mientras luchaba por desaprender siete años en un mundo en blanco y negro y diecisiete en una familia disfuncional. Llegué a la conclusión de que la vida está llena de matices grises. Para reafirmarme en este punto, un día entré a una tienda de pinturas y me fijé en la cantidad de muestras de tonalidades que había desde el blanco, pasando por el gris, hasta el negro. Eran docenas de tonos. Entonces comprendí que la vida es mucho más que blanco o negro.[2]

El papel de la distorsión cognitiva

Los partidarios de la terapia cognitiva, basada en el trabajo de Aaron Beck y otros, coinciden en que cambiar la forma en que pensamos puede influir profundamente en cómo nos sentimos.[3]

Ejercicio para desactivar las distorsiones cognitivas

Este ejercicio puede ayudarte a resolver las distorsiones cognitivas que aún arrastras. Tómate un tiempo para realizarlo o vuelve a él cuando las cosas se vuelvan más claras. Tal vez convenga hacerlo con la ayuda de un terapeuta, si es que acudes a uno.

Preguntas para plantearte

¿Cuáles son tus distorsiones cognitivas? Enuméralas. Para cada una de ellas, hazte las siguientes preguntas:
- ¿Creía esto antes de mi participación, o es una enseñanza del grupo?
- Si lo aprendí en el grupo, ¿quién o qué fue la fuente de la enseñanza? ¿Aún creo en la fiabilidad de esa fuente?
- ¿Encuadra alguna de mis distorsiones en alguna de las 10 categorías descritas en las páginas siguientes?

Una vez identificadas tus distorsiones cognitivas, puedes empezar a cuestionarlas.

Cuestionamiento de las distorsiones
- ¿Cuál es la creencia?
- ¿Cómo te hace sentir?
- ¿Qué preferiría creer?
- ¿Tiene más sentido?
- ¿Qué sensación te deja?

Los razonamientos erróneos se denominan «distorsiones cognitivas»[4]; sin embargo, son reversibles. A continuación se explican diez distorsiones comunes en el contexto de la recuperación tras abandonar una secta.

1. *Razonamiento binario ("todo o nada")*. Las sectas enseñan a razonar en blanco y negro, por ejemplo: «Todos los que están fuera del grupo están controlados por Satanás o son malvados», «El líder es Dios y no puede cometer errores» y «Siempre debes esforzarte por alcanzar la perfección para lograr el objetivo del grupo». Ese tipo de razonamiento coarta el crecimiento personal y mantiene a la persona enfrentada al resto del mundo.

2. *Generalización excesiva*. El mero hecho de cometer un error puede hacer que un antiguo afiliado llegue a la conclusión de que las predicciones de

su líder de que los que abandonen el grupo sufrirán graves consecuencias se cumplen. Los antiguos integrantes suelen tener dificultades para permitirse cometer errores sin escuchar duras críticas en su cabeza. Revisar las propias acciones al final del día, por sencillas que sean, puede ayudar a contrarrestar ese discurso interno proveniente de la secta.

3. *Filtro mental.* Las sectas enseñan a la gente a centrarse en sus errores y flaquezas. En muchas sectas se revisan las actividades de cada día, concentrándose en los supuestos pecados, errores, deslices o malas acciones. Todos los pensamientos, sentimientos y comportamientos son motivo de crítica y arrepentimiento. Después de este tipo de prácticas, una persona puede obsesionarse con un pequeño error y perder de vista las cosas positivas que suceden. Todo lo negativo se convierte en una lente que filtra todo lo demás.

4. *Descalificar lo positivo.* Un medio de control de la secta es no permitir que sus integrantes se sientan satisfechos de sus logros. Todo lo bueno viene del Maestro, mientras que a los afiliados se les hace sentir que son estúpidos e incapaces. Elaborar listas de fortalezas y logros personales puede contrarrestar esa reacción.

5. *Sacar conclusiones precipitadas.* Hay dos formas de sacar conclusiones negativas, que probablemente resulten familiares a los antiguos adeptos:

    a. *Lectura de la mente.* A quienes han pertenecido a sectas *New Age* u orientales se les puede haber hecho creer que la lectura de la mente es real. Esta creencia se utiliza para formular suposiciones sobre los demás. Hacer lo mismo ahora puede ser contraproducente. No saques conclusiones precipitadas sobre las acciones o actitudes de otra persona. No sustituyas la comunicación real por suposiciones.

    b. A*divinación.* Las sectas predicen el fracaso de sus críticos, disidentes y desertores. A veces, los antiguos adeptos creen que la depresión, la preocupación o la enfermedad los acosarán (a ellos y a su familia) para siempre. Recuerda que esas fobias y distorsiones no tienen nada que ver con la realidad, sino que han sido inculcadas por la secta.

6. *Magnificación (catastrofización) y minimización.* Magnificar los defectos y debilidades de los afiliados mientras se minimizan sus fortalezas, virtudes y talentos es habitual en las sectas. En el caso del líder ocurre lo contrario. En un antiguo integrante esa tendencia debe invertirse para poder reconstruir su autoestima, aunque alcanzar una perspectiva equilibrada puede llevar tiempo. En este sentido, puede ser útil la opinión de amigos de confianza que no sean críticos.

7. *Razonamiento emocional.* En los grupos que dan más importancia al sentimiento que al razonamiento, los miembros aprenden a tomar decisiones y a juzgar la realidad basándose únicamente en lo que sienten. Es el caso de todos los grupos *New Age* y de muchas sectas transformacionales y psicoterapéuticas. Interpretar la realidad a través de los sentimientos es una forma de ilusión. Si realmente funcionara todos seríamos ricos y el mundo sería un lugar seguro y feliz. Cuando ese razonamiento se vuelve negativo es un atajo hacia la depresión y el retraimiento: «Me siento mal y no valgo nada; por lo tanto, soy malo y no valgo nada».

8. *Afirmaciones del tipo «debería».* Las creencias y normas de las sectas suelen seguir influyendo en el comportamiento condicionándolo en forma de «debería», «debo», «tengo que» y «conviene». Estas palabras pueden dirigirse a los demás o a ti mismo; por ejemplo, si piensas: «Debería ser más perfecto», el resultado es que te sientes presionado y resentido. Intenta identificar la fuente de esas órdenes internas. ¿Vienen del antiguo líder de la secta? ¿De verdad quieres seguir obedeciéndole?

9. *Calificar y descalificar.* Los exmiembros se ponen a sí mismos todo tipo de rótulos negativos por haber participado en una secta: estúpido, imbécil, pecador, loco, malo, puta, inútil, tonto. Calificarse a uno mismo de fracasado por haber cometido un error (en este caso, unirse a la secta) es un fustigamiento mental. Es una generalización excesiva, cruel y, como las demás distorsiones cognitivas, falsa y contraproducente. Calificar así a los demás es igualmente inexacto y sentencioso. Si tiene que haber etiquetas, ¿por qué no algunas positivas? Por ejemplo, podrías considerarte confiado, idealista, imaginativo, dedicado o leal.

10. *Personalización.* Una de las principales armas de adoctrinamiento de las sectas es hacer creer a sus fieles que todo lo malo es culpa suya. La culpa que acompaña a este tipo de personalización es paralizante y controladora. Ahora que estás fuera de la secta, es importante que solo asumas la responsabilidad que te corresponde.

Estos 10 errores cognitivos son hábitos de pensamiento negativo profundamente arraigados por los procesos de condicionamiento psicológico y los adoctrinamientos de las sectas. Las tendencias hacia estos errores pueden haber estado presentes antes de la participación en la secta y pueden haber aumentado la vulnerabilidad al reclutamiento o la susceptibilidad a las prácticas de la secta. Cuando se da este tipo de patrones de pensamiento destructivos, no es de extrañar que los antiguos adeptos a veces se sientan deprimidos. La buena noticia es que, como cualquier hábito, estos patrones de pensamiento de autodesprecio pueden desecharse teniendo conciencia de ellos y mediante ejercicios prácticos.

10   Lidiar con las secuelas

La decisión de abandonar una relación o un grupo sectario es el primer paso en el proceso de recuperación. Puede que hayas planeado dejarlo durante meses o puede que lo hayas hecho espontáneamente. Tu salida puede haber sido el resultado de una intervención orquestada por familiares y amigos, o de circunstancias fuera de tu control, como ser expulsado o enterarte de que tu líder abandonó el grupo.

La libertad repentina tras una restricción tan intensa libera invariablemente un torrente de emociones: alegría, duda, alivio, arrepentimiento, sensación de liberación o miedo a lo desconocido. En su libro *Touchstones: Reconnecting After a Cult Experience*, Carroll Stoner y Cynthia Kisser describen la salida de la siguiente manera:

> Cuando un seguidor de una secta abandona su movimiento y organización, consigue escapar de las garras de líderes tiránicos y correligionarios verdaderamente convencidos, a algunos de los cuales consideran amigos íntimos. Se encuentra cuestionando doctrinas y prácticas que lo han mantenido cautivo durante meses, años o, en algunos casos, décadas. Algunos han perdido el idealismo que los llevó a creer que sus grupos podían, de hecho, salvar el mundo. Aunque consigan conservar ese idealismo, tienen que enfrentarse a la dura realidad de que sus sueños no funcionaron, que se aprovecharon de ellos y que se sacrificaron y sufrieron más de lo debido.[1]

Si bien no todas las experiencias sectarias son extremas, casi todas tienen algún grado de secuela residual no deseada.

Síntomas de traumas después de abandonar una secta

En su artículo *Coming Out of the Cults* («Salir de las sectas»)[2], Margaret Singer definió los principales aspectos en que se manifiestan las dificultades posteriores al abandono de una secta: depresión, soledad, indecisión, caer en estados alterados, pérdida de agudeza mental, pasividad acrítica, miedo a la secta, el «efecto pecera» (sensación de ser observado), la agonía de dar explicaciones, así como perplejidades sobre el altruismo, el dinero y el hecho de dejar de ser uno de los «elegidos». «No todos los antiguos adeptos tienen todos esos problemas» —escribe—, «ni la mayoría los tienen de forma grave o extendida. Pero casi todos [...] informan de que tardan entre 6 y 18 meses en conseguir que sus vidas vuelvan a funcionar a un nivel acorde con sus historias y talentos».[3]

Indecisión

Una condición frustrante y debilitante que suele surgir después de abandonar una secta es la indecisión. Es difícil ver a la gente que te rodea llenar sus días de decisiones y acciones cuando a veces te sientes bloqueado por las cosas más sencillas. La indecisión puede reducir tu autoestima y llevarte a la depresión, por lo que es importante que no seas demasiado duro contigo mismo. Ve paso a paso. Tu incapacidad para tomar decisiones no está causada por la estupidez o la pereza, sino más bien por el shock y la novedad de tener que volver a asumir responsabilidades. Es probable que en la secta no tuvieras que tomar muchas decisiones personales. Ahora es el momento de recuperar el hábito de afrontar las innumerables decisiones que tendrás que tomar en la vida.

Primero ejercítate tomando pequeñas decisiones, como qué ropa ponerte o qué desayunar. (Dado que muchas sectas controlan las decisiones relacionadas con la vestimenta o la comida de sus integrantes, no te sorprendas si tienes dificultades en este aspecto). Elaborar listas puede hacer que la vida sea más manejable. Por la noche haz una lista de lo que quieres hacer al día siguiente. Divide el día en partes más pequeñas, empezando por levantarte por la mañana. Después haz una lista de todo lo que tienes que hacer: asearte, ducharte, vestirte, hacer la cama, etcétera.

Uno de los riesgos en este momento es volverse excesivamente dependiente de la familia, los amigos u otro grupo. A veces se requiere un gran esfuerzo y fuerza de voluntad para mantenerse independiente. Los familiares y amigos bienintencionados deben dar un paso atrás y aconsejarte que asumas responsabilidad por ti mismo y tus decisiones.

Tomar decisiones se vuelve más fácil con la práctica. Permítete cometer errores. El miedo a cometer un error, a las críticas o a la imprevisibilidad del líder ya no tiene por qué condicionar tus acciones. Si decides erróneamente, puedes perdonarte y tomar medidas para remediar la situación. Cuando puedas confiar en ti mismo para tomar tus decisiones, volverás a ser autónomo. Aumentará tu autoestima así como tu capacidad para ejercer control sobre tu vida. Tu dependencia de los demás irá disminuyendo.

El lenguaje cargado

Como ya se ha comentado, el lenguaje de las sectas suele estar cargado de significados especiales o de términos nuevos que conllevan significados específicos de la secta. En consecuencia, es preciso recuperar o reaprender los términos y sus significados habituales una vez que se abandona el grupo. Lo más probable es que quieras descartar algunas palabras y frases que son exclusivas de la secta. Dedicar tiempo al lenguaje facilita este proceso. Empieza de a poco y ve aumentando. Trabaja a un ritmo razonable, pero intenta hacer algo a diario relacionado con palabras, lenguaje y lectura.

Si el periódico te parece demasiado denso o intimidatorio, prueba con revistas o incluso tiras de historietas. Relee libros que te gustaron. Escucha audiolibros. Visita tu biblioteca local. Las librerías que venden libros usados son una buena fuente de material barato. Haz crucigramas. Juega al Scrabble o al Mah Jong en línea o con un amigo o familiar que no te amenace y no sea competitivo. Mira o escucha programas educativos de radio o televisión.

Si alguna de estas actividades te hace sentir incómodo o te provoca una disociación (por ejemplo, si escuchar un audiolibro te lleva a un estado de trance), confía en tus sentimientos e interrumpe la actividad hasta que hayas recuperado el control sobre tu malestar. Con el tiempo y con algo de esfuerzo por tu parte, el mundo volverá a ser un lugar manejable (o quizá por primera vez si creciste en una secta). Con el tiempo serás capaz de comunicarte claramente con los que te rodean.

Razonamiento binario (pensar en blanco y negro)

Dado que las sectas se consideran superiores a todo y a todos los que no forman parte del grupo, sacan a relucir los rasgos más sentenciosos y santurrones de cada afiliado. Ese juicio irreflexivo y forzado, que es cerrado, prejuicioso y perjudicial para uno mismo y para los demás, se arraiga profundamente en la mente y los hábitos de cada integrante. Arraigado y memorizado, este tipo de pensamiento puede persistir durante algún tiempo después de que una persona abandone una secta. Si sigues viendo las cosas en términos de blanco y negro de la secta, sigues bajo la influencia del adoctrinamiento de la secta. Esta mentalidad de nosotros contra ellos dificultará tu recuperación y tenderá a mantenerte aislado.

Si puedes revisar tus creencias y valores anteriores a tu pertenencia a la secta, así como los que te inculcó la secta, puedes decidir cómo quieres reformarlos y trabajar para ser quien quieres ser ahora. Naturalmente, las personas nacidas o criadas en una secta no habrán tenido experiencias de vida anteriores, por lo que deben decidir qué creencias y valores son importantes para ellos ahora que están libres de la influencia y el control de la secta. Ten cuidado con hacer juicios o reacciones precipitadas ante ideas, personas o actividades. Recuerda que ahora es perfectamente válido que no estés de acuerdo o que seas diferente a los demás, al igual que es válido que los demás difieran o no estén de acuerdo contigo.

Y lo que es más importante, recuerda que el hecho de que alguien piense, se vista, se comporte o crea de forma distinta a la que te enseñaron no significa que esa persona sea mala o deba ser rechazada. El mundo está lleno de todo tipo de personas, filosofías, religiones e ideas; eso es lo que lo hace tan interesante. No temas ni rechaces su inmensidad; aprende a abrazarlo paso a paso.

Sobre todo ten paciencia contigo mismo y con los demás. Aprende a tolerar las diferencias de opinión y creencias. Poco a poco desarrollarás la capacidad de ver los puntos de vista de los demás sin sentirte amenazado ni tener que cambiar el tuyo. El aislamiento y la seguridad ciega de tener la razón son rasgos que mantienen unidas a las sectas. Deshacer esos falsos lazos forma parte de la recuperación.

Estados de trance momentáneos

La sensación de desconexión, la falta de concentración y los sentimientos de disociación o separación de los demás y del entorno inmediato son síntomas de estados de trance, una dificultad común que surge de la que hablamos en el capítulo anterior que sufren muchos ex integrantes. Según la Dra. Singer, «cuando abandonan la secta, muchos descubren que una serie de condiciones -estrés y conflictos, bajones depresivos, ciertas palabras o ideas significativas- pueden desencadenar una vuelta al estado de trance que conocían en los días de la secta. Cuentan que caen en el letargo conocido e inevitable, y les parece oír fragmentos de exhortaciones de los oradores de la secta».[4]

Si tienes este tipo de experiencias, puede ser útil que te recuerdes regularmente que los trances (o disociaciones) son un subproducto natural de haber vivido en un entorno confinado y controlado, especialmente si las prácticas intensivas de alteración mental formaron parte de tu experiencia. La disociación inducida es inherente a muchas situaciones sectarias y puede persistir después de abandonar la secta. Esa sensación de trance momentáneo debería disminuir con el tiempo.

Hay muchos ejercicios breves que son útiles para controlar los episodios de trances momentáneos. Por ejemplo, mastica un caramelo duro y concéntrate en las sensaciones de tu boca. Huele una flor o una pastilla de jabón perfumada. El objetivo es que vuelvas de un estado de entumecimiento o disociación. Simplemente, pero con firmeza, recuérdate a ti mismo que el episodio de trance fue desencadenado por algún estímulo y que pasará. Con frecuencia ese pequeño acto es suficiente para volver a la conciencia ordinaria.

Recuerda que el trance es una respuesta condicionada y automática. Una vez que seas consciente de ello y actúes en consecuencia, podrás romper el patrón de reacción.

Si el primer método resulta insuficiente, he aquí otro. (Para algunos esta técnica puede ser similar a los ejercicios de visualización de la secta. Si es así omite esta sugerencia para evitar reacciones o recuerdos desagradables).

Tan a menudo como te sea posible, detente y tómate un momento para mirar a tu alrededor. A continuación, haz lo siguiente:

- Mira dónde estás. Observa formas, tamaños y colores. Tómate tu tiempo.
- Presta atención a tu cuerpo. ¿Qué sientes? Toca tu cara, la silla en la que estás sentado, la tela de tu ropa. ¿Son ásperas, suaves, calientes, frías? Siente los pies en el suelo. Si estás de pie, camina; fíjate en la superficie del suelo, en la comodidad o incomodidad de tus zapatos.
- Escucha. ¿Qué oyes fuera de tu cabeza? Escucha los sonidos de la habitación, el tic-tac del reloj, el tráfico exterior, la gente hablando.
- Usa el olfato. ¿Algún aroma interesante?
- ¿Qué hay del gusto? ¿Sabes distinguir los distintos sabores? ¿A qué sabe el interior de la boca? ¿Cambia la sensación de sabor después de tragar?

Los tres primeros sentidos —ver, sentir y oír— son los más importantes. Si prestas atención a lo que ves, sientes (física, no emocionalmente) y oyes, estás en un estado de vigilia normal.

Detonantes

Si los trances momentáneos persisten y dan la impresión de seguir algún tipo de patrón, es importante identificar el detonante que los provoca. Los detonantes obvios pueden ser determinados lugares, objetos, música que se cante o escuche en el grupo, mantras, oraciones, cánticos, jerga del grupo o hasta un tono o ritmo de voz determinados.

Un detonante repentino puede inducir un estado disociado acompañado de una avalancha de recuerdos relacionados con la secta. Los detonantes son recordatorios, resultado de experiencias específicas y son únicos para cada persona. Algunos evocan el ambiente del entorno de la secta, otros generan estados emocionales específicos y otros implican sensaciones físicas distintas.[5] Otros evocan un acontecimiento incómodo o un ritual asociado a la secta.

Los detonantes pueden encontrarse en diversas situaciones cotidianas, como en el ámbito laboral o en las relaciones interpersonales. Por ejemplo, el tipo de trabajo que realizabas en la secta puede ser similar al que realizas ahora que está fuera. A continuación se ilustra un detonante relacionado con el trabajo:

Tess E. estuvo en una secta política durante más de 12 años. Siempre le asignaban tareas insignificantes. Muchas veces trabajaba durante horas en la misma tarea repetitiva. Una vez le asignaron fotocopiar un documento enorme para distribuirlo en las reuniones de formación de esa tarde. La fotocopiadora se atascó y ni Tess ni ningún otro empleado pudo hacerla funcionar. Como era fuera de horario laboral no se pudo llamar al servicio de reparaciones. A pesar de que el atasco no fue culpa suya, Tess fue duramente criticada por «estropear el trabajo e impedir que la dirigente diera a conocer su nueva línea política a los afiliados». Aquella noche la dirección ordenó a Tess que compareciera en cada reunión local de la secta, siete grupos en total, con entre 10 y 15 camaradas en cada uno, para ser criticada públicamente por sus compañeros. Fue una experiencia agotadora y devastadora para ella.

Ya fuera del grupo, cinco años después, Tess trabaja en un bufete de abogados. Mientras copiaba un documento en la fotocopiadora de la oficina, sintió de repente una oleada de escalofríos y todo su cuerpo se estremeció. En su mente la sala de fotocopias de la empresa se transformó en el cuartel general del personal de la secta y Tess oyó voces que le gritaban. Se quedó de pie ante la máquina, paralizada y en estado de trance, hasta que un compañero de trabajo le dio varios codazos para preguntarle qué le pasaba. Tess se echó a llorar y salió corriendo.

Las interacciones con otras personas también pueden desencadenar recuerdos de la secta, a veces desagradables. Ciertos intercambios con amigos, familiares, compañeros o jefes, o hasta el aspecto o la voz de alguien, pueden recordarte a personas o relaciones de tu secta. También pueden producirse episodios detonantes si tienes que mantener contacto con algunos integrantes de la secta (como un excónyuge o un socio comercial) después de abandonarla. Muchas personas o cosas diferentes en tu vida pueden suscitar recuerdos y emociones no deseados.

Los detonantes sensoriales son probablemente los más comunes. A continuación algunos de los más frecuentes:

- Imágenes: colores especiales, banderas, imágenes del líder, expresiones faciales, señales manuales, símbolos del grupo, objetos utilizados en actividades o rituales del grupo, determinados edificios o lugares.
- Sensaciones físicas: hambre, cansancio, caricias, apretones de manos, un beso o una caricia, un masaje
- Sonidos: canciones, cierta música, eslóganes, chasquidos en la garganta, risas especiales, mantras, ciertas oraciones, ululaciones que recuerdan a hablar en lenguas, maldiciones, palabras y frases clave, cierto ritmo o tono de voz, gritos
- Aromas: incienso, perfume o colonia del líder, ciertos aromas de alimentos, olores de habitaciones, olores corporales
- Sabores: ciertos alimentos o líquidos, hierbas o especias

El proceso de volverse inmune a los detonantes empieza cuando tomas conciencia de lo que te provoca. Si tienes algún recuerdo o recordatorio de los rituales u observancias de tu secta, mantenlos fuera de la vista. No recomendamos tirarlos o destruirlos, ya que puede que quieras consultarlos más adelante con algún fin, como escribir, estudiar, investigar o incluso donarlos a una biblioteca u organización de recursos. Evita utilizarlos o tenerlos a la vista únicamente para ponerte a prueba. El siguiente ejemplo describe cómo un antiguo afiliado desactivó sus detonantes:

Julie H., antigua integrante de una secta psicoterapéutica cuyo líder afirmaba tener poderes y habilidades especiales, creía que cada vez que veía el nombre de pila del líder significaba que estaba pensando en ella, observándola. Aunque su nombre era poco habitual, era también el de un café y un banco, por lo que lo veía con la frecuencia suficiente para acordarse de él y del poder que seguía creyendo que tenía sobre ella. Intelectualmente sabía que era ridículo, pero emocionalmente era incapaz de ignorar la sensación de que él no dejaba de saberlo todo sobre ella y lo que hacía. El nuevo terapeuta de Julie seguía recordándole que los trucos de lectura de pensamiento de su antiguo líder no eran más que eso: trucos.

El líder obtenía información sobre alguien del grupo a través de otro integrante y luego la presentaba en una sesión como si fuera psíquico o extremadamente intuitivo. De ese modo era capaz de convencer a Julie de que pensaba cosas que ni siquiera estaban en su mente o en su imaginación. Le enseñó a desconfiar de sus propios pensamientos y a creer que él la conocía mejor que ella misma. Al centrarse en las numerosas veces que el líder la había malinterpretado y malentendido y comentarlas con su nuevo terapeuta o con un amigo de confianza, Julie pudo reducir el efecto del detonante que era aquel nombre.

Otro antídoto contra los detonantes es ser consciente de cuándo es probable que se produzcan. Las investigaciones indican que los detonantes se producen con mayor frecuencia cuando se está ansioso, estresado, fatigado o enfermo; y en segundo lugar, cuando se está distraído, o se siente solo o inseguro.

Sugerencias para reorientarte

Patrick Ryan y Joseph Kelly son expertos intervencionistas con experiencia personal y profesional en grupos y prácticas de inspiración oriental. Han impartido numerosos talleres sobre cómo afrontar los detonantes y los estados de trance, y sugieren las siguientes estrategias para afrontarlos:[6]

Apégate a una rutina

- Haz cambios poco a poco, ya sean físicos, emocionales, nutricionales o geográficos.
- Controla tu salud con chequeos nutricionales y médicos. Evita consumir drogas y alcohol, o cualquier otra cosa, en exceso.
- Reduce la disociación, la ansiedad y el insomnio con ejercicio diario.
- Evita la sobrecarga sensorial. Evita las multitudes o los espacios abiertos (centros comerciales, salas de videojuegos, etc.).
- Conduce conscientemente, sin música.

Oriéntate hacia la realidad

- Establece puntos de referencia temporales y espaciales, como calendarios, agendas y relojes.
- Haz listas de actividades con antelación; actualiza las listas diaria o semanalmente. Las tareas difíciles y los proyectos grandes deben mantenerse en listas separadas.
- Antes de hacer mandados, revisa la lista de actividades, compras y proyectos previstos. Ve tachando las tareas a medida que se vayan completando.
- Mantente al día de las noticias. Los titulares de los telediarios y otros programas de noticias pueden ser útiles, sobre todo si tiene dificultades de memoria o concentración, porque los segmentos de noticias se repiten a lo largo del día.

Mejora tu lectura y concentración

- Intenta leer un artículo completo al día para aumentar tu comprensión de lectura.

- Desarrolla tu capacidad de lectura con la ayuda de un cronómetro, aumentando progresivamente los periodos de lectura.

Supera las interrupciones del sueño

- Deja encendidos programas radiales hablados o canales de noticias de la televisión (no la música) durante toda la noche.
- Si no puedes dormir, refréscate un poco (por ejemplo, ponte al aire libre durante uno o dos minutos) y luego vuelve a la cama. Eso te ayudará a conciliar el sueño más profundamente.

Lo más importante es que no te exijas más de la cuenta. Lleva tiempo romper el hábito de la disociación.

Mantén un registro

Otra herramienta útil es crear un «registro de detonantes» que te ayude a reorientar tus reacciones ante los mismos.[7] El registro te permitirá enfrentarte a los detonantes y desactivarlos. Utiliza el registro para anotar lo siguiente:

- Cada detonante y su mensaje
- Tus reacciones a cada detonante
- El mensaje subyacente y sus consecuencias
- Tu cuestionamiento a cada mensaje
- Tu redefinición de cada mensaje
- Tu plan para avanzar

Por ejemplo, tomemos la reacción de Julie ante el nombre de su antiguo líder. Cada vez que veía el nombre, aunque fuera por un momento, creía que él la observaba. Sintió una repentina ansiedad y vergüenza; esa fue su respuesta inmediata al detonante. El mensaje subyacente era que el líder podía leer los pensamientos.

Considera entonces las consecuencias. En el caso de Julie, las consecuencias a corto plazo fueron sentimientos de culpa, vergüenza y miedo. Sentía que debía de estar haciendo algo malo y que el líder se reía de su estupidez e ineptitud, lo cual era algo habitual para ella en la secta.

La siguiente acción es refutar el detonante y el mensaje que lo acompaña. Si es necesario, investiga un poco. ¿Cuáles son los hechos? ¿Cree el resto de la sociedad que el mensaje es cierto? Averigua si hay pruebas que lo refuten o lo avalen. Cuando Julie examinó el mensaje de que su líder podía leer los pensamientos, recordó cuántas veces se había equivocado sobre ella. Y en las ocasiones en que había estado en lo cierto, Julie fue capaz de ver que su propio lenguaje corporal podría haberle revelado algo. Además, recordó a un amigo de la secta que fácilmente podría haber dado información sobre ella al líder.

Usa tu imaginación para ver la realidad de la situación. Piensa en las veces que tu secta o líder se equivocaron en algo. Recuerda las sospechas y dudas que albergabas. Julie puede reírse ahora al pensar que su líder se pasa las 24 horas del día espiando todas las actividades de sus clientes, pasadas y presentes.

Por último, convierte el viejo mensaje en uno nuevo y sigue adelante con tu vida. Desactiva las asociaciones negativas y sustitúyelas por algo positivo y realista. Examina y redefine tus sentimientos sobre el mensaje. Julie lo hizo reconociendo que, en cierto modo, era reconfortante creer que alguien «superior» era capaz de vigilarla, corregir sus defectos y guiarla hacia una vida más feliz y saludable. Se dio cuenta de que no era un deseo infrecuente, pero que ahora ya podía dejar al grupo en el pasado y reconocer su propia vida y sus logros. Además, ahora podía admitirse pensamientos y sentimientos negativos hacia su líder. Había llorado sus pérdidas y expresado su rabia por haber sido utilizada; ahora podía dejar todo eso atrás.

Sé paciente contigo mismo. Cuando te esfuerces por desactivar tus detonantes, lo más probable es que des importantes pasos para liberarte de la influencia de la secta. He aquí otra ilustración de un exmiembro que desactivó un detonante:

Monica Z. nació en una secta que utilizaba las flores como símbolo del silencio y la muerte. Un regalo de flores, hasta una tarjeta de felicitación con flores, sobre todo rosas, representaba una advertencia funesta. Tras abandonar la secta, Mónica evitaba todo lo relacionado con las flores. En su apartamento incluso faltaban plantas verdes. En terapia, empezó a analizar sus creencias, recordando a una anciana curandera que se había hecho amiga suya en un momento de necesidad. La mujer utilizaba plantas, en concreto aloe, para curarse. Arrancaba un trozo de aloe y utilizaba la savia que goteaba para aliviar el dolor de quemaduras leves y picaduras de insectos. Mónica compró una planta de aloe. Después probó con tomateras. El significado de las flores cambió, ya que las tomateras le dieron tomates, uno de sus alimentos favoritos. Poco después, pudo introducir en su casa plantas sin flores y, finalmente, plantas con flores. Este cambio se produjo a lo largo de varios meses. Ahora, años después, Mónica tiene un jardín con rosas, plantas anuales y perennes, y puede disfrutar de su belleza sin tener miedo constantemente.

El caso de Mónica demuestra cómo el condicionamiento sectario puede distorsionar gravemente incluso objetos normales y cotidianos. También ofrece una ilustración positiva del autorrejuvenecimiento y un cuestionamiento gratificante de los mensajes y residuos no deseados de la secta.

Examinar y cuestionar las creencias de tu secta es un proceso útil para recuperar la confianza en ti mismo y el pensamiento autónomo. Si te molestan los pensamientos obsesivos, intenta utilizar una versión del registro de detonantes para disminuir el efecto de esos pensamientos. La toma de conciencia y los ejercicios mentales son clave para combatir los pensamientos perturbadores persistentes. Ciertas preguntas específicas pueden ayudar a desmitificarlos. Hazte las siguientes preguntas:

- ¿Se repite el mismo pensamiento en circunstancias similares?
- ¿Qué ocurría inmediatamente antes de que surgiera el pensamiento?
- ¿Qué significado tiene el pensamiento para mí?
- ¿Está relacionado con algo que presencié o experimenté en el grupo?
- ¿Te sientes obligado a obedecer o hacer algo que el grupo quería?
- ¿Qué sentimientos te suscita el pensamiento? ¿Estoy insensible? ¿Siento enojo, miedo? ¿Me siento abrumado?

Los detonantes y la ansiedad

A veces tu reacción a un detonante puede ser una oleada de ansiedad en lugar de disociación. Aunque inicialmente puedes ser consciente o no de lo que te ha desencadenado, las incómodas sensaciones físicas de taquicardia, mareo, dificultad para respirar e incluso escalofríos o dolor torácico son muy desagradables. Pueden ir acompañados de agitación, aprensión o sentimientos de aprensión, miedo e incertidumbre. En ocasiones los ataques de ansiedad son tan graves que pueden llegar a imitar las sensaciones de un infarto de miocardio, por lo que puede ser necesaria atención médica para diferenciarlos.

Además de las otras sugerencias de este capítulo, cuando te sientas ansioso puedes probar un sencillo ejercicio llamado respiración para relajación rápida. Si te alteras fácilmente porque estuviste en un grupo en el que se practicaban muchas técnicas de meditación o de alteración mental, ten por seguro que este ejercicio no es lo mismo que la meditación.

> **Ejercicio respiratorio de relajación rápida**
>
> Respira lenta y profundamente con los ojos abiertos o cerrados, lo que te resulte más cómodo. Mantén los ojos abiertos si tiendes a distanciarte o a disociarte. Mientras exhalas, repite en silencio la palabra «calma». Repítela tres veces. Si te ayuda, puedes utilizar este ejercicio siempre que te sientas ansioso o temeroso. A algunos también les ayuda a controlar la ira.

Algunas de las técnicas de influencia y control que se utilizaban en la secta pueden quedar fuera de tu conocimiento consciente o pueden ser difíciles de comprender. Puede resultar útil consultar a un consejero de salida o a otro profesional familiarizado con el grupo específico en el que estuviste o con el tipo general de grupo o prácticas. El profesional debe ser capaz de explicar y desmitificar las técnicas que pueden estar causando secuelas problemáticas. Normalmente esas secuelas disminuirán en frecuencia e intensidad cuando seas consciente de las técnicas manipuladoras que las causaron.

Para muchas personas, salir de una secta significa reconstruir casi todos los aspectos de la vida. Tómate tu tiempo a la hora de tomar decisiones y hacer cambios importantes, excepto, por supuesto, aquellos que garanticen tu salud y seguridad. No esperes que la recuperación se produzca de la noche a la mañana, pero al mismo tiempo no la prolongues innecesariamente.

11 Lidiar con las emociones

En la mayoría de las situaciones sectarias, las recompensas son escasas y el dolor abundante. Mantener el dolor oculto puede ser un medio de supervivencia. Una vez que te separas del grupo o de tu pareja maltratadora, tal vez descubras que sigues ocultando y reprimiendo emociones, o incluso que no puedes sentirlas. También es común sentir confusión entre lo que realmente sientes y lo que crees que deberías sentir. Es posible que durante mucho tiempo el grupo haya definido tus sentimientos: buenos o malos, aceptables o inaceptables, puros o malvados.

En muchos grupos, se enseña a los miembros que ciertos pensamientos y sentimientos son pecaminosos; por ejemplo, pensar que alguien es atractivo puede ser tachado de lujuria. Después de salir de un grupo así, tienes que reconocer que tener una variedad de pensamientos y sentimientos es humano y está bien. En lugar de confesar o reprimir continuamente tus sentimientos, puedes aprender a evaluarlos y seleccionar aquellos sobre los que quieres actuar, y luego decidir cuáles quieres expresar o moderar, según el caso.

Aprender a sentir, a distinguir entre las distintas emociones y a actuar o reaccionar adecuadamente es vital para un funcionamiento saludable. Para algunos antiguos seguidores de una secta, descubrir o redescubrir el mundo de los sentimientos es una parte importante del proceso de recuperación. Un recurso excelente es el libro *The Language of Emotions* («El lenguaje de las emociones») de Karla McLaren.[1] También ha publicado otros libros útiles, como «Aceptar la ansiedad».[2]

El papel de las emociones en nuestra vida

Las emociones son una parte necesaria de nuestra humanidad, y vitales para nuestra supervivencia. Sin ellas, no existirían ni el placer ni el sentimiento de logro. Seríamos incapaces de llevar adelante la tarea de vivir y correríamos el riesgo de perecer como especie.

Las emociones pueden dividirse en cuatro grupos básicos (quizás sea una simplificación, pero resulta útil para nuestra discusión). Estos cuatro grupos básicos son: tristeza, enojo, alegría y rabia. Son emociones primarias, como los colores primarios: rojo, azul y amarillo. Todos los demás colores son combinaciones de colores primarios, y la mayoría de las emociones son combinaciones de emociones primarias.

Cada emoción primaria puede diferenciarse de, o combinarse con, otras emociones. Por ejemplo, sentirse mal puede incluir sentimientos de culpa, rechazo o abandono. Sentir alegría puede abarcar alegría, felicidad, amor, gratitud y toda una serie de emociones placenteras. También es bastante normal experimentar emociones contradictorias, lo que se conoce como ambivalencia.

La graduación universitaria de un antiguo adepto a una secta es un buen ejemplo: A *Sukie W.* se le saltan las lágrimas, tanto de felicidad como de tristeza, mientras disfruta de sus logros y de la evidente alegría de su familia. A la vez, Sukie siente cierta pena por no haberse graduado hasta pasados los treinta, tras haberse perdido más de diez años a una secta.

Las emociones se combinan y recombinan, y también van y vienen. Cualquiera que haya intentado aferrarse a la felicidad sabe que los estados emocionales son tan esquivos como el viento. Forzarse a sentir algo, sea bueno o malo, requiere un gran esfuerzo. Puedes recordar un sentimiento pensando en cosas relacionadas con la emoción deseada: por ejemplo, recordar un momento en el que te emocionaste hasta las lágrimas puede reavivar esos sentimientos. Recordar un momento de gran rabia o miedo puede hacer que vuelvan a aflorar emociones intensas. Sin embargo, intentar forzarte a entrar o salir de un estado emocional es contraproducente; por lo general, es mejor dejar que las emociones aparezcan y desaparezcan de forma natural.

El papel de las emociones en una secta

Las emociones son fundamentales para nosotros. Son parte integral de cómo experimentamos la vida y evaluamos nuestras experiencias, e influyen en las decisiones que tomamos y las elecciones que hacemos. Junto con la inteligencia y el libre albedrío, las emociones son señales que nos orientan hacia el bien, la seguridad, el placer y la supervivencia. Considerando lo intensas que son las emociones y lo básicas que resultan para la supervivencia y la felicidad, no es de extrañar que puedan utilizarse para controlar a las personas. Controlar las emociones de alguien significa controlar a la persona.

Los grupos sectarios y las relaciones abusivas manipulan las emociones para influir en las personas, controlarlas, reeducarlas y, en última instancia, promover los objetivos de la secta o del líder. A los miembros de las sectas se les enseña a desconfiar de sus sentimientos, a reprimir ciertas emociones y a fomentar otras. La culpa, la vergüenza y el miedo se utilizan para generar conformidad y obediencia. Muchas otras emociones se castigan, suprimen o prohíben.

¿Qué ocurre con esas emociones reprimidas? En la mayoría de los casos, las sectas separan a sus miembros del mundo exterior de forma bipolar (nosotros contra ellos). Esa división desvía emociones como la ira y el miedo que pueda haber en la secta, y los redirige hacia los no miembros, hacia familiares distanciados o incluso el gobierno. Esta estratagema también crea una justificación interna para el aislacionismo y el comportamiento antisocial de los seguidores de la secta.

La vida en la secta Branch Davidian de David Koresh es un excelente ejemplo de este fenómeno. Koresh castigaba con dureza tanto a los jóvenes como a los ancianos de su secta. Controlaba a su rebaño mediante el miedo, pero conseguía redirigir el miedo y la ira de sus seguidores hacia el mundo exterior. Jim Jones del Templo del Pueblo, Shoko Asahara de Aum Shinrikyo en Japón, Charles Manson e incluso el apacible Marshall Applewhite de Heaven's Gate son apenas unos pocos de los líderes manipuladores carismáticos que gobernaron con mano de hierro mientras canalizaban hábilmente los miedos y ansiedades de sus devotos hacia el «perverso» mundo exterior.

Las actividades cuidadosamente planificadas que parecen espontáneas, como entonar cánticos o rituales en honor al líder, manipulan los sentimientos místicos y devocionales de los participantes. Las emociones positivas le pertenecen al grupo (o al líder) y se manipulan para contrarrestar cualquier emoción negativa. Estas emociones negativas pueden estar relacionadas con sucesos desagradables, como el abuso físico, emocional y/o sexual; la privación de comida, sueño o dinero; o el exceso de trabajo y el aislamiento.

Muchas sectas suelen funcionar según el principio de placer/dolor, ofreciendo de vez en cuando una «zanahoria» (tal vez un día libre, una entrevista privada con el Maestro, un ascenso en las funciones o permiso para unas vacaciones) para garantizar la aceptación de los abusos cotidianos. Sin embargo, lo que siempre manda es el palo, que supera con creces cualquier ventaja o placer que los afiliados crean que reciben.

Emociones que puedes sentir al salir de una secta

Dentro de una secta, los miembros aprenden a sobrevivir negando y reprimiendo sus emociones. Una vez que salen pueden verse inundados de emociones difíciles de identificar o gestionar. El retorno de las emociones espontáneas es, al tiempo, una buena y una mala noticia.

Puedes empezar a dar sentido a tus emociones categorizándolas según las clasificaciones básicas: dolor, tristeza, enojo (o ira) y alegría. Empieza preguntándote cómo te sientes. Descríbelo. Si no puedes ponerle nombre, escríbelo o dibújalo. Lleva un diario (muchas personas lo consideran una de las mejores herramientas para sanar). Poco a poco descubrirás que tus emociones, que al principio parecían caóticas e indescifrables, empiezan a cobrar sentido. No tienes que hacer nada con ellas, sólo observarlas, sentirlas y a lo sumo quizás escribir sobre ellas. No tienes que juzgarlas ni deshacerte de ellas, incluso si te causan malestar.

Hay quienes consideran que en la libertad de conciencia –esa capacidad de decidir con qué actitud encarar cualquier evento o qué sentir al respecto– reside la más esencial de las libertades humanas. El psiquiatra Viktor Frankl, superviviente del Holocausto, creía firmemente que la libertad de una persona para optar por determinada forma de pensar y sentir era algo que ni siquiera los nazis podían arrebatarle.[3] Desafortunadamente, a las personas que viven en algunas de las sectas de condicionamiento psicológico más extremas de la actualidad, esa libertad tan básica puede serles arrebatada o, al menos, suprimida temporalmente.

Recuperar la libertad de conciencia puede ser liberador, desorientador y hasta aterrador. Pero antes de recuperar la libertad, hay que reconocer que se ha perdido.

La pena y el duelo

El duelo es una reacción frecuente. Después de un período inicial de shock y negación, los sentimientos de duelo aflorarán a medida que se tome conciencia de todo el impacto de la pérdida o el daño experimentado. Abandonar un grupo sectario o una relación abusiva implica experimentar y confrontar diversas pérdidas, como las siguientes:

- Pérdida del grupo, del sentido de pertenencia, del compromiso y de las metas.
- Pérdida de tiempo; para algunos, pérdida de la juventud y de la pasión por la vida.
- Pérdida de la inocencia, la ingenuidad o el idealismo.
- Pérdida del sentido de la vida; pérdida de la propia espiritualidad o sistema de creencias.
- Pérdida de familiares y seres queridos
- Pérdida de la autoestima o el amor propio

Analizaremos cada una de estas pérdidas para comprender su posible impacto en tu vida emocional. Ser capaz de aceptar estas pérdidas es un paso importante para salir adelante.

Pérdida del grupo

Es probable que en la secta hayas experimentado camaradería, apoyo y una comunión de ideales y objetivos. Sentías que tenías un propósito en la vida. También es posible que hayas experimentado miedo y dolor, dificultades o miseria. Todas esas experiencias crean un fuerte vínculo entre las personas. Seguramente hayas entablado amistades difíciles de dejar atrás. Es posible que quienes pasaron más de un año o dos en una secta ya no tengan viejos amigos o familiares al salir. Esos puentes pueden haberse quemado hace mucho tiempo. Las personas que se han criado en una secta pueden conocer a muy poca o ninguna gente de fuera. La secta puede ser su único vínculo con el mundo.

Por muy seguro que estés de tu decisión de marcharte, es normal que te sientas solo una vez que lo hayas concretado. Es natural llorar la pérdida del grupo. La tristeza y la confusión son emociones normales en esos momentos. Los humanos somos animales sociales. Darte cuenta de que echas de menos lo que dejaste atrás no es una regresión. Procura no negar ni despreciar tus sentimientos de pérdida. Son naturales.

El pensamiento polarizado puede impedir que algunos antiguos miembros reconozcan lo bueno de la secta. Es posible que hayan adquirido aptitudes específicas o ciertos tipos de conocimientos, y que hayan creado relaciones importantes con otros integrantes. La aparente contradicción de tener sentimientos positivos sobre la experiencia puede sumir a algunos antiguos exmiembros en la desesperación o la confusión. Formar parte de una dinámica de grupo intensa (por disfuncional que sea), o de una relación íntima (aunque sea abusiva), es una experiencia única. Por muy explotadores o manipuladores que puedan haber sido algunos de los participantes, lo más probable es que algo de bueno tendrían, porque si no, de plano no te habrías sentido atraído por el grupo (o la persona) en primer lugar.

Es justamente ese algo bueno lo que tal vez te haya mantenido en esa situación más de lo que habrías permanecido en caso contrario. Cuando estés listo, te resultará sanador examinar esos aspectos positivos de la forma más completa que te sea posible. Buscando las partes buenas de tu experiencia en la secta podrás aliviar tu sentimiento de pérdida para que no te supere o, peor aún, te lleve de nuevo al grupo o a la relación abusiva (o a otra igual).

En los siguientes capítulos podrás evaluar tu experiencia y usar lo aprendido para construir un futuro saludable.

Pérdida de tiempo

Llorar la pérdida de la juventud o de años de vida a causa del tiempo desperdiciado en una secta es una experiencia desgraciada pero muy extendida. Cambiar una educación universitaria o una carrera estable para dedicarse a tareas serviles, a recaudar fondos o mendigar para una secta puede ser motivo de amargo pesar para muchos. El tiempo pasado en una secta, ya sean meses o años, es tiempo que pudo haberse dedicado a amar, vivir y crecer a cuenta propia. A menudo, las personas que salen de sectas o de relaciones de aislamiento necesitan ponerse al día en la vida: conocer los avances tecnológicos, las posibilidades profesionales, las tendencias y diferencias culturales, los cambios políticos y sociales, las expresiones coloquiales actuales, las tendencias y la moda. Para las personas criadas en una secta, la brecha cultural y de conocimientos puede ser dramática.

Por estas razones, muchos antiguos adeptos a las sectas se sienten como si acabaran de salir de un túnel del tiempo o llegaran de otro planeta. A menudo se sienten completamente desubicados, luchando por evaluar e integrar su experiencia en la secta, afrontar el presente y construir un futuro en un mundo desconocido y para ellos nuevo. Pueden sentirse desarticulados y fuera de sincronía con los demás miembros de su grupo etario o entorno sociocultural. También es posible que necesiten resolver conflictos de identidad.

Pérdida de inocencia

Participar en una secta tiende a hacer tambalear tus juicios básicos acerca de las personas y tu cosmovisión del mundo. Antes de involucrarte quizás hayas aprendido y asimilado conceptos como que «el mundo es un lugar seguro», que, «si eres amable con la gente, ellos lo serán contigo», o que «la vida es justa y equitativa». Participar en una secta puede haberte demostrado todo lo contrario de lo que siempre creíste sobre cómo se maneja la gente en el mundo.

Dependiendo del grupo del que hayas formado parte, de tu proximidad al líder y del tipo de abuso, explotación y/o actividad ilegal que se realizara, es posible que hayas presenciado o participado en una serie de actos lamentables o perversos. Antes de vivir en la secta tal vez no te hubieras imaginado que los seres humanos fueran capaces de comportarse de forma tan egoísta y, en algunos casos, destructiva. Vale la pena aceptar esta realidad y equilibrarla con un sano escepticismo. El mundo no es ni bueno ni malo, y la mayoría de las personas son una combinación de ambos. Si puedes evaluar con escepticismo y honestidad tu experiencia en la secta, contarás con los medios necesarios para tomar decisiones sensatas y beneficiosas sobre tu presente y tu futuro.

Pérdida de sentido

En las sectas, el amor a Dios o a ideales superiores, el deseo de superación personal o el deseo de ayudar a la humanidad y a la sociedad se tergiversan y se utilizan para influir, controlar o explotar a los creyentes devotos. Por ejemplo, los seguidores pueden ser hábilmente manipulados para que crean que han tenido auténticas experiencias espirituales o psíquicas, o que han encontrado la verdad, el único camino hacia la libertad o la salvación.

Con frecuencia, resulta difícil determinar qué experiencias fueron reales y cuáles orquestadas por la secta. A veces, cuando los devotos se enteran de que sus experiencias más preciadas se basaban en el engaño o la manipulación, empiezan a dudar de sí mismos. Cuando se enteran, por ejemplo, de que dedicaron su tiempo, dinero y talentos a apoyar a un líder corrupto, se sienten vulnerados, traicionados y reacios a volver a creer en nada.

Para muchos, la capacidad de confiar en ese rasgo tan especial de sí mismos —ese espíritu altruista, cariñoso y optimista— se rompe, a veces para siempre. Esa parte suele ser la última en sanar. Reconstruir las creencias y los valores, la espiritualidad y la filosofía personal es un proceso que requiere tiempo y determinación. Algunos exmiembros retoman las creencias que tenían antes de unirse a la secta o vuelven a la religión o cosmovisión en que fueron criados, mientras que otros desarrollan un profundo cinismo y desconfían de cualquier sistema de creencias. Quienes no se toman el tiempo necesario para informarse sobre las sectas y las influencias sociopsicológicas (o las técnicas de persuasión) siguen siendo vulnerables a los implacables reclutadores y estafadores que pululan y, al final, pueden terminar saltando de un grupo a otro, buscando dónde satisfacer sus necesidades espirituales o filosóficas. Esta cuestión de las creencias es crucial en la participación en una secta y en la recuperación tras la misma.

Pérdida de familiares

La pérdida de familiares y seres queridos puede suponer un doble golpe. Al abandonar la secta, el exintegrante puede perder tanto a su familia y los amigos que tenía antes de unirse, como a los familiares y amistades que forjó en el seno de la secta. Reconectar con personas que estaban fuera de la secta no siempre es posible, aunque la mayoría de los antiguos afiliados se esfuerzan por hacerlo. A veces ha pasado demasiada agua bajo el puente y la otra persona no tiene ningún deseo de restablecer la relación. Puede que los antiguos amigos se hayan trasladado, que estén demasiado lejos o que sea imposible encontrarlos. Lamentablemente, puede que ciertas personas importantes o familiares hayan fallecido. Para los seguidores de una secta que llevan mucho tiempo alejados de sus familias, la pérdida de la oportunidad de reconciliarse —o de despedirse de un ser querido— puede ser muy dolorosa.

Quienes permanecen en un grupo durante algún tiempo suelen llegar a considerar a sus compañeros como familiares. En muchos casos, el aislamiento de la vida sectaria engendra un fuerte sentido de pertenencia, donde los miembros se ven como familia. El sufrimiento mutuo y el intercambio forzado de pensamientos privados —prácticas comunes en algunas sectas— tienden a establecer y reforzar la ilusión de intimidad y cercanía entre sus integrantes. Es común que, en estos grupos, quienes comparten las problemáticas lleguen a verse como familia. Para quienes han nacido o crecido en una secta, o se han casado en el seno de una, varios familiares pueden seguir siendo miembros devotos. Para ellos abandonar el grupo puede significar perder familiares, amigos y todos los vínculos relacionales.

Pérdida de autoestima

A los adeptos a las sectas se les enseña a considerar al grupo y a sí mismos como especiales, un grupo de élite, o como unos pocos elegidos: por ejemplo, hay quienes tienen supuesto acceso al «avión de la iluminación», quienes van por «el camino más rápido» o «el camino más directo hacia Dios»; quienes son parte del «Reino», o se los considera «alumnos adelantados». La idea de estar en sintonía con la Verdad da a los creyentes una sensación de seguridad y un sentimiento de superioridad sobre los que tienen creencias «menores». Sentir que has encontrado la Respuesta Definitiva, ya sea política, terapéutica, financiera, espiritual, personal o incluso extraterrestre, puede ser un euforizante muy efectivo.

El elitismo, la sensación de seguridad, las amistades, la euforia emocional o los beneficios complementarios (si estabas cerca del líder o en el círculo íntimo) son motivos poderosos para permanecer unido a cualquier grupo. Cuando te vas puedes sentir como si te hubieran serruchado el piso: se acabó la alfombra mágica. La emoción desaparece. A medida que te enfrentas al reto de reconstruir tu vida, los sentimientos de vacío deberían desaparecer conforme encuentres un nuevo propósito y halles cómo darle sentido a tu vida.

Tanto en las sectas como en las relaciones abusivas, el amor, el servicio y la dedicación a una causa superior se convierten en una fuente de satisfacción, a menudo a expensas del propio bienestar. Después de semejante sacrificio cualquiera puede llegar sentirse desolado al darse cuenta de que se han aprovechado de él o, en algunos casos, que han sido engañados descaradamente. «Una de las experiencias emocionales más duras de soportar es el dolor de haber sido utilizado», escribe el psicoanalista *Willard Gaylin*.[4]

Para comprender mejor el significado de este sentimiento, *Gaylin* sugiere comparar la humillación de sentirse utilizado con el placer de sentirse útil:[4]

> Sentirse útil aporta gran alegría y placer. Es uno de los ingredientes fundamentales del orgullo. Nos enorgullecemos de lo que podemos aportar. Hasta nos sentimos o reconocemos a través de ese aporte. En nuestra propia mente existimos a través de la explotación y el aprovechamiento de todos nuestros recursos personales. Cuando nos aplicamos a algo, en casi cualquier acepción de la palabra, construimos un sentido de nuestra propia valía...
>
> ¿Cómo explicar entonces los sentimientos casi universales de indignación, vergüenza, dolor y resentimiento que se combinan en esa humillante sensación de «ser utilizado»? Sentirse utilizado es sentir que nuestros servicios fueron desligados de nosotros mismos. Es una sensación de que nuestro valor central ha sido violado, de que para el otro individuo solo somos importantes en la medida en que le proporcionamos lo que desea. Puede ser más gráfico y evidente cuando lo que desea es algo material o físico –nuestro dinero o nuestros bienes–, pero nos sentimos igualmente ultrajados cuando lo que nos quitan o utilizan es nuestra capacidad intelectual, nuestra creatividad, nuestra compañía o nuestro amor.[5]

Que alguien no quiera admitir que se siente utilizado o engañado puede conducir a que permanezca en una situación sectaria más tiempo del que desearía. El orgullo, la vergüenza, la culpa, el miedo y el amor tienden a actuar conjuntamente para impedir que los afiliados actúen antes en su propio interés. Una vez que se van, es posible que tengan que enfrentarse a la terrible realidad de que fueron engañados y explotados por el grupo o el líder que idealizaban. Aunque admitirlo es muy difícil, puede suponer un gran alivio.

Permitirse hacer el duelo

Tras de perder el grupo, el sentido de pertenencia, el estado de inocencia, los sentimientos de orgullo, el sistema de creencias, la familia y los amigos, ¿es de extrañar que puedas sentir una profunda tristeza? Pueden surgir preguntas inquietantes: «Si tan contento estoy de estar fuera del grupo, ¿por qué lo echo de menos?» o «¿Cómo puedo llorar por la pérdida de algo tan horrible?» Lo peor que se puede hacer ante una pérdida de esa envergadura es negarla o ignorarla.

Recuerda lo siguiente: tu entrega no tenía nada de malo. Lo malo fue que ese nivel de compromiso y lealtad se volvió en tu contra: fue traicionado y explotado. Haces duelo tanto por ti mismo como por tu grupo. Tu dolor está justificado y es justo, y tu sanación será más rápida si te permites sentir ese dolor. Además, debe de haber habido buenos momentos, buenas personas y buenos sentimientos en la secta, y también es normal lamentar esas pérdidas.

Pero no dejes que tu dolor te empuje a volver al grupo o a otra situación de abuso. La libertad mermada, la traición, la explotación o el abuso que has sufrido o presenciado superan y eclipsan lo bueno que pueda haber existido en esa situación. Permítete hacer el duelo; luego, sigue adelante para integrar la experiencia y reconstruir tu vida... tu propia vida.

El fantasma del aburrimiento

Más de un exintegrante que comenta sobre la vida en una secta afirma: «¡Al menos no era aburrida!» De hecho, los altibajos de la vida en una secta generan recuerdos que a menudo los exmiembros atesoran en secreto. Por cruel que fuera el líder o por exigentes que fueran las tareas, por lo general ofrecían emoción, placer o una sensación de logro. Las contorsiones emocionales, los viajes místicos y las peregrinaciones exóticas pueden haber generado experiencias inolvidables. Las dificultades y los retos catapultan la vida fuera de lo ordinario. Por eso, salir de una secta y adentrarse en la cotidianeidad del mundo (sobre todo con el bagaje emocional de la experiencia de la secta) puede producir una sensación de decepción, aburrimiento o hastío. Insatisfacción, desesperanza, impotencia, fatiga, letargo, anhelos vagos y una pizca de ira son los componentes del aburrimiento y el hastío.

El antídoto consiste en reconocer las cosas de la vida cotidiana que ahora te proporcionan placer; por ejemplo, poder dormir hasta tarde de vez en cuando, decidir qué quieres comer, elegir a tus amigos o no tener que recibir órdenes. A medida que te recuperes de la sensación de pérdida, nuevos descubrimientos, placeres, amigos, experiencias y logros darán sentido a tu vida. Cuando puedas empezar a disfrutar de las pequeñas maravillas de vivir cada uno de tus días en libertad, podrás anhelar placeres mayores. Despertar tu sentido de la curiosidad y tu capacidad de fantasear y soñar con el futuro requiere ejercitar los músculos imaginativos de tu mente, que muy probablemente hayan sido adormecidos por tu secta. La mayoría de las sectas consideran que la diversión es frívola y autocomplaciente, o la transforman en trabajo, aprendizaje o desarrollo espiritual o político. En cualquier caso, divertirse o pasarlo bien probablemente haya perdido su significado.

El mejor remedio contra el aburrimiento es la cultura. Ya sea retomando los estudios o ejercitando la mente a través de la lectura, las conferencias o las experiencias estimulantes, despertar la capacidad de pensar y crear estimula y fortalece la confianza en uno mismo y la autoestima.

Empieza poco a poco, quizás con una lista de todas las cosas que te gustaría hacer, tener o ser. Haz entonces otra lista de cosas que te parezca posible conseguir u obtener en el próximo año, mes o semana. Selecciona una por una las cosas que te parezca razonable conseguir. El aburrimiento termina cuando te das cuenta de que la vida, tu vida, tiene valor. Es un descubrimiento maravilloso.

Sentirse un fracasado

Las personas que abandonan las sectas a menudo se sienten fracasadas por no haber permanecido en ella. Por lo general, las sectas culpan a sus miembros de todo lo negativo que sucede, por lo que los antiguos miembros tienden a perpetuar la práctica de la autoculpabilización, como se ilustra a continuación:

A *Janis M.*, *Martin M.* y sus hijos se les solicitó en tres ocasiones que abandonaran la Comunidad debido a lo que se consideraba una actitud inapropiada, a pesar de ser bastante trabajadores. Cada vez que la familia era expulsada, prácticamente sin recursos, se esforzaban por recuperar la confianza de los líderes. Después de pasar más de veinte años en la secta, a esta familia de diez integrantes le resultó difícil adaptarse a la sociedad convencional. Carecían de oficios y habilidades comercializables y añoraban el grupo, que funcionaba como una familia extendida. Los sentimientos de fracaso y desesperanza los impulsaban constantemente a regresar a la comunidad. No obstante, la última vez que la familia fue expulsada, tomaron una decisión diferente. Buscaron a otros que habían experimentado situaciones similares. Junto con otras familias excomulgadas, hallaron el apoyo necesario para recuperar su independencia y evitar regresar.

Es posible que tengas una autoestima significativamente baja o falta de confianza en ti mismo, y que seas excesivamente autocrítico y te culpes constantemente. Estas son actitudes comunes en las personas que han participado en sectas. Si no analizas estas actitudes, podrías tener dificultades para encaminar tu vida.

Viene bien llevar un diario, usarlo tal vez al final del día para registrar todo lo que hiciste: los nuevos sentimientos que experimentaste, las personas con las que hablaste y lo que leíste o aprendiste sobre el mundo y sobre ti mismo. Cada nueva experiencia representa una oportunidad y una enseñanza para ti: ¿Qué aprendiste? ¿Qué harías de forma diferente la próxima vez? ¿Cómo podrías haber evitado un problema o haberlo solucionado?

Si tu grupo era abiertamente crítico y humillante, es posible que te hayas acostumbrado tanto a ser criticado que oigas en tu cabeza al grupo, al líder o a la pareja abusiva que aún te reprende o te da órdenes. Si tu grupo fue más sutil, logrando imbuirte de un perfeccionismo ferviente e internalizado, quizás asumas que las voces críticas que escuchas son completamente tuyas. No lo son. Silencia esas voces diciendo literalmente: «¡No! ¡Lárgate!». Reconoce tus logros y atribúyete todo el mérito, incluso si solo fue levantarte de la cama cuando no tenías ganas. Escríbelo en tu diario. Esos pequeños logros diarios se multiplicarán, especialmente si los registras por escrito. Pronto notarás un progreso real al revisar tu diario.

La otra cara de la moneda, aparte de sentirse fracasado por haber abandonado la secta, es sentirse fracasado por haber formado parte. Cuando las personas se dan cuenta y aceptan el hecho de que han estado en una secta, a veces se culpan por no haberla abandonado antes. La reeducación personal es fundamental para cambiar patrones de pensamiento. A medida que comiences a identificar los sistemas de influencia y control utilizados en tu secta, entenderás por qué fue tan difícil abandonarla. Es posible que la gente, o incluso perfectos desconocidos, te pregunten por qué no te fuiste antes o de inmediato. Podría resultarte útil escribir un ensayo respondiendo a esa pregunta. Concéntrate en las tácticas persuasivas específicas y los mecanismos de control empleados en tu grupo, así como en la dinámica emocional que te retuvo allí. Ser capaz de explicártelo a ti mismo (y, con el tiempo, a los demás) será un gran alivio.

Culpa y vergüenza

Sentimos culpa y vergüenza cuando nuestros pensamientos o comportamientos contravienen las normas sociales o nuestros propios principios sobre lo que es correcto e incorrecto (nuestro sistema personal de valores). Dentro de la secta, tus creencias originales y tu sistema de valores pudieron haber sido desestimados, ignorados, distorsionados o invertidos. Ahora que comienzas a reconectar con tu propio código moral o a construir uno nuevo, es posible que sientas culpa y vergüenza, sobre todo si tu participación en la secta implicó acciones o actividades como las siguientes:

- Puede que hayas herido o decepcionado a tu familia, causándoles preocupación, dolor y rabia.
- Quizás reclutaste a amigos, familiares u otros miembros.
- Es posible que hayas participado en actividades relacionadas con la secta que atentaban contra tu propio sentido de la integridad, como mendigar, mentir, espiar a amigos y otros miembros, o involucrarte en actos delictivos como fraude, consumo o tráfico de drogas, robo, agresión, asesinato o prostitución.

- Quizás fuiste testigo de abusos físicos, sexuales o emocionales que no intentaste detener ni prevenir.
- Quizás abandonaste o abusaste de tus propios hijos.
- Es posible que alcanzaras una posición de poder y autoridad dentro del grupo y la utilizaras para apoyar al líder y controlar o abusar de otros, perpetuando así el ciclo de victimización.

Es normal sentir culpa cuando hacemos algo que, en nuestro fuero interno, consideramos malo o poco ético. Los únicos que no experimentan sentimientos de culpa por su propio comportamiento son los sociópatas, aunque a menudo la utilizan con gran habilidad para controlar a los demás. Como exmiembro de un culto, es muy probable que estés familiarizado con estos sentimientos de culpa. Sin embargo, vista con objetividad, la culpa puede cumplir propósitos verdaderamente nobles: nos impulsa a superar nuestra mezquindad y egoísmo al brindarnos a los demás. Esos aguijonazos ocasionales de culpa (o de conciencia) nos animan a ser mejores seres humanos, más atentos y compasivos. Los líderes de cultos o las parejas abusivas que carecen de esa capacidad son, en realidad, seres verdaderamente inadecuados e indignos.

La vergüenza está vinculada a la culpa. A menudo sentimos vergüenza cuando nos vemos como personas malas ante los ojos de los demás. Gaylin señala:

«La vergüenza es hermana de la culpa y a menudo se confunden ambos conceptos. Cumplen los mismos propósitos: ambas facilitan el comportamiento socialmente aceptable necesario para la convivencia; ambas abordan la transgresión y las faltas contra los códigos de conducta y son pilares fundamentales de la estructura social. Pero mientras que la culpa es la emoción más introspectiva, la vergüenza involucra a la comunidad, al grupo, a los demás... La vergüenza necesita una audiencia, ya sea real o simbólica. La vergüenza es una exhibición pública de una falta o el miedo a ser expuesto ante el grupo».[6]

Las siguientes viñetas ejemplifican cómo funcionan y se explotan la culpa y la vergüenza en las sectas:

En una secta con fines de lucro de rápido crecimiento, se animaba a los miembros a trabajar en profesiones bien remuneradas. Durante las reuniones mensuales de capacitación, cada persona tenía que declarar sus ingresos. Se instaba a los miembros a ganar lo máximo posible, ya que los ingresos se utilizaban para medir su devoción al líder. A quienes se consideraba que tenían bajos ingresos, se les avergonzaba públicamente y se les hacía sentir moralmente inferiores e indignos de recibir más capacitación.

En un grupo de corte bíblico, a *Ann O.* se le asignaban metas diarias de recaudación de fondos, las cuales debía cumplir vendiendo boletos de rifa en la calle. Mal alimentada y trabajando entre 12 y 18 horas al día, Ann siempre alcanzaba sus metas, pero se sentía terriblemente culpable por a veces quedarse con algo de dinero para comprarse una barra de chocolate ocasionalmente. Al juzgarse a sí misma como mala, egoísta y débil, ahora sentía aún más vergüenza, por temor a que el grupo descubriera que estaba ocultando algo.

Judith Herman, especialista en traumas y recuperación, analiza la culpa y la vergüenza que experimentan las víctimas de violación. Sus reflexiones son igualmente válidas para quienes han pertenecido a sectas o han vivido relaciones abusivas: «Más allá de la vergüenza y la duda, las personas traumatizadas se esfuerzan por lograr una evaluación justa y razonable de su comportamiento, hallando un equilibrio entre la culpa irracional y la negación de toda responsabilidad moral. Para procesar la culpa, la persona que ha sobrevivido necesita la ayuda de otros que estén dispuestos a reconocer que ha ocurrido un suceso traumático, a suspender sus prejuicios y simplemente a escuchar su historia».[7]

La dinámica sectaria genera un ciclo constante de culpa, vergüenza y miedo. El desafío ahora es identificar las acciones de las que te arrepientes, basándote en valores sólidos que no estén contaminados por la ideología interesada de la secta. A la vez, es necesario que identifiques las dinámicas del grupo o de la relación que limitaron tu capacidad para tomar decisiones voluntarias y bien informadas. Debes distinguir entre las acciones de las que eres responsable y las que son responsabilidad del grupo o del líder.

Depresión

El duelo y el luto, sobre todo si se suman la desesperación, el hastío, la ansiedad, el autodesprecio y la vergüenza, pueden desencadenar una depresión incapacitante. Tras abandonar el grupo, es posible que durante un tiempo te enfrentes a sentimientos profundos de depresión. Los síntomas incluyen tristeza, apatía, sensación de desorientación o falta de rumbo, y síntomas físicos como cambios notables en el apetito, los patrones de sueño o la personalidad. Cuando dejas de formar parte de un grupo o una relación que daba sentido y rumbo a tu vida (incluso si ese sentido y ese rumbo eran perjudiciales para ti), tu sensación de pérdida puede ser intensa y devastadora. Ser consciente de las promesas rotas y las desilusiones, sumado a los retos y las dificultades de construir una nueva vida, puede ser abrumador.

La clave para lidiar con la depresión y otras emociones intensas es expresarlas de alguna manera, en algún momento, a alguien. Escribir un diario es una manera de hacerlo. Redactar un relato de tu experiencia en la secta es una excelente forma de darle sentido. Permite liberar los sentimientos que tienes reprimidos en la mente y el cuerpo y plasmarlos en papel. Utiliza tu creatividad para expresarte: escribe, dibuja, pinta, esculpe, teje, haz crochet... expresa tus sentimientos como prefieras.

Encontrar a alguien que escuche tus experiencias y emociones puede ser otra herramienta fundamental para sanar. La persona que elijas debe ser capaz de escucharte con empatía y sin prejuicios, mostrar interés por aprender acerca de las sectas y los procesos de influencia y control coercitivos, y ser objetiva y comprensiva con tus esfuerzos por recuperarte.

Un ejercicio que puede ser de gran ayuda es recordar lo que tu secta creía o afirmaba sobre el abandono. Muchos exmiembros recuerdan que sus líderes afirmaban que quienes abandonaran el grupo enfermarían emocionalmente o incluso morirían. ¿Intentó tu grupo mantenerte bajo su control amenazándote con la locura o la muerte? Si examinas las creencias de tu grupo sobre las emociones o las dificultades emocionales, es posible que encuentres una forma de neutralizar la influencia que esas creencias aún ejercen sobre ti.

Hana Whitfield pasó cerca de 20 años en un grupo extremadamente controlador, llegando a ocupar puestos de liderazgo. Estas son algunas de las actividades que la ayudaron a superar sus episodios depresivos tras dejar el grupo:

- Me centraba en las cosas que tenía que afrontar cada día.
- A menudo me repetía que la depresión también pasaría, al igual que había pasado la experiencia en la secta. Eso me ayudaba.
- Hacer tareas físicas me ayudaba a distraerme de la depresión: fregar el suelo, limpiar y encerar el coche (tanto si lo necesitaba como si no), cavar en el jardín, dar un paseo o salir a correr, etc.
- Elaboraba una lista diaria de acciones que pensaba que mejorarían mi vida, mi vivienda, mi sueldo, etc., por insignificantes que fueran. Cosas como hablar con la dueña del piso, comprar un periódico para buscar un trabajo a tiempo parcial, hacer una llamada telefónica, limarme las uñas, lavar ropa. Lo hacía religiosamente y me felicitaba cada vez que lograba algo. Eso me hacía sentir realmente realizada. Cada noche preparaba la lista para el día siguiente.
- Me esforzaba por confiar en mí misma; era algo consciente. Cada día repasaba lo que había logrado y me elogiaba por ello. Me decía que podía manejar las situaciones, que estaba progresando, aunque fuera poco a poco, y que tenía el control.

Hana añadió las siguientes recomendaciones:

- Ten presente que la depresión no dura para siempre.
- La depresión a menudo esconde sentimientos de rabia, tristeza, dolor y traición.
- Es válido comenzar a experimentar esos sentimientos y permitir que salgan a la superficie.
- Es útil escribir todo lo que surge, para que se manifieste.
- Es normal sentir tristeza, odio, indecisión, sed de venganza o incluso deseos de matar a alguien del grupo. (Nota de los autores: Si comienzas a experimentar intensos sentimientos de venganza y a pensar o fantasear de forma obsesiva con actos violentos, busca ayuda profesional de inmediato: acude a un centro de salud mental, ve a urgencias o llama al 911 o a una línea de prevención del suicidio).
- No es nada negativo necesitar terapia, ayuda o asesoramiento. A menudo, un terapeuta es la persona más indicada para ayudarte a reconocer, entender y procesar tus emociones.
- Busca información que te ayude a comprender tu experiencia en la secta, ya sea a través de libros, de un asesor de salida o de un terapeuta certificado.

Recuerda que la depresión, sobre todo cuando va acompañada de pensamientos suicidas y comportamientos destructivos o autodestructivos, puede requerir la atención de un profesional de la salud mental. La depresión es tratable. A muchos antiguos afiliados les ha ayudado la terapia y, en ocasiones, la medicación antidepresiva o ansiolítica recetada por un médico. En capítulos posteriores, escritos específicamente para terapeutas, se abordan estas cuestiones con mayor detalle.

Miedo

El miedo es el pilar fundamental del control sectario: miedo a quienes están fuera del grupo, miedo al fracaso, al ridículo y a la violencia dentro del grupo, o miedo al fracaso espiritual o al desmoronamiento de tu sistema de creencias. Intercambiar experiencias con otros exmiembros es un buen antídoto contra el miedo. Es más fácil darse cuenta de que tu miedo puede ser producto de una manipulación psicológica cuando lo hablas con personas que han vivido experiencias similares.

El miedo suele manifestarse en forma de preguntas inquietantes: ¿Qué tal si me equivoqué y el líder es realmente el Mesías, el que lo sabe todo? ¿Qué tal si a quienes desertan les suceden cosas terribles? ¿Qué tal si el grupo cumple sus amenazas?

A veces, quienes están fuera de la secta preguntan ingenuamente: «¿Por qué la gente no se va de la secta si quiere? No están retenidos por la fuerza». Una respuesta a esa pregunta se encuentra en el miedo. Una reacción de miedo intenso ante alguien o algo puede, en efecto, inmovilizar a una persona. En ocasiones, la fobia causa reacciones físicas como palpitaciones, sequedad en la boca, sudoración y otras manifestaciones de tensión o ansiedad.

El miedo y la paranoia son herramientas de control muy eficaces que convierten la contrastación de la realidad en una perspectiva aterradora y pueden causar una especie de parálisis, una imposibilidad de actuar. En algunos grupos, se les dice a sus miembros que si se marchan serán poseídos por el demonio, morirán o enloquecerán. Como algunos líderes de sectas aseguran tener poderes sobrenaturales, sus adeptos suelen tomarse muy en serio estas terribles predicciones. En otros grupos, se les dice a los miembros que el mundo exterior es cruel, despiadado, hostil y que jamás lograrán sobrevivir fuera de la secta.

Un ejemplo de esta parálisis inducida por el miedo se observó en el secuestro de la joven Elizabeth Smart en Salt Lake City, Utah. Elizabeth fue sacada de su propia habitación a punta de cuchillo y retenida contra su voluntad por Brian David Mitchell, un autoproclamado profeta que predicaba su propia versión del fundamentalismo mormón y deseaba que la joven fuera una de sus múltiples esposas. Una de las tácticas coercitivas que empleó fue amenazar a Elizabeth con asesinar no solo a ella, sino también a su familia, si intentaba escapar.[7] No sorprende que esta joven de 14 años se viera superada por presiones psicológicas tan fuertes y que, aparentemente, no intentara escapar durante sus nueve meses de cautiverio. Resulta sorprendente la falta de empatía de los presentadores de televisión y otras personas que después se preguntaban por qué Elizabeth no había huido en cuanto tuvo ocasión.

Reflexiona sobre el adoctrinamiento que recibiste en tu propio grupo. Piensa en el tipo de cosas que se afirmaban o se inculcaban. Recuerda el poder de los desencadenantes. Si sientes miedo o experimentas ataques de pánico, consulta la sección sobre desencadenantes del capítulo anterior y/o habla de ello con amigos de confianza o con un terapeuta.

Puesto que te previnieron sobre los peligros de dejar el grupo, es posible que aún te culpes por todo lo que sale mal. Evalúa la situación con objetividad. Si tu todopoderosa secta es responsable de todo lo malo que te ha sucedido desde que la dejaste, ¿quién se responsabiliza de lo bueno? Evalúa de forma realista los supuestos poderes de tu antiguo líder y la capacidad real de la secta para llevar a cabo sus amenazas. Si existe una posibilidad real de que la secta te dañe, toma las precauciones necesarias, algunas de las cuales se detallan más adelante.

Protégete

Al salir de la secta, es posible que estés convencido de que el líder o los miembros del grupo te perseguirán, secuestrarán o castigarán física, emocional o espiritualmente. Por lo general, se trata de un miedo infundado basado en amenazas vacías. Pero incluso si no se conoce que tu grupo sea violento con quienes lo abandonan, tal vez quieras considerar las siguientes sugerencias, solo por tu tranquilidad.

Evalúa el riesgo de daño o acoso

Pregúntate lo siguiente:
- ¿Alguna vez el grupo ha dañado, demandado, injuriado, calumniado, secuestrado o incluso asesinado a alguien?
- ¿Conoces a alguien que haya sufrido este tipo de daño?
- ¿Ha reconocido alguna vez el grupo haber dañado o acosado a otros?
- ¿Qué tan importante eras para el grupo? ¿Tiene el grupo algún motivo para temerte a ti o a la información que posees ahora que estás fuera?
- ¿Qué nivel de estabilidad emocional tienen el líder y los demás miembros del grupo?

Pon a la secta sobre aviso

Considera hacer lo siguiente:
- Escribirle al líder de la secta y declarar enérgicamente que has abandonado el grupo y que no deseas que te contacten. Envía la carta por correo certificado y pide a la oficina de correos solamente el comprobante de envío. No solicites acuse de recibo al grupo, ya que muchos grupos suelen rechazar el correo certificado y registrado.
- No atiendas ni cuelgues ninguna llamada de personas de la secta. No respondas correos electrónicos ni mensajes de texto. Si esto persiste, presenta una denuncia por acoso.
- Acude a la policía y presenta una denuncia. Si el acoso es grave, es posible que puedas obtener una orden de alejamiento.
- Busca asesoramiento legal profesional si eres objeto de acoso judicial por parte de la secta.

Toma precauciones adicionales

Si recibes amenazas directas de violencia, considera lo siguiente:
- Procura evaluar el alcance de la amenaza.
- Informa a la policía y solicita su ayuda.
- Refuerza las precauciones de seguridad habituales, incluso en tu teléfono y ordenador.
- Presta atención para detectar si te vigilan o te siguen.
- Nunca viajes solo.

- Registra las llamadas telefónicas inusuales.
- Asegura los vehículos familiares.
- Vigila atentamente a los miembros de tu familia, especialmente a los niños pequeños.
- Modifica tus rutinas diarias.
- Deja encendidas las luces exteriores de la casa por la noche.
- Instala un sistema de seguridad en tu casa.
- Compra, pide prestado o adopta un perro grande o que ladre mucho.
- Múdate a otra localidad.

Otras consideraciones de seguridad

Los protocolos de seguridad anteriores pueden ayudarte a evaluar el riesgo que suponen la secta o el líder. Pero también es posible que estés sintiendo pequeños miedos cotidianos que debes desterrar y superar. Es fundamental que te sientas a salvo en tu hogar y con los demás. La estabilidad es esencial para la recuperación. Crear redes de apoyo y definir con claridad qué significa la seguridad es de gran ayuda para quienes salen de una relación abusiva o de un grupo o secta familiar particularmente dañinos.

Sé lo más concreto posible al definir qué significa la seguridad para ti. Si pasas mucho tiempo en tu hogar, pero no te sientes a salvo allí, imagina o dibuja un plano de la casa. ¿Cómo podrías hacerla más acogedora? Piensa en el tipo de cosas (peluches, sillas especiales, buena luz, etc.) que te harían sentir seguro en cada habitación. A medida que aprendas a identificar y a establecer tus propios límites de seguridad, empezarás a sentirte más fuerte y a tener más control.

Tampoco está de más elaborar una lista de las personas que forman parte de tu red de apoyo. ¿Qué ofrece cada persona? Tal vez alguien sea un gran oyente o un compañero afable. Otra persona puede ser alguien a quien puedas llamar en cualquier momento, de día o de noche. Esta lista te ayudará a comprender tu red de apoyo y a evitar malentendidos que podrían surgir si le pides a alguien algo que no puede darte.[8]

Los exmiembros de sectas extremadamente violentas o amenazantes pueden experimentar sensaciones de terror o tener pensamientos suicidas. Si tienes estos pensamientos, busca ayuda. Pide a un amigo de confianza que se siente a hablar contigo hasta que te tranquilices. También puedes llamar a un terapeuta o consejero (si tienes uno), o a la línea de ayuda para la prevención del suicidio de tu localidad (puedes encontrar este número en internet). Lo importante es afrontar tus miedos, no dejar que te dominen.

La rabia

La manifestación de la rabia es una de las primeras señales de recuperación. La rabia es una reacción natural a las heridas y agresiones que has sufrido. Es una respuesta apropiada al abuso y la explotación. También es la emoción con la que a muchos de nosotros nos resulta más difícil conectar y lidiar. Si sientes rabia, significa que ahora estás listo para reconocer que fuiste victimizado, lo que puede ser sumamente doloroso. Lo que te hicieron pudo haber sido hiriente, dañino e incluso atroz, y tienes todo el derecho a sentir rabia.

Así como el miedo es el pilar del control sectario, la rabia es el combustible de la recuperación. Es una herramienta muy valiosa para sanar. Fortalece tu sentido de lo que es correcto al condenar el mal que te hicieron. Te da la energía y la voluntad para superar la dura prueba de recuperar tu vida. Es muy probable que la represión de la rabia durante tu pertenencia a la secta haya contribuido a la depresión y a la sensación de impotencia. Ahora lo contrario es posible.

Sin embargo, la rabia puede ser un arma de doble filo. Puede motivar la sanación o volverse contra uno mismo. A algunas personas les resulta más fácil culparse a sí mismas que utilizar su rabia de forma positiva para realizar los cambios necesarios en su vida. Culparse a sí mismo o volver la rabia contra uno mismo puede desembocar en alcoholismo u otras adicciones, enfermedades físicas o trastornos emocionales, como la depresión o los pensamientos y comportamientos suicidas. Además, la rabia puede dirigirse erróneamente contra otras personas inocentes. Si se expresa de forma inadecuada o inconsciente, puede aumentar el aislamiento de la persona.

Para utilizarla eficazmente, debe focalizarse sobre su origen. En la mayoría de los casos esa fuente será el líder de la secta y quizás sus principales lugartenientes o ejecutores.

Muchos antiguos adeptos a sectas utilizan la poesía como medio para expresar su rabia. Rebecca Bruce, ex integrante de una secta política que sigue bastante activa, escribió el siguiente poema. Habla por sí solo.

Siento que sube la rabia

Siento que sube la rabia;
ahora estoy sanando
para poder luchar
y vuelvo estar fuerte y entera.

Un paso a la vez...
Comencé a sentirme con vida
al ir abriendo los cerrojos sectarios,
al respirar la libertad recuperada.

Ahora veo claramente:

> *engañada por todo lo alto,*
> *traicionada por mis camaradas.*
> *Era todo mentira, mentira, mentira.*
>
> *Promesas de estar en la vanguardia,*
> *de cambiar el mundo como nadie lo ha hecho.*
> *Comprometida a forjar una voz para el pueblo.*
> *Mentiras, mentiras, mentiras.*
>
> *Lo di todo.*
> *Me usaron y abusaron.*
> *Ahora recobro mi vida*
> *y los dejo ir como polvo en el viento.*
>
> *Avanzo hacia la luz;*
> *abundan las oportunidades a mi alrededor.*
> *Lucharé hasta el final;*
> *mi destino está en mis manos.*
>
> *Lucharé por liberar a los que tienen cautivos;*
> *lucharé para impedir que otros caigan en sus garras.*
> *Lucharé hasta que desaparezcan.*
> *Los combatiré hasta el final.*

Rebecca actualmente trabaja como asistente social clínica en una clínica de atención primaria. Además, ofrece charlas sobre sectas y trabaja con personas afectadas por estos grupos. Su poema ilustra el tipo de rabia visceral que experimentan muchos exmiembros. Es preferible expresar esta rabia de forma constructiva, en lugar de reprimirla y que derive en depresión o tendencias suicidas.

Ten presente que tu rabia puede ser difícil de aceptar para tu familia, tus amigos e, incluso, para algunos terapeutas. Es posible que te animen a perdonar y olvidar. Los exmiembros que fueron adoctrinados para ocultar o reprimir sentimientos negativos quizás carezcan de los recursos o la experiencia necesarios para saber cómo expresar esta emoción con potencial curativo.

Los exmiembros «necesitan darse cuenta de que lo que les hicieron estuvo mal. No solo se les debe permitir que expresen una indignación moral apropiada sino incluso alentarlos a que lo hagan. La indignación no eliminará mágicamente el abuso ni sus efectos. Tampoco llevará necesariamente al victimario ante la justicia, pero permitirá a las víctimas reafirmar su valía interior y su sentido del bien y del mal al condenar el mal que se les ha hecho. La indignación moral fortalece el bien frente a un mal formidable. Incluso negar implícitamente la necesidad de que las víctimas expresen su indignación moral traslada la culpa de los victimarios a las víctimas. Quizá por eso a tantas víctimas les perturban los terapeutas «desapegados» o los investigadores científicos «objetivos». Interpretan el distanciamiento o la «objetividad» como una culpabilización implícita de sí mismas».[8]

Las personas cuya participación en una secta fue especialmente traumática comparten experiencias y rasgos con personas que sufrieron abusos físicos y/o sexuales en la infancia. Ambos han sido víctimas de las personas de las que dependían y en las que confiaban. Además, muchas sectas abusan física, emocional y/o sexualmente de sus miembros. La rabia que provocan esos abusos puede expresarse de forma positiva y transformarse en empoderamiento. Las siguientes actividades han resultado útiles a otras personas:

- Lleva un diario y escribe sobre tu rabia y otros sentimientos intensos. Los exmiembros afirman sistemáticamente que escribir sobre sus experiencias ha sido uno de los medios más eficaces para procesar sus sentimientos.
- Escribe una carta al líder de la secta. Dilo todo. No es necesario enviarla, sobre todo si hacerlo te pusiera en peligro. No hace falta que envíes la carta para sentir los efectos positivos de haberla escrito.
- Habla con alguien sobre tus sentimientos: alguien que te comprenda y te ofrezca su apoyo.
- Apúntate al gimnasio, toma clases de kickboxing o realiza alguna actividad física o deporte con regularidad. La liberación de endorfinas ayuda a gestionar las emociones reprimidas.
- Imagina situaciones en las que se restituya tu orgullo herido. Sin embargo, no hagas nada ilegal ni peligroso para ti o para los demás.
- Cuando te sientas preparado, habla públicamente de tu experiencia. Para muchos exmiembros de sectas, esto ha resultado terapéutico.
- Considera la posibilidad de participar en una organización como el *Lalich Center on Cults and Coercion*, donde podrías encontrar formas de contribuir positivamente a los esfuerzos de investigación y educación en curso, o podrías asistir a algunos de los Grupos de Discusión para Supervivientes.
- Cuando te sientas mejor y haya pasado un tiempo prudencial desde que abandonaste el grupo, actúa como persona de contacto para otras personas o familias que busquen información sobre el grupo al que perteneciste.
- Busca el apoyo de la ley. Si tu grupo está o estuvo implicado en actividades ilegales considera la posibilidad de presentar una demanda civil por daños y perjuicios. De nuevo, busca asesoramiento legal al respecto con antelación.
- Realiza un curso de entrenamiento en asertividad.

La siguiente historia ejemplifica la lucha de una exmiembro con la rabia:

Divorciada y sola, *Jill B.* se unió a la iglesia del pastor John T. después de la muerte accidental de su hija pequeña. Al principio, se sintió reconfortada por la afectuosa atención del grupo y de su líder. Además del servicio dominical, Jill dedicaba tres o cuatro tardes a la semana a asistir a estudios bíblicos y encuentros de oración. Esto le permitía evitar las noches solitarias en casa añorando a su hija. Seis meses después de unirse a la iglesia, el pastor John comenzó a prodigar consejos afectuosos a Jill, que pronto se tornaron en insinuaciones sexuales. Aunque él no le resultaba especialmente atractivo, a Jill le costaba negarse a las pretensiones de su pastor, por lo que se sometió pasiva (y confusamente) a sus insinuaciones. Le aseguró que dejaría a su esposa y a sus hijos, promesa que nunca cumplió, y la obligó a participar en extraños rituales sexuales con lenguaje e iconos religiosos. Cuando Jill intentó poner fin a estas sesiones, el pastor invocó el nombre de Dios e imploró a Jill que no se fuera.

A medida que la vergüenza y la culpa por la relación se hacían insostenibles, Jill se retrajo y finalmente abandonó la iglesia y al pastor John. Con el tiempo y la distancia, sintió que su rabia iba en aumento. En momentos extraños del día se llenaba de odio y rencor hacia su antiguo líder espiritual. Se encontraba a sí misma gritando a los demás. Se impacientaba y se irritaba por pequeños errores. Gracias al asesoramiento psicológico, Jill aprendió algunas técnicas para controlar su ira. Si empezaba a preocuparse y a enfadarse mientras estaba en el trabajo, se tomaba un momento para fantasear con la idea de reprender al pastor John y denunciar su comportamiento engañoso ante todos los feligreses. Si se permitía fantasear con el bochorno y la humillación pública de su abusivo pastor, conseguía sonreír y continuar con su jornada. La rabia tardó en convertirse en ira, luego en irritación y después en resentimiento. Finalmente, eso también desapareció.

Durante tu tiempo en la secta, o en tu relación abusiva, es posible que expresar ira o rabia fuera peligroso o estuviera prohibido. Probablemente aprendiste a dirigir tu rabia hacia adentro, a negarla y suprimirla. Ahora, permítete experimentar esa emoción. Existe una gran diferencia entre pensar, sentir y actuar. Algunos exmiembros temen que su rabia sea tan intensa que los sobrepase, por eso es importante canalizarla de manera constructiva. Al hacerlo, comenzarás a sentir alivio y podrás liberarte de la dominación.

Sentirse «loco» antes de sentirse cuerdo

Dada la diversidad de dificultades cognitivas y emocionales que experimentan muchos exmiembros, es comprensible que algunos sientan que están perdiendo la cordura. Muchas sectas dicen a sus seguidores que solo los psicópatas o los malvados se marchan o viven fuera, o que enloquecerán (o morirán o irán al infierno) si dejan el grupo. La disociación resultante, los pensamientos obsesivos, la pérdida de memoria, la ansiedad y la depresión pueden hacer que algunos exmiembros teman por su salud mental.

Afortunadamente, estos trastornos, a menudo intensos, suelen ser pasajeros. Ocasionalmente, sin embargo, algunos exmiembros sufren breves episodios psicóticos tras abandonar sus sectas, y en tales casos necesitan atención psiquiátrica inmediata.

Sentirse "loco" no es lo mismo que enloquecer. La disociación acompañada de ansiedad o pánico, como se ha comentado anteriormente, es una secuela común del condicionamiento sectario; no significa que estés "loco". Ten paciencia contigo mismo. Si observas que los pensamientos y sentimientos perturbadores persisten, busca ayuda de profesionales de la salud mental con conocimientos sobre sectas y reforma del pensamiento. Además, tus síntomas pueden aliviarse mediante el uso temporal de tranquilizantes o antidepresivos administrados bajo la supervisión de un profesional de la salud mental titulado.

El perdón como vía hacia la recuperación

Perdonarse a uno mismo es esencial para eliminar la vergüenza y la culpa. La vergüenza es tóxica. Mutila tu autoestima y detiene tu sanación emocional. Aunque la culpa puede ayudarte a evitar repetir el mismo error, el exceso de culpa te impide crecer y aprender de tus errores.

El primer paso hacia el perdón es tener claro quién eras cuando te uniste a la secta o te involucraste en una relación controladora. Tienes que comprender cómo tus vulnerabilidades de entonces interactuaron con las tácticas persuasivas de la secta. Es importante identificar el discurso de reclutamiento de la secta que te atrajo y cómo parecía satisfacer tus necesidades cuando te uniste a ella. Recuerda que ser vulnerable no es lo mismo que ser culpable. Conocer tus vulnerabilidades puede ayudarte a identificar los sistemas concretos de influencia y control utilizados y por qué, en tu caso, fueron eficaces.

Pocas personas pueden resistirse a la manipulación sistemática que se produce en los entornos de condicionamiento psicológico. Las personas que tienen práctica en el uso de técnicas tan efectivas son capaces de percibir hasta qué punto y con qué celeridad se puede presionar a una persona. La presión para adaptarse y la promesa de recompensa, junto con los sentimientos inducidos de culpa y miedo, son potentes agentes de cambio. Ten todo esto en cuenta cuando evalúes tu situación. Sobre todo, ten compasión de ti mismo. El siguiente es un ejercicio útil para superar la culpa y la vergüenza:

1. Primero haz una lista de las cosas que hiciste en el grupo y que ahora te producen sentimientos de culpa, vergüenza y arrepentimiento.
2. Comparte esta lista con alguien de confianza que no te juzgue. Háblalo con un terapeuta, un consejero de salida, un clérigo u otro antiguo miembro. Es útil contar con la perspectiva y la objetividad de otra persona. Ayuda a desahogarte.
3. Revisa la lista y comprueba si puedes disculparte o reparar el daño con alguna de las personas implicadas. Esto no debe hacerse si causa dolor a otro o te pone en riesgo de volver a implicarte.
4. Si te resulta útil, pide perdón a Dios o a tu fuente espiritual.
5. No olvides perdonarte a ti mismo. Ésta es a la vez la parte más difícil y la más importante. Recuerda que la culpa y la vergüenza te bloquearán emocionalmente.

Podemos pedir perdón a aquellos a los que hemos hecho daño, a Dios y a nosotros mismos, pero perdonar a aquellos que nos han hecho daño deliberadamente es una cuestión diferente y muy personal. Como ha dicho más de un antiguo afiliado: «Como participante puedo perdonar a los miembros del grupo que me hicieron daño. Estaban tanto bajo la influencia del líder como yo. En cuanto al líder, puesto que no muestra absolutamente ningún remordimiento por lo que me hizo, por lo que sigue haciendo a los demás y por lo que seguiría haciéndome si pudiera, no lo perdono».

Se dice que el éxito es la mejor venganza. Volver a ser funcional y feliz fuera de la secta (en lugar de enfermar y morir o convertirse en un completo perdedor, como tu secta puede haber predicho) es el mejor manifiesto de tu éxito, y la mayor exposición de las mentiras de la secta sobre la vida fuera del grupo.

12 Reconstruir una vida

Este capítulo explora dos aspectos principales que pueden haberse descuidado o corrompido en una relación sectaria o abusiva: en primer lugar, las cuestiones físicas y de salud; y en segundo lugar, las cuestiones interpersonales que implican antiguas y nuevas relaciones con la familia, los amigos, los cónyuges o personas íntimas, y los hijos.

Cuidar de tu cuerpo

En muchas sectas, lo último que se permite a los miembros es ocuparse de su propia salud. Si te encontraste en una situación donde no se apoyaba ni proporcionaba una nutrición o ejercicio adecuados, atención médica o prenatal, o higiene dental y atención sanitaria regulares, es posible que tengas problemas de salud que requieran atención especial. Como mínimo, ahora es el momento de someterse a una revisión médica general, que incluya exámenes oculares, auditivos y dentales. Los niños y adolescentes que vivieron en un entorno sectario probablemente necesiten un examen físico completo y también es posible que deban completar el calendario de vacunación infantil. Si tienes más de 50 años, existen también numerosas pruebas recomendadas para hombres y mujeres, por ejemplo, una mamografía, un examen de próstata y un examen colorrectal (para ambos sexos).

Un chequeo médico es esencial si se dan las siguientes condiciones:

- Sufres actualmente de una dolencia crónica (de larga duración) o aguda (reciente y grave), sin importar si se desarrolló antes, durante o después de que formaste parte del grupo.
- Estás embarazada, o lo estuviste en algún momento mientras formabas parte del grupo.

- Has sufrido abusos físicos o sexuales durante tu pertenencia al grupo.
- Has estado expuesto a enfermedades infecciosas graves, tales como COVID-19, viruela del mono, VPH, hepatitis, tuberculosis, enfermedades tropicales, herpes, VIH/SIDA u otras infecciones de transmisión sexual (ITS).
- Presentas historial de una enfermedad crónica, como diabetes, asma, epilepsia, hipertensión, artritis, úlceras, trastornos intestinales o cardiopatías.

Con frecuencia las personas que salen de una secta no tienen seguro médico ni ahorros de ningún tipo. En estos casos puede ser necesario registrarse como paciente ambulatorio en un centro de salud comunitario o en un hospital público. Si tienes la suerte de tener un trabajo con cobertura médica, aprovecha lo que te ofrece.

Los malos hábitos alimentarios son comunes en muchas sectas, incluso en las que profesan regímenes saludables. A menudo la alimentación inadecuada se utiliza como mecanismo de control. Muchos grupos imponen una dieta vegetariana u otra dieta especial, que puede o no ser saludable. El vegetarianismo, o cualquier dieta especial, debe ser bien pensado y practicado a conciencia. Los libros de cocina *Everything Vegetarian Cookbook* (Adams Media) y *Moosewood Restaurant Cooks at Home* (Fireside) proporcionan excelentes consejos y deliciosas recetas para aquellos que deseen continuar con las prácticas vegetarianas, o que simplemente prefieren comer comidas bien equilibradas.

Una alimentación nutritiva es necesaria después de cualquier participación prolongada en una secta (más de tres o cuatro meses). Además de las largas jornadas y las condiciones insalubres, el estrés y la ansiedad inherentes a la mayoría de las situaciones sectarias tienen un efecto negativo en la salud. Es aconsejable reexaminar tus hábitos alimenticios y evaluar tu ingesta de vitaminas y minerales realizando algunas investigaciones básicas sobre nutrición. Si te sientes incapaz de crear una dieta saludable, o si te sientes confundido por los cambios aparentemente constantes en los consejos sobre lo que debes comer, comenta tu situación con un médico o un asesor dietético y nutricional. Muchos hospitales locales ofrecen programas públicos sobre nutrición.

Las bibliotecas y librerías locales son excelentes recursos. También existe abundante información en Internet (pero hay que tener cuidado con la fuente). Muchas agencias sanitarias y consultas médicas disponen de publicaciones gratuitas sobre salud y otros temas que pueden ser de interés. Una fuente muy útil es la Asociación Dietética Americana, donde encontrarás pautas de alimentación saludable.

A continuación se ofrecen algunas pautas dietéticas básicas para la mayoría de los estadounidenses que no requieren una dieta especial:

- Comer alimentos y bebidas variados y ricos en nutrientes.
- Mantener el peso corporal dentro de unos límites saludables.
- Elegir una dieta baja en grasas, grasas saturadas, grasas trans y con bajo contenido de colesterol.
- Elegir una dieta abundante en verduras, frutas y productos integrales.
- Consumir azúcares con moderación.
- Consumir sal y sodio con moderación (aproximadamente una cucharadita de sal al día).

En caso de consumir bebidas alcohólicas, hacerlo con moderación (máximo una bebida al día para las mujeres y dos para los hombres).[1]

Además de someterte a chequeos médicos y reevaluar tu dieta, considera iniciar una rutina de ejercicios para mejorar tu salud física y emocional. El ejercicio, ya sea caminar, correr, bailar, nadar, practicar un deporte, montar en bicicleta o ir al gimnasio, puede tener un impacto muy positivo en tu estado de ánimo. Según los Centros para el Control y la Prevención de Enfermedades (CDC) y el Colegio Americano de Medicina Deportiva, «los adultos deben realizar actividad física de intensidad moderada durante al menos 30 minutos [el equivalente a caminar a paso ligero a unos 5 kilómetros por hora] cinco o más días a la semana».[2]

También se recomienda realizar actividad física intensa tres o más días a la semana durante al menos 20 minutos. Estas directrices se explican con más detalle en el sitio web del CDC (www.cdc.gov). Si no tienes computadora, puedes usar una gratuitamente en la biblioteca pública de tu localidad o en un locutorio.

El ejercicio puede ayudarte a reducir el estrés emocional acumulado y a despertar sentimientos positivos. Es muy probable que esto haga que te sientas mejor contigo mismo. Recuerda, no obstante, que si tienes dudas o problemas de salud, debes consultar a un profesional médico antes de aumentar significativamente tu actividad física.

Confiar en ti mismo

Los miembros de sectas suelen depender de que el grupo o el líder les digan qué es lo mejor para ellos. Creen que la secta les brinda apoyo, seguridad y protección. Sin embargo, el ambiente en la secta puede haber sido emocionalmente debilitante e inhibidor. Después de dejar un entorno tan controlado, muchas personas tienen dificultades para confiar en sí mismas, valerse por sí mismas, tomar decisiones personales o saber qué es lo que más les conviene.

Es común que las personas que estuvieron en sectas restrictivas enfrenten dificultades para adaptarse a la libertad. El celibato obligatorio, la separación de sexos, las severas restricciones dietéticas, las prohibiciones sobre el trabajo y el ocio, los códigos de vestimenta, la supervisión de pensamientos, palabras y actos... todas estas normas sectarias fomentan una dependencia irreflexiva y disfuncional del grupo.

Para muchas personas que dejan un entorno donde cada tarea era impuesta, resulta muy difícil lidiar con el tiempo libre. Incluso pequeños momentos de ocio pueden desencadenar episodios de disociación, sentimientos de culpa u otras formas de ansiedad. Estas reacciones pueden gestionarse con una planificación cuidadosa.

Qué hacer con tu tiempo

Crear listas de tareas, dividir las actividades en pasos más pequeños y planificar actividades recreativas puede ayudarte a desarrollar una tolerancia al «tiempo libre». En este sentido, cada persona tiene necesidades diferentes. Algunas personas quizás necesiten llenar el tiempo con actividades que les permitan socializar de nuevo, desarrollar habilidades interpersonales y recuperar la confianza. Otras, en cambio, podrían necesitar reducir su comportamiento social compulsivo y aprender a disfrutar de la soledad.

Podría ser pasar las tardes de domingo con una cerveza y un tazón de palomitas viendo deportes en la tele, o dar largos paseos con tu perro. Piensa en los lugares que te gustaba visitar antes de unirte a la secta, como museos, bibliotecas, ferias de arte y artesanía, festivales de cine, el zoológico, la playa, parques o espacios naturales. Reconecta con aquello que te gustaba: dar largos paseos, andar en bicicleta, ir a cafeterías, jugar al ajedrez, practicar deportes, tocar música o tomar clases nocturnas. Presta atención a lo que te hace sentir bien ahora, ya que los intereses pueden cambiar con el tiempo.

Relajarse y disfrutar de lo que te gusta es una parte vital de la curación. Si te criaste en una secta que te privó de actividades cotidianas, es probable que quieras probar varias cosas para descubrir qué te interesa y te motiva a seguir. Es recomendable experimentar con moderación para no sentirte abrumado. Hay un mundo de cosas que hacer ahí fuera. Investígalas poco a poco, una o dos a la vez.

Prueba cosas, pero sin forzarte. Por ejemplo, tal vez quieras empezar a escribir, pero no te atraiga la disciplina de una clase, ni tener que estar en un lugar a una hora fija y llevar tareas a casa. Empieza de forma relajada y avanza hacia tus metas. Sobre todo, recuerda: sin presiones, sin «deberes», sin vergüenza y sin culpabilidad. Aprende a relajarte, a tomarte tiempo libre y a volver a disfrutar de la vida. Quizás no sea fácil, pero lo lograrás.

Expresar opiniones

Conviértete en tu propio amigo, alguien comprensivo y benévolo contigo mismo. Normalmente los adeptos a las sectas aprenden a desconfiar de sus propios pensamientos y sentimientos. Ahora puedes invertir ese hábito negativo porque eres libre de percibir el universo a través de tus propios ojos e interpretarlo a través de tu propia mente. Ser un buen amigo de ti mismo significa ser un buen oyente, alguien en quien se puede confiar. Parte del proceso de generar confianza consiste en aprender a escuchar tus sentimientos y tu mente.

Algunos antiguos afiliados cuentan que les dan sudores fríos cada vez que alguien les pregunta su opinión sobre algo: una comida, una película, un acontecimiento de actualidad. Dado que durante tanto tiempo creyeron que tenían toda la razón en todo, suelen avergonzarse de admitir que no saben lo que piensan, o temen dar la impresión de ser unos «sabelotodo», como lo eran en la secta. Puede llevar tiempo encontrar el equilibrio adecuado. En un capítulo posterior una antigua adepta escribe sobre la alegría que sintió al darse cuenta de que tenía su propia opinión sobre un color concreto. ¡Qué ejemplo tan revelador del tipo de vacilación mental que se siente tras abandonar el mundo controlado de una secta!

Es posible que te inquieten los pensamientos y reacciones relacionados con la secta o que te sientas confundido respecto a qué pensamientos son verdaderamente tuyos y cuáles han sido inculcados por la secta. Puede que tengas que esforzarte por descubrir qué creencias son tuyas y cuáles te son ajenas. Si tienes ese tipo de problemas pregúntate de dónde procede un determinado pensamiento o reacción. Descubrir los orígenes de tus pensamientos y opiniones puede ayudarte a distanciarte un poco de ellos y permitirte dominarlos. Una vez que sepas que un pensamiento problemático es ajeno a ti, podrás rechazarlo o aceptarlo. Si repites ese ejercicio siempre que tengas dudas sobre el origen de ciertos pensamientos o comportamientos, podrás liberarte de los efectos residuales del adoctrinamiento sectario.

Otra táctica es empezar las frases expresando «creo que», «pienso que» y «en mi opinión». Son frases prohibidas en la mayoría de las sectas. Cuando logres resguardar efectivamente tu autonomía de pensamiento notarás que te vuelves más seguro de ti mismo y capaz de expresarte. Volverás a conocerte a ti mismo, te enorgullecerás de lo que es tuyo y redescubrirás el valor de tus convicciones.

Reafirmar tus derechos

Otra posibilidad es tomar un curso de asertividad. A veces se ofrecen a precios accesibles en centros de educación para adultos. Si fuiste condicionado a seguir ciegamente las enseñanzas y reglas de tu líder, un curso de asertividad te ayudará a comprender tus derechos básicos como individuo. A continuación, se presenta una lista de los derechos que toda persona tiene en relación con la libre expresión:

- Tengo derecho a evaluar mi propio comportamiento, pensamientos y emociones, y a asumir la responsabilidad por ellos y sus efectos.
- Tengo derecho a decidir si soy responsable de resolver los problemas de los demás.
- Tengo derecho a cambiar de opinión.
- Tengo derecho a cometer errores y a hacerme responsable de ellos.
- Tengo derecho a tomar decisiones sin atenerme a ninguna lógica particular.
- Tengo derecho a decir que no sé.
- Tengo derecho a decir que no entiendo.
- Tengo derecho a decir que no me importa.
- Tengo derecho a establecer mis propias prioridades.
- Tengo derecho a decir que no sin sentirme culpable.[3]

El efecto pecera

En nuestra sociedad existe una ignorancia generalizada sobre las sectas. Como consecuencia se suele estereotipar a los adeptos de las sectas como personas social o psicológicamente dañadas. Eso tiende a hacer que los antiguos seguidores de una secta sientan que la gente los vigila todo el tiempo o que esperan que actúen de forma «extraña». Eso puede darse especialmente en el caso de los que vuelven a casa para vivir o pasar tiempo con su familia.

La Dra. Margaret Singer denominó «efecto pecera» a este incómodo fenómeno relacionado con las sectas. Puntualiza:

> Un problema común para quienes han estado en una secta es la constante vigilancia de familiares y amigos, quienes están alerta ante cualquier señal de que las dificultades de la vida real hagan que el exmiembro regrese a la secta. La disociación leve, las preocupaciones intensas, los cambios de humor y los comentarios positivos sobre la secta suelen alarmar a la familia de un exmiembro. Tanto las nuevas amistades como los viejos amigos pueden generar la sensación de que la gente los mira de forma extraña, preguntándose por qué se unieron a una secta... El mejor consejo para lidiar con esto es que los exmiembros se concentren en la realidad de su entorno y en los detalles de la conversación actual hasta que la sensación de estar bajo la lupa desaparezca poco a poco.[4]

Es probable que tus familiares y amigos se sientan incómodos al hablar de tu experiencia en la secta. Puedes disminuir esa incomodidad si eres tú quien saca el tema. Si inicias la conversación, quienes te rodean podrán hacer preguntas sin temor a herirte u ofenderte. También puedes aclarar cualquier idea errónea o malentendido.[5] A menudo, es aconsejable informar a tus seres queridos de modo que puedan darte el espacio que necesitas para recuperarte, y también para que entiendan mejor el tema de las sectas y, sobre todo, tus necesidades de adaptación. Pero no te obsesiones con esto; tu recuperación es lo primero.

Los familiares de exmiembros a menudo describen la sensación de tener que medir cada palabra, por temor a que demasiadas preguntas o un comentario inapropiado molesten al exmiembro o incluso lo hagan querer regresar al grupo. Intenta tranquilizar a tu familia explicándoles que recordar cosas positivas del grupo no significa que estés pensando en regresar. Conviene que, por su parte, las familias eviten exagerar el papel de guardianes. Cuando los familiares asumen el rol de protegerte de más victimización y presiones sociales, refuerzan la idea de que eres una persona débil. Es importante que trabajen juntos para encontrar un equilibrio saludable.

Hablar sobre tu experiencia en la secta

Un aspecto del efecto pecera es la vergüenza que podrías sentir por haber participado en una secta. Esto es más común justo después de salir de la secta, o cuando la persona no ha buscado ayuda profesional. Algunos exmiembros deciden mantener su experiencia en secreto. Otros deciden ser más abiertos al respecto. Por lo general, lleva tiempo procesar la experiencia en la secta, tanto lo positivo como lo negativo.

Primero, recuerda: No permitas que nadie te obligue a tocar el tema. Y si decides hacerlo, habla solo de aquello con lo que te sientas cómodo y para lo que estés preparado.

Segundo, comparte solo lo que desees revelar sobre tu experiencia. Algunos exmiembros sienten la necesidad imperiosa de contar su experiencia completa a todo el mundo. Este impulso suele ser una secuela del hábito de confesarlo todo que les inculcaron en la secta. Otros quizás no estén acostumbrados a hablar de temas personales debido al silencio que se les imponía y a la negación de su individualidad que exigía la secta. Recuerda que ahora que estás fuera, tienes derecho a establecer límites y recuperar tu privacidad.

Tercero, si decides compartir tu experiencia, ten en cuenta los siguientes consejos, sobre todo si te da vergüenza hablar de tu experiencia en la secta y no sabes cómo explicársela a tus amigos y familiares:

Recuerda que, cuando te uniste a la secta, elegiste la mejor opción que tenías a tu alcance con la información disponible en ese momento. Por eso, puede ser útil repasar los motivos que te llevaron a unirte y lo que esperabas lograr. ¿Acaso deberías avergonzarte por querer un mundo mejor o por buscar un camino para servir a Dios?

¿Deberías avergonzarte por querer superarte o por buscar ayuda para tus problemas? En su mayor parte, las cualidades que te hicieron vulnerable a la secta eran positivas. Tus buenas cualidades [fueron] utilizadas en tu contra.

Todos cometemos errores o hacemos cosas de las que nos arrepentimos. El grado de vergüenza que sentimos por estos errores depende de su visibilidad, del apoyo y la comprensión que recibamos de los demás, y de nuestra capacidad para aceptar nuestras limitaciones. Es importante que analices si sigues teniendo la misma actitud dura y crítica contigo mismo que se esperaba en la secta... En lugar de enfocarte en tus supuestos defectos, piensa que tuviste el coraje de irte cuando te diste cuenta de lo que pasaba en la secta. Date el reconocimiento por haberlo hecho.[6]

En definitiva, tú decides qué te parece seguro y de qué partes de tu experiencia te sientes preparado para hablar. Inmediatamente después de salir de una secta, la mayoría prefiere no hablar abiertamente de su experiencia con gente que no conoce bien, compañeros de trabajo o familiares lejanos. A menudo, tardan meses, incluso años, en contárselo a alguien, aunque quizás se sinceren antes con amigos cercanos, familiares directos, terapeutas, consejeros u otros exmiembros de la secta. Sin embargo, este retraso puede deberse más al estigma social asociado a la participación en una secta que a la aceptación de su experiencia por parte de los exmiembros.

Restaurar relaciones anteriores

Unirse a una secta a menudo implica alejarse de la familia y los amigos, a menos que ellos también formen parte del grupo. Es difícil mantener relaciones fuera de la secta, ya sea por los conflictos y contradicciones que surgen al interactuar con personas ajenas al grupo, o simplemente por la falta de tiempo para el mundo exterior. Es probable que hayas descuidado o incluso roto algunos lazos personales debido a las exigencias directas de la secta.

Puede ser que muchos exmiembros no hayan visto ni tenido contacto significativo con sus familiares o amigos durante años. Quizás no hayan podido asistir a eventos familiares importantes ni pasar tiempo a solas con sus amigos. Es probable que algunos de esos familiares y amigos hayan experimentado diversas emociones, como culpa, ira, ansiedad y tristeza, debido a la participación de sus seres queridos en la secta.[7] Esas separaciones prolongadas, a menudo hostiles, causan mucho dolor. Por lo tanto, una parte fundamental de la recuperación tras la experiencia en la secta es reparar esas relaciones.

Reconectar con familia y amigos

Por su naturaleza excluyente, las sectas suelen presionar a sus miembros para que rompan vínculos con su vida anterior. Lo más probable es que se les desaconseje recibir o responder mensajes de familiares y amigos, o que se los obligue a responder con la jerga de la secta.

Es posible que algunas familias ya tuvieran problemas en su relación. Quizás los padres eran demasiado controladores o se entrometían demasiado en la vida de los hijos. Quizás no había o no se fomentaba la intimidad. A lo mejor era imposible expresar sentimientos (especialmente negativos) o disentir. Puede que algunos miembros de la familia ya estuvieran distanciados antes de que uno de ellos se uniera a la secta. Otros quizás estén enfadados por el comportamiento de su ser querido en la secta, o resentidos por el costo y las complicaciones de organizar una intervención o un programa de rehabilitación. Es necesario abordar estos problemas del pasado (y cualquier dificultad actual) para poder construir relaciones nuevas y mejores.

Reconciliarse con la familia es una tarea importante y a menudo difícil. Así como es importante que te informes, también lo es animar a tu familia a aprender sobre las sectas y remodelación del pensamiento para que puedan entender mejor lo que te pasó. Probablemente, tu familia no tiene idea de lo que viviste. Pueden estar confundidos, enfadados o ansiosos. Contar con su apoyo y comprensión puede ser de gran ayuda, especialmente si tenías lazos familiares fuertes o si vas a vivir en casa durante el período de adaptación tras salir de la secta.

Si ya había problemas de comunicación antes de que te unieras a la secta, seguirán existiendo. Muchas familias prefieren creer que todo volverá a la normalidad una vez que su ser querido salga de la secta. Sin embargo, muchas se sorprenden y se desilusionan al descubrir que aún quedan muchos problemas por resolver, algunos relacionados con la secta y otros no. Este puede ser un buen momento para considerar la terapia familiar o buscar ayuda profesional. «La terapia familiar tras la salida de un miembro de la secta puede ayudar a toda la familia a [reorientarse], a abordar patrones de disfunción a largo plazo y a que los padres abandonen viejas expectativas para adoptar otras más realistas que tengan en cuenta las necesidades generales de su hijo o hija».[8]

Por lo general, familiares y amigos se alegran enormemente de ver a su ser querido de nuevo. A pesar de las tensiones, suele ser un regreso a casa como ningún otro.

Volver a conectarse con los amigos es a menudo tan importante como hacer la conexión con los miembros de la familia inmediata, específicamente para aquellos que eran adultos cuando se unieron a la secta. Puede ser vital que los exmiembros de la secta busquen a viejos amigos y sanen el dolor de ambos lados, como se ilustra en el siguiente ejemplo:

Edith N. entró en una secta política a los 30 años. Tenía muchos amigos en la zona, entre ellos Beth S., una amiga a la que conocía desde la universidad. Edith intentó reclutar a Beth, pero fue en vano. No solo la consideraron imposible de convertir, sino que, además, como hacía demasiadas preguntas en las reuniones, la declararon enemiga de la organización, «persona non grata» o, peor aún, una «no persona». Edith recibió la orden de eliminar a Beth de su vida. Mientras realizaba tareas para la secta, Edith se cruzaba ocasionalmente con Beth. Siguiendo órdenes, Edith se daba la vuelta y se alejaba, sin registrar siquiera la presencia de Beth. Esto ocurrió durante los diez años que Edith permaneció en la secta.

Tras dejar finalmente grupo y pasar un tiempo en terapia, Edith decidió hacer el intento de contactar a Beth. Nerviosa y temiendo que Beth le cortara, marcó su número y comenzó la conversación con cautela. Le contó que ya no estaba en la secta y que lamentaba mucho sus acciones pasadas, especialmente cómo la había tratado. La invitó a almorzar. Beth aceptó, aunque dudando. Se juntaron y hablaron durante horas; reconectaron. Beth pudo expresar todo lo que sentía sobre lo sucedido. Para Edith fue importante, aunque por momentos doloroso, escuchar cómo su participación en la secta había afectado a su amiga. El reencuentro ayudó a Edith en su proceso de sanación, ya que pudo comprender cómo la veían los demás durante su estancia en la secta. A la fecha siguen siendo buenas amigas.

Restructuración de relaciones con exintegrantes de la misma secta

Muchas personas comprueban que, al unirse a una secta con amigos o familiares, la calidad de esas relaciones se deteriora drásticamente. Esto se debe a la represión obligatoria de todo sentimiento no autorizado y a la falta de tiempo para interacciones positivas. En algunas sectas, se separa deliberadamente a las parejas, se aleja a los niños de sus padres y se destruyen las redes de amistad. Es una forma de que la secta ejerza el control y garantice que sus miembros solo sean leales al líder, no entre ellos ni a nadie más.

Reconstruir una vida

Al salir de esos entornos restrictivos, las personas pueden descubrir que sus relaciones con los demás se han visto afectadas y deterioradas, a veces de forma irreparable. No sorprende que la tasa de divorcios entre quienes abandonan la secta sea alta. En parte, esto se debe a que los líderes de las sectas suelen arreglar muchos matrimonios. Algunas parejas que se conocieron y se casaron en la secta quizás se miren al salir y se pregunten quién es la otra persona.

Por estas y otras razones, las parejas que han estado en una secta se enfrentan a muchos desafíos en su relación. Las que logran permanecer juntas lo hacen con mucho esfuerzo, generalmente con terapia de pareja y dedicando mucho tiempo a comunicarse y a reconstruir su relación.

También podría ser necesario reconstruir la relación con los hijos, que quizás estuvieron en la secta con uno o ambos padres, ya sea a tiempo completo o parcial. Ginger Zyskowski, madre de tres hijos y exmiembro de la Misión Luz Divina, escribió lo siguiente sobre su relación con sus hijos:

Cuando finalmente salí del grupo, me aferré a mis hijos tanto física como emocionalmente por miedo a perderlos otra vez. Eran lo único que quedaba de mi identidad. Lo positivo fue que nos convertimos en un grupo muy unido y muy preocupado por el bienestar de cada uno. Ser la mejor madre posible se convirtió en mi prioridad absoluta. Si había platos sucios o ropa por lavar, las tareas podían esperar, a veces hasta las dos o las tres de la mañana, después de pasar tiempo con mis hijos ayudándolos con sus tareas, llevándolos a clases de música y deportes, jugando, leyendo libros, viendo sus programas favoritos, cenando, etc. Como podrán imaginar, el lado negativo de esa cercanía fue que me volví demasiado dependiente de ellos emocionalmente. Sentía que iba de un extremo a otro. Por suerte, me di cuenta de esa dependencia y comprendí que debía empezar a construir mi propia vida y mi carrera profesional. En algún momento mis hijos crecerían y se irían de casa, y si yo no tenía una identidad propia, sabía que volvería a sentirme desolada y perdida.

Mi paso por la secta me hizo ver la vida desde otra perspectiva. Las prioridades y los valores cambiaron y se volvieron más importantes. Mis hijos aprendieron que la verdad y la honestidad son lo más importante y que, sin ellas, todo lo demás es una ilusión. Una de las verdades que les transmití fue que no soy perfecta, ni como persona ni como madre. Me han visto llorar y sufrir, enamorarme y desenamorarme, alegrarme, enfadarme, confundirme, sentirme despreciada y simplemente dedicarme a que todos superáramos cada día, cada semana, cada año. No teníamos mucho dinero, dado que mi empleo era de salario mínimo, y parecía que siempre había gastos importantes. Acordamos que una noche a la semana los chicos prepararían la cena. Teníamos una noche «a televisor apagado» en la que leíamos juntos, jugábamos o hacíamos rompecabezas en familia. Les enseñé a ser abiertos y a hacer preguntas. Si un derecho les di fue el de poder cuestionarlo todo. Los respeté y los respeto como personas que son y por sus sentimientos.

Como al principio eran tan pequeños —tenían apenas cuatro, cinco y siete años cuando salí— tuve que darles retazos de información sobre la experiencia de la secta. Además de procesar la información y los problemas postraumáticos, pude explicarles algunos de los efectos de la experiencia en todos nosotros. La primavera pasada, quince años después, los cuatro pudimos asistir a la conferencia de la *American Family Foundation* [ahora *ICSA*] para exmiembros, donde se les explicó en perspectiva gran parte de su pasado. Ahora entienden mejor las sectas y el control mental, y tienen una idea más precisa de cómo y por qué tomé ciertas decisiones.

Una cosa que me preocupaba eran las consecuencias que pudiera haber para ellos como estudiantes si se enteraban sus amigos y/o profesores de que habían estado en una secta. Y sí las hubo, pero en su mayoría fueron positivas. De todos modos las reacciones negativas pueden atribuirse a la falta de comprensión de la gente sobre el fenómeno de las sectas, así que aprendimos a relativizar esas opiniones, por así decirlo. Supongo que si me pidieran que diera una lista de pautas para conducirnos, podría condensarse en lo siguiente:

- Mantente flexible.
- Esto también pasará.
- Espera mucho de ti mismo para evitar decepciones.
- Espera poco de los demás para evitar decepciones.
- Trátate a ti mismo y a los demás con amor y respeto.
- Di siempre la verdad.
- Fracasar no es el fin del mundo. Fracasar no te convierte en un fracasado.
- No tengas miedo a cambiar.
- Confía en tus instintos.
- Aprende quién eres en realidad y sé la mejor versión de ti misma.

Toda la experiencia en la secta, por devastadora que fuera, nos brindó una relación más estrecha y honesta, además de la oportunidad de evaluar nuestros pensamientos y sentimientos mutuos y hacia nosotros mismos. Tenemos más valor y fortaleza, y yo, en particular, me doy cuenta de que llegué a extremos (y volvería a llegar) ante un suceso traumático. El miedo desató una guerrera en mi interior. Me reconforta saber que mis hijos no se avergüenzan de mi participación en la secta y me apoyan en mi recuperación. Yo tampoco me avergüenzo. Ahora puedo decirlo abiertamente. Aunque aún nos quede mucho camino por recorrer, la verdad, el amor y la comprensión dan solidez a cada paso que damos en el camino.

Esas directrices podrían aplicarse a cualquier relación. La sinceridad, la flexibilidad, la comunicación clara y el sentido de la perspectiva son fundamentales. En algunos casos, la distancia o un tiempo separados pueden ser necesarios para recuperar el sentido de uno mismo antes de sentirse cómodo o preparado para retomar una relación con otra persona importante que también estuvo en la secta. En otros casos, tal vez la reconciliación no sea posible.

El trato con personas que continúan en la secta

Una de las tareas más difíciles para los antiguos afiliados es averiguar cómo tratar a las personas que dejaron atrás en el grupo. El dolor de dejar atrás a un cónyuge, un amante, un hijo, un padre o incluso un buen amigo puede parecer casi insufrible. En algunos casos una intervención puede ayudar a reunir a toda la familia. Sin embargo, lo más común es que la recuperación deba continuar sin los que quedaron en el grupo.

Para quienes aún tienen seres queridos en una secta es esencial el apoyo de otras personas que también se enfrentan a esa pérdida. A través del contacto con redes de recursos, los antiguos adeptos pueden encontrarse y apoyarse mutuamente. Antiguos afiliados que aún tienen familiares o amigos en la secta suelen reunirse para trabajar en temas de apoyo mutuo, educación pública y acción. En lo que respecta a la tutela, el divorcio y la custodia, es aconsejable buscar asesoramiento legal de alguien que esté familiarizado con los casos y antecedentes relacionados con las sectas.

Es importante entender que la gente de la secta tal vez llame o busque a los que se fueron en un esfuerzo por atraerlos de nuevo al redil.

> Puede que el objetivo de la llamada telefónica no sea ver realmente cómo estás o averiguar por qué te fuiste. El objetivo real puede ser que los integrantes de la secta descubran si pueden convencerte para que vuelvas a unirte. Dado que el afiliado utiliza preguntas legítimas y cordiales como estratagema o cortina de humo para manipularte, es importante que respondas al verdadero propósito de la llamada: el intento de manipulación, en lugar de a las palabras cordiales. Di algo como: «No tengo ningún deseo de hablar contigo sobre esto. Por favor no vuelvas a llamarme», y luego cortar, es una respuesta legítima a alguien que intenta

manipularte. Si te preocupa dar la impresión de estar enfadado, puedes decirlo en un tono neutro pero firme. Te recomendamos que respondas de esta manera en lugar de dar una explicación al integrante de la secta [que te llama] porque cualquier explicación que des provocará una respuesta e implicará que estás dispuesto a entablar un diálogo sobre tu decisión de marcharte. Recuerda que la misión del adepto es que vuelvas [al grupo].

Por otro lado, también es difícil cerrar la puerta a quienes conocías bien y por quienes tienes estima. Si la persona que llama pertenece a esa categoría y te sientes lo suficientemente fuerte como para explicar tu postura sin tensiones indebidas, puedes explicarle que ya no deseas seguir en el grupo, que tu forma de ver las cosas ha cambiado y si la persona que llama desea escuchar otro punto de vista, puedes sugerirle algunas personas a las que llamar y algunos libros que leer. Después de que el adepto haya hablado con estas otras personas o leído los libros, puedes decidir si continuar o no el diálogo con él.[9]

En última instancia el grado de contacto que decidas tener con las personas que aún pertenecen a la secta depende enteramente de ti, pero puedes analizar tus decisiones y razonamientos con otros antiguos adeptos, con familiares y amigos de confianza o con tu consejero.

Resolución de conflictos de identidad

Nos definimos a nosotros mismos (y nos definen los demás) según categorías tales como sexo, edad, etnia, estado civil, orientación sexual, religión y actividad laboral o profesión. Tendemos a utilizar etiquetas genéricas: hombre o mujer; mayor, de mediana edad o joven; blanco, latino, asiático o negro; soltero, casado o divorciado; homosexual, heterosexual o bisexual; cristiano, judío o musulmán; obrero o profesional. Los sentimientos, comportamientos y juicios sobre uno mismo forman parte del diálogo interior que refuerza nuestro sentido de identidad. Algunos aspectos de la identidad son difíciles o imposibles de cambiar, por ejemplo, la raza o etnia, la estatura y ciertos atributos físicos o discapacidades. En cambio, otros aspectos, como el trabajo, la religión o el estado civil pueden cambiarse con mayor facilidad.

Para las personas que nacieron en una secta y luego la abandonaron en la adolescencia o la edad adulta, y para las que pasaron muchos años en su seno, sobre todo si se trataba de una secta muy restrictiva, la oportunidad repentina de ampliar o cambiar la propia identidad puede resultar abrumadora, aterradora, emocionante o una combinación de las tres cosas. Las libertades repentinas, por mucho tiempo que se hayan soñado, pueden ser aterradoras. *Frances L.* huyó de los *Niños de Dios* cuando era adolescente. Comenta lo siguiente específicamente de la identidad:

Si los jóvenes consiguen escapar de la secta en la que crecieron, lo más probable es que no les guste la persona que se veían obligados a ser cuando estaban en el grupo. Aunque al abandonarlo se alejen físicamente de ese entorno, la tarea de crear una nueva identidad requiere mucho esfuerzo. Puede parecer una búsqueda innecesaria desde la perspectiva de los que están fuera, pero es vital para nosotros si queremos separar realmente nuestro yo interior de la secta.

Cambiar o remodelar la identidad no es algo exclusivo de los nacidos o criados en una secta; es una parte importante de todo proceso de recuperación después de la experiencia sectaria. Ese cambio no consiste en adoptar una identidad totalmente nueva, sino en modificar las partes de ti mismo que ya no te sirven y añadir nuevas dimensiones a los rasgos deseables que ya tienes. Las siguientes preguntas y sugerencias pueden darte algunas ideas para aceptarte a ti mismo y hacer cambios en tu identidad.

- ¿Qué te dijeron de ti en la secta que ya no es cierto o que nunca lo fue? Utiliza las ideas sobre distorsiones cognitivas y detonantes de los capítulos anteriores para evaluar y descartar creencias erróneas.
- Date permiso para crecer y cambiar. La gente cambia constantemente; no tiene nada de malo.
- ¿A quién admiras ahora? ¿Qué encuentras admirable en él o ella? ¿Qué no es admirable? ¿Esa persona tiene rasgos, comportamientos, habilidades, actitudes o valores específicos que te gustaría adoptar?
- ¿Qué aspectos particulares de ti mismo no te gustan, pero no puedes cambiar? Pueden ser tu edad, estatura, raza o etnia, o ciertos rasgos físicos, discapacidades o dolencias. Haz una lista. ¿Qué podrías hacer para aceptar esos aspectos o rasgos?
- ¿Qué aspectos te gustaría cambiar que sean difíciles pero factibles? Por ejemplo, volver a estudiar para continuar tu educación, adquirir aptitudes para poder elegir o cambiar tu carrera, erradicar ciertos rasgos desagradables del temperamento que se potenciaron en la secta, o sanar las heridas de tu experiencia en la secta.
- ¿Qué aspectos son más fáciles de cambiar? Aun los pequeños cambios

contribuyen en gran medida a aumentar la confianza en uno mismo y la autoestima. Demuestran que tienes control sobre tu vida.
- ¿Qué rasgos de tu personalidad te gustan? ¿Cuáles deseas conservar?

Tus nuevas libertades y decisiones se integran en ti. Cada vez que tomes una nueva decisión o entables una nueva amistad, cada nuevo logro y victoria, grande o pequeña, será una experiencia positiva que te dejará buenos recuerdos. De ese modo te reinventarás. Obviamente, cambiar no va a ser fácil, pero la parte más difícil ya la lograste: estás fuera de la secta y avanzando hacia una nueva vida.

13 Afrontar los desafíos del futuro

En el camino hacia tu nueva vida, tendrás que reconstruir relaciones pasadas y aprender a forjar otras nuevas. Esto puede traer aparejado abordar cuestiones de intimidad y confianza, y la necesidad de definir y establecer límites personales claros. Otros obstáculos importantes podrían incluir la necesidad de decidir sobre la adopción de un sistema de creencias viable —tras haber sido vulneradas o traicionadas muchas de tus creencias más profundas—, así como de elegir una carrera o vocación que satisfaga tus necesidades. El presente capítulo se centra en esas cuestiones.

Soledad, confianza e intimidad

Entre las mayores dificultades a las que se enfrentan quienes han pertenecido a estos grupos se encuentran el aislamiento y la soledad. Esto resulta especialmente cierto en aquellos casos en que la persona se aleja sin asesoramiento ni apoyo alguno, o bien carece de una red de familiares, amigos u otros exmiembros. Para llenar el vacío que deja la pérdida del grupo o de la relación, algunas personas regresan a su secta o pareja abusiva, mientras que otras optan por unirse a otro grupo destructivo, repitiendo un patrón conocido como «saltar de secta en secta».

Al salir de una secta, se deja atrás una experiencia intensa. Se forjan vínculos fuertes y únicos al compartir ideales, objetivos y valores, así como a través del sufrimiento compartido, como privaciones, confesiones impuestas o intimidad obligada. Las emociones intensas y las experiencias místicas/espirituales también magnifican el sentido de pertenencia que se sentía en la secta. Inmediatamente después de salir, es común sentirse —y estar— bastante aislado. Es posible que los amigos anteriores a la secta ya no estén presentes o no quieran escuchar lo que has vivido. Si naciste o te criaste en una secta, es posible que no tengas ningún contacto personal fuera de ese contexto.

Este aislamiento puede intensificarse por la dificultad que tienen algunos exmiembros, especialmente al poco tiempo de abandonar la secta, para explicar a los demás con claridad la dinámica de su participación y la resocialización (o condicionamiento psicológico). El estigma social que pesa sobre los miembros y exmiembros de sectas también intensifica el aislamiento. A menudo, quienes no han estado en una secta no creen o no quieren oír relatos de sectas. Sin embargo, establecer redes sociales y emocionales es vital para resistir la tentación de regresar, por lo que es importante acercarse a otros e intentar restablecer antiguas amistades y forjar nuevas.

Aprender a confiar

Las sectas exigen confianza absoluta. Cualquier duda o cuestionamiento se considera un grave defecto, desobediencia, el signo de Satanás o del enemigo, y a menudo es una ofensa punible.

Muchos devotos abandonan su grupo con una profunda sospecha o escepticismo sobre las motivaciones y actitudes de las personas. La comprensión de que se abusó profundamente de su confianza suele ir acompañada de sentimientos de dolor, rabia y miedo. La experiencia deja una cicatriz. Después de una traición tan íntima, lleva tiempo saber en quién confiar y hasta qué punto. La experiencia puede haberte enseñado —de manera dolorosa— que las personas que se presentan como amables, interesadas y serviciales pueden tener intenciones ocultas o no tener en cuenta tus intereses, a pesar de lo que digan.

La reciprocidad es fundamental en la mayoría de las relaciones sociales adultas, lo que implica que la confianza no es algo que puede exigirse a otra persona. Más bien, la confianza genuina se basa en sentimientos mutuos y en pruebas que la avalen. Se forja por etapas; sin embargo, nunca debe ser absoluta. La clave está en proceder lentamente. Quienes deseen acercarse a ti deben ganarse tu confianza. Confiar es un proceso, no un acto aislado.

Dado que en las sectas se juzgan con tanta dureza los defectos y errores, ya sean reales o inventados, aprender a confiar de nuevo también implica aprender a tolerar las formas de ser, sensibilidades y peculiaridades de otras personas. Esto, a su vez, aumenta tu capacidad de tolerarte y confiar en ti mismo, y de aceptar tus propias imperfecciones e idiosincrasias.

Relaciones íntimas y sexo

Muchos exintegrantes de sectas y víctimas de relaciones abusivas tienen dificultades con las relaciones íntimas. Comenzar una relación sana después de salir de una destructiva puede presentar un gran desafío, por diversas razones:

- Tenías poca o ninguna experiencia en relaciones de pareja antes de involucrarte en la secta o en la relación abusiva.
- Naciste o creciste en un entorno sectario y por tanto, tuviste pocos o ningún modelo positivo a seguir.
- Viviste en un entorno en el que se imponía un celibato estricto.
- Viviste en un entorno en el que se practicaba la promiscuidad sexual, la prostitución forzada u otras formas de abuso sexual.
- Viviste en un entorno en el que el líder dirigía el matrimonio, la maternidad y la crianza de los hijos.
- No tuviste tiempo para desarrollar relaciones adultas maduras.
- Viviste en un entorno plagado de prejuicios y juicios.

Si sales de una secta sin haber tenido muchas relaciones positivas, o si tienes una capacidad limitada para juzgar los motivos de otras personas, dar el paso de integrarte socialmente puede resultar bastante extraño o hasta aterrador. Es posible que no reconozcas comportamientos positivos (ni en ti mismo ni en otros) o que no sepas cómo responder a ellos. Probablemente tengas recelo de comprometerte con otra persona. Y debido a que la televisión, las películas y los libros populares a menudo presentan una imagen distorsionada de la vida y las relaciones, tu confusión podría verse agravada.

La mayoría de la gente dice que el mejor consejo que les dieron para empezar nuevas relaciones es tomárselo con calma, tanto en las amistades como en los encuentros íntimos. La confianza se construye con el tiempo. No precipitarse está bien, de hecho, es lo preferible. Recuerda que ahora, tu recuperación personal es primordial. Cuando estés bien, las relaciones positivas con los demás vendrán solas.

No sería raro que muchos exmiembros de sectas necesiten educación sexual, sobre todo aquellos que vivieron situaciones de notable aislamiento, donde las prácticas y creencias sexuales eran particularmente perversas o corruptas.[1] En esos casos, es crucial informarse sobre prácticas sexuales seguras e infecciones de transmisión sexual (ITS). En las bibliotecas públicas debería haber vídeos gratuitos sobre educación sexual. Adicionalmente, en cada país existen servicios de atención telefónica en materia de salud a los que puedes recurrir para resolver dudas o plantear preguntas específicas.

Además, hay muchos libros introductorios excelentes sobre sexualidad humana. Consulta las secciones de salud y/o sexualidad en cualquier librería grande o especializada. Podrás encontrar textos confiables para personas heterosexuales, homosexuales y de otras orientaciones sexuales, así como libros de educación sexual para niños y adolescentes. Si bien está dirigido a adolescentes, *Changing Bodies, Changing Lives* («Cuerpos en evolución, vidas en crecimiento», traducción libre), de Ruth Bell (Three Rivers Press), puede ser valioso para cualquier persona que carezca de una educación sexual básica o razonable. Un excelente libro de referencia para mujeres es *Our Bodies, Ourselves for the New Century* («Nuestros cuerpos, nuestra voz: Una guía para el nuevo siglo», traducción libre) del Colectivo de Libros de Salud para Mujeres de Boston (Touchstone), que incluye capítulos sobre recursos de salud en línea, sexualidad y una amplia gama de temas relevantes para mujeres de todas las edades.

Otro ámbito de especial preocupación en relación con la sexualidad es que muchas sectas son abiertamente heterosexistas y manifiestamente antihomosexuales, inculcando miedos y opiniones irracionales. Algunas pueden incluso promover la violencia contra personas gay, lesbianas o cualquiera que no siga el camino recto y estrecho establecido por el dogma de la secta. Naturalmente, cualquier persona que tenga conflictos de identidad sexual en un entorno de este tipo se verá enfrentada a retos extraordinarios.

Un aspecto especialmente preocupante en relación con la sexualidad es que muchas sectas promueven activamente el heterosexismo como la única orientación sexual válida, inculcando miedos y prejuicios irracionales sobre la diversidad sexual. Algunas incluso pueden incitar a la violencia contra personas LGBTQ+ o contra cualquiera que no se ajuste a las normas particulares impuestas por el dogma de la secta. Como es de esperar, las personas que estén explorando su identidad sexual en un entorno así enfrentarán desafíos inmensos.

Por ejemplo, en mi estudio sobre exintegrantes gay y lesbianas de los Testigos de Jehová (TJ), descubrí que, dado que se espera que los TJ repriman por completo cualquier pensamiento o sentimiento relacionado con la homosexualidad, esto les genera una enorme carga psicológica, ya que reprimir y eliminar pensamientos y sentimientos es prácticamente imposible.[2] A partir de entrevistas y otra documentación, constaté que estas personas viven en un estado constante de culpa y vergüenza. Por supuesto, los TJ no son los únicos que promueven la intolerancia; muchas otras religiones, sectas y familias también lo hacen. Vivir en la negación, experimentar vergüenza y confusión por tener pensamientos considerados satánicos, y temer la excomunión y el rechazo de la familia y los amigos conduce inevitablemente a la angustia mental. Por ejemplo, en mi estudio sobre ex Testigos de Jehová (TJ) que son gay y lesbianas, descubrí que, dado que se espera que los TJ repriman por completo cualquier pensamiento o sentimiento relacionado con la homosexualidad, esto impone una enorme carga psicológica a las personas gay y lesbianas, ya que controlar y eliminar pensamientos y sentimientos es prácticamente imposible. A partir de entrevistas y otra documentación, constaté que estas personas viven en un estado constante de culpa y vergüenza.[3] Por supuesto, los TJ no son los únicos que promueven esta intolerancia; muchas otras religiones, sectas y familias también lo hacen. Vivir en la negación, experimentar vergüenza y confusión por tener pensamientos considerados satánicos, y temer la excomunión y el rechazo de la familia y los amigos: todo esto conduce a la angustia mental. Tanto en la adolescencia como en la edad adulta, es común que las personas lesbianas y gay que crecen en familias, comunidades religiosas o étnicas homófobas (o en sectas) se sientan aisladas y perseguidas, con consecuencias a veces devastadoras para ellas.

John W., antiguo integrante gay de los Testigos de Jehová, recuerda:

Recuerdo muchas veces cuando —caramba, me olvidé por completo de esto hasta ahora. Viajaba mucho en avión... Y cada vez que oía hablar de un accidente aéreo, deseaba secretamente haber estado en ese avión. Así es, los sentimientos eran todavía fuertes entonces. Y yo tenía una especie de inclinación autodestructiva también. No me preocupaba por mi salud. Vigilaba mi tensión arterial debido a los antecedentes de derrames cerebrales en la familia y vi lo que le ocurre a una persona con un derrame cerebral. A menudo sobreviven y después quedan muy mal. Por otro lado, no vigilaba mi peso y no comía de forma saludable porque pensaba que si podía obstruir mis arterias, sufriría un infarto y ahí acabaría todo. Así que tuve un comportamiento autodestructivo, de tipo suicida pasivo.[4]

Tras abandonar una secta homófoba, los antiguos afiliados pueden tener dificultades para asumir su homosexualidad, ya que nuestra sociedad no apoya demasiado a personas gay y lesbianas. Las psicoterapeutas Kimeron Hardin y Marny Hall señalan que las personas gay y lesbianas «crecen en una cultura que les enseña... que la homosexualidad está mal: es un signo de fracaso moral, de trastorno emocional, de desórdenes hormonales o de malos genes». Estar constantemente expuesto a estas creencias culturales negativas daña indefectiblemente la autoestima, incluso en personas que inicialmente tenían una alta autoestima.».[5]

La baja autoestima y el autodesprecio son comunes entre personas gay y lesbianas que luchan con su identidad sexual, especialmente cuando sus familias rechazan la homosexualidad.[6] Con frecuencia, la persona en conflicto se protege ocultando su identidad, algo que en algunos entornos incluso se le exige. Generalmente, este trauma emocional y la falta de resolución de problemas profundamente conflictivos exponen a la persona a conductas negativas y potencialmente autodestructivas,[7] como vimos en el caso de John W. Quienes han dejado la secta y enfrentan estos problemas deben buscar apoyo para superar esta difícil situación. Por ejemplo, varios ex Testigos de Jehová homosexuales crearon *A Common Bond*, una organización de apoyo con un sitio web (www.gayxjw.org) por medio del cual se ha brindado gran consuelo a muchas personas. Como ayuda general, se recomienda el libro *Queer Blues: The Lesbian & Gay Guide to Overcoming Depression* («Supera la tristeza: Guía para lesbianas y gay para vencer la depresión»), de Hardin y Hall (New Harbinger), que incluye una excelente lista de recursos.

Fijar límites en una relación

Una tarea importante después de dejar una secta es aprender a identificar y establecer límites personales. Dado que la mayoría de las sectas restringen la intimidad, es probable que tus límites personales fueran violados repetidamente hasta que conseguir que perdieras la noción de cuáles eran los adecuados.

Los límites son esenciales para definir nuestra identidad y afirmar nuestra presencia en el mundo. Todos necesitamos un espacio físico personal e íntimo que no nos interesa compartir con cualquiera. Lo mismo ocurre a nivel psicológico, y una parte fundamental del desarrollo emocional implica aprender a establecer y proteger esos límites invisibles.

Es posible que la secta haya sustituido a tu familia. Si vienes de una familia con un historial de alcoholismo o abuso de otras sustancias; de enfermedades físicas o mentales graves; de divorcios complicados, violencia doméstica u otros traumas, es probable que la secta no haya sido muy diferente al ambiente que conocías. Los expertos que trabajan con familias afectadas por sectas han observado que, a menudo, los miembros de la secta perciben a su familia como un sistema disfuncional donde los límites personales se ignoran y se violan constantemente.[8]

Es fundamental aprender a respetar los límites personales, tanto los propios como los ajenos. Para algunos, esto podría significar aprender a experimentar por primera vez la independencia emocional. Quienes no logran reconocer sus límites personales pueden verse envueltos en relaciones dañinas y destructivas, o incluso recaer en la costumbre de pasar de secta en secta.

A continuación, se describen ejemplos de invasiones de límites físicos, emocionales o sexuales, donde se diluye la distinción entre el individuo y el grupo. En estas situaciones, es común experimentar una pérdida del sentido de identidad.

Señales de límites disfuncionales

- Contarlo todo
- Compartir detalles íntimos con conocidos recientes o incluso desconocidos
- Sentirte agobiado y preocupado por un grupo, líder o persona en particular
- Usar tu atractivo sexual para complacer a otros, no por deseo propio
- Suprimir tu sexualidad para ajustarte a las expectativas de otros, no por convicción personal
- Ir en contra de tus valores o derechos personales para complacer a los demás.
- No darse cuenta o hacer caso omiso cuando otra persona se comporta de forma irrespetuosa
- No darte cuenta o hacer caso omiso cuando alguien cruza tus límites
- Aceptar comida, regalos, caricias o sexo que no deseas
- Ser tocado por otra persona sin tu permiso
- Dar hasta quedarte sin nada por complacer a otros
- Aprovecharte de la generosidad de otros sin sentir la necesidad de dar nada a cambio
- Permitir que alguien se aproveche abierta y deliberadamente de ti
- Permitir que terceros tomen las riendas de tu vida o la de tus hijos
- Permitir que otros dicten quién eres, en lugar de definirte a ti mismo
- Permitir que otros interpreten tu realidad, en lugar de hacerlo tú mismo
- Esperar que los demás adivinen lo que necesitas
- Sentir la obligación de anticiparte a los deseos de los demás
- Autolesionarse o infligirse dolor físico (como, por ejemplo, hacerse cortes en la piel)
- Ser objeto de abusos sexuales y/o físicos
- Que te obliguen a no comer o no dormir lo suficiente
- Ser incapaz de diferenciar tus necesidades de las de los demás

La siguiente lista de comprobación también puede ayudarte a evaluar tu experiencia en la secta.[9] ¿Cuántos de estos puntos describen tu experiencia en la secta? ¿Cuántos describen las nuevas relaciones que estás forjando ahora? Cuantos más puntos marques, más deberás examinar esas relaciones y sus posibles efectos negativos.

> **Lista de comprobación para evaluar tus relaciones**
>
> ❏ Me responsabilizo de los sentimientos y comportamientos del líder, grupo u otra persona
> ❏ Me cuesta identificar mis sentimientos. ¿Estoy enfadado? ¿Solo? ¿Triste? ¿Asustado? ¿Alegre? ¿Avergonzado?
> ❏ Me cuesta expresar sentimientos
> ❏ Me preocupa cómo pueda responder el grupo, el líder u otra persona a mis sentimientos o comportamientos
> ❏ Me da miedo que el grupo, el líder u otra persona me hagan daño o me rechacen
> ❏ Soy perfeccionista. Me exijo demasiado. Me cuesta tomar decisiones y agradezco no tener que tomar muchas en mi relación con el grupo, el líder u otra persona
> ❏ Tiendo a minimizar, cambiar o incluso negar lo que siento
> ❏ La forma en que actúan y piensan los demás suele determinar cómo reacciono
> ❏ Pongo los deseos y necesidades del grupo, del líder o de otra persona por delante de los míos, porque creo que son más importantes
> ❏ Me dan miedo los sentimientos del grupo, del líder o de la otra persona (por ejemplo, su enfado), y eso es lo que decide lo que digo y lo que hago

Al utilizar la lista de comprobación, pregúntate también lo siguiente:

- ¿Había indicios de límites personales poco saludables en mi familia de origen? ¿Cuáles?
- ¿Qué señales de límites malsanos existían en mi secta?
- ¿Esa dinámica hizo que me costara más darme cuenta de que se estaban violando mis derechos?
- ¿Qué tengo que hacer ahora para que mi vida familiar o personal sea más positiva y gratificante?

Cuestiones de fe

Algunos exmiembros de sectas describen su experiencia como una violación espiritual. Es una herida profunda que tarda en sanar. A través del adoctrinamiento y las técnicas de manipulación, la secta convence a sus miembros de que sus experiencias espirituales son resultado de su lealtad al

> - ❏ Cuestiono o ignoro mis propios valores para encajar en el grupo o en la relación
> - ❏ Valoro más lo que opina el grupo, el líder o la otra persona que lo que opino yo
> - ❏ Juzgo con dureza todo lo que hago, pienso o digo usando los criterios del grupo, del líder o de la otra persona; casi nunca hago, digo o pienso algo que sea lo suficientemente bueno
> - ❏ Creo que no está bien hablar de los problemas fuera del grupo o de la relación
> - ❏ Sigo siendo leal aunque sea difícil justificarlo y me haga daño
> - ❏ Estoy convencido de que el grupo, el líder o la otra persona saben qué es lo mejor para mí
> - ❏ Estoy convencido de que el grupo o la relación son más importantes que mi familia o mis amigos
> - ❏ Creo firmemente que el grupo, el líder o la otra persona se preocupan más por mí que mi familia o mis amigos
> - ❏ Creo que el grupo, el líder o la otra persona tienen mis mejores intereses en mente aunque no entienda por qué
> - ❏ Todo lo bueno y correcto se debe a la otra persona, al líder o a la filosofía del grupo
> - ❏ Todo lo que está mal o es malo es culpa mía

líder y a su camino cuidadosamente diseñado hacia la iluminación. En las sectas seculares, se les hace creer que alcanzarán su máximo potencial humano mediante la creencia y la dedicación total a la ideología del grupo.

Ya sea que tu experiencia haya sido religiosa o secular, darte cuenta de la magnitud de la traición puede causarte un gran dolor. Como reacción, es posible que ahora rechaces cualquier forma de fe o creencia. Podrían pasar años hasta que superes esa desilusión y aprendas no solo a confiar en ti mismo, sino también a creer en algo de nuevo.

Aunque muchos creen erróneamente que todas las sectas son religiosas, lo cierto es que todas tienden a desestabilizar las creencias fundamentales de sus miembros. Esto suele afectar todos los aspectos de la vida, por lo que a menudo se dice que la experiencia en una secta deja una huella en el espíritu, la psique o el ser interior. Para algunos, reconciliarse con la espiritualidad o sus creencias personales puede ser lo más perturbador de su experiencia tras dejar la secta. William Kent Burtner, consejero y expárroco católico, escribe:

El asombro, la admiración, la trascendencia y el misterio son emociones intrínsecas al ser humano... Si bien la mayoría de nosotros dirigimos esos sentimientos hacia Dios, la Creación y la búsqueda de «lo auténticamente real», las sectas pueden usar estas emociones, como hacen con cualquier otra, para manipular a sus miembros. Quienes han pertenecido a una secta han sufrido dichas manipulaciones de forma intensa, y el recuerdo de ellas permanece vívido. Si no han rechazado por completo estas emociones a raíz de su «decepción celestial», se cuestionan si podrán volver a sentir esa trascendencia fuera de la secta. La secta los ha convencido de que no hay otro camino posible. Lo cierto es que, los miembros de la secta nunca eligieron unirse libremente, sino que fueron sometidos a un programa que los llevó a descartar gradualmente otras opciones. El grupo se convierte en «su única opción». Por lo tanto, es fundamental abordar esa persistente necesidad de encontrar un sentido de trascendencia... Al abandonar el grupo, la persona se enfrenta a un vacío inmenso.[10]

Otra dificultad puede ser la de entretener la constante duda de si cometiste un error al irte, si las enseñanzas eran ciertas y el líder tenía razón; pensar que tal vez el que falló fuiste tú. Debido a la «manipulación mística» propia de las sectas (ver Capítulo 3), y al deseo humano de creer, muchos buscan aferrarse a esa creencia incluso después de irse. Por eso, muchos «buscadores» saltan de una secta a otra, o entran y salen del mismo grupo o relación. Todos necesitamos algo en qué creer, una filosofía de vida, una forma de ser, una religión, un compromiso político, o una combinación de todo ello, por lo que una parte fundamental de la adaptación tras dejar una secta es reevaluar nuestras creencias.

A menudo, unirse a una secta es un intento de vivir de acuerdo con tus creencias, así que analizar a fondo el sistema de creencias de la secta te facilitará descubrir en qué creer después de irte. Cuando te sientas listo, dedica tiempo a analizar la ideología, la filosofía y la visión del mundo del grupo. Defínela con tus propias palabras, sin usar el lenguaje de la secta. Investiga los orígenes de la secta (la mayoría de las ideologías de las sectas se basan en sistemas de creencias preexistentes, y muchos líderes afirman tener esa conexión para legitimarse). Así podrás descubrir por ti mismo la verdadera naturaleza de esa tradición y cómo la secta la manipuló o distorsionó.

Después de analizar las creencias de la secta, puede ser útil que explores el sistema de creencias espirituales o filosóficas que tenías antes de unirte a ella. Este proceso te ayudará a discernir lo que es auténtico y saludable de lo que no lo es. Tendrás una base para comparar, lo que te permitirá liberarte de las creencias de la secta, cuestionar lo que te prohibieron y explorar nuevas ideas.

Tras dejar una secta, la mayoría de los exmiembros prefieren evitar la religión organizada o cualquier otro grupo durante un tiempo. Se recomienda a los consejeros religiosos que no intenten convertir a los exmiembros en ese momento.[11] Quienes valoran la religión a veces encuentran consuelo al regresar a la fe que tenían antes de unirse a la secta, volviendo a su iglesia, sinagoga, mezquita u otro lugar de culto. Por lo tanto, se aconseja a la mayoría de los exmiembros que se tomen un tiempo antes de volver a unirse a una religión o a cualquier grupo.

Si estás pensando en unirte a algo nuevo y te preocupa que pueda ser otra secta, investiga a fondo: haz muchas preguntas y no aceptes respuestas evasivas. Por encima de todo, si tienes dudas, confía en tu intuición, consulta a personas ajenas al grupo y avanza con cautela. No te comprometas hasta que estés seguro de que la organización es legítima y de que te aportará algo positivo.

Cuestiones relacionadas con vocación y carrera

«¿Qué quieres ser cuando seas grande?» Si acabas de dejar una secta, quizás te hagas esta pregunta a los treinta o cuarenta años, o incluso más tarde. Ya sea que hayas nacido y crecido en una secta, te hayas unido antes de comenzar una carrera, o hayas interrumpido tus estudios o tu vida laboral, es posible que ahora te enfrentes a la necesidad de ganarte la vida y decidir qué quieres hacer con ella. Quizás dependías económicamente del grupo y ahora debes valerte por ti mismo, por primera vez o después de muchos años. O tal vez tu primer trabajo haya sido precisamente dentro de la secta. En algún momento tras dejar la secta, seguramente empezarás a buscar trabajo y tendrás que replantearte tu vocación y tu carrera.

Una vez que superes el resentimiento por el tiempo perdido, es importante que evalúes tus habilidades, talentos e intereses. Es posible que la rabia por las traiciones y manipulaciones de la secta te impida ver el lado positivo. Sin embargo, te ayudará mucho recordar que algo bueno debió haber pasado, aunque solo sea que sobreviviste a una situación difícil que te ha fortalecido y te ha hecho más sabio. Una actitud positiva es una gran ventaja para el futuro. Quizás te sorprenda descubrir que en la secta adquiriste habilidades útiles y valoradas en el mercado laboral, como marketing, publicidad, cocina, escritura, ventas, arte, construcción, edición, informática o reparaciones de automóviles.

Después de dejar una secta, muchas personas deciden volver a estudiar, ya sea para iniciar una nueva carrera o para terminar estudios que habían dejado inconclusos. Si estás pensando en estudiar, habla con tantas personas como puedas. En la mayoría de las universidades hay oficinas con consejeros y asesores disponibles para ayudarte, algunos especializados en estudiantes que retoman sus estudios o que empiezan a estudiar a una edad más avanzada. Recuerda que no es necesario tomar una decisión inmediatamente y que, aunque la tomes, puedes cambiar de opinión. Para evitar exigirte demasiado de una sola vez, puedes plantearte empezar por un curso nocturno o una universidad de primer ciclo. Demasiada presión demasiado pronto puede ser un obstáculo a la hora de resolver otros asuntos de tu vida que también necesitan atención. Demasiada presión demasiado pronto también puede abrumarte, causarte ansiedad y prolongar tu recuperación.

Lo que decidas hacer dependerá en parte de cuál era tu situación mientras estabas en la secta. Algunas personas nunca trabajan en empleos externos durante su pertenencia a la secta y salen del grupo bastante desconectadas del mundo laboral. Otras pueden haber trabajado en la organización principal de la secta o en empresas relacionadas con la misma, mientras que otras pueden haber tenido trabajos externos no relacionados con el grupo. Conviene conseguir un trabajo sencillo y poco exigente al principio, sólo para generar ingresos monetarios. En ese tipo de trabajos, no suele ser necesario preocuparse demasiado por la apariencia (por ejemplo, tener un atuendo de trabajo adecuado) ni tener que pasar por un largo proceso de entrevistas.

Para evaluar tus perspectivas de encontrar un trabajo o una trayectoria profesional significativa, puedes considerar la posibilidad de acudir a un orientador profesional o a un servicio de colocación de un campus universitario, una agencia de empleo, una escuela de negocios u otro centro de recursos profesionales. En esos lugares, normalmente, las pruebas de aptitud y las largas entrevistas pueden ayudarte a clarificar tus intereses y competencias personales. Otro buen lugar para empezar es una biblioteca o librería. *What Color Is Your Parachute - A Practical Manual for Job-Hunters and Career-Changers* («¿De qué color es tu paracaídas?»), de Richard Nelson Bolles y Mark Emery Bolles (Ten Speed Press), es un éxito de ventas desde hace mucho tiempo, y trae un cuaderno de ejercicios que te ayudará a definir tus objetivos y opciones laborales.

Para reorientarte en el mundo laboral puede resultar útil echar un vistazo a las revistas de moda para ver qué estilos de vestir son actuales, o echar un vistazo a revistas como *WIRED, Fast Company, Working Mother, Inc.*, que pueden darte una idea general de las problemáticas actuales en el lugar de trabajo. Una vez más, Internet abunda en recursos y enfoques de todo tipo. Si la falta de ropa y de dinero te frenan —es decir, si no tienes nada apropiado que ponerte, sobre todo para las entrevistas—, busca a algún amigo, familiar u otro exmiembro de la secta que pueda ayudarte a comprar lo que necesites, o incluso que te preste ropa y accesorios apropiados. En la mayoría de las ciudades hay tiendas de segunda mano o tiendas de ropa en consignación donde podrás encontrar uno o dos conjuntos adecuados.

Otra estrategia es utilizar tu experiencia en la secta para conseguir un trabajo. Por ejemplo, si cocinabas para tu líder o para el grupo, piensa en trabajar en un restaurante o en un catering. Si dirigías seminarios o sesiones de formación y se te daba bien, piensa en trabajar como profesor o en una guardería o centro de educación de adultos. Si te encargabas de las finanzas, busca trabajo como cajero o contable. Lo importante es que no subestimes tus aptitudes y valor como trabajador. Al haber estado en una secta, es probable que seas más trabajador, más fiable y honesto que muchos otros empleados.

Sin embargo, algunos antiguos miembros sienten repulsión absoluta por el tipo de trabajo que hacían en la secta. Debido a los detonadores y a los sentimientos de malestar o ansiedad, es posible que te des cuenta de que simplemente no puedes hacer un trabajo que tenga relación con la secta. En ese caso tendrás que encontrar nuevas formas de ganarte la vida, ya sea formándote en una nueva carrera o siguiendo un programa de aprendiz en un nuevo campo. Además, en este mundo pospandémico hay muchas oportunidades de trabajo desde casa, por lo que no tendrás que preocuparte inmediatamente por cómo hablar con los compañeros de trabajo.

Hagas lo que hagas, evita desechar lo bueno junto con lo malo. No te resistas a la autosuficiencia hasta el extremo de pasar hambre o acabar en la miseria. Recuerda que, aunque un empleo o algún tipo de trabajo te traigan recuerdos desagradables, ya no estás en una secta: Puedes irte a casa al final del día; no son tus dueños, y cuando surja algo mejor, puedes dejarlo sin represalias. Si tienes que aceptar un trabajo de poca categoría o buscarte un oficio similar a lo que hacías en la secta, aunque sea temporalmente, revisa la sección sobre «detonadores» (en el capítulo 10) para reducir la influencia de cualquier asociación con la secta y márcate objetivos claros para poder pasar a otra cosa con el tiempo.

Los currículos son una preocupación importante si has pertenecido a una secta durante mucho tiempo y, sobre todo, si no has trabajado fuera del contexto de esta. Existe mucha información y recursos disponibles donde hallarás formatos eficaces para los currículos, y muchos servicios de diseño gráfico o centros de impresión (que a menudo también ofrecen servicios de copiado) donde pueden ayudarte a darle a tu currículo un formato atractivo, ya sea para imprimir en papel de buena calidad o para su uso digital. Al preparar tu currículum, evalúa tus puntos fuertes y débiles y tus competencias de la forma más objetiva posible. Haz una lista de todo lo que hiciste antes de entrar en la secta, así como de lo que hiciste mientras estabas en ella. Separa la lista en actividades y logros que puedan trasladarse al mundo laboral. ¿Qué cosas buenas aprendiste de tu experiencia en la secta? ¿Habilidades prácticas? ¿Comportamientos útiles? La siguiente lista surgió de los debates entre antiguos miembros sobre este tema:

- Autodisciplina
- Ventas, recaudación de fondos y oratoria
- El valor de la honradez
- Habilidades interpersonales y saber relacionarse con la gente
- Gestión del tiempo
- Paciencia
- Técnicas de supervivencia
- Autocontrol
- Aptitudes para la docencia y/o formación
- Administración de personal
- Técnicas administrativas y métodos de organización
- Edición, marketing y publicidad
- Economizar, prescindir
- Gestión de otras personas
- Aptitudes de liderazgo
- Cumplir plazos bajo presión
- Capacidad de realizar múltiples tareas

Repasa la lista para ver qué se aplica a tu caso o haz una lista adaptada a tu situación. Si no se te ocurre nada en el momento en que lo hagas, vuelve a intentarlo dentro de unos meses, cuando hayas podido distanciarte más de tu experiencia en la secta.

Para cubrir un largo tiempo pasado en una secta, quizá tengas que recurrir a la creatividad a la hora de redactar tu currículum. Consulta con otros exmiembros que se hayan enfrentado al mismo problema. Algunas sectas tienen organizaciones de fachada que aparentan ser reputadas, como imprentas o editoriales, consultorios médicos, centros de yoga, restaurantes u organizaciones benéficas. Si tu grupo tenía negocios de ese tipo, evalúa las ventajas y desventajas de mencionar dicho empleo en tu currículum. Tal vez otro exmiembro con el que tengas relación podría figurar como referencia. La experiencia como organizador de base, educador en una iglesia, misionero o ama de casa no necesariamente desentona en un currículum, ni es mala en sí misma. En última instancia, tendrás que usar tu mejor criterio para llenar los huecos.

Por lo general, en tu currículum y durante las entrevistas no vas a querer referirte directamente a tu participación en la secta. Esto es algo que sólo tú puedes valorar con el tiempo y la experiencia. Al principio es aconsejable camuflar o reformular tu participación en una secta de la forma más honesta posible para que no te encuentres en una situación incómoda con un posible empleador. Tal vez puedas hablar de tus antecedentes con un orientador profesional, que podría ayudarte a resolver esta cuestión. Lo más probable es que no seas el primer exmiembro de una secta que acude a la consulta de un orientador. También puede ser útil ensayar la entrevista con amigos y familiares.

Los beneficios, prestaciones y opciones de jubilación pueden resultar confusos para muchos exmiembros de sectas. En la mayoría de ellas, son pocos los beneficios, si es que los hay (¿acaso alguien ha oído hablar alguna vez de un plan de pensiones de una secta?). Así que, cuando los exmiembros empiezan un nuevo trabajo, la serie de preguntas y la cantidad de formularios que hay que rellenar pueden resultar abrumadores. ¿Cuántas deducciones reclamar en los formularios fiscales? ¿Quién debe ser el beneficiario de la póliza de seguro de vida que te ofrece la empresa? ¿Qué plan de salud elegir? ¿Quieres participar en el plan de jubilaciones de la empresa? Incluso antes de eso, ¿sobre qué prestaciones debes informarte durante una entrevista de trabajo? La mayoría de esas preguntas se abordan en materiales de consulta relacionados con la búsqueda de empleo y las entrevistas, o se pueden comentar con orientadores profesionales, amigos o familiares. Muchas empresas cuentan con personal de recursos humanos o especialistas en beneficios para empleados cuya función es, justamente, explicar los beneficios y las políticas. No tengas miedo ni vergüenza de hacer preguntas, ni siquiera durante una entrevista. Una pregunta directa siempre te llevará más lejos, lo cual es mucho mejor que quedarse atascado en un marasmo de confusión e ignorancia.

Una nota final: no tienes por qué aceptar un trabajo sólo porque te lo ofrezcan. Si no te parece adecuado o no cumple tus requisitos, no tiene nada de malo decir que no. Habrá otras oportunidades. Recuerda, se trata de tu vida.

14 Sanar del abuso sexual y la violencia

«¿Tú también?» «No estarás refiriéndote a mi líder, ¿no?» «Parece que no soy el único».

Estas son algunas de las afirmaciones típicas que se escuchan cuando los antiguos adeptos de una secta se reúnen para ayudarse y apoyarse mutuamente. Pero a un lado, callados y retraídos, puede haber otros que no se identifican del todo con el grupo más amplio. Sus experiencias los diferencian: la violencia y el abuso que han presenciado o sufrido conllevan una carga de miedo, vergüenza y culpa que suele ser difícil de compartir. Es posible que hayan sido rechazados en otras ocasiones cuando intentaron hablar de los horrores de su experiencia en la secta. Esto es especialmente cierto en el caso de quienes salieron de grupos conocidos por su violencia extrema y su comportamiento antisocial.

Otros, sin embargo, guardan silencio por una razón diferente: nacieron y crecieron en una secta. Para ellos, las discusiones sobre un "antes de la secta" y el regreso a su comunidad o familia de origen son deprimentes y aislantes. Es posible que su familia siga en la secta y que su única identidad sea la que llevaron consigo a la reunión. Aunque pueden beneficiarse de los debates sobre diferentes aspectos del condicionamiento sectario y problemas comunes de la recuperación, algunas de sus cuestiones fundamentales tienden a quedar sin explorar. (La 3era. Parte contiene un análisis más detallado de estas cuestiones especiales).

Este capítulo aborda la violencia y el abuso sexual relacionados con las sectas. Diferentes niveles de abuso psicológico, emocional o espiritual pueden causar diversos grados de dificultad en el período de transición posterior a la secta. Aunque los niños o adultos sometidos a formas extremas de abuso pueden sufrir daños considerables, en algún nivel, todas las mujeres, hombres y niños en las sectas están en riesgo debido a la naturaleza descontrolada, errática y a veces delirante de un líder sectario carismático.

La crueldad física y el abuso sexual están muy extendidos en los entornos sectarios. La violencia se presenta de muchas formas, desde el abuso físico esporádico hasta castigos orquestados. El abuso sexual puede enmascararse como un tipo de matrimonio con el líder, como una práctica espiritual, o puede implicar la seducción abierta de miembros vulnerables por parte de quienes ostentan el poder.

En algunas sectas, la violencia física y el abuso sexual se incorporan a elaborados rituales, dotados de significados místicos y mágicos. Animar a un seguidor a mantener relaciones sexuales con un gurú, el «profeta de Dios» o el líder omnisciente representa una hábil combinación de coacción sexual y mistificación.

Negarse a participar se considera desobediencia y, en el sistema social cerrado, controlado y hermético de una secta, la desobediencia es un pecado. En los grupos ocultistas y en muchas sectas unipersonales o familiares, el terror y el dolor pueden utilizarse para provocar estados alterados de conciencia o para asegurar el control. Los votos de silencio y las promesas de obediencia ayudan a perpetuar el sistema cruel y violento.

El abuso sexual en las sectas

En muchas sectas, la sexualidad se controla y manipula, al igual que otros aspectos de la vida de un seguidor. Con demasiada frecuencia, los líderes sectarios carismáticos comprueban que controlar la sexualidad de una persona puede ser una fuente vital de poder. Aunque la mayoría de las personas que se unen a una secta ya tienen ciertos valores y creencias sobre su sexualidad y comportamientos sexuales, la presión del grupo sectario y la resocialización pueden alterar esas creencias, a menudo de forma radical.

La incidencia del abuso sexual en las sectas es un tema que clama por una investigación sólida. En una conferencia sobre recuperación postsecta, el 40 % de las exmiembros presentes asistieron a un taller improvisado para mujeres que habían sufrido abuso sexual en su secta.[1] Además, varias de las coordinadoras del taller y otras personas con antecedentes de abuso sexual en sectas no participaron o no pudieron hacerlo, y es muy posible que hubiera otras asistentes que, habiendo sufrido abuso sexual, decidieron no acudir al taller. También hubo asistentes varones que habían experimentado abuso sexual en sus sectas pero que, a petición de las mujeres, fueron excluidos de este taller en particular. Por lo tanto, suponemos que el cuarenta por ciento representa el extremo inferior en la escala de víctimas de abuso sexual en sectas.

Cuando el abuso sexual comienza en una relación de confianza —por ejemplo, terapeuta-cliente, educador-alumno, clérigo-feligrés, abogadocliente, médico-paciente, supervisor-empleado, o entre dos individuos cualesquiera donde exista una distribución desigual de poder—, cualquier otro beneficio de esa relación queda contaminado, si no destruido.[2] Debido al desequilibrio de poder y su consiguiente potencial de daño, las relaciones sexuales entre alguien con autoridad y las personas a su cargo nunca son justificables. Creemos que una mayor concienciación sobre este tema puede ayudar tanto a las víctimas de abuso como a quienes las asisten a dar pasos más importantes hacia la comprensión y la sanación.

La incidencia del abuso sexual en la profesión de la salud mental se exploró en un estudio de referencia sobre psiquiatras. Los investigadores observaron que el 6,4 % de los encuestados reconocieron haber tenido contacto sexual con sus pacientes, y algunos admitieron múltiples episodios. Tres estudios nacionales sobre psicólogos realizados entre 1977 y 1986 informaron que entre el 9,4 % y el 12,1 % de los terapeutas varones y entre el 2,5 % y el 3 % de las terapeutas mujeres habían mantenido contacto sexual explícito con sus pacientes. Un estudio de 1987 mostró un descenso significativo hasta el 3,6 % en el caso de los terapeutas varones, posiblemente debido a la mayor concienciación pública y profesional, el aumento de los litigios e incluso las sanciones penales por abuso.[3]

Que los médicos tengan contacto sexual con sus pacientes es una violación del juramento hipocrático. Todas las asociaciones profesionales de salud mental suscriben esa norma de práctica ética. Esas mismas prohibiciones se aplican al asesoramiento pastoral y educativo, y muchas instituciones de enseñanza prohíben a los maestros o profesores tener contacto o relaciones sexuales con sus alumnos. Dichas prohibiciones éticas deberían aplicarse de forma absoluta a los líderes de sectas. Cuando un grupo o líder exige la sumisión sexual de un seguidor, no solo equivale a una violación —y a un quebrantamiento de la confianza—, sino que también puede considerarse el paso final en la cosificación del individuo.

Distintas formas de abuso sexual sectario

Definimos el abuso sexual como el abuso de poder en una secta o relación sectaria mediante el cual un miembro o pareja es explotado sexualmente para satisfacer las necesidades económicas, emocionales, sexuales o físicas, conscientes o inconscientes, del líder, de la pareja o de otros integrantes del grupo. El abuso sexual puede abarcar desde tocamientos no deseados hasta el control sexual y la violación, incluyendo una variedad de comportamientos o actos violentos y/o sexuales. La seguridad y la reparación del daño se vuelven imposibles debido a la desigual dinámica de poder.

Aunque muchas de las descripciones y ejemplos que siguen se refieren a mujeres víctimas de abuso sexual, los niños y los hombres no se libran de estas transgresiones. Muchos líderes de sectas cometen abusos sexuales contra los niños y hombres que están bajo su influencia. Por ejemplo, Steve Susoyev también relata abusos a hombres jóvenes en su autobiografía. Cuenta la desgarradora historia de los años que pasó en lo que él llama una «secta sexual en un entorno aislado» dirigida por un psicoterapeuta sin ética que llamaba a su rancho su «laboratorio de relaciones humanas». Steve tenía 19 años cuando conoció al hombre al que describe como un «charlatán carismático» que «secuestró mi juventud a cambio de, supuestamente, salvarme la vida».[4] Aunque los siguientes relatos se centran principalmente en las víctimas femeninas, de ningún modo subestimamos ni ignoramos a los hombres víctimas de abuso sexual.

La seducción, la violación, el abuso de drogas, los estados alterados de conciencia inducidos, el miedo, la manipulación de las emociones y el abuso de poder rodean el abuso sexual perpetrado en las sectas y las relaciones sectarias. A continuación, explicamos algunas de las principales categorías de explotación y abuso sexual.

Control reproductivo, marital y sexual

En un sentido amplio, el control reproductivo, conyugal y sexual mediante el celibato forzoso o las relaciones impuestas son formas de abuso sexual. En muchos grupos, a los maridos se les otorga un control absoluto sobre sus esposas (y normalmente también sobre sus hijos), lo que incluye el permiso para realizar actos sexuales con sus esposas sin su consentimiento. En tales situaciones, la violación dentro del matrimonio se convierte en una norma aceptada. A veces el líder dicta exactamente cuándo y cómo debe producirse la actividad sexual entre parejas casadas.

Algunos grupos exigen la abstinencia sexual o el celibato, o imponen ciertas prohibiciones sexuales, por ejemplo, contra las relaciones homosexuales o las relaciones no aprobadas por el grupo, sean cuales fueran. Las sectas también pueden controlar la reproducción y la crianza de los hijos. A primera vista, tales normas quizá alivien la confusión que supone intentar dominar las complejidades de la sexualidad y las relaciones íntimas. No obstante, en realidad, son claramente manipulaciones. Al controlar el sexo, el matrimonio y la procreación, la secta puede influir y manejar mejor a sus miembros.

En algunas sectas se disuade a las mujeres de tener hijos y se recurre a la esterilización y al aborto como medios de control de la natalidad. En otras, se espera que tengan hijos y a veces los líderes así lo ordenan. Por ejemplo, en su libro *Inside Out: A Memoir of Entering and Breaking Out of a Minneapolis Political Cult* («Desde Adentro: Memorias de mi Ingreso y Liberación de una Secta Política de Minneapolis», traducción libre), publicado por North Star Press of St. Cloud, Alexandra Stein describe tanto un matrimonio concertado como la orden del líder de adoptar niños.

El sexo como «un honor»

En muchas sectas se hace creer a los miembros que tener un encuentro sexual con el líder es un honor, un regalo especial o una forma de avanzar en su desarrollo personal. A un seguidor se le puede pedir, por ejemplo, que ayude al líder a relajarse o a sentirse mejor. En las sectas donde el líder es considerado Dios, el sexo con él puede interpretarse y racionalizarse como algo espiritualmente beneficioso para el seguidor. A menudo, los miembros se someten a las insinuaciones de un líder por puro miedo. Dada la asimetría de poder, es difícil negarse. La máscara del honor no es más que una tapadera del flagrante abuso que se está cometiendo.

El sexo como prueba

Algunos líderes abusivos ponen a prueba el compromiso y la lealtad de los miembros, frecuentemente para satisfacer sus propias necesidades sexuales. Cuanto más exige un líder, más poder obtiene, hasta que invade y controla todos los aspectos de la vida. La justificación es que nada es demasiado sagrado como para negárselo al líder. Entregarse uno mismo, y a veces incluso a los propios hijos, se considera un noble sacrificio. En algunas sectas, esta prueba se realiza de una manera sexualmente sádica que debilita aún más a los seguidores y aumenta su dependencia del líder.

Servilismo femenino

La exigencia de servilismo femenino está muy extendida en las sectas. En muchas de ellas, el comportamiento de la mujer está estrictamente controlado y a menudo se la somete a la autoridad de un esposo al que puede no haber elegido o aprobado. No obstante, se espera que sea totalmente sumisa a todas las exigencias que le impongan su marido, el líder o líderes y, a veces, también otros miembros. Esto es particularmente frecuente en las familias y comunidades polígamas mormonas y cristianas fundamentalistas contemporáneas. En el libro de Andrea Moore-Emmett, *God's Brothel* («El Burdel de Dios», Prince-Nez Press), puede encontrarse un excelente relato de esta situación. Ciertos grupos también aprueban que se castigue a las mujeres mediante palizas o relaciones sexuales forzadas. La mujer aprende a cargar con la culpa y la vergüenza del comportamiento de otros.

«Terapia» sexual
Las relaciones sexuales con el terapeuta siempre son inapropiadas. Algunos terapeutas utilizan su poder para incitar a sus pacientes a mantener relaciones íntimas. El siguiente es un ejemplo:

Noreen J., exmiembro de una secta psicoterapéutica, presentó una denuncia ante la junta estatal de licencias y una demanda civil contra su psicoterapeuta por abuso sexual. Sin formación especial en trastornos sexuales o ginecología, el Dr. G. realizó exámenes «sexológicos» a Noreen para descubrir la causa de lo que él identificaba como sus inhibiciones sexuales. Comenzó su seducción en el diván de terapia, sentándose cada vez más cerca de Noreen hasta que ella toleró primero un brazo alrededor de su hombro, luego una mano bajo su falda. Cualquier protesta o reparo por parte de ella se interpretaban como frigidez y falta de confianza. Los exámenes genitales se realizaban en la consulta, sin la presencia de una enfermera, y con frecuencia eran el preludio de otros abusos. Al cabo de unos meses, las relaciones sexuales y el sexo oral se producían regularmente durante la hora de terapia, por la que Noreen debía pagar su tarifa habitual. Finalmente, el Dr. G. perdió su licencia por cinco años y fue multado con varios cientos de miles de dólares en un juicio muy mediático que le entablaron cinco de sus pacientes.

Para informarse sobre otros abusos que pueden darse en una terapia, véase *«Crazy» Therapies: ¿What Are They? ¿Do They Work?* («Terapias "Disparatadas": ¿Qué Son? ¿Funcionan?», traducción libre), de Margaret Singer y Janja Lalich (Jossey-Bass).

Sexo inducido por drogas
Aunque el consumo de drogas no es habitual en las sectas, algunos líderes promueven su uso para poder influir aún más en sus seguidores. Las drogas pueden utilizarse para reducir inhibiciones, crear la apariencia de sucesos mágicos y provocar comportamientos inusuales. He aquí un ejemplo:

En una secta de sanación *New Age*, *Laurie K.* fumaba marihuana y hachís como parte de la experiencia grupal, que combinaba drogas y misticismo. Ocasionalmente también se consumía heroína y cocaína. Una vez que los miembros estaban bajo los efectos de las drogas, el líder elegía a su pareja sexual para la noche. Con autoridad cuasi divina —y con la ayuda de las drogas— coaccionaba a hombres y mujeres para que se sometieran a él o a otros miembros del grupo. Los esporádicos niños que nacían en la secta eran criados colectivamente. Cuando Laurie abandonó el grupo, los análisis de sangre fueron el único medio para determinar la identidad del padre biológico de su hijo. Siguió una amarga batalla por la custodia entre Laurie y el marido que le había asignado el grupo.

Un libro interesante sobre el papel que desempeñan las drogas para engendrar el compromiso con las sectas es *The Long Prison Journey of Leslie Van Houten* («La Larga Travesía Carcelaria de Leslie Van Houten», traducción libre, Northeastern University Press), de Karlene Faith, que describe la vida en la secta de Charles Manson, donde el consumo de drogas estaba muy extendido.

Violación

La violación es un hecho habitual en las relaciones abusivas (tanto bipersonales como en familias sectarias). Dado el desequilibrio de poder, algunos líderes sectarios corruptos y sus lugartenientes pueden violar a sus seguidores a voluntad. He aquí un ejemplo:

Lena N. trabajaba 16 horas al día en las oficinas de un conocido centro de transformación personal. Entre sus dobles turnos, dedicaba todo su tiempo y dinero a asistir a cursos patrocinados por el grupo en un esfuerzo por mejorar su condición espiritual. Una noche, tarde, su supervisor, Don J., que tenía poder para degradarla o asignarle interminables trabajos de baja categoría, trató de propasarse con ella. Lena se resistió. La sancionaron con deméritos por actitud impropia y le asignaron tareas de castigo de dieciocho horas diarias que incluían limpieza pesada. En varias ocasiones, otros miembros la animaron a no cumplir con las tareas asignadas; entonces Don volvía a la carga. Agotada por la falta de sueño y la mala alimentación, ya no pudo defenderse adecuadamente de los avances de Don, quien finalmente la violó. Continuó coaccionándola sexualmente hasta que se cansó de ella y encontró una nueva víctima.

La violación en el contexto de un entorno laboral legal, como en este caso, suele estar contemplada en las leyes que protegen contra el acoso sexual en el ámbito laboral. En teoría, Lena puede presentar una denuncia ante las autoridades u organismos competentes en la materia y emprender acciones civiles contra su jefe y la empresa. Por desgracia, la mayoría de los miembros de sectas temen presentar denuncias de este tipo o ni siquiera alcanzan a identificar o reconocer el abuso debido a las actitudes de autoculpabilización que se fomentan en la mayoría de las sectas.

«Amor verdadero»

Algunos seguidores de líderes carismáticos se sienten atraídos por lo que parece ser una relación amorosa. Algunos líderes sectarios tienden a cambiar periódicamente de pareja. Un caso ilustrativo describe una de esas supuestas relaciones amorosas:

Murray S. era muy conocido en los círculos de cría de perros cuando conoció a *Lida L.* Invitado por ella, asistió a uno de sus talleres y cayó bajo el hechizo de Alesha, una diosa de 100.000 años de antigüedad canalizada desde la sexta dimensión y que supuestamente hablaba a través del perro de Lida. La diosa le dijo a Murray que él y Lida eran almas gemelas. Convencido por Alesha y Lida de que su destino estaba entrelazado con el de esta última, Murray se enamoró y se casó con Lida a petición de ella. Con la habilidad y los conocimientos de Murray, juntos criaron y adiestraron perros de exposición con pedigrí que comercializaron con grandes beneficios entre los seguidores de Lida. Tres años después, Lida se divorció de Murray, dejándolo prácticamente sin dinero y sin seguro médico. Cuando dio positivo en la prueba del VIH, Murray disputó el acuerdo de divorcio, pues alegaba que lo dejaba económicamente incapacitado para procurarse una atención médica adecuada.

El sexo ritual
El sexo ritual se da en muchos grupos sectarios. El relato del Capítulo 11 sobre la mujer seducida por el pastor John es un ejemplo de este tipo de abuso, en el que el líder utiliza símbolos y elementos iconográficos relacionados con la creencia o ideología para facilitar su depredación sexual. Este tipo de artimañas perversas se observan en muchos grupos dirigidos por gurús y en grupos *New Age*, donde los líderes utilizan una parafernalia religiosa para atrapar a sus víctimas, como en el ejemplo siguiente:

Tapices, iconos y obras de arte adornan las paredes de la sala de meditación de la mansión, conocida como el «santuario». Es aquí donde el venerado Maestro entona «Ríndete ante el Gurú», mientras da instrucciones privadas de meditación a discípulas seleccionadas. Solo después de superar pruebas imprecisas, una discípula está lista para la iniciación y un nuevo nombre. Como las pruebas nunca se detallan, Brenda M. no tiene cómo saber qué prueba ha planeado el gurú para ayudarla a «avanzar al siguiente nivel espiritual». La sutil presión para que se «rinda ante el gurú» se mantiene constante durante las sesiones. El gurú y Brenda se sientan cada vez más cerca, hasta quedar entrelazados. Brenda solo sabe que debe complacer al gurú y se ve obligada a adivinar cómo ocurrirá. De este modo, es conducida a realizar actos de intimidad sexual cada vez mayores.

En muchos de estos casos, el sexo con el gurú se justifica como «tántrico», es decir, como parte de las prácticas sexuales secretas de ciertas sectas budistas o hinduistas. Pero, por supuesto, nunca se alcanza la iluminación. Los únicos resultados de estas sesiones son la vergüenza y el secretismo. Como Brenda en el ejemplo anterior, en la mayoría de los casos, cada discípula cree que es la única pareja íntima del gurú, aunque observe que otras mujeres también se dirigen al santuario o a los aposentos del gurú. Normalmente, él le dice a cada discípula que el contacto sexual es por su bien. Después de todo, afirma ser célibe y, por lo tanto, supuestamente está haciendo el máximo sacrificio por su leal devota. Esta lógica retorcida crea una culpa y una confusión tremendas en innumerables discípulas víctimas de abuso.

La poligamia

En los últimos años, a pesar de su secretismo, las familias polígamas han quedado expuestas por los comportamientos abusivos perpetrados en el seno de sus comunidades. Algunos estiman que entre 50.000 y 100.000 estadounidenses practican la poligamia, aunque la cifra probablemente sea mayor porque lo cierto es que no hay forma de hacer un recuento exacto.[5] En *God's* Brothel («El Burdel de Dios»), una mordaz denuncia de comportamientos polígamos que incluyen el abuso sexual de niñas y niños menores de edad, violaciones, incesto, orgías y violencia, la autora y periodista Andrea Moore-Emmett explica:

> Dentro de la poligamia [...] las mujeres son la mercancía y la moneda de cambio, siempre en competencia unas con otras, rivalizando por los escasos recursos y atenciones de su amo y señor, que reina de forma suprema sobre ellas. En la poligamia, los hijos son meras extensiones de sus madres, y por lo general, propiedad de sus padres. Con tantos hijos, sus padres los consideran más un «grupo» que individuos. Los hombres, que se creen dioses del hogar y que ya viven al margen de las normas sociales, a menudo convierten a sus hijos en víctimas de abusos cada vez más depravados e inimaginables. La poligamia es el patriarcado llevado a su extremo más absoluto.[6]

La victimización de mujeres y niños que son forzados a vivir en relaciones polígamas es la lacra invisible de nuestra sociedad. Está ahí, pero pocos quieren reconocerla o enfrentarla. Afortunadamente, mujeres valientes que escaparon de la poligamia formaron *Tapestry Against Polygamy*, una organización que ayuda a otras mujeres que desean huir de este estilo de vida impuesto mediante coacción religiosa. (Véase www.polygamy.org.) También hay varios documentales excelentes, como *Keep Sweet, Pray and Obey* («Sé Dócil, Ora y Obedece») *y Prisoner of the Prophet* («Prisionera del Profeta»), que han arrojado luz sobre este mundo secreto.

Trata de personas con fines de explotación sexual, prostitución y pornografía

Otros tipos de abuso y explotación sexual son la prostitución y la pornografía coaccionadas. Algunas sectas obligan a sus miembros a utilizar favores sexuales para atraer a nuevos adeptos, chantajear a oponentes u obtener poder político.[7] La Familia de Charles Manson y los Niños de Dios son dos de los grupos más conocidos por haber utilizado el sexo como herramienta de reclutamiento y control. Las excelentes memorias de Miriam Williams, *Heaven's Harlots: My Fifteen Years in a Sex Cult* («Rameras del Cielo: Quince Años en una Secta Sexual») (William Morrow), describen cómo la «prostitución sagrada» se desarrolló como práctica en la secta Los Niños de Dios.[8]

Explorando las secuelas

Son notables las similitudes entre las víctimas de abuso en sectas y aquellas que lo sufren durante un proceso de psicoterapia. Este último, en ocasiones, puede transformarse en una relación sectaria bipersonal, o incluso en una secta grupal si la dinámica se extiende a varios pacientes del terapeuta. En ambos escenarios, una figura de poder ejerce una influencia indebida sobre una persona en situación de vulnerabilidad o dependencia.

En su estudio sobre la dinámica del abuso entre terapeuta y cliente, los psicoterapeutas Jane y Maurice Temerlin identificaron tres factores que pueden conducir al abuso: la idealización, la dependencia y la vulnerabilidad de los límites profesionales.[9] Normalmente, el líder carismático o el terapeuta explotador fomentan la idealización para que se lo considere iluminado, sobrehumano, bendecido por Dios o profeta de una nueva «ciencia sagrada» o creencia especial. Los miembros (o pacientes) entonces se vuelven dependientes del líder (o terapeuta) porque lo ven como omnisciente y como garante de su seguridad y crecimiento psicológico, espiritual o económico.

La dependencia aumenta al aislar a los miembros (o pacientes) de la familia y los amigos, y al fomentar la pertenencia vitalicia (o, en el caso de los terapeutas abusivos, el clásico «tratamiento interminable»). Los límites personales y profesionales se desdibujan hasta desaparecer a medida que se acrecienta el control del líder. Los miembros ya no responden de forma realista al líder. Se tornan cada vez más dependientes, sumisos y deprimidos, y ejercen cada vez menos control sobre sus propias vidas.

El potencial de daño cuando existe explotación sexual por parte de profesionales y otras personas en posiciones de poder está bien documentado.[10] Los efectos se han identificado como un síndrome diferenciado con al menos diez aspectos perjudiciales principales que se presentan de forma aguda, retardada o crónica.[11]

- *Ambivalencia:* sentimientos de ira y miedo combinados con el deseo de estar con el maltratador, aferrarse a él y protegerlo.

- *Culpabilidad:* sentimiento de haber traicionado al maltratador, que proviene de haber expuesto el maltrato o de haberlo comentado con otra persona. Las víctimas se convencen de que fueron responsables y asumen la culpa del abuso.
- Vacío y aislamiento: se da tanto poder al maltratador que la separación disminuye el sentido de identidad de la persona maltratada. Sin esa persona mágica la vida parece perder sentido.
- *Confusión sexual:* pensamientos, sentimientos, sensaciones e impulsos sexuales contradictorios y conflictivos. Los maltratadores suelen explotar esa confusión sexual.
- *Deterioro de la capacidad de confiar:* las víctimas dudan de su capacidad para confiar en los demás o en su propio juicio.
- *Identidad e inversión de roles:* se manipula a la víctima para que atienda al maltratador. La sexualización de la relación a veces comienza cuando el abusador habla de sus problemas para despertar compasión, que luego se utiliza para manipular y explotar a la víctima.
- *Inestabilidad emocional o descontrol:* se experimentan y expresan emociones intensas, caóticas e impredecibles, desde la risa al llanto o la rabia. Pueden aparecer depresiones repentinas y profundas justo cuando parece estar emergiendo el equilibrio emocional.
- *Rabia reprimida:* al igual que las supervivientes de incesto, violación o maltrato físico, las víctimas pueden haber tenido que negar, reprimir u ocultar su rabia. El resultado puede ser una rabia profunda, poderosa y paralizante que son incapaces de manejar, expresar o hasta reconocer durante mucho tiempo.
- *Depresión y aumento del riesgo de suicidio*: la rabia hacia el agresor puede volverse contra uno mismo. La culpa o la vergüenza irracionales pueden conducir a sentimientos de desesperanza, impotencia y pensamientos suicidas.
- *Disfunción cognitiva*: la atención y la concentración pueden verse perturbadas por flashbacks, pensamientos intrusivos, imágenes no deseadas, pesadillas y otros síntomas del trastorno de estrés postraumático.

También puede producirse un deterioro intelectual. Esta dificultad cognitiva es consecuencia del adoctrinamiento, que conduce paulatinamente hacia la adopción de creencias falaces y realidades distorsionadas, y puede prolongarse por experiencias de resocialización o conversión que llevan a las víctimas a profundizar el ciclo del abuso.

Tarde o temprano, es necesario que los exmiembros de sectas que sufrieron abusos sexuales enfrenten esos abusos. Como este paso puede ser difícil, los sentimientos ligados a dichas experiencias pueden constituir la capa más profunda y postrera del trauma generado por la secta que haya que explorar. Reconocer la explotación y el abuso sexuales puede ser extremadamente doloroso. De ahí que en algunos casos las víctimas tiendan a negar, racionalizar, minimizar o distorsionar el significado de la experiencia. En casos extremos, llegan a disociarse, separarse, escindirse o incluso tratar de olvidar la experiencia como mecanismos de defensa para tolerar su permanencia en el grupo. Esa negación y disociación a veces persiste después de abandonar el grupo.

Desenterrar y afrontar estas experiencias y sentimientos puede contribuir a restaurar la capacidad de una persona para mantener relaciones íntimas y sexuales satisfactorias y plenas. Superar la culpa y la vergüenza, y darse a la tarea de clarificar los valores, creencias y preferencias sexuales, constituye un hito fundamental en la superación del trauma y el desarrollo personal.

Violencia en las sectas

El abuso sexual es una de las formas de violencia que se da en las sectas. Las palizas y los castigos físicos, las agresiones a otras personas y a veces hasta el asesinato son otras formas. La violencia puede utilizarse como medio de control, expresión de poder, desahogo de la rabia o la frustración, o para el disfrute sádico de la jerarquía. Puede formar parte del modus operandi de una empresa criminal rentable dedicada al robo, el tráfico de drogas o armas, el secuestro, la prostitución o la pornografía; o puede formar parte de los rituales o ritos de iniciación del grupo. La violencia puede ser aleatoria o planificada.

Los actos violentos contra terceros o contra la propiedad son actos delictivos. Los líderes sectarios coaccionan a los afiliados para que participen en actividades violentas u otras actividades delictivas llevándolos a situaciones cada vez más difíciles al limitarles progresivamente sus opciones. Algunos de ellos pueden participar regularmente en actos violentos, mientras que a otros los obligan a presenciarlos. Implicar a los afiliados en actividades delictivas también le ofrece al grupo la posibilidad de chantajearlos, lo que dificulta aún más su defección.

Ejemplos de la violencia relacionada con las sectas

A mediados de la década de 1990 nos enteramos de los asesinatos y suicidios rituales en Suiza, Canadá y Francia de 69 miembros de un grupo místico llamado «La Orden del Templo Solar». Los colíderes eran Joseph DiMambro, un ocultista francés, y Luc Jouret, un carismático médico homeópata belga.

Entre los muertos había niños pequeños y bebés. Al parecer, las muertes fueron la espantosa culminación de dos décadas de disensiones internas, irregularidades financieras y problemas con la justicia.[12]

Bhagwan Shree Rajneesh, gurú indio que predicaba el amor libre y un tipo de misticismo *New Age* que combinaba Oriente y Occidente, murió en 1990 tras ser expulsado de Estados Unidos en 1986, acusado de inmigración ilegal. Por aquel entonces, varios devotos de su *ashram*, cerca de Antelope (Oregón), fueron acusados de varios delitos, entre ellos envenenar intencionadamente la comida de varios restaurantes (lo que enfermó a cientos de personas), intervenir ilegalmente los teléfonos de opositores, conspirar presuntamente para asesinar a un fiscal estadounidense y conspirar para asesinar al propio Rajneesh.[13]

En 1995 se liberó un gas neurotóxico en el metro de Tokio en hora punta. Doce pasajeros murieron y más de 5000 enfermaron al inhalar el gas. Shoko Asahara, líder de Aum Shinrikyo (Verdad Suprema de Aum) y varios de sus seguidores fueron acusados de ese acto, así como de otras atroces actividades criminales y planes fatales. Los miembros de Aum participaban en rituales agónicos, ingesta de drogas que alteraban la mente y otras prácticas peligrosas ideadas por su gurú.[14]

Una de las sectas más extrañas y violentas de la historia de Norteamérica fue la de los *Ant Hill Kids*, dirigida por Roch Theriault. El grupo vivía en comunidad en lugares remotos de Canadá. Theriault, que cumple cadena perpetua, «mató al menos a dos de sus seguidores, castró a otros dos y le amputó el brazo a otro. Se sabe que tuvo al menos veinticinco hijos con ocho mujeres distintas».[15] La película canadiense *Savage Messiah* narra la historia de este grupo.

Los grupos sectarios, tanto de izquierda como de derecha del espectro político, perpetúan la violencia: desde atentados contra clínicas abortistas y bares gay hasta actos terroristas contra laboratorios de investigación animal y lotes de coches todoterreno. En muchos casos, estos grupos radicales son furtivos y están bien ocultos, por lo que apenas se sabe de ellos hasta que los descubren. Por ejemplo, se sabía muy poco de la comunidad racista de Arkansas llamada *Elohim City* hasta que Timothy McVeigh hizo estallar su camión bomba en Oklahoma City, y se descubrió que había visitado el grupo y que mantenía contacto permanente con sus integrantes.[16]

No todas las sectas son manifiestamente violentas. Algunas utilizan tácticas más sutiles y menos visibles que dificultan la detección y persecución de sus actividades. Algunas recurren a una mezcla de expresiones internas y externas de violencia. Los siguientes ejemplos proceden del *Democratic Workers Party* (Partido Democrático de los Trabajadores), una secta política de izquierda ya desaparecida (en la que estuve durante más de 10 años):

Tras la expulsión formal de *Hélène* de la organización, como remate, esta envió un pequeño escuadrón para intimidarla físicamente. Una noche, un grupo de mujeres que días antes habían sido sus camaradas la acosaron en el trabajo y la persiguieron hasta su casa. Irrumpieron en su casa, le dieron varios golpes, saquearon sus pertenencias y la amenazaron. Aunque sabían perfectamente que Hélène se estaba recuperando de una cirugía mayor, eso no les impidió cumplir sus órdenes de intimidarla para que guardara silencio sobre la organización. Esa fue la primera vez que la nefasta organización recurrió a la táctica de enviar grupos de matones, modus operandi por el que se haría tristemente célebre en los años que siguieron.

Dichas tácticas se utilizaron contra otros grupos de izquierda, contra grupos de los movimientos obrero, pacifista y antinuclear locales, y también contra algunos antiguos militantes. Se pintaron coches con spray. Se saquearon casas y oficinas. Se robaron documentos. Se interrumpieron reuniones y convenciones políticas. Se espió y amenazó a algunas personas. Otras recibieron palizas. Incluso hubo un caso en que una pareja de militantes recién expulsados fue agredida delante de su hijo.

Asimismo, dentro del grupo también se utilizaban métodos similares. Los militantes castigados o en espera de «juicio» podían ser suspendidos (apartados de la vida del partido/secta); sometidos a suspensión punitiva (se les prohibía hablar y los otros militantes no podían dirigirles la palabra, a veces por períodos de hasta seis semanas); condenados a arresto domiciliario o vigilados las veinticuatro horas del día. Una militante permaneció sentada durante horas mientras [el dirigente], borracho, le apuntaba a la cabeza con una pistola. Los militantes expulsados eran amenazados y sometidos a extorsión o se les pedía que retribuyeran económicamente a la organización la «formación» recibida, lo cual en algunos casos ascendía a miles de dólares.

El líder creó un grupo de élite dentro de la organización llamado «Las Águilas», cuyo trabajo consistía en llevar a cabo buena parte de esas misiones. Las Águilas recibieron formación especial en seguridad y aptitud física de parte de un exmilitar de la Infantería de Marina. Actuaban como guardaespaldas personales del líder, como personal de seguridad durante las manifestaciones y como alborotadores, matones y agitadores siempre que era necesario.[17]

Hace poco, el mundo se enteró de los espantosos y atroces abusos de la secta NXIVM, dirigida por el estafador Keith Raniere, tal como se registra en los documentales *Seduced: Inside the NXIVM Cult* («Seducida: En las entrañas de la secta NXIVM») y *The Vow* («El Juramento»). Otro líder de secta contemporáneo y narcisista perverso es Larry Ray, que reclutó a las compañeras de dormitorio de su hija en el campus universitario de Sarah Lawrence en Nueva York. Esto consta en los documentales *Stolen Youth* («Juventud Robada») y *Sex, Lies and the College Cult* («Sexo, Mentiras y la Secta Universitaria»). Ambos hombres fueron condenados por delitos federales. Raniere fue sentenciado a 120 años de prisión.

Es posible que diversas tácticas de intimidación y comportamientos semiviolentos sean más comunes que los extremos de violencia descritos en los ejemplos anteriores. Sin embargo, la triste realidad es que los entornos sectarios tienden a engendrar abusos y violencia de todo tipo. Todo sistema social sectario se nutre de una asimetría de poder, que a menudo se manifiesta en actos violentos, abusivos o brutales. Como escribe el psiquiatra Louis West: «Sin duda, la mayoría de las sectas ni son utópicas ni infernales. De hecho, algunas pueden ser relativamente inofensivas. Pero la mayoría —si no todas— tienen el potencial de volverse letales... Algunas sectas que por el momento parecen inofensivas, en realidad ya están causando graves daños que el público en general desconoce, daños que los líderes de las sectas encubren y niegan, y que los apologistas de las sectas se niegan sistemáticamente a admitir o investigar».[18] Dada nuestra experiencia entrevistando a cientos de exmiembros de sectas de docenas de grupos variados, concordamos con esa valoración.

El satanismo

Las organizaciones de observación de cultos y los profesionales de diversos campos suelen discrepar sobre la realidad o la incidencia del satanismo, en particular del fenómeno de las sectas multigeneracionales de abusos rituales. Esta controversia se ha debatido acaloradamente en el mundo académico, en conferencias profesionales y en los medios de comunicación.

A menudo el público en general confunde diversas tradiciones, como el satanismo, la brujería o Wicca, el paganismo, el vudú y el ocultismo. El público también se ha visto asediado por «leyendas urbanas». Durante el llamado pánico satanista de finales de los 80 y principios de los 90, algunos portavoces religiosos, académicos, profesionales y medios de comunicación perpetuaron la idea de que existía una vasta conspiración satánica clandestina, con cientos (si no miles) de víctimas de brutales abusos, y hasta asesinatos ritualistas. Tras intensas investigaciones por parte de las autoridades no se encontraron pruebas concluyentes.

Por otra parte, existen pruebas del fenómeno de la «afición adolescente», especialmente en las zonas rurales, donde algunos adolescentes desarrollan gran interés por símbolos y rituales satánicos. Otras pruebas podrían incluir los supuestos asesinatos satánicos descubiertos en Matamoros (México), pero algunos creen que tuvieron más que ver con una enorme operación de contrabando de drogas que con actividades reales de una secta. Sin embargo, algunos grupos pueden realizar prácticas de tipo satánico y proclamar lemas o símbolos relacionados.

En una iglesia cada vez más aislada de la pequeña localidad de Ponchatoula (Luisiana), el pastor y los miembros de la congregación fueron acusados de «practicar actividades sexuales propias de una secta, con niños y animales, dentro del salón de culto...» Los testigos describen el uso de túnicas, pentagramas en el suelo de la iglesia, sexo con un perro y el sacrificio de gatos. Entre las supuestas víctimas, de las que se sospecha que hay hasta dos docenas, hay varios niños: desde bebés hasta adolescentes, algunos de ellos hijos de los acusados».[19] Aunque esta iglesia empleaba prácticas aparentemente satánicas, hemos optado por no separar las sectas satánicas de otros tipos de grupos sectarios. Creemos que el abuso en las sectas se desarrolla en un espectro. Es posible que las sectas satánicas se encuentren al extremo del espectro, pero ni están solas ni son únicas en cuanto al horror o la perversidad de sus acciones.

Para sanar el dolor

Muchas sectas ejercen violencia tanto contra el cuerpo como contra el espíritu humano. El control se ejerce de diversas maneras: mediante alguna forma de amenaza, como la desaprobación espiritual (por ejemplo, diciéndote que estás desagradando a Dios o al líder); mediante la retirada del apoyo emocional del líder o de otros integrantes; mediante la presión del grupo para que te amoldes; mediante la retirada de privilegios, comida o descanso; y mediante abusos físicos manifiestos, como confinamiento, azotes y golpes, maltrato sexual y torturas, a veces con resultado de muerte.

Cuando en un grupo se recurre a la violencia física o sexual, ésta afecta a todos sus componentes. Presenciar o ser consciente de abusos perpetrados contra otros produce culpa y miedo, y el efecto es traumatizante. Que te obliguen a abusar de otros agrava aún más la culpa y el trauma.

Margaret Singer señaló en una ocasión que es un «error intelectual» equiparar el abuso sexual que se da en las sectas con el que se da fuera de ellas. El abuso sexual en la sociedad es más aleatorio, furtivo y asociado a la culpa, mientras que el abuso sexual en una secta puede ser una parte integral, abierta y aceptada del sistema.[20]

Naturalmente, eso influye en los problemas y el proceso de recuperación del exintegrante. Si acabas de salir de un grupo o una relación en la que sufriste abusos físicos o sexuales, ten en cuenta las siguientes sugerencias:

- Busca un lugar seguro donde hospedarte con tu familia, con un amigo de confianza o en un refugio.
- De ser necesario, busca la seguridad de un refugio para mujeres maltratadas. Casi todas las ciudades cuentan con casas o residencias sin fines de lucro donde las mujeres y los niños en peligro pueden encontrar refugio. A veces esos refugios pueden trabajar en red con agencias de servicios sociales que ofrecen asesoramiento, lo que te permitirá empezar a planificar tu vida tras abandonar la secta.
- Consigue atención médica para cualquier herida o lesión física, incluidas las antiguas.
- Si el caso lo amerita, acude o llama a un centro de crisis por violación, o a la policía. Si has sufrido abusos o amenazas, puedes presentar cargos penales u obtener una orden de alejamiento (perimetral) para prohibir el contacto por parte del grupo, sus integrantes o tu antiguo agresor.
- Busca recursos legítimos en Internet. (Eso sí: investiga bien antes de inscribirte en alguno.) Unos serán más o menos útiles que otros, pero la mayoría proporcionan referencias. Encontrar la ayuda adecuada para tus necesidades particulares es clave. ¡No te rindas!

Además de obtener ayuda inmediata, hay otras cosas que puedes hacer. En primer lugar, habla de la violencia con alguien de confianza: te ayudará a procesar y elaborar tus emociones. Encontrar a alguien que tenga una historia similar a la tuya o a un terapeuta experto en sectas será de gran ayuda.

Expresar las emociones que te produce el abuso sexual u otro tipo de violencia también puede ayudarte en tu recuperación. El arte, la música, la escritura, la poesía, la danza y el teatro: todas las formas de creatividad personal pueden servir como desahogo y medio de curación.

Desenterrar y afrontar estas experiencias y sentimientos puede contribuir a restaurar la capacidad de una persona para mantener relaciones íntimas y sexuales satisfactorias y plenas. Superar la culpa y la vergüenza, y darse a la tarea de clarificar los valores, creencias y preferencias sexuales, constituye un hito fundamental en la superación del trauma y el desarrollo personal.

La lectura de teorías sobre la violencia y el abuso puede ayudarte a comprender mejor a las víctimas y a los agresores. Libros como *Trauma and Recovery* («Trauma y Recuperación»), de Judith Lewis Herman (Basic Books), *Sex in the Forbidden Zone* («Sexo en la zona Prohibida»), de Peter Rutter (Fawcett), y *The Nazi Doctors* («Los doctores Nazi»), de Robert Jay Lifton (Basic Books), pueden ayudarte a comprender mejor la situación.

También es posible que asistir a un grupo de apoyo te resulte beneficioso para tu proceso de curación. En los casos en que el alcohol o el abuso de sustancias haya sido o siga siendo un problema, asistir a las reuniones de Alcohólicos Anónimos o Narcóticos Anónimos puede ser de ayuda. Sin embargo, te aconsejamos que si decides entrar al «mundo de los 12 Pasos» lo hagas con los ojos bien abiertos y las antenas bien paradas. A pesar de sus éxitos, se trata de un ámbito plagado de abusos, incompetencia y comportamientos sectarios. Los estafadores utilizan los programas de 12 Pasos como coto de caza para obtener ingresos y fama. Algunos consejeros y líderes de grupo no están acreditados. Algunos programas son fachadas de sectas.

Incluso un programa bienintencionado puede promover inadvertidamente la victimización o la dependencia a largo plazo. Aunque estos grupos se crean para reducir la codependencia, muchos participantes se vuelven completamente dependientes de sus reuniones de 12 Pasos y de los amigos que hacen en las reuniones. Para obtener una perspectiva crítica sobre el movimiento de recuperación, lee *I'm Dysfunctional, You're Dysfunctional*, de Wendy Kaminer (Vintage) y *Many Roads, One Journey: Moving Beyond the 12 Steps*, de Charlotte Kasl (Perennial Currents). La escritura de un diario, la autoexpresión creativa, los grupos de apoyo y el asesoramiento de un terapeuta de confianza pueden ser clave en tu proceso de recuperación.

Si fuiste sometido o testigo de formas extremas de abuso, busca un terapeuta o consejero que tenga experiencia trabajando con supervivientes de traumas y, en particular, con supervivientes de sectas. (Consulta la lista de comprobación sobre cómo encontrar un terapeuta adecuado en el capítulo 26). Revisa también las secciones de este libro que abordan los temas de la ira, el miedo, la disociación y los detonadores, como también el estrés postraumático, las relaciones y la autoexpresión. En todos los casos, negar el abuso sólo prolongará tu sufrimiento. Nuestro mejor consejo es que tomes el toro por las astas, por así decirlo, y superes el trauma para proseguir con tu vida.

15   Actuar para progresar

La sanación se produce de muchas maneras distintas. Las personas difieren entre sí y responden a cosas diferentes. En este capítulo abordamos algunas de las vías de recuperación que han ayudado a antiguos adeptos a sectas. Un método es la «autoayuda», que implica tanto una actitud como un esfuerzo, ambas cosas clave para sanar integralmente. Por otra parte, muchos exmiembros encuentran valioso el *asesoramiento profesional*. Por último, está el «activismo», que suele producirse en la fase media o final de la curación, cuando la persona se siente preparada para hablar de su experiencia o participar en actividades educativas.

La autoayuda

Las principales fuentes de autoayuda son la didáctica, la expresión creativa y las redes de apoyo. A continuación se describe cada una de ellas.

Autoeducarse

Educarse es una de las formas más importantes de afrontar e integrar una experiencia sectaria. La mayoría de los exintegrantes pasan por un periodo en el que leen todo lo que cae en sus manos. Se trata de una fase crucial en el proceso de recuperación, puesto que contribuye a corregir muchas ideas erróneas sobre las sectas y sus integrantes. Al leer sobre los procesos de influencia sectaria, los antiguos adeptos pueden empezar a comprender y asimilar lo que les ocurrió y por qué. Informarse puede contribuir a deshacerse de estereotipos y actitudes de autorreproche, y hacer que les resulte más fácil explicar su experiencia a los demás.

Cada vez hay más literatura sobre sectas, incluidos libros y artículos sobre tipos de grupos, grupos específicos y cuestiones teóricas. En el sitio web de mi organización sin fines de lucro, el *Lalich Center on Cults and Coercion* (www. lalichcenter.org), encontrarás una lista de lecturas recomendadas y otros recursos disponibles. Si bien, lamentablemente ya no se imprimen ediciones nuevas de muchos libros valiosos sobre el tema, suelen encontrarse todavía en bibliotecas, librerías de segunda mano o a través de Internet.

Expresarse

La autoexpresión —ya sea por medio de la escritura, el arte, la danza, la música, el teatro o cualquier otro medio— es clave para dar forma a tu identidad postsectaria. La autoexpresión puede ayudarte a purgar, clarificar y desarrollar tu identidad emergente.

Uno de los ejercicios más curativos que puedes hacer consiste en escribir sobre tu experiencia. Poner por escrito tus pensamientos y sentimientos te permitirá analizarlos objetivamente y ordenar las ideas y emociones confusas. No tienes por qué compartir tu diario con nadie; puede ser un registro privado y personal. Más adelante podrás decidir si se lo enseñas a otras personas.

A veces, la forma más fácil de empezar es elaborar un relato autobiográfico cronológico. ¿Qué te ocurría antes de entrar en la secta? ¿En qué aspectos eras vulnerable? ¿Cuál era el atractivo del líder, el grupo o el sistema de creencias? ¿Cuáles fueron tus primeras impresiones sobre el grupo, el líder, las creencias, los objetivos? ¿Qué te gustó? ¿De qué desconfiaste o qué te disgustó? ¿Qué métodos de persuasión se utilizaron contigo? ¿Cuándo empezaste a dudar? ¿Qué te llevó a abandonar? ¿Cómo te marchaste? ¿Cómo te sientes ahora? ¿Qué estás haciendo para superar y sanar esa experiencia?

Un esbozo autobiográfico más amplio puede ayudarte a dar sentido a tu experiencia y a ponerla en perspectiva. Empezarás a concebir tu participación en la secta como un capítulo de tu vida, no como tu vida entera. Incluso en el caso de que hayas nacido o crecido en una secta, dicha experiencia sigue constituyendo sólo una «parte» de tu vida, por importante que sea esa parte en este momento. Una vez fuera, sin embargo, comienza un capítulo completamente nuevo.

Escribir sobre tu experiencia significa que eres capaz de expresar con tus propias palabras la dinámica, a menudo intangible, sutil, enrevesada y a veces difícil de explicar, del grupo o la relación. En algún momento, lo más probable es que quieras explicarle a tu familia y amigos por qué te uniste, cómo saliste, etcétera. Ser capaz de explicártelo a ti mismo te permitirá explicárselo a los demás.

Llevar un diario y participar en alguna actividad de corte artístico pueden ayudarte a expresar pensamientos y sentimientos que tal vez no tengan otra salida segura. La consejera Anna Bowen, que tiene una experiencia considerable en el uso de diarios para fines terapéuticos, escribe: «El propósito de llevar un diario es proporcionar una vía segura para el autoconocimiento, la autoexpresión, el descubrimiento personal y una salida segura para fantasear, explorar nuevas formas de comunicación con aspectos disociados del yo y superar traumas». Las obras de arte permiten expresar sentimientos para los que tal vez no haya palabras, o bien pueden desarrollar, acentuar y mejorar los mensajes contenidos en la escritura. No es necesario tener talento».[1]

Estas son las recomendaciones de Bowen para llevar un diario:[2]

- Considéralo un compromiso personal. Tómatelo en serio. Acéptalo como una parte importante de tu proceso de recuperación. Es importante que te recuerdes a ti mismo que el diario es tu propiedad privada y que nadie más debe acceder a él sin tu permiso.
- Utiliza un libro grande en blanco. Los encontrarás en tiendas de arte, papelerías y librerías. Escribe con bolígrafo, no con lápiz, para que no puedas borrar fácilmente tu trabajo. Fecha siempre tus anotaciones (mes, día y año) y, si quieres, incluye la hora del día. Puede que más tarde descubras que es relevante.
- Si no te gusta escribir en páginas en blanco, hazlo en cualquier tipo de papel con el que te sientas cómodo y pega esas entradas en la página en blanco del diario. Ten papel a mano en todo momento para que, aun cuando no tengas acceso a tu diario, puedas escribir cuando sientas la necesidad.
- Escribe de forma espontánea, sincera y profunda. Escribe sobre pensamientos, sentimientos o imágenes.
- No edites ni censures lo que escribas o plasmes, sobre todo cuando desahogues tus sentimientos.
- Registra lo que te venga, tal como te venga, aunque en ese momento no tenga ningún sentido.
- Olvídate de las reglas tradicionales de gramática, ortografía, puntuación y pulcritud. No tienes por qué ser perfecto. Recuerda que lo haces por ti. Nadie juzgará tu diario.
- Busca un lugar cómodo para escribir, sin interrupciones ni distracciones. Si hace buen tiempo, elige lugares al aire libre donde puedas sentarte a escribir o dibujar.
- Esfuérzate por agregar algo a tu diario todos los días, aunque solo sea: «Hoy no tengo tiempo para escribir». Si te das cuenta de que lo descuidas, no te sientas culpable, pero no te escudes detrás del hecho de faltar unos días como excusa para abandonarlo por completo.

- No destruyas lo que has escrito. Si te resulta demasiado doloroso o perturbador, puedes pegar un trozo de papel encima o guardarlo en un lugar seguro, separado del diario. Uno de los beneficios terapéuticos de llevar un diario y de realizar obras de arte es tener un registro de tu recuperación y crecimiento.
- Utiliza tu diario como una caja de seguridad. En él guardarás documentos importantes: tus recuerdos, tu dolor, tus penas, tus sentimientos de desesperanza, tus miedos, etcétera. También contendrá tus alegrías, logros, sueños, esperanzas y preguntas.
- Utiliza tu diario para fantasear. Pide deseos, imagina lugares seguros y describe lo que te gustaría que te deparara el futuro. O utilízalo para escribir cartas (sin intención de enviarlas) a quien quieras, diciéndole lo que quieras. Incluso puedes escribirte cartas a ti mismo. Tu diario también puede ser un lugar seguro y privado para que explores y afrontes con comodidad lo relativo a tu sexualidad.
- Cuando estés preparado, vuelve a leer tus anotaciones. Intenta leerlas en voz alta. Cuando te sientas cómodo, comparte algo de lo que hayas escrito o dibujado con una persona de confianza (terapeuta, amigo, pareja). Después, escribe cómo te sentiste al hacerlo.

La terapia corporal también puede ayudar a las personas a superar el trauma de sus experiencias sectarias. Muchos descubren que los aspectos narrativos de la danza o la mera libertad de movimiento pueden ayudarles a expresar cuestiones a las que les resulta difícil acceder o que no se puede comprender verbalmente. Otros descubren que las prácticas de artes marciales, como el *tai chi chuan*, les ayudan a recuperar el sentido de la fuerza, el equilibrio y los límites personales. Los movimientos corporales pueden aportar una experiencia tangible de cambio, crecimiento y fortaleza.

La terapeuta Rosanne Henry dijo lo siguiente sobre el valor de la autoexpresión creativa: «Pintar y sobre todo escribir poesía, me ayudan a conocerme mejor a mí misma y a mi entorno, a sentirme más viva y conectada con la vida y a transformar mis heridas en plenitud... Si bien la terapia me orientó por el camino, la poesía me permitió expresar mi rabia, mi dolor y mi perdón». La expresión creativa te permitirá transformar tu trauma y confusión en algo profundo y hermoso que contemplar.

Busca una red de apoyo

Las redes de apoyo facilitan la recuperación. Hablar con personas de confianza, familiares, antiguos afiliados o religiosos acerca de tu experiencia es una parte necesaria de la recuperación postsectaria. Compartir tus pensamientos y sentimientos con quienes te quieren te ayuda a comprender y procesar tu experiencia.

Hablar de ello en lugar de «rumiarlo» te ayudará a relativizar tu experiencia. Los exmiembros que no se abren a los demás a menudo se sienten obligados a volver a la secta o a recaer en otras situaciones sectarias. Hablar con otros antiguos adeptos es una forma eficaz de obtener apoyo, compartir información y resolver problemas. Para muchos, esos grupos de apoyo (ya sean formales o informales) pueden ser el único asesoramiento de salida que consigan. En un grupo de apoyo encontrarás a otras personas que han pasado por experiencias similares, aunque normalmente en marcos ideológicos bastante diferentes.

Hay grupos de supervivientes en varias ciudades y en la Internet que se reúnen periódicamente. Son reuniones voluntarias, por lo que nunca debes sentirte presionado a asistir. Algunos exintegrantes de grupos específicos tienen sus propios grupos de apoyo o boletines en línea, como por ejemplo www.reveal.org (para personas que han abandonado las «Iglesias Internacionales de Cristo») y www.movingon.org (para quienes pertenecieron a «Los Niños de Dios»). El *Lalich Center on Cults and Coercion* («Centro Lalich sobre Sectas y Coacción») organiza grupos de debate para supervivientes y para personas nacidas o criadas en una secta. Puedes visitar www.lalichcenter.org para obtener información. Y, claro está, hoy en día hay innumerables podcasts centrados en el fenómeno de las sectas y/o en historias de supervivientes.

A través del contacto con personas que comparten experiencias similares, empezarás a entenderte mejor a ti mismo y lo que estás viviendo. Escuchar las historias de los demás y compartir su dolor te permitirá identificarte con ellos y sentir compasión, y así empezarás a sentir también compasión por ti mismo. Además, puedes beneficiarte de oír cómo otros abordaron diversos problemas, como aprender a reconocer e identificar síntomas específicos posteriores a la experiencia sectaria (por ejemplo, «flotar»). Adquirirás conocimientos sobre cómo afrontar y eliminar los efectos secundarios, y sobre cómo encarar las dificultades generales de la vida. Podrás medir tu propio crecimiento y sanación a medida que entren nuevas personas en el grupo de apoyo y descubras que estás en condiciones de ayudarlas y apoyarlas. Pero recuerda: No compares tu recuperación con la de otras personas. Es tu proceso y el de cada persona es único.

Y, quizá lo más importante: puedes abandonar un grupo de apoyo sin problema. Es bueno saber que la fase que atraviesas pasará. Muchas personas asisten durante algún tiempo, luego se van, y vuelven ocasionalmente por una necesidad o interés específico.

Las conferencias sobre el tema pueden ayudarte a combinar el aprendizaje práctico y la recuperación personal. La mayoría de las conferencias patrocinadas por organizaciones de información o investigación sobre sectas ofrecen sesiones y talleres especiales para exintegrantes. Por ejemplo, 27 mujeres de 32 sectas diferentes participaron en un taller de una conferencia que trataba específicamente de cuestiones femeninas. También suele haber talleres para personas que nacieron o crecieron en sectas.

Ayuda profesional

Al evaluar tu salud psicológica —es decir, tu capacidad para trabajar, amar, relajarte y disfrutar de la vida— puedes determinar si necesitas asistencia profesional. Hay muchos problemas físicos, psicológicos y emocionales que requieren atención personalizada en el periodo postsectario. Los profesionales son los más indicados para tratar muchos de ellos. Cuando busques orientación profesional, ten en cuenta si los consejeros u organizaciones de apoyo que elijas tienen afiliaciones religiosas o no. Los antiguos adeptos a las sectas a menudo necesitan tener cuidado al exponerse a sistemas específicos de creencias o a cosmovisiones seculares/no religiosas.

Asistencia pública

Algunas personas abandonan sus grupos gravemente enfermas o discapacitadas. Depender temporalmente de programas de asistencia pública estatales o federales puede ayudarlas a recuperarse. Los organismos estatales pueden ayudarlas a encontrar vivienda, atención sanitaria y empleo.

Si estuviste empleado legalmente antes o durante tu estancia en el grupo, es probable que tanto tú como tu empleador hayan realizado las cotizaciones y aportes fiscales correspondientes. Esto podría incluir contribuciones para coberturas por incapacidad laboral o desempleo, según la legislación de cada país. Si te incomoda la idea de recurrir a ayudas estatales o prestaciones sociales, considera esas contribuciones previas como un fondo que has ido acumulando. Si se realizaron retenciones de tus ingresos destinadas a la seguridad social o a sistemas de previsión social que cubren contingencias como la incapacidad o invalidez, tienes todo el derecho del mundo a acceder a esas prestaciones ahora, si te encuentras en dicha situación.

Asesoramiento individual

Los exmiembros buscan asesoramiento profesional por diversos motivos:

- Descubren que resurgen las dificultades emocionales o familiares que tenían antes de su afiliación.

- Tienen dificultades para desenvolverse plenamente o disfrutar de la vida.
- Tienen dificultades para trabajar, descansar o amar.
- Se sienten abrumados por emociones como la depresión, la ansiedad, la culpa, la vergüenza, el miedo y la rabia.
- Recaen en estados alterados perturbadores, o sufren pesadillas, insomnio, pensamientos intrusivos sobre el trauma vivido en el grupo, ataques de pánico, insensibilización emocional, sensación de estar muertos por dentro, o desapego de los demás.

Muchos de esos síntomas están relacionados con el Trastorno de Estrés Postraumático Complejo (TEPTC), que es bastante común entre los antiguos adeptos a sectas, y sus síntomas pueden requerir atención profesional. (Véase la sección «Cuestiones e inquietudes terapéuticas»).

Cuando optes por un consejero, especialmente si no recibiste ayuda formal o especializada durante tu proceso de salida de la secta, procura encontrar a alguien que tenga experiencia en el tema o que esté dispuesto a aprender sobre los problemas relacionados con la problemática sectaria.

A menos que hayan estudiado el tema, pocos profesionales comprenderán realmente lo que el condicionamiento psicológico coercitivo y sus consecuencias. Además, muchos psiquiatras, psicólogos y trabajadores sociales creen que las sectas fueron una moda pasajera, ya desaparecida. También existe una tendencia en algunos profesionales a suponer que la implicación en una secta es resultado de alguna patología —es decir, algún tipo de condición anormal— en la persona que se une a tal grupo o se involucra en una relación de ese tipo. Otros profesionales consideran que el problema radica en los padres, y que si estos no hubieran sido peculiares de alguna manera, sus hijos adultos nunca se habrían unido a una secta. Esto no solo es un ejemplo de ignorancia sobre cómo operan las sectas y los efectos del adoctrinamiento sectario, sino también de la desafortunada y perjudicial práctica de culpar a la víctima, similar al tipo de culpabilización que se dirige contra las víctimas de violación, abuso sexual y maltrato doméstico.

Los profesionales de la consejería y la salud mental, para poder ayudar eficazmente a los clientes que atravesaron una experiencia sectaria, deben ser conscientes de la problemática específica de las sectas. Si estos profesionales no comprenden los tipos de técnicas de influencia y control utilizadas en algunas sectas, o si se apresuran a aplicar hipnosis terapéutica en su práctica (lo que puede exacerbar los problemas en exmiembros que ya de por sí sufren de disociación), pueden causar más daño que beneficio. Lo más importante es que la terapia debe comenzar abordando primero la experiencia del cliente en la secta y no su infancia.

Shelly Rosen, psicoterapeuta de larga trayectoria acompañando a antiguos adeptos a sectas y sus familias, sugiere lo siguiente:

> La mejor manera de empezar una terapia es explorar diferentes opciones. Esto significa concertar citas con unos cuantos terapeutas para una primera consulta y ver qué impresión te dan. Si te gusta alguien de inmediato y tiene conocimientos sobre sectas o está dispuesto a informarse, aprender y escuchar, puede que no haya necesidad de buscar más. Pero si sientes que no te escucha o no te comprende, consulta a otros terapeutas. La mayoría de los terapeutas entienden la importancia de que haya buena sintonía, de modo que si un profesional de la salud intenta convencerte de que no consultes con otro, significa que es controlador y lo más probable es que ese terapeuta no te sirva.
>
> Algunas personas sostienen que cualquier terapeuta puede tratar cualquier tipo de problema. Dudo que sea así. Si encuentras en tu zona un terapeuta que te gusta, pero no tiene conocimientos específicos sobre los aspectos psicosociales relacionados con la participación en sectas, la terapia con esa persona solo será útil si está dispuesta a formarse sobre el tema. Nadie enviaría a su hijo de seis años a terapia con una persona que, aunque tiene muchos años de experiencia como terapeuta, nunca ha tenido hijos propios, nunca ha tratado a un niño en su consulta o no ha leído nada sobre desarrollo infantil. Sin embargo, si ningún terapeuta de tu zona tiene experiencia en terapia infantil y tu hijo de seis años está sufriendo, podrías trabajar en colaboración con uno que esté dispuesto a dialogar contigo, leer, consultar a terapeutas infantiles y escuchar la experiencia de tu hijo con apertura. Si un terapeuta no está dispuesto a abordar la terapia con humildad, corres el riesgo de que tu hijo sea malinterpretado y mal manejado.
>
> Si encuentras en tu zona un terapeuta competente que necesite formación sobre temas específicos de las sectas, puedes utilizar este libro como punto de partida.[3]

En tu búsqueda de un consejero, consulta a organizaciones de apoyo o referencia, amigos cercanos, familiares, líderes religiosos y profesionales médicos. Hay varios profesionales de la consejería que pueden ayudarte: trabajadores sociales, consejeros pastorales y profesionales de la salud mental. Recuerda que elegir un consejero es una decisión muy personal. Puede que te sientas cómodo con un tipo de consejero, mientras que un amigo o pareja puede preferir uno con un enfoque o perspectiva diferente. También es posible que te beneficies de distintos enfoques en distintos momentos de tu proceso de recuperación. En cualquier caso, explora opciones y asegúrate de haber encontrado a alguien con quien puedas hablar, y a quien puedas hacerle confidencias.

Especialistas en sectas

Si abandonaste la secta voluntariamente o te expulsaron, puede resultarte beneficioso reunirte con un profesional especializado en sectas. Es importante recordar que no se trata de psicoterapia, sino de asesoramiento a corto plazo para ayudarte a comprender las sectas, su funcionamiento y tu experiencia particular.

Este tipo de consulta puede proporcionarte una base para comprender tu experiencia de modo que favorezca tu recuperación. Frecuentemente los exmiembros no son conscientes de las técnicas específicas de influencia y control utilizadas en su grupo ni de sus posibles secuelas. Puede resultarles difícil distinguir y separar las creencias y valores inducidos por la secta de los suyos propios. El pensamiento ilógico, mágico y binario, las dificultades para concentrarse y tomar decisiones, y los comportamientos y sentimientos erráticos se erradican más fácilmente cuando se conoce su origen. Varias sesiones con un especialista en sectas pueden ser un buen comienzo para analizar asuntos confusos y avanzar en tu recuperación.

Asegúrate de entrevistar a varias personas antes de optar por una. Al tomar la decisión final, ten en cuenta lo siguiente:

- ¿Se trata de un antiguo adepto?
- ¿Cuál es su nivel de experiencia?
- ¿Cuál es su filosofía de recuperación?
- ¿Qué enfoque adoptará?
- ¿Qué tal son sus honorarios?

Elige a alguien con quien te sientas cómodo, que esté dentro de tus posibilidades económicas y que comprenda claramente tus problemas. La familiaridad con tu grupo puede ser una ventaja. No obstante, lo más importante es constatar si la persona es capaz de ayudarte a analizar tu experiencia, aunque tenga poco conocimiento sobre la secta en particular en la que estuviste.

Asesoramiento pastoral

El asesoramiento pastoral puede resultarle útil a personas que anteriormente tenían una fuerte afiliación religiosa y a quienes provienen de sectas religiosas o espirituales. Los consejeros pastorales pueden ser de ayuda para aclarar las distorsiones de las escrituras bíblicas u otros textos sagrados. Al igual que con otros tipos de ayuda profesional, intenta localizar a una persona que esté familiarizada con las sectas y el condicionamiento coercitivo. Muchas iglesias y organizaciones religiosas se han visto duramente afectadas por la pérdida de feligreses a manos de las sectas y, en consecuencia, se han familiarizado más con el fenómeno de las sectas. Asegúrate de que el consejero no esté promoviendo un único tipo de religión o sistema espiritual.

Consejería psicológica
Diversos profesionales de la salud mental con diferentes titulaciones y especialidades ofrecen servicios de atención psicológica. Hay consejeros y psicoterapeutas con maestrías o doctorados en trabajo social, terapia matrimonial y familiar, enfermería, psicología clínica o psiquiatría. Los psicólogos clínicos y los consejeros licenciados y habilitados (p.ej., con doctorado o titulación específica como LPC en EE.UU.) están capacitados para evaluar y tratar problemas emocionales, psicológicos y mentales. Los psiquiatras se forman primero como médicos y después se especializan en el tratamiento de trastornos mentales y nerviosos. Los trabajadores sociales clínicos (con maestría en trabajo social, M.S.W., o licencia clínica como L.C.S.W. en EE. UU.) reciben formación clínica avanzada en sus campos. Cada estado establece sus propios requisitos y las credenciales necesarias.

Los asesores capacitados deben cumplir normas profesionales tales como experiencia clínica supervisada, aprobar exámenes para obtener la licencia y un determinado número de horas de prácticas. (Estos requisitos suelen variar según el estado.) La mayoría de los profesionales pertenecen a organizaciones profesionales reconocidas que suscriben un código ético. Dependiendo del tipo de formación, cada profesional está limitado en lo que puede hacer. Dado que los psiquiatras tienen títulos de medicina, pueden recetar medicamentos, mientras que la mayoría de los demás no pueden. Los psicólogos reciben capacitación formal en evaluación psicológica, lo cual los habilita para administrar pruebas de personalidad e inteligencia, mientras que los demás no están autorizados para hacerlo. Los profesionales de enfermería con titulaciones superiores y formación en psicoterapia también se especializan en salud mental de adultos o infantil.

Las tarifas varían. Algunos profesionales ofrecen una escala móvil para clientes con bajos ingresos. Algunas clínicas de salud mental también ofrecen tarifas reducidas y escalas móviles. Muchos seguros médicos cubren un número limitado de consultas para asesoramiento psicológico, dentro de los límites establecidos por la compañía aseguradora. Consulta tu póliza, si la tienes, o pregunta al administrador de recursos humanos de tu lugar de trabajo. Tus conversaciones deben mantenerse confidenciales.

Preguntas para hacer en la primera sesión

Te sugerimos hacer las siguientes preguntas durante la entrevista telefónica con un terapeuta o consejero.[4] Recuerda que no tienes por qué quedarte con el primer consejero que consultes. No tengas miedo de entrevistar al terapeuta para asegurarte de que sea el que más se ajusta a tus necesidades:

- ¿Cuál es su formación académica? ¿Está licenciado y/o acreditado?
- ¿Cuál es su experiencia en consejería? ¿Durante cuánto tiempo y con qué tipo de clientes?
- ¿Tiene alguna especialidad?
- ¿Tiene formación o conocimientos sobre sectas y condicionamiento psicológico?
- ¿Fue usted miembro de algún grupo o relación sectaria? ¿Qué tipo de asesoramiento post secta recibió?
- ¿Qué tipo de terapia practica (freudiana, junguiana, cognitivo-conductual, humanista, transpersonal, terapias corporales, etc.) y en qué consistiría, a grandes rasgos?
- ¿Utiliza hipnosis u otras técnicas de inducción al trance? (Algunos tipos de terapia utilizan conceptos *New Age*, técnicas de visualización guiada e hipnosis, que pueden desencadenar reacciones adversas y agravar tus dificultades).
- ¿Cree en los llamados «tocamientos terapéuticos» a los pacientes? ¿Cuáles son, en su opinión, los tocamientos permisibles?
- ¿Considera que alguna vez es apropiado tener relaciones sexuales con pacientes o antiguos pacientes? (Salga corriendo —no caminando— de la consulta si la respuesta es otra que «Nunca»).
- ¿Se lo puede localizar en caso de crisis o emergencia? ¿Cómo se facturan las consultas de crisis?
- ¿Cuál es su tarifa? ¿Dispone de una escala móvil? ¿Cuál es su política de cancelación?
- ¿Cuál es la duración de una sesión regular?
- ¿Qué opina de los conceptos *New Age*? ¿Incorpora alguna técnica *New Age* en su terapia (por ejemplo, el uso de cristales o regresiones a vidas pasadas)?
- ¿Podría hablarme un poco de su filosofía de vida?
- ¿Considera necesario establecer objetivos de tratamiento? ¿Cómo se establecen?

Preguntas para reflexionar después de la primera sesión

- ¿Me siento aceptado, respetado y cómodo con el terapeuta?
- ¿Hubo algo en el entorno que me haga sentir incómodo? (No te sientas extraño si reaccionas a los muebles, cuadros, libros u otros objetos del despacho).

- ¿El terapeuta fue directo y abierto al responder a todas mis preguntas, o esquivó algunas?
- ¿Me dio el terapeuta la impresión de que tiene todas las respuestas (si es así, considera buscar otro terapeuta), o parecía interesado en explorar los problemas sin expectativas preconcebidas?
- ¿El terapeuta parece una persona sensible, inteligente y madura, alguien con quien puedo sentirme seguro?
- ¿El terapeuta se excedió al asegurarme que ya había encontrado al consejero adecuado? Dicho de otro modo, ¿me estaba induciendo para que lo idealizara como el terapeuta perfecto, el único que podía curarme?

Cuestiones generales a considerar
- Confía en tu propio juicio. Tienes derecho a no confiar inmediatamente. La confianza hay que ganársela; no hay atajos.
- Entrevista a varios terapeutas. Al fin y al cabo, no se compra el primer coche que se mira.
- Obtén información y/o referencias de amigos, otros antiguos miembros y organismos como los centros de crisis por violación (estos últimos suelen conocer a terapeutas expertos en tratar problemas traumáticos).
- Puedes dejar la terapia cuando quieras. La terapia es para ti, no para el terapeuta.
- Las caricias son una cuestión muy personal. Algunos terapeutas abrazan a sus clientes. Si quieres un abrazo, debes iniciarlo tú, no el terapeuta. El tema de las caricias debe abordarse abiertamente al principio de la terapia. Si las caricias te incomodan, dilo inmediatamente.
- Nunca está bien que te toquen el pecho, los genitales o cualquier otro lugar que te haga sentir incómodo.
- Es importante que el terapeuta interactúe contigo durante la sesión, pero sin decirte lo que tienes que hacer.

Pasar a la acción

Cuando empiezas a considerarte un vencedor de tus experiencias negativas en lugar de como una víctima de ellas, llegas a una etapa de empoderamiento en tu proceso de recuperación. En esa etapa te enfrentas al gran reto de convertir una experiencia negativa y perjudicial en una positiva y fortalecedora. En esta etapa, algunas personas optan por adoptar una postura activista.

Activismo

Cuando te sientas preparado para hacerlo puedes utilizar tu nueva libertad y comprensión para concientizar y ayudar a los demás. Hablar a otros sobre las sectas en general y/o sobre tu experiencia personal en particular puede ser una forma excelente y constructiva de canalizar tu ira. Muchos institutos y universidades, hospitales y clínicas, iglesias, sinagogas, asociaciones de padres y educativas, grupos y clubes empresariales y grupos juveniles buscan oradores que hablen sobre las sectas.

Escribir sobre tu experiencia y publicarlo también puede ser muy gratificante. Escribir cartas a los directores de los periódicos locales o a los representantes del gobierno ayuda a consolidar tu propia comprensión a la vez que te permite informar y advertir a los demás de los peligros que entrañan las sectas. Si sabes de organizaciones que pueden haber permitido inadvertidamente que grupos sectarios utilicen sus instalaciones para reuniones u otros fines, puedes llamar o escribir a algún responsable. Varios grupos sectarios, por ejemplo, se reúnen en bibliotecas locales, escuelas, iglesias y otros lugares que cuentan con salas de reuniones. Tal vez dispongas de información que anime a esas organizaciones a reconsiderar ese uso de su espacio. Si estás pensando en ponerte en contacto con alguien por teléfono o por correo, asegúrate de tener información correcta y verificable. Evita hacer afirmaciones falsas o difamatorias. Si no estás seguro de los hechos o de tus derechos, consulta a un abogado.

Otra forma de participar activamente es apoyar a otras personas que abandonan una secta. Puedes actuar como persona de referencia local, ya sea para antiguos adeptos en general o para ex adeptos o familiares de afiliados actuales de la secta en la que estuviste. Muchos ex afiliados necesitan a alguien que los escuche y a un amigo sereno que los ayude a pasar los primeros meses fuera de la secta. Muchas familias con parientes que siguen en una secta también necesitan personas comprensivas que los escuchen.

Recursos legales

El difunto Herbert Rosedale, abogado de la ciudad de Nueva York con más de 25 años de experiencia en casos relacionados con sectas, dijo sabiamente que los fallos por custodia o las indemnizaciones por daños y perjuicios «no van a resolver el problema de las sectas». Pero continuó diciendo: «Hay numerosas formas en que los abogados que comprenden los litigios relacionados con sectas pueden ser de gran ayuda para los clientes».[5] Los abogados pueden marcar la diferencia haciendo una labor de concientización con asistentes sociales y jueces de tribunales de familia sobre las sectas en nuestra sociedad; ayudando a los ancianos y a los discapacitados que a menudo se ven coaccionados por influencias indebidas a hacer grandes donaciones a personas y grupos poco éticos; asesorando a las familias sobre tutela, custodia y curaduría; y ayudando a reconstruir las vidas de los ex miembros de forma práctica mediante un asesoramiento jurídico sólido. «Puede que no eliminemos las sectas —dijo Rosedale—, pero ayudando a las personas una por una, podemos hacer que la ley responda a las nuevas necesidades, y así ayudar a formular la política pública hacia el sectarismo».[6]

Por desgracia, es posible que pasen algunos años antes de que la profesión jurídica adopte el pensamiento del Sr. Rosedale. En la actualidad, el sistema jurídico suele tratar las cuestiones relacionadas con las sectas principalmente en casos de custodia de menores o, en ocasiones, como casos penales.

Custodia de menores
Cuando uno de los progenitores pertenece a una secta y el otro no, es frecuente que el progenitor ajeno a la secta intente obtener la tutela del menor o menores. Estos casos determinan qué entorno será, según la ley, «el mejor para el menor». Según Randy Kandel, abogado con experiencia en derecho matrimonial, el éxito de los litigios de custodia de menores relacionados con sectas se ve favorecido cuando el cliente y el abogado proceden de la siguiente forma:

- Hacer hincapié en la influencia destructiva y peligrosa de la secta sobre el niño.
- Centrarse en el líder de la secta como padre sustituto y recalcar el nivel de control que el líder tiene dentro del entorno de la secta.
- Intentar mantener múltiples casos ante el mismo juez, y en la medida de lo posible consolidar las acciones necesarias para que se lleven a cabo las audiencias y los juicios.
- Recurrir especialmente a testigos expertos.
- Conseguir la ayuda y el apoyo de otros exmiembros.[7]

La precisión es clave. Especialmente si una secta religiosa está implicada en un litigio, es importante demostrar cómo las prácticas del grupo son perjudiciales para el desarrollo evolutivo o psicológico del niño, sin cuestionar la verdad o falsedad de la doctrina.

Casos penales
Si el grupo ha cometido un delito contra ti, tienes derecho a presentar cargos. Los delitos pueden incluir abusos sexuales, extorsión o privación ilegal de libertad. Para eso no necesitas abogado; puedes presentar una denuncia en la

comisaría de policía más cercana al lugar donde se cometió el delito o delitos. Si la policía no muestra interés en el caso, no te rindas. Dirígete a la oficina del jefe de policía o del fiscal del distrito. Si allí no obtienes respuesta, acude a la Fiscalía General del Estado (o Nacional, según el país)

La mayoría de los grupos temen la publicidad negativa. Si crees que el grupo puede intentar demandarte como represalia, busca asesoramiento jurídico antes de hacerlo público. Asegúrate de verificar los hechos y presenta toda la información con exactitud. Cualquier cosa que te haya ocurrido personalmente o de la que hayas sido testigo puede hacerse pública. Si te da temor hacerlo público, revisa los pasos del Capítulo 11 relativos a cuestiones de seguridad.

Si cometiste actos ilegales durante tu participación en la secta, consulta a un abogado. Los actos delictivos incluyen agresiones, robos, tráfico de drogas o cualquier estafa en la que se haya sustraído dinero a otras personas por medios engañosos. Aunque es posible que nunca se descubran o denuncien tus actividades delictivas, el miedo a afrontar cargos penales podría prolongar o bloquear tu recuperación. Además, podrías sentirte o ser vulnerable a intentos de chantaje por parte de la secta. No acudas a ningún abogado empleado o al servicio de la secta. Tu propio abogado puede aconsejarte cómo protegerte legalmente. Al ser testigo o prestar testimonio contra el grupo, tal vez puedas evitar ser procesado por cualquier actividad ilegal que hayas cometido mientras estabas en la secta.

Demandas civiles

Si la secta o la relación te perjudicaron, puedes reclamar una indemnización interponiendo una demanda civil. El fraude y el engaño, los abusos sexuales y la influencia indebida son algunos de los cargos que se presentan en las demandas civiles. Aunque el grupo no haya infringido ninguna ley *per se*, puedes iniciar una demanda civil contra el grupo y/o determinadas personas.

Tendrás que demostrar que el grupo o el individuo abusivo te perjudicó de alguna manera –emocional, física, sexual o económicamente– y que tienes derecho a una indemnización monetaria por daños y perjuicios. Hay abogados expertos en la materia. A lo largo de los años, se han presentado demandas exitosas contra algunos grupos sectarios conocidos y otros menos conocidos, y los jurados o los tribunales han fallado a favor de los demandantes.[9]

Si piensas interponer una demanda civil, asegúrate de contar con una buena red de apoyo. Aunque las demandas pueden ser un arma eficaz contra la propagación de ciertos tipos de victimización (así como una ayuda importante para tu propia recuperación), también pueden resultar costosas, llevar mucho tiempo y agotarte personalmente. Y pueden convertirse en un impedimento para la recuperación. Debes sopesar estos riesgos físicos, psicológicos, emocionales y financieros con la posibilidad de un resultado positivo. Las demandas pueden durar años de principio a fin. Puede que luches y no ganes. Puede que ganes y no cobres un centavo.

Si decides no recurrir a la justicia y seguir adelante con otras cosas en tu vida, no significa que los agresores hayan ganado. Ahora eres dueño de tu mente, tu vida y tu cuerpo: eso de por sí es un triunfo.

Seguir adelante con tu vida

«¿Cuándo terminaré de superar esto?» «¿Cuándo llegará el día en que haber participado en una secta deje de ser algo tan importante en mi vida?» Esas son preguntas que puede que te hagas de vez en cuando, a medida que avanza tu recuperación. Las respuestas no son sencillas. Gradualmente tu preocupación por los sentimientos, pensamientos y comportamientos asociados con la secta disminuirá. A medida que retomes la responsabilidad por tu vida, aumentará tu sensación de autonomía personal. Empezarás a disfrutar de tus relaciones personales, de tu carrera profesional e incluso de los placeres más sencillos a medida que los recuerdos de la secta vayan desapareciendo y dejen de ser la sombra dominante que una vez fueron.

Para muchas personas, la experiencia sectaria se transforma en algo útil que influye en la obra de su vida. Muchos antiguos afiliados, por ejemplo, se convierten en terapeutas, educadores o abogados que trabajan en asuntos relacionados con las sectas. Otros mantienen amistades y relaciones con otros antiguos afiliados. Para la mayoría, la recuperación significa aceptar el pasado mediante la autoaceptación. Significa perdonarse a sí mismos y sanar mediante la adopción de una nueva visión del mundo. Puede que el mundo nunca vuelva a parecer tan seguro, justo o «color de rosa». La naturaleza humana no se verá con el mismo grado de ingenuidad. Sin embargo, aunque ahora sean menos crédulos y menos vulnerables, en muchos sentidos, los exmiembros de sectas adoptan una mirada más compasiva y comprensiva de sí mismos y de toda la humanidad. Recuperarse significa aceptar plenamente la propia humanidad, con sus luces y sus sombras.

16 El éxito sabe a gloria

Los relatos personales del presente capítulo fueron escritos por antiguos seguidores de sectas que deseaban compartir los métodos, enfoques y actitudes que los ayudaron o no en su proceso de recuperación. Contienen una abundancia de experiencias y conocimientos.

¿Qué tal si...?
Erin Robbins

Erin Robbins, Magíster en Educación, convivió muy de cerca con el supuesto místico indio Rajneesh, alias Osho, en su ashram de la India y en su comuna de Oregón, desde los 23 años. Tras 43 años de vivir plenamente inmerso en su comunidad y sus enseñanzas –aun tras la muerte de Osho–, experimentó un despertar impactante y transformador al caer en la cuenta de que había vivido en una secta, en una especie de trance, durante toda su vida adulta. Más tarde sacó a la luz el secreto que había guardado sobre los abusos sexuales cometidos por Osho durante los años que vivió con él. Describe su experiencia en la secta, los retos de liberarse de la esclavitud del adoctrinamiento, y el profundo valor de la concientización sobre las sectas y de conectar con otros supervivientes de la opresión sectaria.

¿Cómo pudo ocurrirme esto a mí?
Tenía 23 años, estudiaba un posgrado en Cambridge, Massachusetts, y cursaba un máster en terapias artísticas. Había crecido en Los Ángeles, privilegiada, en el seno de una exitosa y conocida familia del mundo de los negocios. Interesada en ayudar a la gente y esencialmente artista y poetisa, empezaba a vislumbrar el rumbo de mi vida y a trazar una trayectoria profesional. Como muchos de nosotros en los años sesenta,

me atraían los estilos de vida alternativos y la contracultura basada en valores de libertad, igualdad, verdad y amor.

Ni bien me asomé a la adolescencia, me puse a buscar personas y libros para aprender sobre tradiciones y prácticas espirituales de todo el mundo. Me fascinaba cómo otros experimentaban y expresaban su devoción al misterio de la vida. Por eso, cuando una amiga me invitó a pasar un fin de semana en Maine para presentarme a alguien que acababa de regresar de un *ashram* en la India, me entusiasmé mucho. Fuimos a su granja a pasar el fin de semana y, luego de compartir un vaso de jugo de manzana, encendió su tocacintas.

La voz que sonaba era hipnótica, convincente, seductora. Con un marcado acento hindi, hablaba inusualmente despacio y en forma medida, como si cada palabra tuviera una enorme importancia. Las largas pausas entre pensamientos me hacían esperar, casi sin respirar, hasta su siguiente declaración. Se trataba de Bhagwan Shree Rajneesh, alias *Osho*, supuestamente un revolucionario místico indio. Y vaya que era persuasivo.

Nos pasamos el fin de semana practicando su meditación dinámica, que consistía en alternar periodos de diez minutos de respiración fuerte e hiperventilación, catarsis emocional y corporal intensa, saltos rápidos en el aire gritando «hu hu hu», danza libre y quietud absoluta. Al final, me tumbaba en el suelo, con un hormigueo de pies a cabeza, exhausta y vigorizada a la vez.

Seis semanas más tarde, en junio de 1977, desembarqué de un vuelo de Air India con destino a Mumbai. Al día siguiente, entré por las enormes puertas de madera del *Ashram* de Shree Rajneesh, en Pune. Exquisitas melodías de flauta, sitar, tambura y guitarra resonaban en los jardines tropicales. Decenas de personas se movían de un lado a otro, hablando en muchos idiomas. Todos vestían túnicas anaranjadas, largos vestidos holgados de algodón y collares de cuentas de madera con una fotografía de Bhagwan Shree Rajneesh en forma de medallón.

Por todas partes veía gente bailando, cantando y celebrando. Pululaban en la propiedad selvática parejas y grupos de personas que reían, hacían música, bailaban y charlaban. Eran entusiastas, guapos, atrevidos y desenfrenados. Me sentí segura en aquel mar de gente vestida toda igual; era como si nuestras diferencias quedaran atrás, como si todos fuéramos uno y pudiera confiar en todos. Sentí que pertenecía a algo. Me emocionaba formar parte de algo tan internacional y alternativo, con tantos jóvenes profesionalmente establecidos, educados y visionarios de todo el mundo.

La iniciación en el discipulado con Rajneesh, que se llamaba *sannyas*, implicaba una pequeña reunión de grupo: la *darshan*. El día anterior a mi ceremonia, vacilé. Aunque había vestido la ropa naranja los primeros días en el *ashram*, ya había regresado a mi atuendo occidental y mi ropa azul. Sentí cierta aprensión ante la posibilidad de que los *sannyasins* tuvieran una «mentalidad de grupo». Desde luego yo no quería formar parte de ningún pensamiento colectivo. Me interesaba encontrar y definir mi propio camino en la vida, sin seguir a nadie ni a nada en particular.

Sin embargo, la mañana siguiente, después de la sesión de meditación dinámica, me sentí transportada a un plano de gozo tal que cambié de opinión. Quería más de esa sensación en mi cuerpo y también de esa sensación de que «todo es perfecto, tal como es». Aquella mañana Rajneesh habló de lo inusual que es conocer a un auténtico, maestro. Nos dijo que la oportunidad de vivir cerca de un maestro así sólo se presenta una vez en miles de vidas. Aquella mañana creí que había encontrado mi verdadero hogar.

Aquella era mi tribu. Y Rajneesh era mi maestro.

No estaba acostumbrada a sentarme en el suelo ni a inclinarme ante una persona sentada en un lugar más alto. Vi cómo los discípulos se acercaban a él y le tocaban los pies, o incluso se los besaban. Sin embargo, yo estaba fascinada por él, embelesada. Durante mi *sannyas darshan*, me dijo que mi nuevo nombre era *Ma Prem Maitri*. Me dijo que mis relaciones no debían ser posesivas, apasionadas ni físicas, sino trascendentales, desapasionadas y sobrenaturales. Me aconsejó que no me apegara a nadie, pues ésa era la forma más elevada de amor.

Convertirse en discípulo o «sannyasin» tenía sus requisitos. Se nos dijo que era necesario «deshacernos» de nuestro pasado, lo que significaba dejar atrás todas las conexiones con la familia y los amigos. Sólo debíamos usar el nuevo nombre que él nos había dado. Y debíamos llevar siempre ropa naranja (más tarde, se amplió a todos los tonos de rojo) y el collar de cuentas (*mala*) con su foto. Debíamos rendirnos absolutamente, por completo, para conseguir que se desvaneciera nuestro yo individual. Rajneesh nos enseñó que ésta era nuestra oportunidad máxima en esta vida humana. Sólo entonces, explicaba, podríamos saborear el estado de iluminación en el que él vivía.

Unos meses más tarde me comunicaron que había sido seleccionada para asistir a los *darshans* nocturnos con él todas las noches y actuar como su *médium*, transmitiendo su energía a los demás. Aquello era un gran honor.

Durante los años siguientes, dirigí grupos en su *ashram* y en comunas de la India, Oregón, Alemania, Inglaterra, Suiza, Canadá, Japón y por todo EE.UU. Los grupos se conocían como grupos de *Terapia Rajneesh* y a mí me denominaban *terapeuta rajneesh*. Sin embargo, cuando le pregunté a Rajneesh sobre mi papel y le pedí su guía de cara a los grupos que dirigía, me dijo que lo único que importaba era el grado de mi entrega a él. Sus instrucciones para mí consistían en que me volviera «un bambú hueco» y le permitiera «obrar a través de mí». Me explicó que mi educación y mi formación no eran importantes. En aquel momento creí que estaba ayudando a la gente a superar sus dudas y su resistencia a Rajneesh y pensé que eso era bueno. No obstante, en retrospectiva, me doy cuenta de que esos grupos eran de todo menos terapéuticos. Inducían a la gente a estados alterados para profundizar el proceso de adoctrinamiento. Lamento profundamente haber desempeñado ese papel, y debo y ofrezco mis más profundas disculpas a quienes perjudiqué.

Mis muchos años de trabajo no me reportaron ningún ingreso. Generalmente me dedicaba a las actividades del *ashram* y trabajaba catorce horas diarias, siete días a la semana. Nuestros únicos días festivos eran su cumpleaños, el día de su iluminación y el día de los gurús en la India; no obstante, en esos días también trabajábamos. Cualquier negatividad, desacuerdo o resistencia acarreaba consecuencias como la pérdida de privilegios, del trabajo, de la vivienda, del pase de comida o incluso de la residencia en el *ashram*. A los discípulos descontentos a menudo se los enviaba a comunas en otros países, se los separaba de sus parejas y amigos, y se les asignaban tareas agotadoras a modo de castigo.

Rajneesh nos instruyó que desconfiáramos de las autoridades, fueran del tipo que fueran. Puesto que él enseñaba, y por lo tanto yo creía, que nadie de fuera podría entender jamás quién era realmente o qué estábamos haciendo, no debíamos confiar en nadie de fuera. El mundo exterior era nuestro enemigo.

Un día, fui a comer a mi pequeña habitación y descubrí que todas mis pertenencias habían desaparecido. Me dijeron que me habían trasladado a la residencia privada de Rajneesh, un chalet cerrado en el recinto del *ashram*. Allí viví hasta que se marchó de la India a Estados Unidos en 1981.

La primera vez que me llamaron a su habitación en medio de la noche fue en 1978. Yo tenía 25 años. Rajneesh tenía 47. En la intimidad de su habitación me ordenó que me quitara la ropa. Luego me tocó los genitales, mientras me rodeaba la garganta con la mano. Intenté relajarme, «dejarme llevar», como me alentaban sus enseñanzas, y entregarme a él mientras hacía lo que quería con mi cuerpo, utilizándome para su gratificación sin ningún indicio de preocupación por mi placer, mi comodidad elemental o siquiera mi seguridad.

Sin embargo, creía que era un gran honor. Creía, como siguen creyendo decenas de miles de sus seguidores en todo el mundo, que Rajneesh/Osho era el mayor maestro espiritual que jamás había pisado la Tierra. Estaba hipnotizada por su carisma. En consecuencia, como discípula suya, o *sannyasin*, hice todo lo que me pidió. En repetidas ocasiones me dijo que nunca hablara de nuestras reuniones «especiales». Con nadie.

Rajneesh afirmaba que los hijos eran una distracción en nuestra vida de discipulado y un impedimento para alcanzar la iluminación. Muchas mujeres dejaban a sus hijos en sus países de origen, mientras que otras los abandonaban al cuidado de otras personas. Aunque algunas traían a sus hijos a la comuna a pesar de que se les desaconsejaba hacerlo, rara vez se les permitía vivir en el recinto del *ashram* con sus hijos. Muchos niños fueron separados de sus padres y enviados a comunas de Rajneesh en otros países. En la comunidad también se desaconsejaban los embarazos y se fomentaban los abortos.

Estaba claro que tener hijos sería un impedimento para mi crecimiento espiritual y un obstáculo para mi cercanía con Rajneesh. Y así, en 1979, a la edad de 25 años, fui esterilizada en la India. A aquella temprana edad, ni siquiera podía empezar a imaginar todas las implicaciones de esa decisión. Sigue siendo uno de los mayores reproches de mi vida.

Al cabo de unos años todos nos trasladamos a Estados Unidos, al desierto de Oregón. Cambiamos nuestras túnicas naranjas por jeans y camisas rojas, sombreros de cowboy y botas. Trabajamos como locos y en pocos años habíamos construido Rajneeshpuram, una ciudad con carreteras, una pista de aterrizaje, un hotel, un centro comercial con tiendas de ropa, restaurantes y una gran librería que vendía libros y cintas de Rajneesh, además de viviendas para varios millares de personas. Construimos una sala de meditación con capacidad para 20.000 personas; una universidad internacional de meditación; una central eléctrica e infraestructura afín; un embalse y una represa de 18 hectáreas y un sistema de abastecimiento de agua completo; un complejo agrícola para abastecer a toda la ciudad de alimentos orgánicos y un sistema de transporte público, que en aquel momento era el cuarto más grande del estado de Oregón. Parecía un sueño.

Continué dirigiendo grupos y cursos de formación. También monté y dirigí una pizzería y coordiné los puntos de ventas de refrigerios por toda la ciudad durante los festivales, a veces hasta para 15 000 discípulos visitantes. Sin embargo, sucedía algo bastante inquietante.

El ambiente había cambiado desde que nos trasladamos a Oregón. Rajneesh se había recluido. Al trabajo que realizábamos ahora se lo llamaba nuestro «culto». Aunque empezaba a albergar dudas, las aparté rápidamente, aun viendo cómo Rajneesh y su nueva secretaria, junto con su grupo de fieles seguidores, tomaban el mando del imperio en medio de los crecientes problemas que enfrentábamos.

En poco tiempo nos habían interpuesto docenas de demandas, habíamos adquirido un arsenal de armas automáticas, y contábamos con un equipo de seguridad entrenado y listo para defendernos del «exterior». Se escuchaba de envenenamientos masivos (tanto en las comunas externas como dentro de nuestra propia comunidad); intentos de asesinato y presuntos asesinatos; atroces abusos sexuales y un espantoso abandono de niños; esterilizaciones de jóvenes de ambos sexos e innumerables actividades delictivas y de corrupción. Finalmente, Rajneesh fue acusado de varios delitos federales y deportado por el gobierno estadounidense. Varios *sannyasins* también fueron acusados penalmente, muchos de ellos declarados culpables y condenados a años de prisión.

Rajneesh siempre nos decía que «diéramos gracias por todo». Cuando oí por primera vez las enseñanzas de Rajneesh sobre las bondades de «decirle que sí a todo», lo vi como un enfoque afirmativo de la vida que me ayudaría a fomentar la gratitud y ampliaría mi capacidad de recibir plenamente las experiencias de la vida. Lo malo es que *decir que sí* se convirtió en una respuesta automática a todo lo que ocurría dentro del mundo encapsulado del discipulado de Rajneesh.

Enseñaba que si tu casa se incendiaba, debías estar agradecido. O que, si alguien te robaba, debías agradecer por la experiencia. Agradece TODO. «Dile que sí» a TODO. Entonamos las palabras «SÍ, BHAGWAN, SÍ» una y otra vez, en elaboradas armonías, cientos de nosotros cantando juntos durante horas. Si te piden que lleves un arma cargada para proteger a Rajneesh, «di que sí». Si te piden que participes en conspiraciones criminales por el bien de la comuna, «di que sí» y hazlo con gratitud.

Mientras que en la comunidad de Oregón aumentaban progresivamente las actividades delictivas, yo intentaba sentir y manifestar gratitud. Cierta mañana, durante la conferencia de Rajneesh, un discípulo que sostenía un rifle cargado se ubicó a mi lado. A diario observaba este y otros signos de corrupción angustiantes. Sin embargo, seguía creyendo que él era un maestro que había alcanzado un nivel al que pocos habían accedido.

La comunidad se disolvió y miles de nosotros nos dispersamos por el mundo, a menudo en grupos. Muchos mantuvimos contacto ocasional durante décadas, formando grupos en línea y reuniéndonos cuando nos era posible. Aunque estábamos separados físicamente, contra todo pronóstico, nuestra «tribu» permanecía intacta. Tras la muerte de Rajneesh en 1990, no dejé de considerarlo mi maestro espiritual, aun cuando participaba en otras tradiciones y enseñanzas espirituales.

Febrero de 2021. Rajneesh llevaba muerto más de 30 años. Yo vivía con mi pareja al norte de California, en las estribaciones de las Sierras. Mi matrimonio atravesaba dificultades. Me era imposible confiar. No toleraba la intimidad y no podía fiarme de que mi esposa no estuviera intentando controlarme, manipularme o quitarme algo. No lograba detener la sensación de que todas las personas cercanas a mí tenían motivos clandestinos para utilizarme y, finalmente, traicionarme.

Nuestro matrimonio se estaba desmoronando. Una mañana, en una llamada de Zoom, un terapeuta me dijo algo que ya había oído docenas de veces: «Te lavaron el cerebro». Aunque en aquel momento no entendía exactamente a qué se referían con eso de «lavado de cerebro», tenía la plena convicción de que no era eso lo que nos había pasado con Rajneesh. Estaba convencida. Aunque durante años la gente había deslizado que la nuestra era una secta, yo estaba segura de que no era tal cosa. De hecho, Rajneesh nos había advertido de que la gente del mundo exterior diría cosas negativas de él y nos dijo que recordáramos que «los de afuera» no sabían ni podían saber de lo que hablaban.

Pero aquella tarde de febrero, bajo un cielo azul intenso y un viento invernal que soplaba hojas de roble en nuestro jardín, en mi mente apareció la palabra «lavado de cerebro». Ya lo había examinado cientos de veces. Quería creer que no era verdad. Que NO me habían lavado el cerebro. Quería creer que yo era una de las pocas afortunadas que no sólo le había entregado mi vida al maestro, sino que además había sido bendecida con una cercanía con él que pocas personas tenían. Pero entonces, durante los días siguientes, un pensamiento alarmante aparecía con insistencia en mi mente: «¿Y qué si era verdad? ¿Y si me habían engañado?»

Habían pasado 43 años desde que me convertí en discípula de Rajneesh. Era absurdo pensar que alguien pudiera fuera capaz de engañarme, no solo a mí sino también a decenas de miles de personas, aun décadas después de su muerte. ¿Cómo podía una persona tener semejante poder?

Pero ¿y qué tal si...?

En un instante demoledor, el hecho de tan solo considerar esa posibilidad abrió una grieta en mi psique que, en un abrir y cerrar de ojos, produjo un enorme abismo en mi mente y en mi corazón. Y supe cuál era la respuesta. De repente, de forma terrible y aterradora, lo supe. Mi mundo se desmoronó instantáneamente. Entonces, ¿quién soy? ¿Quién fui toda mi vida? Si no fui una devota íntima de un maestro perfecto, ¿entonces qué?

Para mi horror, estaba cayendo en la cuenta de que todos esos años había formado parte de una secta. Y para colmo, de una muy corrupta y abusiva. El shock de darme cuenta casi me mata. No logré salir de casa por meses, ni siquiera podía vestirme o seguir con mis actividades normales. Empecé a tener *flashbacks* de SEPT (síndrome de estrés postraumático) y episodios de pánico incontrolables. Por la noche salía disparada hacia el bosque, corriendo descalza tan rápido como podía para escapar de todo, me escondía en barrancos y me cubría con palos y hojas para que nadie me encontrara. Experimenté el terror más absoluto, una y otra vez. Revivía experiencias de estar atrapada, controlada, utilizada, engañada y traicionada.

Apartando de mi mente la idea de que «Osho es un gran maestro iluminado», examiné todo lo que podía recordar. Me asediaban mis propias preguntas. «¿Cómo es posible que me ocurriera semejante cosa a mí?»

Desde entonces, he leído, estudiado, investigado, hablado y escuchado a cientos de personas que vivieron experiencias similares. Estudié mucho para comprender cuestiones como los estados de trance inducido, el trance hipnótico, el narcisismo nocivo, la dinámica de las sectas, los sistemas de coerción, la hiperactivación, las experiencias místicas y los estados extáticos que se estimulan intencionadamente. Me informé sobre traumas y química cerebral.

Habían pasado más de 40 años y sin embargo aún me resultaba difícil determinar qué pensamientos eran realmente míos y cuáles del líder. Rajneesh y sus enseñanzas se habían convertido en mi perspectiva principal. Oía constantemente sus palabras en mi interior.

Recuperar mi vida fue y sigue siendo un camino difícil. Comenzó con el impactante reconocimiento de que casi todo mi pasado y todo lo que consideraba extraordinarias experiencias de vida junto a Osho/Rajneesh —a quien yo había considerado uno de los más grandes maestros que jamás habían pisado la Tierra—, y por supuesto, los fundamentos sobre los que basaba mi comprensión de la vida y de mí misma, eran inequívocamente falsos.

Empecé a conocer a otros que habían sido «cautivos» de líderes carismáticos o habían estado en grupos sellados de control intensivo. Me costaba creer lo que escuchaba de ellos. Había otras personas brillantes, vivaces, capaces, cariñosas, atentas, fuertes y creativas como yo que habían pasado o pasaban por experiencias similares. Descubrí que no estaba sola.

Desde ese momento la fuerza más sanadora en mi recuperación la obtuve al conocer y conectar con aquellos que han soportado y escapado del adoctrinamiento y la coerción de las sectas. Todos hemos sobrevivido a algo que es casi imposible de expresar, aunque no del todo. Forjé nuevas amistades entre personas provenientes de sectas religiosas fundamentalistas, sectas empresariales y de superación personal, sectas políticas, sectas New Age, sectas de la industria del bienestar, sectas psicodélicas, sectas espirituales de inspiración oriental, sectas psicoterapéuticas, sectas ocultistas, de la industria de los adolescentes traumatizados y de sectas familiares. Voy descubriendo una nueva vida de conexiones con gente de afuera.

Aunque en los momentos más oscuros, cuando no sabía cómo podría vivir fuera de la secta o liberarme de los tentáculos invisibles del adoctrinamiento, resultó que la noche era más oscura justo antes del amanecer.

Me libré de un hechizo. Un hechizo muy largo, profundo y persistente. Ahora el mundo es diferente de lo que era antes. Veo con ojos nuevos y, aunque soy prudente y camino despacio, avanzo. Espero que mis experiencias puedan ayudar a otros a salir de la pesadilla del abuso sectario. Hay un mundo de profesionales y expertos en traumas que trabajan en el campo de la recuperación de experiencias sectarias y una comunidad diversa de supervivientes valientes y solidarios en todo el mundo.

Si tú o un ser querido lo necesitan, sepan que no están solos.

El despertar de un adicto espiritual
Joseph F. Kelly

Joseph Kelly pasó 14 años en dos sectas orientales de meditación diferentes: La Meditación Trascendental y la Iglesia de la Sociedad Internacional del Amor Divino. Describe las dificultades a las que se enfrentó para romper definitivamente con esos grupos, y los métodos que funcionaron para ayudarlo a recuperar su vida.

Me encontraba entre el primer y el segundo año de secundaria, afrontando la transición del mundo bastante aislado de un colegio católico privado a la diversidad de uno público y urbano. Corría el año 1974. A raíz de la tumultuosa década de los sesenta y de la resultante autorreflexión de los setenta, las respuestas tradicionales a los problemas de la vida ya no me satisfacían. Leí sobre la Meditación Trascendental (MT) y el mensaje de Maharishi Mahesh Yogi me resultó fácil de aceptar. Afirmaba que no era necesario cambiar de creencias, filosofías ni estilo de vida, y que la MT era una forma científicamente verificable de «resolver los problemas de los individuos y la sociedad».

Me apunté y pasé rápidamente de las conferencias introductorias a los cursos preparatorios y a los de residencia. Con el paso de los meses fui dedicando cada vez más tiempo al centro de MT y asistí a dieciocho cursos de residencia a lo largo de los años siguientes. Cada vez me relacionaba menos con mis estresados amigos, cuyas formas de vida consideraba menos evolucionadas que la mía. Durante ese tiempo también empecé a manifestar los primeros signos de los efectos secundarios de la meditación: la pérdida de memoria a corto plazo, una disminución en mi capacidad de concentración y una leve presión crónica en la sensación de cabeza. Los del movimiento de la MT explicaban estos efectos secundarios como señales de liberación del estrés.

A medida que aumentaba mi compromiso, participé en el programa TM-Siddhi, que pretendía enseñar a los meditadores a volar, atravesar paredes y encontrar objetos perdidos ocultos, entre otras cosas (aunque el coste —4.500 dólares— era un precio bastante elevado para encontrar las llaves extraviadas de mi coche). Este aumento de frecuencia en mis prácticas de meditación exacerbó mis periodos de «desconexión», que una vez más fueron interpretados por el movimiento como señales de que mi conciencia se estaba expandiendo. Empecé a sentirme confundido por otras incoherencias entre la teoría y la práctica. Los directivos de la MT me dijeron que esa confusión se me curaría con más meditación. Así que reprimí mis dudas, hasta conocer al *Swami*.

Cuando me enteré de que un *swami* indio «auténtico», Swami Prakashanand Saraswati, iba a hablar en una iglesia local, aproveché la oportunidad para ir a escucharlo. El *Swami* habló de amar a Dios, un tema al que se resta importancia en el movimiento de la TM. También habló del peligro de promover los poderes *Siddhi* a expensas de la devoción a Dios. Por fin sentí que alguien abordaba mis dudas: Swami Saraswati fue capaz de describir los incómodos efectos secundarios de las prácticas de la MT. Parecía sincero y su larga barba y túnica naranja sin duda lo hacían más convincente aún. Aunque me enfrentaba a un conflicto interior, mi lealtad a la MT me impidió pasarme inmediatamente a aquel otro grupo.

La suerte quiso que el *Swami* se mudara justo al lado de mi casa. Después de años de leer la filosofía oriental que afirma que, «cuando el devoto está listo, llega el maestro», pensé que Dios debía de estar hablándome. La atracción del *Swami* era demasiado fuerte para resistirla. A pesar de que perdería amigos a los que quería mucho, abandoné el movimiento de la MT y me convertí en uno de los discípulos de Swami Saraswati.

A partir de entonces, la MT me resultó demasiado básica. Relacionarme con el swami equivalía a ser aceptado en un programa de doctorado espiritual. Con la MT los cambios en mi vida habían sido graduales a lo largo de nueve años. El *swami* subió la temperatura. Los cambios se produjeron rápidamente. Sus seguidores, en su mayoría antiguos practicantes de la MT, estaban bien condicionados. Años de procesamiento y adoctrinamiento de MT habían hecho de nosotros unos adeptos ideales, listos para rendirnos. El *Swami* exigía la asistencia regular a las reuniones conocidas como *satsangs*. En poco tiempo, me instó a vivir en su *ashram* de Filadelfia. Trabajamos para construir la sede de la misión del *swami*, la *Iglesia de la Sociedad Internacional del Amor Divino, Inc.* (ISIAD). Pasábamos de dos a ocho horas diarias en meditación, dependiendo de los caprichos del *Swami*. Su combinación de mitos (éramos adoradores de Krishna), técnicas de meditación y estricto control ambiental era muy potente.

Cuanto más tiempo pasaba con el *Swami*, más empezaba a reevaluar mi tiempo en la MT. Al igual que otros antiguos practicantes, me sentía estafado. Varios de nosotros solicitamos el reembolso de los cursos de levitación *Siddhi*. TM nos emplazó a interponer una demanda, y así lo hicimos. Mientras me preparaba para la demanda, conocí a un abogado familiarizado con los efectos negativos de los grupos sectarios y empecé a leer material sobre el condicionamiento psicológico. Incluso asistí a una conferencia de concientización sobre sectas. Las historias de antiguos afiliados a diversos sistemas de condicionamiento psicológico (Hare Krishnas, Moonies, etc.) eran sorprendentemente similares a las mías. A pesar de ello fui incapaz de examinar mi implicación actual con Swami Saraswati y la ISIAD.

Aunque resultaba fácil ver cómo Maharishi, Swami Prabhupada y el reverendo Moon habían engañado y controlado a sus seguidores, me convencí de que mi *swami* era diferente. No obstante, salí de aquella conferencia conmocionado. Decidido a seguir participando me dije a mí mismo que éramos una religión alternativa legítima. Decidí que los expertos en sectas no entendían las nuevas religiones y que la vara de medir utilizada para evaluar las sectas no se aplicaba a la ISIAD. Mis racionalizaciones eran infinitas. Pero en el fondo tenía miedo.

Al año siguiente asistí a mi segunda conferencia de concientización sobre sectas. A medida que me informaba más sobre el condicionamiento psicológico a través de diversas personas, me resultaba cada vez más difícil justificarme e ignorar las manipulaciones del *Swami*. Mi convicción de que era omnisciente y omnipotente se tambaleaba; sus mentiras eran muy corrientes. Me encontré menos dispuesto a «rendirme sin más». Me pregunté: «¿Se parece esto a otras sectas?»

Hacia el final del verano siguiente, me vi sometido a una presión extraordinaria. *Swami* quería que fuera a la India para recibir formación avanzada como predicador de la ISIAD. Ya no se permitirían relaciones externas. Tenía miedo. Había visto los cambios de personalidad en personas que él había enviado a la India. Una noche me senté con Swamiji, como le llamábamos cariñosamente, y le hablé de mis dificultades económicas. Mi negocio estaba al borde de la quiebra. Me escuchó y luego me pidió otra donación de 2.000 dólares. Yo ya había dado más de 30.000 dólares. Su solicitud me destrozó el corazón. Sabía que era una prueba. Debía conseguir el dinero para aprobarla. Aun así, anhelaba a Dios.

A medida que pasaban los días, ya no podía ignorar la información que tenía sobre las sectas, el condicionamiento psicológico y la hipnosis. Me interpelaba día y noche. Sentía que me estaba volviendo loco. Recé al único que sabía que podía ayudarme: el *Swami*. No obtuve respuestas. Estaba solo y asustado; el mundo se derrumbaba sobre mí. En lo único que podía pensar era en que, una vez más, tenía que alejarme de la Misión, el *Swami* y mis amigos. Necesitaba espacio para pensar. Tenía que irme, tenía que separarme.

Hacía calor en Nueva York el 13 de agosto de 1988, día en que finalmente tomé la decisión de dejar al *Swami*. A los 33 años, me enfrenté a la realidad de que no tenía carrera, estabilidad económica ni hogar. Estaba en una crisis espiritual que me hacía tambalear mentalmente. Sentía que una parte de mí moría aquel caluroso día de verano. La parte inocente de mí que reservaba para mi relación con Dios había sido aniquilada. Cuando tomé la decisión, sabía que perdería a mi familia de devotos, igual que había perdido a mi familia de la TM. Tomé la decisión. Entonces comenzó mi recuperación.

La primera noche fuera de la Misión fue una de las más difíciles. En mi cabeza resonaban constante e involuntariamente cánticos que me recordaban dónde había estado. Pensamientos sobre el *Swami*, Dios, el infierno y mi mortalidad se agolpaban en mi cabeza. Tardé meses en olvidar esos pensamientos. Me cuestionaba constantemente: ¿Estaba tomando la decisión correcta? ¿Me vería obligado a descender a formas animales inferiores? ¿Pasaría muchas vidas más buscando a Dios antes de que se me diera otra oportunidad de nacer humano? Con el tiempo empecé a darme cuenta de que esos pensamientos eran fobias inducidas por el grupo.

Me sentí profundamente deprimido al darme cuenta de que había perdido muchos años dedicando mi energía a los caprichos de los gurús. Me encontraba en un estado de regresión emocional y espiritualmente agotado, y sabía que necesitaba salir del atolladero de la espiritualidad malsana. Quería ayuda, pero ¿en quién podía confiar? Ambos grupos habían desacreditado el valor de la terapia. Maharishi decía que la terapia era «sólo revolver el fango». El *Swami* enseñaba que todos los problemas eran espirituales. No tenía claro qué beneficios podría obtener de una terapia, así que inicialmente desistí de hacerlo.

Hablar con los terapeutas expertos en desvinculación de grupos coercitivos me ayudó a comprender las técnicas de persuasión a las que había sido sometido en ambas sectas. En mis 14 años como devoto, había pasado más de 10.000 horas sometido a técnicas hipnóticas que inducen al trance. Las prácticas de meditación me incapacitaban para enfocarme o concentrarme. Me costaba seguir un pensamiento lógico, leer e incluso mantener una conversación. Sufría un trastorno disociativo que me hacía sentir como si no estuviera en mi propio cuerpo. Esa sensación socavaba mi sentido de identidad. Perdía el control con facilidad, sobre todo en situaciones de estrés.

Para recuperar la confianza en mí mismo, me puse a trabajar con mi cuñado. Se trataba de un trabajo bastante físico, lo cual me ayudó a recuperar mi capacidad de concentración. Y el ejercicio regular me ayudó a combatir mi tendencia a disociarme. (Hasta la fecha el ejercicio me ayuda a aclarar mis pensamientos y a mantener una conexión con mi persona física). Cuando me sentí más seguro di mi primer paso en el mundo empresarial y conseguí empleo en una empresa que instalaba expositores de temporada en tiendas minoristas. Ese trabajo me obligó a desarrollar aptitudes de gestión y toma de decisiones, y gracias a él me volví más autónomo.

Mi depresión continuó esporádicamente durante otros ocho meses. Volví a pensar en la posibilidad de buscar un terapeuta, pero me llevó tiempo superar mis prejuicios contra la terapia. Necesitaba un profesional que trabajara conmigo de igual a igual, alguien que fuera un entrenador en lugar de una figura de autoridad. Entrevisté a varios terapeutas y elegí cuidadosamente a uno, proceso que de por sí me fortaleció.

Durante un tiempo, los detonantes que me recordaban al grupo me molestaban. El olor a incienso, por ejemplo, me hacía sentir como si estuviera cantando de nuevo. La música también era un detonante que me llevaba de vuelta a sentirme conectado con el *swami*. Cuando era discípulo nos instaban a dirigir todas nuestras emociones hacia él. No se permitía dirigir ninguna emoción hacia otra persona o cosa. Me habían condicionado a suprimir cualquier tipo de sentimiento que no estuviese aprobado. La única emoción «buena» era una emoción «devocional». En cambio ahora las canciones de amor de la radio me hacían llorar. Sentía la pérdida como si acabara de perder a un amor. A veces me confundía y sentía que mis episodios de flotación eran señales de Dios que me devolvían al camino.

A medida que reflexionaba sobre las experiencias de otras personas que habían abandonado grupos similares, fui comprendiendo mejor lo que me ocurría. Aprendí que muchos antiguos afiliados experimentan una especie de flotación, por lo que aprender a definir y desactivar esos episodios fue vital para mi recuperación. Identificar el origen de mis reacciones me ayudó a resistirme al condicionamiento del grupo y mi compulsión emocional por volver a él disminuyó. No permitir que los detonadores me llevaran a disociarme me devolvió el control sobre mi vida, lo que supuso otro paso en la recuperación de mi autonomía.

Deseaba con una urgencia angustiante encontrarle un sentido espiritual a mi vida. Sabía lo que no quería: una seudo espiritualidad que produjera un estado dependiente, o una espiritualidad exclusiva o reservada. Necesitaba una espiritualidad madura que incorporara tanto la mente como el corazón. Decidí explorar la tradición de mi familia, el catolicismo. Tuve la suerte de encontrar un sacerdote que respondió con sensibilidad. Pude hablar con él de mis preocupaciones en un contexto racional.

Catorce años de inmersión en grupos que vivían apartados del mundo me habían pasado factura. Cuando recordé mi etapa anterior a unirme a las sectas, las esperanzas que entonces tenía de cara al futuro y mis objetivos iniciales, me di cuenta de que lo que quería para mí era muy distinto de lo que obtuve. Llegué a comprender lo sucedido examinando detenidamente cómo me habían llevado de las narices por un camino divergente. Ese proceso terapéutico fue fundamental para mi recuperación.

Aunque al principio el mundo se me hacía imponente, también era un lugar hermoso y emocionante. Tanto el movimiento de MT como la *Misión del Swami* habían subrayado lo indiferente que era el mundo exterior: «Es un charco de fango», decían. Sin embargo, de vuelta en el mundo, descubrí que era muy diferente de cómo me lo habían pintado. Aprendí lo atentos y serviciales que podían ser mis verdaderos amigos y familiares. La mayoría de mis amistades en la secta se forjaban rápidamente y eran superficiales, ofreciendo una falsa sensación de intimidad. En cambio, fuera de la secta mi verdadera familia y amigos me aceptaban tal como era. No ejercían presión ni exigían adhesión absoluta a ninguna creencia.

Aun así, si bien entablar nuevas amistades fue una parte importante de mi camino a la recuperación, también fue difícil. Las sectas me habían enseñado que todas las relaciones mundanas eran triviales y, en última instancia, sin sentido, egocéntricas y basadas en lo que los demás podían sacarte. ¿Adónde debía ir para conocer gente? ¿De qué hablaríamos? ¿Cómo encontraríamos puntos en común? El primer paso era aceptar a las personas tal como eran y no juzgarlas espiritualmente.

Durante esa época conocí a otras personas que habían hecho la transición post sectaria con eficacia. Me apoyaron y a su vez yo empecé a apoyar a otros que abandonaban sus grupos. Ahora estaba seguro de mi decisión y ya no sentía la necesidad de volver. Obtuve esa claridad compartiendo mi experiencia y mediante el continuo estudio de la influencia de las sectas, la hipnosis, las técnicas de reconfiguración cognitiva y el condicionamiento psicológico. Era importante para mí entender lo que había pasado y cómo no volver a cometer los mismos errores. Las conferencias de la AFF [ahora ICSA] siguen siendo recursos importantes para mí, pero también siento la necesidad de utilizar fuentes ajenas a esos círculos.

Como muchos otros, vengo de un periodo idealista de la historia. Ahora he encontrado la forma de alcanzar mis objetivos y satisfacer mi naturaleza idealista por vías que me fortalecen y me dan autonomía. Mi experiencia con grupos orientales y mi formación académica en religión comparada me han proporcionado la oportunidad y las aptitudes necesarias para ayudar a los demás. Eso ha dado paso a una nueva carrera en el campo de la pedagogía de la influencia, donde ayudo a otras personas a reevaluar su propia implicación en grupos sectarios. Esta experiencia gratificante me ha permitido canalizar mi pasado hacia un fin positivo.

Aunque ayudar a los demás es importante, para mí lo es tanto o más llevar una vida equilibrada y separada de mi pasado sectario. Los viajes, las relaciones, la literatura, el cine, la política, los derechos humanos y la familia son intereses que enriquecen mi vida con una diversidad que antes reprimía a toda costa. Ahora considero que la vida es difícil, pero a la vez estimulante, y es revitalizante, sobre todo después de una vida que antes estuvo tan centrada en una sola cosa.

Reflexionando sobre mi experiencia, me doy cuenta de que intenté escapar a una esclavitud que se disfrazaba de libertad definitiva. Lo único que me permitió escapar de la esclavitud de las sectas fue un sentido interno de integridad. Había una parte de mí a la que nunca renuncié, que estaba reprimida y cubierta por capas de doctrina; oculta y de difícil acceso, pero que nunca se perdió.

Cegada por la luz
Rosanne Henry

Rosanne Henry y su marido se unieron a una secta de corte New Age/Oriental conocida como Kashi Ranch. El grupo convenció a Rosanne de que entregara a su hija recién nacida al líder, y más tarde, Rosanne abandonó el grupo. Escribe sobre el dolor de perder a su hija y la alegría de volver a reclamar su tutela. Rosanne es consejera profesional licenciada, especializada en la recuperación de personas afiliadas a sectas.

Harry y yo llevábamos tres años casados. Debido a una serie de confusiones y tensiones en nuestra vida, decidimos intentar una terapia. Para ahorrar dinero fuimos a *Free University*, (la «Universidad Libre») y nos conectamos con unos supuestos terapeutas artísticos (que resultaron ser licenciados en periodismo). Tras seis meses de «terapia» nos remitieron a Joya, su nueva maestra espiritual. A las dos semanas de que le recomendaran a Joya, Harry pidió una excedencia urgente en su residencia médica y voló tres mil kilómetros hasta Florida para conocerla. Era perspicaz, astuta y carismática. Enseguida empezó a desestabilizar a Harry y a adoctrinarlo. Preocupada por el bienestar de Harry y por nuestro matrimonio, lo seguí hasta Kashi Ranch, el *ashram* donde vivían Joya y sus seguidores. Dado el estado de vulnerabilidad en que nos encontrábamos, bastaron unos pocos meses de esfuerzos concentrados para adoctrinarnos en la secta.

Nos trasladamos de Colorado a Florida. Harry consiguió trabajo en una organización de servicios de salud mientras yo empezaba a desarrollar un negocio que serviría de base económica para el Rancho. En un año, Macho Products estaba en funcionamiento, fabricando y distribuyendo equipos de protección para artes marciales.

Joya, que ahora se llamaba Joyce Cho, quería tener un hijo. Se había casado recientemente con un maestro de Tae-kwon-do y tenía dos hijos mayores y un adolescente de su primer matrimonio; pero a los 40 años, quería más. Durante meses oímos hablar de sus abortos espontáneos y de su incesante deseo de quedarse embarazada. Urdió entonces un plan. Cualquiera que estuviera embarazada en el Rancho se convertía en un objetivo. A todas nos instaron a darle nuestros bebés a Ma (el nombre espiritual de Joyce). Nos dijeron que esos niños serían eventualmente los sucesores de Ma. Todo esto se manejaba discretamente a través de «las chicas», un grupo de mujeres que cuidaban personalmente de Joyce y se encargaban de su trabajo sucio.

Cuando estaba embarazada de seis meses de nuestro primer hijo, me eligieron como blanco. Las chicas trabajaron primero con Harry y luego él conmigo. Tras dos meses de infierno, finalmente acepté su plan. Recuerdo el preciso momento en que, de repente, algo en mí cambió: «No hay nada más grande que pueda hacer por mi hija que dársela a la madre divina». Cuatro de nosotras le entregamos nuestro primer hijo a aquella mujer. Los crio como gemelos, como si fueran dos pares de muñecas idénticas. Joyce me aseguró que me implicaría mucho en el cuidado de mi hija. Lo único que conseguí fue ver dormir a todos los niños unas horas por noche, cuatro noches a la semana.

Casi al final del primer año, me echaron de la guardería a raíz de una discusión con la tiránica hija adolescente de Joyce. Poco después, dejé Kashi Ranch y me uní a Harry, que se había marchado cinco meses antes. No me llevé a mi hija, aunque lo deseaba desesperadamente. Aunque había empezado a ver un lado bastante oscuro en Joyce, no lograba renunciar a ella: seguía siendo mi gurú, mi dios. Debí de haberlo creído de corazón para dejar a mi hija con ella.

Harry y yo volvimos a Colorado y empezamos una nueva vida. Seis meses después me quedé embarazada. Cuando di a luz a nuestro primer hijo varón, sentí por primera vez lo que era tener a mi propio hijo. Si bien fue una experiencia muy sanadora amar y criar a mi hijo, me inquietaba mucho pensar en mi hija. ¿Cómo fui capaz de dejarla? Pasaron dos años. Intentando desesperadamente sustituir a mi hija, me quedé embarazada de nuestro segundo hijo. Durante años soporté el dolor más profundo que conoce una mujer: la añoranza de su hijo. Finalmente, me armé de valor y visité el Rancho para verla.

Mi niña, Ganga, tenía seis años cuando viajé a visitarla por primera vez. Era preciosa y estaba llena de vida. Conectamos enseguida, pero tuve que tener cuidado porque ella creía que Ma era su madre. Verla fue a la vez un alivio y una tortura. La quería de vuelta en mi vida, pero no quería volver al Rancho y caer nuevamente en las garras de Ma. Durante cuatro meses, Joyce y sus secuaces trabajaron para que Harry y yo volviéramos a la comunidad. Finalmente llegué a mi límite; algo se rompió. Estaba escapando de la mentalidad de la secta: ya no tenía que aceptar la realidad que me imponía Joyce. Pero ¿qué demonios podía hacer para recuperar a Ganga?

Sabía que me urgía obtener asistencia profesional. Gracias a la recomendación de un amigo de confianza empecé terapia con un psicoterapeuta junguiano. Después de cuatro meses de intenso trabajo, mi terapeuta sugirió que tal vez podría considerar ir a buscar a Ganga en algún momento. Mi respuesta fue de total sorpresa: «¿Quiere decirme que eso es factible?» A partir de ese momento Harry y yo nos pusimos en marcha para planear la recuperación de nuestra hija. Reunimos un equipo de abogados, especialistas en sectas, terapeutas e investigadores privados.

Cuatro meses después fui al rancho Kashi con mi padre, un investigador privado y el equipo SWAT local y exigí que me devolvieran a mi hija. Con la cooperación del sistema de justicia penal local, conseguí la orden judicial reglamentaria. Nuestra hija fue entregada a regañadientes a la policía y tuvo que esperar en una casa de acogida hasta que el juez nos concediera la tutela. Dos semanas después Ganga se montó a un avión con su verdadera familia, y voló rumbo a su nuevo hogar en Colorado.

Esto es lo que escribió a los nueve años:

Una secta es una persona que utiliza el control mental.
Puede hacerte creer cosas falsas sin que te des cuenta.
Pero empiezas a quererla porque te hace sentir especial.
Una secta puede hacerte mucho daño.
¡Ella hasta puede hacerte creer que es dios!
Las sectas son malas.

Aunque es más fácil expresar lo que anda mal en el Rancho Kashi, hacemos todo lo posible por mantenerlo en perspectiva y dejar que Ganga exprese lo bueno de su experiencia en la secta. Hubo algunas cosas positivas que ayudaron a moldearla para convertirse en la maravillosa persona que es hoy.

Me siento muy afortunada. Tuve una segunda oportunidad, la oportunidad de ser íntegra y vivir una vida plena con todos mis hijos. Recuperar a mi hija es un sueño hecho realidad. Sin embargo, no sólo lucho con la pérdida de esos preciosos seis años sino también con el dolor de la herida que le infligí a mi hija. Ansío el perdón todos los días; cuanto más sana veo a Ganga, más fácil me resulta.

Nota: En el capítulo 17 Rosanne describe los retos a los que se enfrentaron Ganga y su familia en el proceso de adaptarse a la vida fuera de la secta.

Hace bien contar las tribulaciones superadas
Alexandra Stein

La Dra. Alexandra Stein pasó diez años en una secta política del Medio Oeste. Ha documentado sus experiencias en su libro Inside Out: A Memoir of Entering and Breaking Out of a Minneapolis Political Cult *(«Atrapada y Libre: Un relato personal sobre el adoctrinamiento y la huida de una secta política en Mineápolis», traducción libre),* North Star Press de St. Cloud. *Alex se especializa en la psicología social del extremismo político. Su libro más reciente, basado en su investigación doctoral, es* Terror, Love and Brainwashing *(«Terror, Amor y Lavado de Cerebro»). Está afiliada al Family Survival Trust de Londres.*

Formé parte de una secta política de izquierdas llamada «O» durante aproximadamente diez años, de los 26 a los 36. Escribí este artículo ocho años después de abandonar el grupo. Desde entonces han pasado otros seis años. Aunque profundicé más en mi recuperación desde entonces, espero que estas reflexiones anteriores sean beneficiosas para otros.

Me reclutaron en un momento de gran inestabilidad en mi vida, y abandoné mi hogar en California para unirme a la «O» en su sede de Minnesota. Ya en la secta, me casé con otro militante y adoptamos dos hijos; ambas decisiones por recomendación del líder de la secta. Finalmente, tras diez largos y desdichados años, pude abandonar el grupo con mis hijos y otros tres militantes. Aproximadamente un año después de mi salida mi marido también consiguió marcharse.

Mi recuperación tras abandonar la secta puede dividirse en tres etapas: la crisis inmediata de la salida, la recuperación y los efectos a largo plazo.

Primera etapa: la crisis inmediata

Este periodo duró aproximadamente un año, un año extraordinariamente difícil. La mayor parte del esfuerzo en este periodo consistió simplemente en sobrevivir a la crisis y no derrumbarme. La supervivencia era tanto práctica como psicológica. Muchos exmilitantes tienen que luchar por conseguir vivienda y al mismo tiempo librar una batalla por la tutela de sus hijos, como me ocurrió a mí. A menudo, el aspecto económico supone un gran problema, que implica la desvinculación de acuerdos financieros y laborales. Reconectar con familiares puede ser otro gran obstáculo. La cantidad de dificultades es abrumadora, sobre todo hay hijos de por medio. Se deben establecer prioridades. Y mientras lidias con esos problemas prácticos, también tienes que ver cómo sobrevivir a una especie de terremoto psicológico.

Lo que más sentí en ese periodo de crisis inmediata fue miedo. Experimenté tres tipos de miedo. Uno era el miedo extremo a que el líder nos hiciera daño físicamente. Aquel primer año me despertaba en medio de la noche, casi todas las noches, segura de que se encontraba en la casa y a punto de entrar en mi dormitorio para agredirme o matarme. ¿Tenía motivos para temerle? Pues, había asesinado a un hombre y yo lo sabía. Aunque no creíamos que llegara a matarnos, teníamos que superar constantemente ese miedo y lidiar con él. Recibí llamadas anónimas amenazantes y abusivas durante ese periodo inicial.

Otra cosa que temía eran represalias por medios no violentos. En mi caso temía perder a mis hijos. El líder dio instrucciones a mi marido para que intentara obtener la tutela completa de los niños, lo que me llevó a adoptar una actitud ferozmente protectora para defenderlos y defenderme a mí misma del intento del líder de mantenerlos en la secta. Vivía mis días bajo la amenaza de una especie de presentimiento incierto: ¿Qué se propone hacer ahora?

Por último, y no menos terrible que los otros tipos de miedo, estaba lo que llamo un «miedo existencial», o el miedo a la extinción, a la nada. Sentía que al abandonar la secta, me había arrojado a un inmenso espacio vacío. Era un tipo de temor absolutamente primario. Me sentía completamente sola. Mis raíces habían sido destruidas y había perdido mi identidad. No había suelo bajo mis pies, ni historia, ni compañeros, ni cultura, ni sistema de creencias. Me había perdido a mí misma y mi conexión con los demás.

La depresión era otra emoción común. Depresión y agotamiento. Tenía que dormir muchas horas. Aún hoy, años después, sigo resistiéndome a cualquier intento de interrumpir mis horas de sueño. El sueño me ayudaba a aliviar la depresión; descansar parece tener en mí un efecto terapéutico. A veces me invadía un terrible pesar y tristeza por los años perdidos (sospecho que esos sentimientos se incrementan a medida que aumenta el tiempo de permanencia en una secta). ¿Qué habría hecho? ¿Qué habría sido? Ese tipo de preguntas me atormentaban a la vez que experimentaba una especie de amarga melancolía.

Uno de los principales conflictos de aquel primer año fue la sensación de ser inútil. Como reacción a la fobia inducida por la secta de que no seríamos nada si la abandonábamos, a menudo pensaba: «Fracasé totalmente. Intenté dedicar mi vida a ayudar al mundo e hice todo lo contrario. Soy una completa inútil». Para contrarrestar ese sentimiento, muchos de los que habíamos dejado la «O» sentíamos que debíamos demostrar nuestra valía enseguida e intentábamos incorporarnos de inmediato a algún tipo de actividad política. Claro está que eso no era sostenible en aquel momento y por lo general esos intentos no duraban mucho.

También sentí una gran vergüenza. ¿Cómo pude ser tan estúpida? ¿Cómo pude tratar así a la gente? ¿Cómo me pudo pasar esto? ¿Qué hice para caer en esto? Y naturalmente, tenía rabia, mucha rabia: odio al líder y una rabia desbordante. Escribí muchos poemas que destilaban rabia.

Con todo, también experimenté una buena medida de alegría aquel primer año. La euforia de la libertad era intensa. Tuve la suerte de contar con el apoyo de los que se fueron conmigo, y formamos un grupo de apoyo ad hoc. Nos reuníamos regularmente, contábamos nuestras historias y analizábamos lo que había ocurrido. También nos apoyábamos mutuamente. Llorábamos y reíamos mucho y con frecuencia surgía una especie de histeria catártica al compartir nuestras experiencias en la «O». Realizábamos muchas actividades sensoriales para despertarnos del entumecimiento que habíamos sentido todos esos años: comer bien, beber, leer y escribir poesía, comprar ropa nueva, escuchar música, y cosas así.

La naturaleza era especialmente importante para mí. Salí del grupo en primavera y psicológicamente me identifiqué con el rebrote que emanaba de la tierra. Sabía que tenía que recrearme de alguna manera; a la vez también reconocí que era resistente. Me di cuenta de que dentro de mí seguía estando yo, aunque me costara trabajo volver a nutrir esa identidad. La naturaleza también me proporcionó un importante sentimiento de conexión con el mundo en general: lo que algunos llamarían conexión espiritual. En la naturaleza sentí que lo que vivía era apenas una pequeña porción de desgracia y que había un mundo exterior que no se basaba en dogmas, crueldad ni manipulaciones. La belleza de la naturaleza es inherente a ella y de algún modo me sentía conectada a eso.

Qué me ayudó en aquella primera etapa:

- Tener una relación cercana, de confianza y apoyo con mi hermana, que me escuchaba sin juzgarme.
- Estar en contacto con otros exmilitantes, tanto recientes como antiguos. Nuestro grupo de apoyo ad hoc fue fundamental para mi recuperación.
- Acudir a los grupos locales de apoyo y educación de Minneapolis para antiguos militantes y sus familias, como *Free Minds* y *Answers, Inc*. La gente de esos grupos de apoyo me proporcionó recursos

para empezar a entender las sectas y su dinámica.
- Disfrutar de la naturaleza, la música, el arte y los libros, y pasarla bien.
- Darme permiso para dormir y descansar todo lo que necesitara, y para no hacer nada durante largos periodos. Mi marido se ocupaba de los niños la mitad de la jornada, así que pude hacerlo.
- Asistir a clases de escritura para principiantes, lo que me permitió y animó a escribir tras diez años de interrupción.
- Reencontrarme con viejos amigos. Hice las paces y traté de reparar algunas de aquellas conexiones interrumpidas.

Qué no me sirvió:
- Ver a una terapeuta que se quedó con la boca abierta cuando empecé a contarle mi historia.
- Encontrarme con terapeutas que no tenían ni idea de lo que trataban ni estaban dispuestos a aprender. Se centraban en los problemas de la familia de origen y no querían analizar el problema de la secta. Más tarde aprendí a decirles: «Tengo más problemas familiares de los que puedas imaginarte, pero no estoy aquí para eso».
- Enfrentarme a la respuesta sentenciosa, culpabilizadora y airada de mi madre.
- Suponer que cuando mi marido saliera, se solucionarían nuestros problemas y todo iría mejor (a pesar de que un especialista en recuperación de exmiembros de sectas me había advertido sobre eso).

Segunda etapa: volver a levantarme

Puedo dividir esta etapa en nueve esferas principales:

Problemas familiares. Una vez pasada la crisis inmediata, cuando ya había resuelto el problema de la vivienda, la tutela y demás, mi marido por fin salió de la secta. Intentamos volver a estar juntos, y gran parte del año siguiente lo pasamos intentando reparar nuestro matrimonio, que al final concluimos que ya estaba demasiado dañado. Gran parte de ese periodo lo dedicamos a tomar la decisión de divorciarnos y a afrontar la transición. Sin embargo, esa transición fue mucho más fácil de lo que podría haber sido dado que él ya no estaba en la secta.

Los hijos. Aunque estaba totalmente comprometida y conectada con mis hijos, igual tuve que analizar mi relación con ellos. Me instaron a que tuviera hijos y los adopté mientras estaba en la secta. Tuve que ordenar y desenredar la parte sectaria del asunto. Tuve que establecer claramente mi propia relación no sectaria con ellos. Fue un trabajo más intelectual que emocional, porque no dudaba de nuestra conexión emocional. Sin embargo, tuve que analizar y desmantelar los componentes sectarios.

Relaciones posteriores a abandonar la secta. Me relacioné sentimentalmente con una de las personas que abandonaron la «O» conmigo. Después de 10 años de reprimir los sentimientos y la intimidad, como se acostumbraba en la secta, era embriagador permitirme esa cercanía emocional con otra persona, sobre todo con alguien que entendía lo que yo había pasado. Aunque sabía que no era una relación duradera, nos apoyamos mutuamente en el proceso de recuperación.

Redefinición y reintegración de mí misma. En ese momento empecé a redefinirme. Tuve que hacer balance y tratar de descifrar mi dirección en muchas facetas diferentes de mi vida. Continué estudiando sobre sectas. Ese aprendizaje encajaba con mis intereses anteriores a mi participación en la secta, que gravitaban hacia la psicología social. De ahí que creo que era una orientación natural para mí.

Escribir. Empecé a escribir poco después de salir y acabé escribiendo un manuscrito sobre mi experiencia. Conseguí tres cosas: (1) escribir sobre mi participación requería una revisión y análisis minuciosos de cómo me habían manipulado exactamente, así que reviví toda la experiencia, cosa que, aunque difícil, me ayudó a entenderla e integrarla; (2) al terminar de escribir el libro, sentí que podía decir que era escritora, lo cual era muy importante para reconstruir un sentido de identidad que podía considerar propio; (3) me ayudó mucho a superar la vergüenza que sentía. Muy pronto decidí contar mi experiencia en la secta porque consideré que la vergüenza era una de las razones por las que el abuso sectario ha permanecido prácticamente oculto. Pude revertir eso hasta cierto punto, y en cierto modo, sentirme orgullosa y considerar mi experiencia socialmente útil. Me negué a avergonzarme de lo vivido. En ese sentido, volverme activista de la concientización sobre las sectas fue especialmente importante para mí.

Intereses. Como llevaba tanto tiempo en la secta me resultaba difícil saber a qué quería dedicarme realmente. A nuestro grupo de exmilitantes se le ocurrió la idea de «mojarnos los pies». Aunque no nos quedaba más remedio que probar cosas nuevas, podíamos hacerlo de a poco. No teníamos por qué lanzarnos a un compromiso total, cosa que obviamente nos asustaba bastante. Así que probábamos diversos intereses. Visitábamos un grupo o probábamos alguna clase. Descubrimos que al explorar algo que suscitaba nuestro interés, se hacía evidente que cada uno de nosotros retornaba a ciertos intereses originales. Nos llevó mucho tiempo, pero al final descubrimos que nuestros intereses surgían de forma orgánica. En mi caso, eran una combinación de la escritura y el estudio de la psicología social.

Identidad. Evidentemente, la cuestión de la identidad era muy importante. ¿Quién soy? ¿Qué voy a hacer con mi vida? Esta dislocación viene con todos los años perdidos en la secta. ¿Cómo voy a superar este trauma? ¿Podré volver a ser normal? Decidí que tendría que identificarme con otras personas que habían pasado por traumas, como la dependencia química, la muerte de un ser querido, otras formas de abuso de poder o agitación política. Me resultó más fácil cuando aprendí a identificarme con otras personas de trasfondos complicados, y no sólo con otros afiliados a la secta.

Creencias. Tuve que revisar mi postura política, que durante mi pertenencia a la secta había sido moldeada por el dogma del grupo. En realidad no me inquietaba dejar sin resolver muchas creencias y preguntas. Miré a mi alrededor y vi que (a) nadie parecía tener las cosas mucho más claras que yo, y (b) era aceptable no tenerlas claras y plantearse preguntas. Dejé de lado la necesidad de dogmas. Aprendí a decir «no lo sé» y que hacerlo no me generara conflicto. Sin embargo, aprendí también algunos valores básicos, sobre todo de la Declaración Universal de los Derechos Humanos. Vi y aprecié la necesidad de mantener esos valores tan amplios e inclusivos como fuera posible.

Amigos. Fue muy difícil salir de mi aislamiento. Lo intenté con ahínco durante muchos años y tuve varios inicios frustrados. Tardé mucho tiempo en encontrar el tipo de estrato social en el que realmente me sintiera a gusto. Acabé descubriendo que me sentía mucho más cómoda entre artistas, escritores, intelectuales y activistas que, por ejemplo, entre profesionales del mundo empresarial y de los negocios, que eran el tipo de relaciones que se fomentaban en la secta.

Qué me ayudó en la segunda etapa

- Seguir estudiando sobre condicionamiento psicológico y la psicología social de las sectas y convertirme en activista de sensibilización sobre las sectas.
- Recibir el apoyo continuo de otros ex afiliados y de otros amigos y familiares.

- Poder ir a ver terapeutas y entregarles copias de capítulos de varios libros sobre sectas e influencia social. Les exigía que leyeran los folletos que les entregaba. Si no estaban dispuestos, no volvía.
- Contar con una terapeuta dispuesta a tratarme de igual a igual, mostrándose como un ser humano y no como un dios (el tipo de límites excesivamente rígidos que promueven los freudianos). Necesitaba poder preguntar: «¿Qué tal las vacaciones?» y obtener una respuesta normal.
- Contar con una terapeuta dispuesta y capaz de hacer un trabajo profundo, que aceptara ir al lugar más oscuro conmigo y me ayudara a navegar por él y hacer pie, por así decirlo.
- Estudiar la personalidad y el temperamento (y recursos como la evaluación de la personalidad de Myers-Briggs) me ayudó a identificar algunos de mis atributos que trascendían la experiencia de la secta. Fue un ejercicio de validación decir: «Sí, soy introvertida y pensadora», etcétera. Y reconocerlos como partes de mí misma anteriores y posteriores a la secta. Obviamente en la secta esas cualidades siempre habían sido despreciadas, pero ahora podía reivindicarlas como elementos básicos de mi personalidad.

Qué no me sirvió

- Las terapias demasiado breves enfocadas en la resolución práctica de problemas; también, la psicología pop.
- Ver a una terapeuta demasiado proclive a recetar fármacos. Quería recuperar mis sentimientos después de 10 años de reprimirlos.
- Acudir a terapeutas que querían probar la hipnosis u otras técnicas extrañas. Era aceptable si atendían mi reacción y la respetaban inmediatamente, pero no si intentaban convencerme.
- Que la gente me dijera «supéralo». Lleva mucho tiempo superar un abuso prolongado.

Tercera etapa: las dificultades a más largo plazo

Ocho años después de abandonar la secta quedan por resolver algunos problemas importantes. Principalmente, tienen que ver con detonadores, carrera, geografía y relaciones.

Los detonadores y las escenas retrospectivas me perturban de vez en cuando. Creo que es un problema que me durará toda la vida, pero que se puede resolver siempre que pueda identificar que se trata de un disparador y afrontarlo a ese nivel.

Aún intento hacer una transición profesional. Sigo trabajando en una actividad elegida para mí por el líder de la secta y eso me sigue molestando. Sin embargo me siento más en paz de hacerlo a medida que pasan los años y me desarrollo como escritora y me abro nuevas puertas en el campo de la psicología social.

Sigo viviendo en Minnesota, que no es el lugar que habría elegido, pero siento que debo quedarme aquí hasta que mis hijos crezcan. Tengo una sensación de desarraigo que es anterior a la secta. Sin embargo me va mejor en eso de proponerme estar aquí ahora, y participo activamente en mi comunidad.

Como mujer soltera con una historia complicada, me resultó abrumador intentar entrar en el mundo de las relaciones sentimentales. Aunque esto es normal para muchas mujeres de mi edad, el añadido de la experiencia en la secta lo hace aún más difícil. ¿Cuándo lo das a conocer? Todavía estoy aprendiendo distintas formas de responder a la inocente pregunta: «¿Y qué te trajo a Minnesota?»

Como aspecto positivo, puedo decir lo siguiente: Ahora me conozco bien y utilizo ese conocimiento para dirigir mis actividades. Soy asertiva a la hora de no hacer cosas que no deseo. Sé reconocer los abusos de poder y no tengo miedo de llamarlos por su nombre. Reconozco cuándo me siento detonada y puedo identificarlo y seguir adelante. Tengo una comunidad de amigos fuerte, solidaria y diversa. Ya no voy a terapia, aunque para mí es importante poder llamar a mi terapeuta para que me ponga a tono si lo necesito (lo he hecho varias veces en los últimos años). Mis hijos (que ahora tienen 10 y 12 años) están bien. Su padre y yo tenemos una relación de paternidad cooperativa. Creo que he sido sincera con ellos y que entienden bastante sobre las sectas y el abuso de poder. Creo que he conseguido aprovechar esa experiencia abusiva y convertirla en algo útil para mí, y lo que es más importante, para los demás.

Qué me ayudó en la tercera etapa

- Intentar mantener el equilibrio en mi vida: familia, trabajo, trabajo vocacional, ejercicio, naturaleza y cultura.
- Continuar trabajando en el campo de la sensibilización sobre sectas.
- Intentar cerrar bien los temas. Por ejemplo, cuando dejo de trabajar en un proyecto específico de voluntariado me aseguro de concluir mi participación de forma positiva y clara.
- Disfrutar de una mentalidad de «estar aquí ahora», lo que significa aprender a apreciar cada momento.

- Trabajar en proyectos en los que se valoran mis competencias y experiencia.
- Mantener un círculo social fuerte con relaciones recíprocas.

Qué no me sirvió

- Caer en la desesperación por los años perdidos. Por ejemplo, preguntándome cómo podría volver a estudiar o cómo podría ponerme al día. Me esfuerzo por acallar esas voces.
- Atascarme en sentimientos de aislamiento y falta de comunidad. Aunque todavía tengo que luchar contra eso, los considero problemas sociales generales de nuestro tiempo, así que no me queda más remedio que participar en la conversación sobre ellos.

Por último, creo firmemente que tenemos que seguir contando nuestras historias porque, a través de ellas, entenderemos cada vez más estas cuestiones. Primo Levi, escritor italiano y superviviente de Auschwitz, tiene mucho que decirnos a quienes nos interesamos por el totalismo y el abuso de poder. Pienso a menudo en el proverbio yiddish que utiliza en su libro La tabla periódica: «Es bueno contar los problemas superados». Me parece muy acertado.

TERCERA PARTE

Familias y niños en las sectas

Si nuestra forma de vida le falla al niño, nos falla a todos.

— PEARL S. BUCK

17 En la secta desde la cuna

Los niños son los miembros menos poderosos y más indefensos de una secta. En el mejor de los casos, se convierten en miembros leales, cuya crianza, educación, atención médica y disciplina dependen de las actitudes del grupo. En el peor de los casos, se convierten en los peones más débiles y en las víctimas de la secta, utilizados como herramientas de reclutamiento, adoctrinamiento y control, sufriendo a menudo abandono y abusos físicos y/o sexuales (incluido el tráfico sexual), además de ser explotados al tener que trabajar para la secta (es decir, tráfico laboral).

Normalmente, los niños no tienen que ser convertidos al sistema de creencias de la secta porque su inducción al sistema social sectario comienza muy pronto. El mundo de la secta puede ser lo único que hayan conocido. Aunque asistan a colegios convencionales o tengan contacto con amigos o familiares que no estén involucrados en la secta, el mundo exterior está firmemente delineado e interpretado de acuerdo con la visión del mundo de la secta. Un recurso excelente es mi libro *Escaping Utopia: Growing Up in a Cult, Getting Out and Starting Over* («Adiós Utopía: Crecer en una Secta, Liberarse y Empezar de Nuevo», traducción libre) en coautoría con Karla McLaren, publicado por Routledge.

Algunas sectas reclutan a parejas y familias enteras, así como a individuos con hijos. A medida que la familia se involucra más en el sistema ideológico y social de la secta, sus miembros se vuelven cada vez más serviles, infantiles y dependientes del grupo o del líder. Al renunciar a su autodeterminación, los padres ya no pueden mantener a su familia como una unidad independiente, y su modelo de vida familiar se distorsiona y confunde. Por defecto o intencionadamente, los hijos se convierten más o menos en propiedad del grupo o del líder.

Este poema, escrito por un niño que pasó los ocho primeros años de su vida con sus padres en una secta de yoga-meditación-psicoterapia dirigida por un gurú en Australia, expresa con claridad (y tristeza) la agonía a la que se enfrentan los niños de las sectas. Chazz Noyes tenía 11 años cuando escribió este poema, por el que ganó un premio en un concurso nacional.[1]

Secretos
Chazz Noyes

Secretos, susurros en la oscuridad
Te rodean y destrozan tu vida.
Se filtran en tu alma y tu corazón y te dejan una fría sensación
de vacío y soledad... hasta que mueres.

La oscuridad cubre tus ojos y no puedes respirar.
Quieres gritar, desgañitarte, pero reprimes esos sentimientos.
Los sofocas a la fuerza.

Eso es lo que te enseñaron: nunca lo cuentes, nunca ames,
nunca te enfrentes a quienes controlan tu vida: secretos.
Haz sólo lo que te digan o sufre el destino del ostracismo social.
Nunca nadie volverá a quererte.

La negrura te rodea y los secretos te envuelven, te oprimen.
Tu grito es acallado por la vacuidad de tu vida.

Los líderes de sectas o la pareja dominante en una relación abusiva suelen dictar hasta el más mínimo detalle de la vida de quienes están bajo su dominio. Uno de los resultados, escribe la socióloga Amy Siskind, es que «los padres no son padres en el mismo sentido que lo son los padres convencionales. Los padres no deciden dónde vivirán ellos o sus hijos, qué comerán, cuándo deben irse a dormir, o cuándo y dónde irán a la escuela. En algunos casos [...] los padres tienen cierta participación en algunas de estas decisiones, pero en general es mucho menos probable que ejerzan poder sobre gran parte de sus propias vidas, por no hablar de las de sus hijos».[2]

En el Capítulo 4, exploramos los rasgos de carácter sociopático que se encuentran en muchos líderes sectarios. Dado que un sociópata tiene una madurez emocional igual o inferior a la de un niño de 10 años, su capacidad para ser un padre maduro es inexistente.[3] Los líderes sectarios suelen ser infantiles en su propio desarrollo emocional, no sienten empatía ni comprenden las necesidades de sus seguidores. Consideran tanto a los adultos como a los niños amenazas sobre las que deben influir, controlar y, potencialmente, utilizar para satisfacer sus propios necesidades y deseos. La Dra. Margaret Singer esbozó lo que es probable que aprendan los niños en un entorno así:

En las sectas, los niños no ven modelos de compasión, perdón, amabilidad o calidez. Dado que se espera que todos los miembros idolatren al líder, también lo hacen los menores. Estos se identifican con el poder y la dominación del líder, o capitulan y se vuelven pasivos, dependientes, obedientes y, a menudo, emocionalmente reprimidos y apáticos.

Los niños adoptan el sistema de valores polarizado de la secta: bien-mal, bueno-malo, pecador-santo. Se les enseña que existe un mundo dividido: «nosotros» estamos dentro y «ellos» están fuera. Nosotros tenemos razón, ellos están equivocados. Nosotros somos buenos, ellos son malos. En ese mundo polarizado, a los niños (como al resto de los afiliados) se les infunde paranoia respecto de los no afiliados y de la sociedad exterior.

Los niños de las sectas no tienen la oportunidad de observar cómo se hacen concesiones, se negocia y se llega a un término medio, como ocurre en las familias normales. No ven a la gente resolver disputas o adaptarse a los deseos de los demás, esas transacciones que son tan importantes para aprender a jugar, trabajar y vivir en familia o en grupos que han sido socializados de forma democrática.

Los niños de las sectas no ven que los adultos participen en la toma de decisiones ni que elaboren ideas y planes juntos. En cambio, son testigos y se les enseña que el pensamiento crítico y evaluativo, las ideas nuevas y las ideas independientes meten a la gente en problemas. Eso les enseña a obedecer, y punto.

En muchas sectas, la agresividad, vivacidad y asertividad normales en los niños se tachan de pecaminosas o de indicios de estar poseído por demonios, y a menudo conllevan castigos severos y represión. Así, al igual que sus padres, los niños aprenden a depender del líder y su sistema. Como resultado, los rasgos de personalidad ansioso-dependientes pueden arraigar en el carácter en desarrollo de los niños de la secta.[4]

A veces, las creencias idiosincrásicas de la secta sobre la atención médica, dental o nutricional, la educación, la crianza y la socialización, o la intimidad y los roles sexuales tienen consecuencias graves o incluso fatales. Aunque el grupo no viva en comunidad, los líderes de las sectas tienden a extender su influencia y control a los hogares y familias de sus miembros. Casi todo el mundo se contagia de las obsesiones del líder, de sus creencias maniqueas y de su necesidad de secretismo. Y los niños, en particular, pasan a formar parte del trastorno familiar creado por la secta, como tan elocuentemente lo expresa el poema de Chazz. Lorna Goldberg escribe sobre la interferencia del líder de la secta en la vida de los padres:

> Como resultado de la necesidad narcisista del líder de ser la relación más importante en la vida de los miembros, así como del hecho de que la

implicación de los padres con sus hijos perjudica el negocio de la secta, los líderes suelen disuadir a los padres de implicarse con sus hijos. Los padres pueden ser separados de sus hijos y tener que pasar largos periodos dedicados a las actividades de la secta. Los niños pueden ser alojados en residencias comunes o enviados a internados relacionados con la secta. Con frecuencia, los miembros que están a cargo de esos internados carecen de formación pedagógica y no comprenden las necesidades emocionales de los niños.

Aun en aquellas sectas en las que se permite a los padres educar a sus hijos en sus hogares, suele haber interferencias. En un gran número de sectas, se instruye a los niños para que se dirijan a sus padres por sus nombres de pila y se dirijan al líder de la secta como «Madre» o «Padre». El papel de los padres se reduce así al de un hermano para sus propios hijos.[5]

Esos comportamientos negligentes y a menudo perjudiciales se dan en muchos grupos. Por ejemplo, en una secta psicoterapéutica, los miembros que querían tener hijos tenían que obtener el permiso de sus terapeutas, que eran en esencia sus líderes. Al nacer, los niños eran separados de sus padres para evitar la supuesta contaminación por sus «tendencias neuróticas». Los recién nacidos y los niños eran entregados a otros miembros para que los criaran, y los padres tenían derechos de visita limitados. A los siete años o menos, los niños eran enviados a internados para separarlos aún más de sus padres.[6]

Al crecer dentro de los confines de una secta, donde se exige a los miembros que demuestren una adulación excesiva al líder, muchos niños experimentan un trato por parte de sus padres, del líder y quizá de otras personas que suscita gran preocupación. Tim Guest, cuya madre era seguidora de Bhagwan Shree Rajneesh, pasó gran parte de su infancia a finales de los años 70 y 80 en una u otra de las comunas de Bhagwan en Inglaterra, Oregón, India y Alemania. En su autobiografía, *My Life in Orange* («Mi vida en naranja»), Tim describe conmovedoramente desde la perspectiva de un niño, la participación de sus padres en una secta. En este caso recuerda una de las muchas conferencias de Bhagwan a sus devotos, llamados *sannyasins*. Por lo general, esas conferencias las daba Bhagwan desde su singular trono, un sillón de dentista de cuero rojo brillante. Desde ahí pontificaba la mayoría de las veces bajo la influencia de inhalaciones de óxido nitroso extraídas de un recipiente acoplado al sillón.

«Adentrarse en el amor», dice [Bhagwan], «es la mayor exploración, la indagación suprema. Todo lo demás se queda corto, hasta la energía atómica. Puedes ser un científico del calibre de Albert Einstein, pero no sabes lo que es la verdadera indagación a menos que ames. Y no sólo el amor, sino el amor más la conciencia [...] o en términos científicos, el amor como levitación, en oposición a la gravedad». En medio de toda la apacible veneración, destaca una única exclamación repentina. «¡Leviten!» —nos insta—. ¡Levántense! ¡Dejen la gravitación para las tumbas!»

Eso era lo que querían los *sannyasins* de Bhagwan. En sus comunas de todo el mundo, los *sannyasins* se reunían para abandonar el peso de la materia, para entregarse a la levedad. O mejor dicho, eso era lo que esperaban los adultos. Los niños de las comunas de Bhagwan necesitaban otras cosas. Necesitábamos consuelo. Necesitábamos un lugar donde guardar nuestros Legos. Necesitábamos nuestro hogar. Como éramos más bajos, más cercanos a la tierra, no podíamos levitar; yo no podía. Sentíamos cosas que no debíamos sentir. Parecía que nunca conseguíamos despegarnos del suelo.[7]

Al parecer, el «amor más la conciencia» que Bhagwan predicaba a sus seguidores (y del que él se beneficiaba principalmente) carecía de toda comprensión de lo que los niños de su entorno experimentaban o necesitaban. El pensamiento único de la vida sectaria es la leche agria que los padres sectarios les ofrecen a sus hijos; no nutre lo suficiente y a menudo deja mal sabor.

Las dificultades de vivir en dos mundos

Hay cuatro áreas específicas de preocupación en relación con los niños nacidos y/o criados en una secta:

- Las dificultades que experimentan los niños que viven en un entorno sectario pero también tienen que interactuar con el mundo exterior
- Problemas médicos y de salud especiales causados por el abandono y los malos tratos
- Los efectos psicológicos de los traumas físicos, emocionales y sexuales
- Dificultades de adaptación tras abandonar la secta

Muchos niños de sectas necesitan relacionarse con la sociedad en general. Esto ocurre sobre todo en el contexto escolar. Los niños de sectas tienen que aprender a equilibrar un doble criterio de valores, costumbres y creencias para poder desempeñarse con normalidad en ambos segmentos de sus vidas.

Las sectas difieren de otros grupos en cuanto a creencias y normas religiosas, filosóficas o culturales. Una diferencia importante es que las sectas imponen una mentalidad maniquea caracterizada por el aislacionismo, el elitismo, el secretismo y un miedo a los extraños que puede rayar en la paranoia. Esto supone una pesada carga para los niños que interactúan con el «malvado» mundo exterior. Si un grupo participa en actividades ilegales o tabú, los niños se verán además agobiados por la vergüenza y el miedo. Por ejemplo, durante un tiempo, en los Niños de Dios (NDD) se practicó el incesto y la prostitución infantil y adulta, a pesar de que esos actos son ilegales y están muy estigmatizados en la sociedad general.[8] Como a menudo se les prohíbe hablar con extraños sobre estos actos, los niños de los NND y grupos similares se encuentran en una grave desventaja cuando interactúan con extraños. Esas prohibiciones refuerzan el aislamiento, la desconfianza y el miedo que sienten.

El siguiente relato de una joven que vivió con un pie en ambos mundos, por así decirlo, ilustra algunos de estos dilemas y conflictos.[9] Shippen D. creció en una familia de practicantes de Magia Ceremonial basada en los escritos de Aleister Crowley. Shippen hizo votos y desempeñó un papel en su familia y en su comunidad de creyentes (Ordo Templi Orientis). Al mismo tiempo, era la típica adolescente que actuaba en una prestigiosa orquesta sinfónica juvenil, escribía obras de teatro y bailaba en programas escolares. En algún momento de su adolescencia, empezó a rebelarse contra sus padres y el grupo:

Me enseñaron que la magia tiene que ver con el control de uno mismo, de las circunstancias y de los demás. También se trata de convertirse en algo más que humano, lo que en mi familia significaba la capacidad de despojarse de las ataduras de la personalidad para llegar a algún tipo de esencia. La Magia Ceremonial, tal y como yo la experimenté, utilizaba ritos sexuales y sacrificios, pero de forma muy limitada y controlada. La autorrealización era el eje de la mayoría de las disciplinas y estudios. Mis padres se esforzaron por adiestrarme en las artes meditativas necesarias para un mago y un psíquico. Recuerdo vívidamente gran parte del entrenamiento y muchas de las experiencias. Lo más sorprendente era la sensación de estar especialmente dotado de dones que otros no tenían, dones de los que no se podía hablar con nadie, salvo mis padres.

Esa sensación de ser única era una carga tremenda porque había que desarrollarla con ejercicios especiales: aprendí a salmodiar cánticos rituales casi tan pronto como pude hablar. En lugar de enseñarme a atrapar una pelota me enseñaron a controlar la respiración y a hacer ejercicios respiratorios. En vez de colorear en cuadernos, pintaba cartas del tarot y leía las meditaciones que las acompañaban. Había muy pocas cosas que mis padres estudiaran en las que yo no participara plenamente.

Los niños de la calle no sabían esto de mí; ni tampoco las autoridades escolares. Fuera de mi casa no era especial, pero tampoco me habían enseñado ninguna habilidad que fuera ni remotamente útil en el patio del colegio. Era una niña confundida, perdida y alienada que tendía a hablar con los árboles o, más tarde, a leer durante los recreos escolares. No sólo carecía de experiencias y habilidades comunes que compartir con otros niños, sino que además me habían advertido que no hablara con los demás. Sabía de otros dos niños de la comunidad de mis padres que habían sido retirados de sus hogares por las autoridades. Temía que si alguna vez revelaba las prácticas de mis padres, las consecuencias serían nefastas para ellos y para mí. El mundo exterior me aterrorizaba. Ese terror selló mis labios, efectivamente, durante 30 años.

A medida que crecía, el entrenamiento empezó a fastidiarme y me volví respondona, y luego me negué a ir a los rituales. Una vez me atreví a romper el silencio que me habían impuesto pidiendo ayuda a la madre de mi mejor amiga; más tarde a las autoridades escolares y, más tarde aún, a los líderes religiosos de nuestra ciudad. La madre de mi mejor amiga, que estaba al tanto de mis votos y las ceremonias, me aconsejó que lo aguantara hasta entrar a la universidad. Los líderes religiosos desestimaron todo lo que dije y me sermonearon por mentir. Las autoridades del colegio me dijeron que mi madre estaba muy enferma y que no debería molestarla. Era cierto, aunque no me di cuenta hasta muchos años después.

En mi familia no existía la atención médica. Creían que todas las enfermedades físicas procedían de pensamientos equivocados. «Si tu cuerpo te está molestando, más te vale enderezar tus pensamientos». Yo sabía que a mi madre le dolía el cuerpo; de hecho, se estaba muriendo. Pero mi padre me dijo que su forma de pensar era errónea, que estaba recibiendo su merecido hasta que se enmendara, y que no había nada que él ni yo pudiéramos o debiéramos hacer. Es probable que las autoridades escolares me vieran como una adolescente insensible, egocéntrica y malcriada, cuando en realidad no hacía más que comportarme como me habían enseñado y de la misma forma en que se me había tratado siempre a mí. Me gradué de la escuela secundaria, entré en una universidad buena pero gratuita, y me escapé a ella ya que mis padres no lo aprobaban.

En muchos sentidos, los dilemas a los que se enfrentó Shippen son comunes entre los niños que se ven obligados a vivir en dos mundos tan distintos. En particular, cuando existe hostilidad hacia el mundo exterior, u hostilidad hacia la secta debido a controversias o investigaciones sobre sus prácticas, la vida de los niños puede verse alterada de formas realmente incómodas.

Problemas de salud y negligencia médica

Algunas sectas utilizan diversas creencias para justificar la negligencia médica, las deficiencias nutricionales y/o mantener a los niños alejados de la educación pública y de la vista de la sociedad. La falta de tratamiento oportuno de enfermedades leves puede provocar complicaciones graves y a menudo fatales, sobre todo en los más jóvenes. Por lo general este tipo de abuso sólo llega a conocimiento de las autoridades cuando profesionales médicos, educadores o testigos preocupados llaman a los servicios de protección del Estado. Aun así, el amparo de la libertad religiosa suele ocultar o retrasar el descubrimiento del funcionamiento interno y la naturaleza a veces dañina de grupos que se escudan en la religión como escudo para evitar un examen minucioso.

En una encuesta sanitaria realizada a 70 antiguos adeptos de sectas, se observaron los siguientes patrones de maltrato y abandono infantil:

- el 27% informó que los niños de sus grupos no estaban vacunados contra enfermedades infantiles comunes
- el 23% informó que los niños no duermen al menos ocho horas por noche
- el 60% informó que sus grupos permiten el castigo físico de los niños
- El 3% afirma que a veces se incapacita físicamente o se lesiona a los niños para enseñarles una lección.
- El 13% informó que el castigo de los niños a veces pone en peligro su vida o requiere la atención de un médico.
- Sólo el 37% informó que los niños reciben atención médica cuando están enfermos.[10]

Naturalmente, no podemos generalizar sobre las condiciones de vida en todos los grupos o familias sectarias basándonos en esta única encuesta; sin embargo, los resultados indican la necesidad de un estudio más profundo y, posiblemente, de una intervención legal. Aunque no deseamos criticar injustamente a los grupos en los que los niños permanecen ilesos, la primera preocupación en todos los casos debe ser la protección de los niños contra el abandono, la explotación, el daño y el abuso.

Con el tiempo han salido a la luz muchos casos de negligencia médica al interior de sectas, entre ellos los siguientes: Dos miembros de *End Time Ministries* fueron condenados por delito grave de maltrato infantil en un tribunal de Florida después que su hija de cuatro años muriera de neumonía. Era la segunda vez que los miembros de ese grupo eran condenados por no proporcionar tratamiento médico a sus hijos.[11] Seis hijos de miembros del

Tabernáculo de la Fe murieron por complicaciones del sarampión, que, a juicio de los funcionarios sanitarios, pudieron haberse evitado con un tratamiento médico oportuno, o haberse evitado por completo con la vacunación (el grupo en cuestión no cree en las vacunas ni en la atención médica).[12]

En el capítulo 7, en la sección sobre sectas familiares se puede encontrar otro horrible caso de privación que condujo a la muerte. Es habitual que los grupos con sistemas de creencias cerrados rechacen la atención o el tratamiento médico.

En una secta de meditación una mujer dio a luz siguiendo las directrices de su gurú, lo que incluía no contar con la presencia de personal médico. El niño no respiró durante varios minutos. El gurú, que estuvo presente durante el parto, formó parte de una intervención que de alguna manera consiguió que el niño empezara a respirar. Los integrantes del grupo están convencidos de que su gurú tiene poderes curativos milagrosos. Al niño, que padece una discapacidad del desarrollo, lo consideran una prueba del amor del gurú y no el resultado de su desdén por la atención médica adecuada.

Más común quizás que la obvia negligencia médica de estos ejemplos es una forma insidiosa de negligencia que es indirecta y tácita. En la mayoría de las sectas, los afiliados no disponen de tiempo para atender sus necesidades personales o las de sus hijos. Además, muchos de ellos simplemente no tienen recursos económicos para pagar una atención médica y en raras ocasiones disponen de un seguro médico para ellos o para sus hijos. Las necesidades médicas básicas y a veces los asuntos más graves tienden a dejarse de lado, a postergarse mes tras mes, año tras año. Esa negligencia puede afectar gravemente a la mente y el cuerpo en desarrollo de los niños.

Abusos físicos, emocionales y sexuales

Cuando las personas confían sus vidas y sus ideales a una organización jerárquica, siempre existe la posibilidad de manipulación, secretismo, abuso y negación, incluso en instituciones reconocidas y respetadas. Por ejemplo, la Iglesia Católica se pasó décadas negando y encubriendo los actos de pederastia y abusos perpetrados por algunos de sus sacerdotes. Si una gran institución religiosa como la Iglesia Católica puede ser culpable de semejante conducta, no es difícil entender que también lo sean grupos y familias sectarias no reconocidas, no afiliadas, desconocidas y a menudo herméticas.

A pesar de la falta de estudios científicos exhaustivos sobre los efectos de los sistemas sectarios en el crecimiento y el desarrollo infantil, cada vez hay más publicaciones sobre los efectos nocivos de las sectas en los niños cuando hay pruebas directas de abuso de menores.[13] En las últimas décadas se han denunciado numerosos casos de abusos físicos y sexuales graves de niños en sectas. Los azotes y latigazos, la flagelación, el aislamiento y la privación de alimentos y de sueño son prácticas extendidas en muchos grupos. También se da la prostitución infantil, pornografía, violaciones e incesto. En las circunstancias más extremas, se han producido muertes de menores relacionadas con sectas.

De los 912 miembros del Templo del Pueblo que murieron en 1978 en Jonestown, Guyana, 276 eran niños. Muchos fueron enterrados en tumbas sin nombre en una sección especial del cementerio Evergreen de Oakland (California), donde descansan junto a muchos otros cadáveres no reclamados de aquella tragedia. Esos niños no eligieron morir. Hasta es cuestionable afirmar que la mayoría de los adultos decidieron concretamente morir, dada la atmósfera caótica, coercitiva e inducida por las drogas de aquella última Noche Blanca, que comenzó cuando Jones ordenó a sus enfermeras que inyectaran a los niños de la secta una poción que contenía cianuro. Esas enfermeras y, en algunos casos, las propias madres de los niños les hicieron tragar a la fuerza el veneno mortal. Algunos de ellos ni siquiera eran hijos biológicos de los seguidores de Jones, sino que habían sido enviados allí como niños de acogida bajo el «cuidado» de la comuna. Qué destino tan cruel.

También sabemos que 25 de las más de 80 personas que murieron en la conflagración del Rancho Apocalipsis de Koresh en Waco, Texas, eran menores de 18 años. Koresh había engendrado a muchos de los niños que murieron, y los mantuvo intencionadamente con él durante el asedio, mientras que optó por entregar a algunos de los otros niños a las autoridades, permitiéndoles así vivir. No fue tan clemente con su propio linaje.

Un equipo de especialistas del cercano *Baylor College of Medicine* estudió a los veintiún niños liberados. El Dr. Bruce Perry, jefe de ese equipo, llegó a la conclusión de que el desarrollo de los niños —físico, psicológico, emocional, cognitivo y conductual— distaba mucho de ser normal. Por ejemplo, sus corazoncitos latían un 30-50% más rápido de lo normal. Sus dibujos y garabatos representaban a Koresh como Dios, se referían a Koresh como su padre y consideraban a sus padres biológicos simplemente como integrantes adultos del grupo. Su visión de la familia estaba distorsionada o poco desarrollada, al igual que la imagen que tenían de sí mismos. Perry y sus colegas observaron que a los niños les resultaba casi imposible pensar o actuar de forma independiente. Bien instruidos por su líder, se mantenían firmes en una concepción del mundo como enemigo.[14]

Como nota positiva, diez años después, en 2003, algunos de esos niños aparecieron en un programa de noticias televisado, y fue alentador ver cómo han sido capaces de salir adelante y alcanzar el éxito en la vida como niños, adolescentes y jóvenes adultos.

Existen innumerables ejemplos de traumas en las vidas de los niños criados en sectas. Dos seguidores de la Asociación Atlética Ecclesia fueron declarados culpables de matar a golpes a una niña de 8 años y otros siete afiliados fueron acusados de esclavizar a más de 50 niños.[15] El líder de la iglesia *Christian Fellowship* fue condenado a treinta y un años de prisión en Illinois por agresión sexual, abusos y pornografía infantil, mientras que en California también se presentaron cargos contra él y otros dos por abusos similares.[16]

Esos comportamientos abusivos no sólo se dan en Estados Unidos. Por ejemplo, Paul Schaefer, el líder alemán de una secta religiosa y comuna agrícola, Colonia Dignidad, en Chile, fue condenado en rebeldía por abusar sexualmente de 26 niños. Uno de los hombres más buscados de Chile fue detenido en 2005 en Argentina después de haber permanecido prófugo durante ocho años.[17] Aunque el sufrimiento de los niños en las sectas aún no esté totalmente documentado, ejemplos anecdóticos como éstos llenan los registros públicos y los archivos de quienes estudiamos las sectas.

¿Qué se puede hacer? En la conclusión de su estudio comparativo sobre la crianza en cinco grupos totalistas, la socióloga Amy Siskind señala:

> En este capítulo no se ha argumentado que los líderes de las sectas se propongan deliberada y maliciosamente abusar de los niños. Tampoco yo argumentaría que el abuso infantil sea inevitable en todas las sectas. Pero creo que de nuestra discusión ha surgido un patrón claro con respecto a la ausencia de mecanismos de control y equilibrio, tanto externos como internos, para limitar dicho abuso cuando ocurre. La ausencia de estos mecanismos de control y equilibrio hace que los niños de las sectas sean más vulnerables que los niños de la sociedad en general, la cual sí cuenta con estos mecanismos (aunque a veces se implementen de manera imperfecta). Esta es la clave para comprender el desafío particular que supone prevenir el abuso infantil en los grupos totalistas.[18]

La propia Siskind se crió en el seno de la secta de los *Sullivanians*, grupo sobre el que Janet Joyce escribió en el Capítulo 2. Siskind coincide con nosotros y con muchos otros profesionales que afirman que los niños criados en tales grupos pueden estar en riesgo de sufrir tipos específicos de problemas psicológicos y tienden a enfrentar difíciles problemas de adaptación si posteriormente abandonan el grupo. Haciendo un llamado a una mayor investigación y a un examen más profundo de las prácticas de crianza en estos grupos cerrados, Siskind escribe: «Una mayor investigación no solo sería útil por razones académicas, sino que también podría resultar valiosa para aquellos encargados de ayudar a los niños que viven en grupos totalistas».[19]

No es realista esperar que todos los efectos del abuso emocional, físico y sexual en las sectas puedan deshacerse fácilmente. Sin embargo, es alentador observar que muchos niños pueden recuperarse y de hecho lo hacen. Singer entrevistó a muchos exmiembros de sectas que sufrieron abusos y que crecieron hasta convertirse en adultos bien adaptados y plenamente funcionales.[20] No obstante, se necesita más investigación para evaluar las necesidades de recuperación postsecta de los miembros de segunda, tercera e incluso cuarta generación pertenecientes a sectas.[21]

Efectos psicológicos

Los profesionales de la salud mental observan patrones de secuelas en los niños que han sufrido experiencias abusivas, violentas o extremadamente aterradoras. Por desgracia los niños experimentan esas secuelas con una intensidad que su etapa de crecimiento y madurez no les permiten morigerar. «A diferencia de los traumas recurrentes en la vida adulta, que erosionan la estructura de la personalidad ya formada, los traumas recurrentes en la infancia forman y deforman la personalidad», escribe Judith Herman. «El niño atrapado en un entorno abusivo se enfrenta a un formidable esfuerzo de adaptación. Debe encontrar la manera de conservar el sentido de confianza en personas que no son de fiar, la seguridad en una situación que es insegura, la sensación de control en una situación que es aterradoramente impredecible y la sensación de poder en una situación de impotencia...» Incapaz de cuidarse o protegerse a sí mismo, debe compensar los fallos del cuidado y la protección de los adultos con los únicos medios a su alcance, un sistema inmaduro de defensas psicológicas».[22]

La profesora de psiquiatría Lenore Terr estudió a 25 niños que fueron secuestrados a bordo de su autobús escolar en Chowchilla, California, en 1976. Fueron retenidos en una cámara subterránea durante 16 horas hasta que escaparon excavando ellos mismos. Sus síntomas postraumáticos eran intensos, a pesar de la relativa brevedad del cautiverio y la ausencia de abusos físicos o sexuales. Terr identificó síntomas paralelos a los traumas emocionales sufridos por los niños en situaciones sectarias:[23]

Terror. Puede incluir el miedo a la impotencia; el miedo a otro acontecimiento más temible (miedo al miedo); el miedo a la separación de los seres queridos; o el miedo a la muerte. Con frecuencia, los miedos infantiles habituales, como el miedo a la oscuridad, a los extraños y a estar solo, se magnifican y se mantienen durante toda la infancia; a veces nunca se superan. Los niños criados en sectas pueden temer al diablo, a los extraños, a sus padres, a otros afiliados adultos, a abandonar el grupo o a disgustar al líder.

Rabia. Los niños maltratados o aterrorizados pueden tener dificultades para controlar su ira, que puede expresarse en forma de rabia cuando se sienten frustrados, aburridos o molestos. Pueden identificarse con sus agresores e intimidar a otros niños, o actuar de forma abusiva o hasta delictiva. O bien los niños pueden volcar la ira hacia dentro con comportamientos autodestructivos como cortarse o quemarse o adoptar una postura pasiva ante episodios repetidos de victimización. En las sectas la postura de víctima es la más probable, mientras que los pocos que son más agresivos o fanáticos pueden llegar a heredar el liderazgo del grupo o adoptar comportamientos abusivos y destructivos.

Negación e insensibilización. Con los traumas recurrentes los niños desarrollan un mecanismo de insensibilización, a veces acompañado de una incapacidad física para sentir dolor. Pueden desarrollar una personalidad retraída o temerosa, o su opuesto, un estilo cordial y carismático que camufla su sentido del yo entumecido y disminuido. Se han observado trastornos disociativos en adultos que sufrieron abusos de pequeños en sectas.

Duelo no resuelto. Un niño que crece en una secta, incluso sin trauma físico, sufre muchas pérdidas. Abandonar la secta, a veces sin su familia, amigos u otros familiares puede producir sentimientos de aislamiento y desolación. De adulto, al recordar los años de secta, la persona puede sentir una tremenda tristeza por la infancia que pudo haber tenido. Las lagunas en la experiencia, en las etapas de desarrollo y en el desarrollo de la confianza y la autoestima normales, así como la falta de una historia común con la sociedad mayoritaria, pueden afectar gravemente al sentido de identidad básico de una persona.

El caso de Ricky Rodríguez no es más que un trágico y triste ejemplo del daño y la destrucción que pueden dejar tras de sí los problemas no resueltos relacionados con una infancia en una de secta abusiva.[24] Ricky era hijo de «Mamá María», la actual líder espiritual de La Familia Internacional, el actual nombre organizativo de Los Niños de Dios (NDD). Ricky creció en los NDD. Su madre era la segunda esposa del líder, y el joven Ricky fue preparado como heredero del grupo, fundado en la década de 1960 por el difunto David Berg (alias «Moisés David»).

Los NDD fueron uno de los más exitosos de los llamados «movimientos de Jesús» de aquella época, llegando a contar con miles y miles de seguidores y afiliados. Pero los NDD fue quizá más famoso (o infame) por sus controvertidas prácticas de utilizar el sexo para reclutar, así como por fomentar entre sus afiliados la multiplicidad de parejas sexuales, las relaciones sexuales entre menores y las relaciones sexuales entre menores y adultos, incluido el incesto.

Como niño criado en ese entorno, Ricky fue sometido a una plétora de comportamientos sexuales con mujeres adolescentes y adultas, algunas de las cuales cuidaban de él mientras su madre trabajaba para la secta. Ricky abandonó el grupo en 2000 y sufrió años de tremenda vergüenza, culpa y rabia; es difícil imaginar el tumulto de emociones que debe haber atravesado ese joven.

En enero de 2005, decidido a encontrar a su madre (que permanece oculta para los afiliados y el público en general), Ricky montó en cólera, mató a su antigua niñera y, a continuación, se suicidó. Dejó una grabación en la que explicaba sus actos. En el vídeo, claramente perturbado, Ricky declaraba su necesidad de venganza y su deseo de buscar justicia para los niños.

Dificultades de adaptación de los niños que abandonan una secta

Por lo general los niños abandonan las sectas cuando sus padres deciden irse. En algunos casos los niños son retirados del grupo durante un juicio por la tutela entre padres divorciados, uno de los cuales pertenece a la secta y el otro no. En otros casos los niños son apartados del grupo por un organismo del Estado debido a denuncias de abuso o negligencia. Y a veces los niños consiguen escapar por su cuenta o quizás con la ayuda de hermanos que se fueron antes.

La forma en que una persona abandona una secta puede influir en su recuperación: ¿Se dispersó el grupo por la muerte o el abandono del líder? ¿Se marchó un joven por su cuenta? ¿Fue expulsado por la secta al mundo exterior? ¿Fue toda la familia excomulgada del grupo?

Los principales problemas de adaptación de los niños que abandonan las sectas suelen centrarse en cuestiones de aculturación, falta de autocontrol, poca experiencia en la toma de decisiones independientes, aburrimiento al vivir en una familia o situación percibida como «normal», desconfianza hacia los demás, lealtades conflictivas, detención del desarrollo, retraso en el desarrollo social y autoestima mermada.

El relato personal de Stein sobre su salida de una secta con sus hijos se encuentra en el capítulo 16. El relato de Rosanne Henry, también en el capítulo 16, es la conmovedora historia de unos padres que recuperan a su hija tras dejarla al cuidado del líder de su secta. Ganga tenía siete años cuando sus padres la rescataron. A continuación describe los retos a los que se enfrentaron Ganga y el resto de la familia. Muchas de las cuestiones que trata pueden ayudar a otras familias que se enfrentan a situaciones similares, es decir, de acogida e integración de alguien en la familia y en la sociedad tras haber pasado un tiempo en los confines de una secta.

Nuestra hija está en casa
Rosanne Henry

Adaptarse a una nueva familia y a la vida fuera del entorno de la secta no ha sido fácil para Ganga. Estos son algunos de los problemas con los que hemos lidiado a lo largo de los años.

Ganga creció en un entorno tan controlado que estaba desconectada de nuestra cultura en muchos aspectos. Su actividad principal había sido viajar por Florida en una casa rodante al cuidado de niñeras adolescentes. Jamás había ido a Disney World, aunque vivía a solo cien kilómetros. La llevábamos a parques de atracciones y zoológicos, a pasear en tren y a picnics en la montaña. Era como si hubiera vivido en el extranjero toda su vida. Pronto se le quitó el odio a las muñecas y la mantuvimos bien provista de muñecas *Barbie*, «bebés de agua» e incluso muñecas de colección. Todo eso le gustaba porque le daba una perspectiva más amplia del mundo y de lo que significaba ser una niña de siete años. La dejamos explorar muchas cosas y elegir sus propias actividades. El arte, la gimnasia y la natación se colocaron rápidamente a la cabeza de su lista.

Las sectas suelen ejercer un fuerte control y dictan la moralidad de sus miembros, por lo que no se estimuló a Ganga a desarrollar sus propios valores. Afortunadamente, por la edad que tenía cuando la recuperamos, aún estaba a tiempo para iniciar ese proceso. Su desarrollo se retrasó, pero sólo uno o dos años con respecto a otros niños considerados normales.

Inicialmente nuestro núcleo familiar de sólo cinco personas le resultaba aburrido y tedioso. Había vivido en un hogar con cerca de 30 personas y en un *ashram* con casi cien. Con menos cuidadores y un solo conjunto de normas, le resultaba más difícil manipular a la gente para conseguir lo que quería. Sin embargo, creo que se sintió aliviada al contar con la estructura y el apoyo de la familia. Y por primera vez en su vida tuvo su propia habitación.

En la secta, a Ganga le habían mentido sobre quiénes eran sus padres y hermanos e incluso sobre la fecha de su cumpleaños. Desde el principio fue un personaje de la fantasía del líder. ¿Cómo podía aprender a confiar después de que le hubieran mentido y engañado tanto? Esta es una cuestión con la que lucharemos durante mucho tiempo. Tuvimos que empezar desde cero y estamos construyendo la confianza paso a paso. Ha requerido mucho esfuerzo y trabajo en equipo mantener la coherencia, la fiabilidad y la sinceridad con ella en todo momento. Una de las primeras cosas que hicimos fue encontrar un lugar seguro para que nuestra hija hablara de su experiencia en la secta. Buscamos terapeutas que trabajaran con niños y tuvieran algún conocimiento sobre las sectas. Tras entrevistar a varios, elegimos a uno y empezamos a tratar a Ganga ni bien obtuvimos la custodia legal. Estuvo dos años con ese terapeuta y, simultáneamente con un consejero escolar durante año y medio. Su dañado sentido de la confianza se está curando poco a poco.

Cuando obtuvimos la tutela, el funcionamiento emocional de Ganga era la de un niño pequeño. No se le había permitido desarrollar una gama completa de emociones. En concreto, no se le permitía expresar emociones negativas. Le permitimos expresar sus sentimientos e intentamos honrar su dolor. Pasaron meses antes de que se permitiera llorar y sentir su intenso dolor por la pérdida de su primera familia. Sin embargo, la emoción con la que menos experiencia tenía era la ira. La animamos y le permitimos expresar su enfado de forma adecuada. Las peleas de sus hermanos pequeños le mostraron un camino y nosotros le sugerimos otros más. Experimentó y descubrió que llevar un diario era una salida eficaz para años de ira reprimida.

Ganga sigue enfrentando problemas de lealtad: lealtad a su familia sectaria y lealtad a su familia biológica. Cuatro años después de venirse a vivir con nosotros nos confesó que su pesadilla es tener que elegir entre las dos. La mejor manera que encontramos de ayudarla a tender un puente entre los dos mundos fue dejarla ver de vez en cuando a algunos e integrantes «seguros» del grupo. Recuerdo perfectamente el día en que pudo contarle su pasado a su mejor amiga. Afortunadamente, su joven amiga estaba realmente sana; era curiosa y compasiva, no juzgadora. Compartir el secreto de la secta ayudó a Ganga a desembarazarse de una pesada carga y a empezar a integrar sus dos mundos.

Había lagunas en su desarrollo cognitivo. Al principio pensamos que tenía una discapacidad lectora, pero con solo dedicar tiempo a leer con ella, en un par de años se puso al día. Probablemente permaneció en el nivel básico de operaciones concretas del desarrollo cognitivo uno o dos años más que sus pares considerados normales, pero ahora parece avanzar conceptualmente al ritmo de sus compañeros.

Cuando trajimos a Ganga a casa, su desarrollo social también iba uno o dos años por detrás del de sus compañeros. Al principio se veía como una adolescente y se comportaba como una niña pequeña. Con el tiempo aprendió a comportarse como es esperable para su edad gracias a la experiencia que fue adquiriendo, a la (moderada) orientación que le dimos y sobre todo a las consecuencias naturales de su desarrollo. Cuando otros niños la amenazaban con pegarle porque les contestaba mal en el autobús, no nos entrometíamos; cuando se olvidaba de entregar un trabajo importante en el colegio, sufría las consecuencias de que le pusieran una nota más baja. Como había estado tan protegida era importante dejar que aprendiera cómo funciona el mundo real. Si no, ¿cómo aprendería a enfrentarse a él?

Su autoestima era bastante baja. Esto es típico de la mayoría de los integrantes de sectas. Crecer en un entorno así es devastador para los niños. Un psicólogo que evaluó a Ganga nos dijo: «Es como si la hubiesen persuadido de que debe esforzarse por ser buena al punto de ignorar sus propias necesidades básicas de afecto y cuidado».

La ayudamos a reconstruir su autoestima creando una atmósfera de seguridad y confianza. También es un ambiente sin prejuicios, que la valora, empático y que apoya sus sentimientos. Creemos en ella, la respetamos y esperamos que salga adelante. La desconexión y la aversión de nuestra hija hacia sí misma tardarán años en cambiar, pero estamos en camino hacia la sanación total. Hoy es más autosuficiente que la mayoría de sus compañeros, tiene muchos amigos y le va bien en el colegio.

De manera gradual e informal le hemos enseñado lo relativo al condicionamiento psicológico y las dinámicas de la influencia. Le mostramos artículos sobre otras sectas y le explicamos cómo se relacionaba eso con el «Rancho» (el *ashram* donde vivía). A veces éramos demasiado directos y ella se ponía a la defensiva. Sin embargo, por ser la hija escogida de la gurú, veía mucho de lo que ocurría entre bastidores en esos grupos y en cierto modo, lo entendía con más claridad que muchos adultos.

Dos áreas que no hemos explorado pero que podrían ser eficaces para la sanación son el trabajo con los sueños y los grupos de apoyo. Nuestra hija parece procesar su experiencia sectaria en ciclos u olas. La cresta de la ola es el momento de ansiedad y reflexión en el que tiende a tener sueños vívidos sobre el Rancho. Trabajar con un terapeuta reputado en la interpretación de esos sueños podría ser sumamente útil. Ganga también ha solicitado un grupo de apoyo de otros niños que han estado en sectas, pero no hemos podido localizar a otros niños en nuestra zona.

Otros asuntos pertinentes

Las investigaciones han puesto de relieve la importancia de las siguientes cuestiones para las personas que nacieron o se criaron en sectas. Pueden necesitar lo siguiente:

- Exámenes médicos y dentales inmediatos con las vacunas apropiadas contra las enfermedades infantiles.
- Instrucción inmediata sobre cómo algunas de las actitudes y comportamientos aprendidos en la secta no son bien recibidos en el mundo exterior.

- Exposición a experiencias educativas y sociales que ayuden a los jóvenes a relacionarse y adaptarse a la sociedad en general, incluidos sus sistemas de valores.
- Formación en técnicas de resolución de conflictos, mediación y el arte de la negociación.
- Si los niños se identificaron con el líder de la secta, es posible que necesiten terapia de control conductual.
- Asistencia para superar problemas de confianza y seguridad.
- Asistencia para los adolescentes que tienden a tener conductas problemáticas una vez fuera de la secta y corren un alto riesgo de comportarse de forma inadecuada y caer en adicciones.
- Asistencia a los padres para restablecer su propio papel de liderazgo dentro de la estructura familiar.
- Intervención y comunicación activas en el sistema escolar y en la discusión del papel de la secta en la vida del niño con profesores y administradores.[26]

Por supuesto, los problemas que surjan después de la experiencia sectaria se expresarán de forma un tanto diferente en cada familia, dependiendo de la edad de los hijos, cuánto tiempo hayan estado en la secta, qué tipo de experiencias hayan tenido y las circunstancias de su salida. En los casos en los que los padres y/o hermanos permanezcan en la secta, los jóvenes se enfrentarán a retos extraordinarios a la hora de reinsertarse y adaptarse a la sociedad convencional. Además, la *Safe Passage Foundation* (safepassagefoundation.org) señala que los jóvenes que abandonan las sectas sin una educación adecuada ni aptitudes laborales «son fácilmente marginados y excepcionalmente vulnerables a la explotación por parte de bandas y al comercio sexual, el suicidio, las complicaciones médicas, la delincuencia y las adicciones... Los adolescentes tal vez abandonen [sus] comunidades con poco o ningún dinero o conocimiento de contactos familiares que puedan proporcionarles ayuda. Algunos incluso escapan en secreto. Pueden temer o desconfiar de la autoridad y de los funcionarios del gobierno y es poco probable que localicen rápidamente los recursos disponibles en los organismos de apoyo, muy dispersos y fragmentarios, que haya a disposición en todo el mundo. Aun después de que haya pasado el periodo de crisis inicial de adaptación, este grupo demográfico a menudo invisible y silencioso sigue corriendo un alto riesgo de caer en la depresión y la automutilación, la alienación, las adicciones, el suicidio y la muerte accidental».[27]

Afortunadamente, hoy en día existen algunos recursos (aunque todavía no suficientes), redes de apoyo y una comprensión cada vez mayor de las necesidades y preocupaciones de esta subpoblación de antiguos seguidores de sectas. La *Safe Passage Foundation* es una organización prometedora, al igual que los numerosos sitios web y podcasts creados y mantenidos por antiguos afiliados de innumerables grupos. Además, se observa una creciente concientización sobre el problema de los niños en las sectas entre los científicos sociales, los profesionales de la salud mental y los juristas. Esta sensibilización ha dado lugar a la producción de documentales, cobertura mediática, investigación científica, publicaciones y llamados al Congreso.

Problemas identitarios de los niños que se incorporan o reincorporan a la sociedad mayoritaria

La identidad es una construcción mental que proporciona un marco para relacionarse con el mundo. En una secta la identidad está rígidamente moldeada, con poco espacio para la originalidad, la espontaneidad o las diferencias. Los límites entre uno mismo y los demás en la secta están poco definidos, y ser integrante del grupo es la identidad principal. Esto puede proporcionar una sensación de estabilidad y seguridad interior, pero lo hace a costa de la individualidad y la libertad. (Lo relacionado con la identidad se trata con más detalle en el capítulo 12).

Las personas que han pasado la mayor parte de sus años de formación — si no todos— en una secta pueden descubrir que toda su identidad está ligada a la pertenencia al grupo. No tienen una identidad anterior a la secta que contrastar con sus experiencias y adaptaciones, ni una personalidad polifacética como la que se da por sentada en la población general. Para bien o para mal, los niños que crecen en un sistema social no sectario tienen diversas influencias que pueden aprovechar, considerar e incorporar a sus propias identidades. Los héroes y villanos culturales desempeñan un papel en el desarrollo interior de la mayoría de los niños. Las creencias y los valores proceden de la familia, el sistema educativo, los compañeros, los medios de comunicación y la sociedad en general. Y, por lo general, diversos individuos modelan diferentes comportamientos y creencias a lo largo de los años de formación del niño.

En una secta, en cambio, el adoctrinamiento según la cosmovisión, las creencias y los valores del grupo significa que los niños tienen pocas o ninguna opción sobre quiénes son o en qué creen. El mundo exterior se controla, interpreta o niega de acuerdo con la ideología de la secta. Las decisiones vitales importantes y secundarias sobre roles, relaciones, culto y futuro las toman otros, generalmente en función de lo que beneficia al grupo o al líder. Aun así, los niños (y adultos) que abandonan una secta en la que se han criado pueden llegar a desarrollar una identidad fuerte y segura. A medida que las nuevas generaciones crezcan y abandonen las sectas en las que se criaron, seguirán impresionándonos por su valentía, flexibilidad, fortaleza y capacidad de regeneración. Tenemos mucho que aprender de gente como Chazz, Tim, Shippen, Amy, Ricky y Ganga, y de J.J., Frances, Donna y Laura, y otros cuyas historias se podrán leer en el próximo capítulo.

18 Nuestra vida es para vivirla
Recuentos personales

Los relatos autobiográficos de este capítulo han sido escritos por personas que nacieron y crecieron en una secta. Comparten sus puntos de vista, ofreciendo sus experiencias de recuperación y creación de nuevas vidas para sí mismos. Son un ejemplo de la resiliencia y la belleza del espíritu humano.

Hija de misionero
J. J. van der Stok

Por el amor de Dios,
mi padre caminó por Yakarta
cuarenta días bajo el sofocante sol indonesio
y mi madre ayunó y rezó:
sólo agua, aire y la luz del sol.

Crecí, desarraigada.
Debo haber soñado con noches frescas
bajo mosquiteras...
Debo haber seguido a mamá al mercado del regateo
donde el barro rezumaba entre los dedos de mis pies
a pesar de mis chancletas...
A veces recuerdo el olor espeso y pastoso
de las tiendas donde los hombres que hacían batik
planchaban la cera.

En Inglaterra le di de comer a una ardilla junto al Camposanto
del parque que está cerca de Lancaster Gate.
Sentí sus pequeñas y ágiles garritas en mi dedo...
mientras mis padres rezaban.

No reconocí a mi madre
cuando vino a visitarme una vez,
y lloré por Margaret, mi niñera narigona.

Cuando me enviaron a casa de mi abuela en el norte de Holanda,
recuerdo que engullía mi avena para poder ver
el pez azul pintado en el fondo del cuenco...
y me aferraba al pulgar arenoso de mi abuelo
mientras caminábamos por la orilla del mar gris.

Sí viví con mis padres
en Utrecht, Deventer y Amsterdam.
Pensaba que toda la ropa nueva olía
al Ejército de Salvación.
Mamá me hizo una muñeca de trapo
de un vestido rosa que me había quedado pequeño,
pero ya era demasiado mayor para jugar con muñecas...

Por el amor de Dios, a los once años
me enviaron a una escuela de arte en Corea para que pudiera
«aprender el idioma y la cultura de mi tierra».
Vivía en un dormitorio
con calefacción de loza radiante bajo el suelo de vinilo naranja.

No vi a mi madre por tres años,
y cuando vino, no me dejaron
encontrarme con ella en el aeropuerto de Kimpo.
Me salieron ampollas. Aún tengo cicatrices.

Fui a vivir a la pequeña granja de mis padres en Frisia
a los quince años, pero no era mi hogar.
No pelaba bulbos de tulipán como sus otras hijas.
Pedaleaba una hora hasta la ciudad y dibujaba retratos
de la gente en la acera.
Me pagaban con florines.

Escribía cartas a amigos lejanos,
y me fui a América al cumplir los dieciocho.

Ahora me gustaría que me enviaran esa muñeca,
pero en su lugar me enviaron un jarrón de porcelana
azul de Delft, que llegó hecho añicos,

igual que mi infancia.
Lo deseché junto con mis padres y su Dios.

Los humanos son seres libres
Frances L.

Frances L. creció en los Niños de Dios, una secta neocristiana. Escapó cuando era adolescente y aquí habla con firmeza de los problemas de adaptación e identidad de los niños que abandonan las sectas. Escribió esto después de varios años fuera de la secta, cuando empezaba la universidad. Desde entonces, Frances ha obtenido con éxito un título profesional de posgrado.

El otro día alguien me dijo: «Nadie tiene la obligación de entenderte». Visto así, y habiendo nacido y crecido en una secta, tengo mis dudas a la hora de escribir sobre lo que se siente al vivir en el mundo exterior. Sin embargo, no estaría escribiendo esto si no esperara que alguien me entendiera. Si la gente de fuera de las sectas espera que una persona que ha crecido en una secta se adapte, me parece que valdría la pena que hicieran el esfuerzo de comprender sus dificultades y dilemas.

Cuando hui de la secta no fue como si un buen día, estando allí sentada, de buenas a primeras me hubiese dado cuenta de que, habiendo ya decidido que la secta estaba equivocada, podía levantarme y marcharme. Abandonar la secta fue lo más grande y temible que jamás hubiera soñado hacer. El proceso me llevó más de cinco años. A los trece ya sabía que no me gustaba, pero recorrí un largo camino hasta el día en que, a los dieciocho, me levanté temprano y seguí el plan que me había trazado.

No creí que me atrevería alguna vez a dejar a Los Niños de Dios (NDD/alias La Familia) hasta el momento en que me deslicé a través de esa abertura en el portón y comencé a correr. Aun en ese momento sentía como si estuviera viendo a otra persona hacerlo. Al irme abandonaba todo lo que conocía. Es cierto que había dejado de creer en ciertas cosas, por ejemplo, que los espíritus malignos existieran. Pero durante mucho tiempo después de dejar el grupo, seguí temiendo (mucho más de lo que me daba cuenta conscientemente en aquel momento) que al «darle la espalda a la verdad», me había expuesto al infierno en la Tierra y al juicio en el más allá. Tuve un año tan terrible después de huir (y antes de poder venir a Estados Unidos) que en mi mente se cernían grandes y amenazadoras las profecías de los NDD sobre los «desertores». Sí, había decidido conscientemente rechazar la secta, pero pocas personas a mi alrededor parecían capaces de comprender lo difícil que es borrar una experiencia así. (Cuando alguien consigue hacerlo por completo, creo que se llama «amnesia»).

Tuve miedo de muchas cosas tras abandonar la secta. Cuando expresaba un temor, la gente, con la mejor de las intenciones, me decía: «No hay problema, aquí estás a salvo». Sin embargo, yo no dejaba de sentirme intranquila, lo que llega a ser agotador cuando se trata de un estado permanente. La creencia de la secta de que casi todas las personas ajenas a ella son enemigos me llevaba a esperar que la gente estuviera deseosa de apoyarme cuando sacara a relucir mis agravios contra la secta, muchos de los cuales expresaba por primera vez. Necesitaba seguridad. Acababa de escapar de una tormenta terrible y quería poner las cosas en su sitio en mi mente. Fue decepcionante comprobar que la mayoría de la gente estaba dispuesta a pasar página rápidamente. Parecía que algunas personas solo esperaban que terminase de hablar para dar su respuesta, y cuando lo hacían era: «Caso cerrado».

A veces la gente respondía a una pregunta distinta de la que yo le había formulado. Seguía necesitando refuerzos externos que me aseguraran que había hecho lo correcto al marcharme. Cuando escapé ni siquiera sabía que los Niños de Dios era una secta.

Estoy aprendiendo a vivir con un sistema de valores, un modo de vida y una cultura totalmente nuevos. Si la gente lo entendiera, podría comprender parte de la confusión emocional por la que atravieso. En los NDD, por ejemplo, la educación superior era cosa del diablo. Cuando me admitieron en una universidad y empecé a estudiar, se lo expliqué a algunas personas, que respondían: «¿Ah, sí?». En los NDD me reafirmaban por cosas que estaban de acuerdo con la secta mucho más de lo que me reafirman ahora por cosas que la sociedad valora y que la secta condena. La secta NDD contaba con un sistema al que podía apelar para obtener validación. En la secta sabía cómo recibir respaldo cuando lo requería. No así en el mundo exterior. Pronto descubrí que no tenía ni idea de cuáles eran las reglas.

Lo que más me ha ayudado es leer buenos libros no supersticiosos escritos por exintegrantes de sectas o por expertos, ir a una conferencia de concientización sobre sectas (recibí una beca *John G. Clark* para asistir) y hablar con otros exintegrantes. Comprar libros, gastar dinero en el pasaje aéreo a la conferencia y llamar por larga distancia a un amigo de la infancia que también abandonó los NDD podría parecer una insensatez, teniendo en cuenta que gano salario mínimo, pero por otra parte, se considera «sensato» no huir de casa.

Mucha gente se muestra bastante preocupada por «mi relación con el Señor», o intentan convencerme de que «Él nunca ha dejado de velar por mí». Cuando cuestiono eso, responden: «Dios tiene un plan». A veces la gente dice: «Pero ya sabes, son falsos profetas. La Biblia dice que surgirán muchos falsos profetas y que el Diablo mezcla la verdad con la mentira, y eso es lo que hace fulano de tal», y así sucesivamente. A nosotros también nos enseñaron todo eso en la secta; sólo que los falsos profetas eran otras personas.

Creo que una de las cosas más difíciles de entender para la gente es que, cuando una persona escapa sola de una secta, sigue siendo portadora de la mentalidad de la secta en muchos aspectos, lo que puede dificultarle la vida. Yo no conocía otra forma de pensar que el pensamiento mágico y el tipo de razonamiento binario que me habían inculcado. Probablemente, lo que más me ayudó a aprender a pensar fueron los cursos de matemáticas y filosofía que tomé. Al principio lo más angustioso era intentar resolver una ecuación de álgebra; miraba los problemas y me quedaba en blanco. Me resultaba difícil quedarme quieta el tiempo suficiente para lograr algún avance. Con el tiempo, sin embargo, me resultaba extrañamente tranquilizador seguir los pasos dados y llegar exactamente al mismo número que aparecía impreso en la hoja de respuestas. Aprendí que siguiendo los pasos podía llegar a una respuesta; que no todo obedece a caprichos, como sucedía con los líderes de NDD. La fórmula cuadrática no es una revelación de Dios ni del líder de una secta; por lo tanto, no es probable que se cambie de repente antes de un examen.

Aprendí que razonar de formas que no terminan con respuestas absolutas tiene sus recompensas. Me quedé estupefacto ante el comentario de un profesor sobre mi redacción de literatura; dijo que tenía que presentar razones a favor de la otra parte cuando yo había presentado mi argumento como un caso irrefutable. También tuve que reírme cuando leí una frase en un libro sobre pensamiento crítico que decía: «Por supuesto, todos sabemos que al leer algo, no tenemos por qué creernos todo lo que dice». Me entraron ganas de patalear de rabia: en la secta, siempre tenía que creérmelo todo.

A los que nacimos en NDD nos trataron con especial dureza. Se esperaba mucho de nosotros. No importaba que nos hubiéramos dedicado a vender folletos en las calles desde pequeños, ni lo mucho que hubiéramos trabajado al hacernos mayores. Nos decían constantemente lo desagradecidos que éramos por los sacrificios que la generación de nuestros padres había hecho para darnos ese modo de vida. Se nos exhortaba a ser más agradecidos, voluntariosos, humildes, espirituales, sacrificados, etcétera. Por supuesto, suponían que estaríamos en eso de por vida.

Nos trataban como si fuéramos propiedad pública, sin espacio para la individualidad. El clima de los grandes «hogares para adolescentes» era como el de un ejército. Hasta lo llamaban ejército, campo de entrenamiento. Yo pensaba: «¡Ni siquiera los soldados permanecen en un campo de entrenamiento durante años!» Aun cuando vivíamos en una comunidad con nuestros padres, se hacía hincapié en la disciplina y a los padres negligentes en ese sentido los castigaban.

Dado que los padres eran juzgados por el comportamiento de sus hijos, a veces podían ser más duros con nosotros que nuestros «pastores de adolescentes». Por eso, ahora me parece tan importante tratar siempre a las personas, incluido a uno mismo, como decía el filósofo alemán Immanuel Kant: «como un fin en sí mismo y nunca tan solo como un medio».

Cuando los jóvenes abandonan una secta, necesitan autonomía, incluido el derecho a cometer sus propios errores. La dignidad personal y la autonomía son los derechos básicos que toda persona tiene por el hecho de ser humana. Esos derechos quedan anulados cuando otros deciden utilizar la influencia, la presión o lo que sea para que hagas lo que supuestamente saben que es mejor para ti. Las experiencias que viví en la secta hacen que me resulte difícil confiar en las personas, sobre todo si tienen una actitud paternalista. Puede que tengan buenas intenciones, que piensen que saben lo que es mejor y que se esfuercen por ayudarme a evitar lo que ellos creen que serían trampas, pero deberían darse cuenta de que si quiero recuperarme de la experiencia sectaria, no pueden esperar que siga con la misma mentalidad. Por ejemplo, me resulta excepcionalmente difícil quedarme sentada, parecer atenta y receptiva y escuchar conferencias interminables. Cuando me siento enjaulada, o si la gente se entromete en lo que realmente me incumbe, siento que me van a estallar los pulmones. Aprieto los dientes y me pitan los oídos.

Nunca me permitieron manifestar ira, y por lo general sigo guardándomela, lo que me lleva a comportarme conmigo misma de formas que no deseo. Pero cuando expreso ira, me siento tan culpable que suelo ir corriendo a disculparme y a hacer lo que me piden. Puedo entender que eso pueda ser un tema polémico para las personas que consideran que está mal enojarse. No obstante, una de las necesidades básicas de un joven que abandona una secta es tener permiso para enfadarse.

Mejor dicho: en primer lugar deberíamos tener permiso para discrepar y elegir por nosotros mismos. Nunca se nos permitió hacerlo, así que ahora, cuando nos sentimos acorralados, surge ese viejo sentimiento de que no tenemos opción y le sigue la ira. Este tipo de ira se puede frenar en gran medida si se nos permite discrepar y tomar nuestras propias decisiones. Para mí es vital tener una sensación de control sobre mi vida y sentir que puedo opinar y hacer lo que quiera.

En cuanto a la ira —hacia la secta o hacia otras cosas— creo que si más personas fueran capaces de comprender realmente lo que significa estar en una secta y luego abandonarla, estarían dispuestas a soportar un poco de ira y/o actitud agresiva. De hecho, lo verían como una señal alentadora. El hecho de que no expresemos ira debería molestarle a la gente; indica que todavía nos identificamos con la secta o que pensamos que el trato que nos dispensaba la secta estaba justificado.

Si los jóvenes consiguen escapar de una secta, lo más probable es que no les guste la persona que estaban obligados a ser cuando estaban en ella. Al marcharse, puede que se alejen físicamente de ese entorno; pero la tarea de crear una nueva identidad requiere mucho esfuerzo. Eso puede parecer una búsqueda innecesaria para alguien que no lo ha vivido, pero es vital para nosotros si queremos separar nuestro yo interior de la secta. Puede que superficialmente todo parezca estar en orden, pero puede ser extremadamente deprimente pasar por la terrible experiencia de escapar y luego no sentir ningún progreso. Si nunca has tenido que dar un paso atrás, reconsiderar y descartar la mayor parte de tu vida pasada, crear una identidad puede parecer una noción abstracta. Para un joven que abandona una secta es algo concreto. Cambias o sigues siendo la persona que eras en la secta.

Hay que tener en cuenta dos aspectos. En primer lugar la vida en la secta era terriblemente rigurosa y gris; no era la forma en que la mayoría de la gente pasaba su juventud. Una vez fuera, un joven querrá vivir. La vida en el grupo era estructurada y notablemente restringida; al partir, un joven querrá tener opciones y vivir de forma más flexible. En segundo lugar, el control de la apariencia es uno de los métodos más potentes de la secta para borrar la individualidad y controlar la imagen que una persona tiene de sí misma. Le ruego a la gente que se tome en serio cuando un joven exmiembro intenta cambiar su aspecto. Aunque sé que a algunos les puede parecer que lo hace por vanidad, deberían intentar comprender y respetar nuestras necesidades.

Creo que los seres humanos somos seres libres y que, en última instancia, somos responsables de moldear nuestras propias vidas. Sin embargo, para un joven que ha estado en una secta, el precio emocional de seguir adelante (independientemente de cómo respondan los demás) puede ser muy alto, sobre todo si la felicidad y la relativa paz de esa persona siempre habían dependido de la aprobación de los demás. Si un joven tiene que arreglárselas solo, puede tardar un tiempo en comprobar que se puede ser independiente y seguir siendo aceptado, y entonces decidirse a correr el riesgo.

Si el condicionamiento psicológico existe y puede ejercer una tremenda presión y dejar secuelas en adultos que tenían una vida previa en el «mundo exterior» antes de su experiencia sectaria, consideren el efecto que puede tener en un joven haber nacido y crecido en una secta. Ese joven necesita saber que ya no tiene que aceptar lo que le digan. Ese joven necesita saber que tiene opciones concretas. Cuando un joven criado en una secta ve que una acción autónoma no acarrea consecuencias nefastas, disminuye el miedo.

Imperfección gloriosa
Donna Y. Collins

Donna Collins nació y creció dentro de la Iglesia de la Unificación. Habla en público y escribe sobre sus experiencias únicas. Ha asesorado a familias e individuos y se ha dirigido a audiencias de todo el mundo sobre la cuestión de los niños que fueron criados en sectas. Es escritora, poeta y madre de tres hijos.

Los primeros recuerdos de la infancia son siempre borrosos, pero los olores, los sonidos y las caras son reconfortantes. Recuerdo estar rodeada de personas idealistas, cariñosas y bienintencionadas; muchas de ellas siguen presentes en mi vida como tías, tíos, madres y padres sustitutos. Recuerdo el dulce aroma de la hierba y el aire puro de la campiña de Wiltshire, los ponis que montaba y la fría escarcha matinal en el cristal de la ventana en la que grababa mi nombre.

Me llamaba Young Oon, como la madre espiritual de mi madre y la primera misionera coreana en Occidente. Young Oon no es un nombre común en Inglaterra ni en ningún otro lugar, que yo sepa, y desde luego no combinaba muy bien que digamos con mi pelo rubio rizado y mis ojos verdes. Sabía que era diferente, distinta de los demás que aún no habían descubierto la supuesta verdad que todo el mundo pregonaba a mi alrededor de sol a sol: que un coreano llamado Sun Myung Moon era el Mesías, la segunda encarnación de Cristo.

No fue una infancia fácil. No obstante, tuve momentos felices, y es cierto lo que dicen de que los niños son resilientes. Muchos niños que nacen en la locura, de una forma u otra crecen y se convierten en personas bien adaptadas y maravillosas, al igual que los hay de hogares ostensiblemente normales y cómodos que crecen siendo egoístas y a veces incluso diabólicos. Lo mejor de ser niño es que cada día empieza de nuevo y de algún modo, aunque vivas en un entorno irreal, parece normal porque es lo único que conoces. La mayor parte del tiempo, mis padres estaban ocupados, muy ocupados. Eran líderes dinámicos, al frente de la Iglesia de la Unificación británica (UC, a veces llamados *Moonies*, aunque no con el beneplácito de la Iglesia, claro está).

Cuando era bastante pequeña, vivíamos en el mismo centro que mis padres y otros miembros de la iglesia cuidaban de mí la mayor parte del tiempo. Me cuidaban muchas personas diferentes, pero había una o dos a las que veía mucho más o que se manejaban mejor con los niños. Más tarde fui a un internado gestionado por la Iglesia y pasé la mayor parte de mi vida entre Cleeve House School en Wiltshire, la Granja y Lancaster Gate (la sede de la UC en Londres). Junto a mí había otros jóvenes cuyos padres misioneros los habían dejado allí durante años. Hay un sinfín de cuestiones complejas en las que podría abundar sobre lo que supone ser hijo de un líder, saber que los demás afiliados te tratan en función de su relación con tus padres, o tener que aprender teología a una edad temprana. Huelga decir que era poco habitual.

Las instantáneas que me gustaría dar son las veces que deseé poder quedarme con una sola persona que no me dejara para emprender otra misión. Que tal vez pudiera vivir con mis padres, solo ellos y yo, como las familias de la televisión. Pero para cuando pudieron hacerlo, al final de mi adolescencia, yo ya no quería ni sabía cómo vivir en una familia nuclear. Cuando tenía siete u ocho años había niños aún más pequeños que también estaban separados de sus padres. Lloraban todas las noches y se metían en mi cama para que los abrazara. En una ocasión, más o menos a esa misma edad, vi a Moon hablar durante siete horas sin salir de la sala. Lo vi reprender y atacar a la gente y me senté en sus rodillas mientras repartía billetes de cien dólares.

Cuando tenía cinco años, en una visita a mis abuelos paternos intenté convencer a la abuela de que Moon era el Mesías mientras me daba una muñeca Cindy para que jugara con ella. Quería que supiera la verdad antes de morir y me afligía que no fuera así. Mi pobre abuela inglesa. Había vivido dos guerras mundiales y ahora tenía que ver a su nietecita rubia llamada Young Oon, que se parecía tanto a su hijo, parlotear sobre Satán, Dios, Moon y la Eternidad. Ojalá pudiera hablar con ella ahora, pero murió unos años después. Aunque mi infancia en Inglaterra no estuvo exenta de problemas, era mi hogar y era lo que conocía.

A los once años fui a Corea sin mis padres bajo la estricta instrucción de Moon de aprender el «lenguaje del Cielo», y así cambió mi vida. En Corea, me encontré con una cultura tan diferente, y la UC allí era un movimiento distinto. Los niveles de corrupción eran bastante pronunciados. Era como pasar de un convento a un burdel, sobre todo porque los afiliados occidentales o británicos eran ingenuos en sus creencias y se tomaban en serio la doctrina. Como era muy pequeña, todo eso era tan confuso para mí que a veces, a falta de una mejor manera de expresarlo, me enfermaba. Al principio, la iglesia no estaba preparada para tratar con nosotros, así que otros dos niños y yo terminamos siendo enviados de casa en casa. Aunque con el tiempo nos adaptamos, nunca estuve del todo bien después de aquella ruptura con todo lo que había conocido. Me enfermé por una supuesta falta de fe. Echaba de menos ver a mis padres. Estaba constantemente confundida entre lo que me habían enseñado a creer y la realidad de Moon, su familia y los demás.

Cuando tu grupo quiere que marques la pauta y seas un «auténtico creyente», pero las dudas te asaltan por dentro, la presión mental es enorme.

Te sientes partido en dos y sin aliento. Quieres volver a tu inocencia y a tu fe, pero en cambio, si utilizas el pensamiento analítico, acabas recibiendo una dosis diaria de realidad frente a la ficción. Por tanto te conviertes en un «problema» para los demás y para ti mismo. A pesar de que recé durante años para que Dios me aliviara de esos interrogantes y dudas, parecía que sólo me enviaba más.

Cuando finalmente abandoné Corea a los quince años, estaba casi segura de que aquella iglesia era intrínsecamente perversa. Pero luego pensaba: «¿Y si estoy equivocada?» Si me equivocaba podría perder a Dios, a mis padres, a mis amigos, y todo y a todos los que había conocido. Sería como abandonar el país de origen y no regresar ni hablar nunca más de él.

Me tardé hasta los veintidós años en salir del todo para no volver jamás. Viví una doble vida durante años; a veces era devota, otras, me rebelaba. No tenía fuerzas para renunciar a todo y, al mismo tiempo, me sentía incapaz de seguir adelante con una organización que sabía que era perjudicial para mi propia integridad. Quería abandonar el mundo de la mentira. De modo que me enfrentaba al salto final. ¿Cómo atravesar esa puerta? ...la puerta al mundo exterior.

Algunos aspectos de mi desarrollo cognitivo y mis estudios escolares básicos habían quedado desatendidos durante mi estancia en Corea. Sin embargo, tenía excesivos conocimientos y comprensión de la actualidad, la historia, el Principio Divino (la teología de la UC), los movimientos políticos, la caridad y el pensamiento global (a falta de un término mejor). A raíz de ello, mis procesos mentales y mi capacidad de razonamiento eran muy avanzados para mi edad, pero no siempre mostraba un desarrollo emocional adecuado. El problema de llevar una vida de sacrificio dentro de una secta es que te enseñan a satisfacer las necesidades de los demás descuidando las tuyas. Una situación así es perjudicial para para los niños y los jóvenes. Me consta que lo fue para mí.

Ya en plena adolescencia asistí a colegios fuera de la UE. Eso me abrió los ojos a un mundo nuevo. Durante muchos años me las arreglé para vivir en dos mundos, como si estuviera dividida en dos personas y dimensiones diferentes. Lo extraño es que de algún modo, nunca estuve completamente comprometida, ni me creía en el fondo mis propias mentiras. Muchos afiliados que permanecen en la indecisión sufren tal tormento psicológico y emocional que se polarizan y al final se ven obligados a elegir un bando u otro. Yo me libré de ese conflicto.

El siguiente trastorno grave fue el que sufrió mi autoestima. Yo tenía la autoestima mucha más alta que la mayoría porque no me habían despojado completamente de ella. Eso se debía, en parte, a mi condición de «primer niño bendecido del mundo occidental», pero quizá se debía sobre todo a mis padres, y en particular a mi padre, que me inculcó el sentido de la integridad, el bien y el mal, y la determinación. Esos mismos dones fueron los que me ayudaron a salir adelante, aun cuando mis padres seguían vinculados a la UC y trataban de animarme a permanecer en ella. ¿No es extraña la vida a veces? Aun con esa armadura adicional me sentía emocionalmente inepta para el gran desgaste que supone la libertad.

Como dice la letra de la canción *Desperado*, de los Eagles, «... libertad, oh libertad, eso sólo lo dicen algunos; tu prisión es caminar por este mundo completamente solo...» Ese parecía ser mi destino. Cuanto más me exponía al mundo exterior, parecía que más se alejaba el mundo «interior». Los amigos que tenían las mismas dudas que yo se volvieron temerosos, y en lugar de permanecer juntos, nos fuimos aislando y nos dejamos presionar por padres, mayores y compañeros. Abandonábamos nuestros planes de dejar el movimiento.

El modo en que los amigos y familiares se denunciaban unos a otros en la UC tenía un tufillo estalinista. Se revelaban detalles privados y los cotilleos fluían junto con el ridículo, la condena y la difamación. Se puede argumentar que son tan solo trampas psicológicas o espirituales, pero se sienten como grilletes físicos o como una muralla imposible de escalar. Lo que sabes es que si te vas definitivamente, y sobre todo si dices abiertamente por qué, es como dejar tu país como un traidor, sabiendo que nunca podrás volver.

Al final me di cuenta de que no tenía futuro en la UC y de que no podía vivir una doble vida para siempre. Lo que marcó la diferencia en mi caso fue el acceso a la información, a actividades educativas como la psicología y a una red de amigos que me apoyaran. Tuve la suerte de ir a la universidad durante unos años. Pero aun antes de eso, leía constantemente libros sobre la condición humana, que me ayudaron a entender por qué tenía miedo al abandono, así como problemas de confianza y lealtad. Al fin y al cabo, había crecido en un entorno tóxico que no valoraba al individuo, ni sus necesidades emocionales, ni sus sueños. Es probable que eso tenga un efecto negativo en los adultos, por no hablar de los niños.

Lo que necesitaba era asesoramiento; por desgracia no sabía dónde acudir. Me tocó concientizar a todas las personas que conocí porque no entendían cómo son las cosas en las sectas (aparte de lo que habían visto en los medios sensacionalistas). Tenía miedo de ponerme en contacto con los llamados «movimientos antisectas» porque había escuchado demasiados testimonios de tácticas de desprogramación espantosas. Además me habían dicho repetidamente que los que combatían las sectas eran gente sin Dios a la que había que evitar o correría peligro. Qué lástima, porque me habría sanado mucho antes si hubiera contactado o me hubieran contactado personas que entendían profundamente por lo que estaba pasando y que tenían los recursos para ayudarme.

Me rodeé lo mejor que pude de personas compasivas a las que podía contarles mi verdad. Solía mentir y ocultar mi pasado para no pasar vergüenza; era agotador explicar la dinámica de mi vida. Pero esos días han quedado atrás. Afortunadamente tenía varios amigos que eran exmiembros; varios de ellos fueron increíbles a la hora de ayudarme a ver los errores de mi forma de pensar, superar mis miedos y enfrontar los retos que tenía por delante. Creo que a veces la diferencia entre hundirte y nadar es la gente a la que pides ayuda. Son los chalecos salvavidas en tu tormenta personal, que te proporcionan cobijo ante el doloroso vacío al que te enfrentas tras abandonar un grupo o situación sectaria.

Crecer percibida como «perfecta», rodeada de esa «perfección», y «esforzarse por alcanzarla» era una difícil tarea. Aunque la abnegación te deja vacía, sigues esforzándote. Te machacas a ti misma por tus insuficiencias. Siempre acabas rota. Puedes volver a respirar cuando desaprendes o te desprendes de ese tiránico pensamiento binario y aceptas los defectos internos y externos. Así te vas acostumbrando a que sólo los dioses y tal vez los monstruos son perfectos, y ni tú ni tus amigos, ni tu familia ni el mundo lo serán jamás. Ese paso en sí mismo le abre el camino al pensamiento sereno y te gana el derecho de entrada a la normalidad aceptada.

Pero ¿qué hacer cuando la normalidad se percibe vacía, cuando añoras la montaña rusa, el pensamiento mágico y las sombras oscuras de tus enemigos. Cuando yo estaba creciendo, Moon y todos los de la UC estaban tan ocupados luchando contra demonios imaginarios —concretamente Satanás— que, cuando no combatían activamente se enzarzaban en discusiones bizantinas, como si fueran generales tratando de resolver una crisis bélica. La adrenalina producida por esa mentalidad de crisis es adictiva. Es tan efectiva como las drogas y provoca una respuesta instintiva: «huir o luchar». Además, es una tontería bastante inteligente que te mantiene cautivado. Por desgracia esa sensación perdura mucho después de que la gente abandona el grupo y en algunos casos, supongo que puede durar para siempre. La vida a esa velocidad nunca es gratificante, pues sin duda te perderás el aroma de las rosas y lo más probable es que también eches de menos a tus seres queridos a medida que van quedando fuera de foco. También echarás de menos toda la alegría profunda que la vida puede ofrecer.

Nuestro mundo está lleno de líderes enfáticos, de falsos mesías e idealistas desquiciados. Aunque sus visiones nos llenan de temor, esperanza y felicidad, lo que no vemos es que ellos nos necesitan a nosotros y no al contrario. Por muy oscuras que parezcan las cosas, lo más asombroso de atravesar el anillo de fuego o escalar la muralla que separa el miedo de la libertad es que, una vez que lo consigues, es común que te preguntes: «¿a qué le tenía tanto miedo?» Qué fácil parece todo en retrospectiva. Las marcas desaparecen. Las heridas cicatrizan.

El regalo más sanador de mi vida ha sido convertirme en madre. Para quienes hemos tenido una infancia difícil es una forma maravillosa de recuperar esos días perdidos, de dar a luz a tu propio niño interior y crear la vida familiar que tanto anhelabas. Pero también es un reto, porque te enfrentas a algo más que tu propio bienestar. Así que si te has escondido en lugar de curarte, puede resultar una prueba cuando debería ser un periodo feliz.

Tengo mis días oscuros. A veces me despierto con un sudor frío y pienso que estoy de nuevo dentro de aquel mundo de locos que una vez llamé hogar. A veces olvido cómo llegué aquí y a veces hasta echo de menos la cálida y envolvente sensación de pertenecer a un grupo especial que se aparta de la norma. Pero cuando pasa la noche y emerge el alba, sé que luché contra gigantes y delirios, y acabé a salvo en los brazos de la libertad.

Aprender a superar mi pasado polígamo
Laura Chapman

Laura Chapman se crio en la Iglesia Fundamentalista de Jesucristo de los Santos de los Últimos Días (FLDS), conocida por su práctica de la poligamia y su ubicación en la frontera entre Utah y Arizona. En un momento dado, la FLDS contaba con unos diez mil seguidores. (La secta polígama se separó del mormonismo dominante después de que la Iglesia de Jesucristo de los Santos de los Últimos Días renunciara al matrimonio plural en 1890). Desde que abandonó la secta, Laura ha obtenido dos licenciaturas y ha trabajado en protección de menores, defendiendo a niños maltratados o abandonados. Disfruta de su familia, la jardinería, la música, la danza, los caballos y la paz que experimenta en la naturaleza.

Hacer cosas extraordinarias fue la fuerza motriz de mi vida desde que tengo uso de razón. A los diez años era capaz de hacer una docena de barras de pan. A los trece, podía preparar una cena elaborada para una familia de cuarenta personas y confeccionarme mi propia ropa. A los diecisiete, educaba en casa a dieciocho alumnos de segundo curso. Era una extraña ironía ser maestra, no sólo por mi edad, sino también por el hecho de que me habían sacado de la escuela pública a los once años para educarme en casa. Mi matrimonio fue concertado cuando cumplí los dieciocho años. Las situaciones extremas me resultan extrañamente familiares. Nací y crecí en una secta polígama. Mi padre y sus cuatro esposas me criaron en Sandy, Utah. Soy la vigésimo quinta de su prole de treinta y un hijos.

Mi vida fuera de una secta polígama comenzó en 1991. Yo tenía veintiocho años. Abandoné mi matrimonio arreglado tras once años de convivencia cuando mi marido, de treinta y dos años, tomó como segunda esposa a una chica de dieciséis. Lo abandoné a él, abandoné la religión y a mi comunidad para empezar una vida en un territorio desconocido. Necesitaba desesperadamente demostrarme a mí misma y a los demás que podía ser normal, aunque mi infancia hubiera sido de todo menos eso. Había días en que me sentía tan libre que quería subirme a los tejados y declararlo al mundo. Otras veces, tanta libertad me aterrorizaba. Pero a lo que más me aferraba era a la creencia de que no estaba demasiado dañada como para construirles una existencia más sana a mis cinco hijos y a mí misma. No tenía padres, marido, comunidad ni religión. Virtualmente me movía en una existencia de la que sabía poco o nada. Sentía la responsabilidad de enseñarles a mis cinco hijos algo radicalmente opuesto. Se trataba de una tarea titánica y para mí era indispensable lograrlo con éxito.

Mi primera aspiración en pos de ese éxito fue a través de la educación. Era un objetivo difícil, teniendo en cuenta que no había pisado un aula formal desde quinto grado de primaria. Mi educación en casa se centraba en los temas y libros de texto que mis padres consideraban adecuados. Esos libros de texto eran nuestras Escrituras y unos cuantos libros educativos que habían sido seleccionados cuidadosamente para excluir figuras o fotografías de otras razas, sobre todo afroamericanos. La gente me pregunta: «¿Qué te motivó a abandonar la secta cuando la mayoría se quedan?» Lo único que recuerdo es que siempre me sentí como una observadora, incluso desde una edad particularmente temprana. En el fondo de mi alma muchas cosas no me cuadraban. De muy pequeña aprendí a no cuestionar, sólo a obedecer. Sin embargo, eso nunca me impidió hacerme cuestionamientos interiormente. Ya en la guardería entendía la diferencia entre tolerancia y fanatismo racial, aunque nadie me había hablado del asunto. Consideraba que estaba mal decirle a mi compañera negra que mis padres me habían prohibido jugar con ella.

Cuando me fui, aprendí a escuchar mis instintos y confiar en ellos, y hasta la fecha me recuerdo continuamente lo importante que es. Escuchar mis instintos me mantiene en la buena senda. En la poligamia, las mujeres tienen que negar esos instintos a diario para sobrevivir en un entorno dolorosamente explotador de privilegios masculinos, partos obligatorios y pobreza.

Me gradué en la Universidad de Utah con dos licenciaturas, una en sociología y otra en desarrollo humano. Fue toda una hazaña. Algunos incluso lo llamarían una auténtica prueba de compromiso y resistencia, sobre todo porque lo logré cuando tenía cinco hijos menores de siete años. Mis estudios me hicieron entender a mi familia de origen y lo que constituye una familia más sana. Eso me ayudó muchísimo a criar a mis hijos.

Durante mis años universitarios, también dediqué mucho tiempo a la terapia psicológica. Gracias a ese apoyo pude afrontar muchos traumas de mi infancia. Pasé horas interminables en terapia Gestalt rescatando a una niña pequeña del abuso sexual y el abandono, y me uní a un grupo de apoyo para adultos que habían sufrido abusos sexuales en la infancia. En ese entorno no me sentí tan sola en mis experiencias. Me tomé tiempo para alimentar mi «niña interior» e hice cosas que antes me parecían demasiado frívolas, como colorear con mis hijos, volar una cometa, hacer esculturas de arcilla, hacer ejercicio en el gimnasio o leer una novela. Aprendí que la autoindulgencia, lejos de ser algo malo o egoísta, rinde beneficios personales. Esa comprensión me ayudó a cerrar algunas de las dolorosas brechas de mis experiencias. Me convirtió en una mejor madre y una persona equilibrada. Empecé a recuperar mi infancia en la edad adulta, al tiempo que criaba a mis cinco hijos y asistía a la universidad.

Para mí cobró importancia marcar la diferencia para los niños que viven en sectas polígamas, porque los funcionarios estatales no les ofrecen la debida protección. Participé en protestas en la capital de Utah junto con otras cuatro mujeres que habían escapado de la poligamia. Eso captó la atención de los medios de comunicación de todo el mundo. En un mes, ofrecí 30 entrevistas. Necesitaba contar mi historia, en parte porque me habían silenciado mucho durante mi vida en la secta.

Mi siguiente aventura comenzó cuando recibí una llamada de una mujer preocupada por dos sobrinas adolescentes. Requerían ayuda para abandonar la misma secta polígama en la que me había criado yo. Ayudarlas me tomó bastante tiempo y fue agotador; no obstante, no podía darles la espalda. Mirarlas era como mirarme a mí misma a esa edad. No dejaba de pensar en el hecho de que nadie me había ayudado en aquella época de mi vida. Esas dos chicas vestían la misma ropa rara que había vestido yo y llevaban los mismos peinados anacrónicos. Estaban a punto de casarse con hombres de edad suficiente para ser sus padres. Quería que la nación entera se enterara de las experiencias nunca contadas de las jóvenes que viven bajo la poligamia en Utah y otros estados. Me entusiasmé cuando las chicas aceptaron ser entrevistadas por la CBS para un programa de 48 horas llamado *A House*

Divided (Una casa dividida). En 1999, poco después de la filmación de ese programa, me mudé de Utah con mis cinco hijos y me trasladé a un pequeño pueblo de Colorado.

Mi exposición mediática y mis experiencias llamaron la atención de una profesora de la Universidad de Denver. Se puso en contacto con Donna Sullivan, profesora de Derechos Humanos Internacionales de la Universidad de Nueva York. La profesora Sullivan nos patrocinó a mí y a otra superviviente de la poligamia para que habláramos ante las Naciones Unidas en marzo de 2002, en la Conferencia Anual de la Mujer. Nos pagaron el viaje y nos fuimos a Nueva York. Fue una experiencia increíble estar sentadas en una sala rodeadas de mujeres de casi todos los países discutiendo sobre temas mundiales que afectan a la mujer. Mujeres de otras latitudes no tenían ni idea de que esos problemas de esclavitud y explotación sexual existían en Estados Unidos. Una mujer lloró y me abrazó cuando le conté mi historia. Hablamos con Amnistía Internacional y *Human Rights Watch*, entre otras tantas entidades con representantes en todo el mundo. Lo conseguimos. Conseguimos que esa información trascendiera las fronteras de Utah y de los Estados Unidos.

Después de diez años como madre soltera me volví a casar, pero en menos de dos años acabó todo en un desastre. Él era convincente y amable, hasta que nos casamos. Pronto se volvió controlador y emocionalmente abusivo con mis hijas y conmigo. Eso me pilló por sorpresa y me sentí aún más angustiada conmigo misma por no haber reconocido esas características en él. Terminado el matrimonio, no hubo parte de mi vida que él no pusiera patas arriba, ni siquiera con una orden de alejamiento en vigor. Esa experiencia tan dolorosa me obligó a profundizar en mis problemas de fondo. Volví a empezar sesiones de asesoramiento con una experta en sectas y ella me ayudó a trabajar algunas cuestiones persistentes que seguían causándome problemas.

Descubrimos los paralelismos entre mi último matrimonio y las relaciones sectarias. Me encargó que llevara una vida normal. Fue el reto más aterrador desde que dejé la poligamia. Curiosamente, lo que me resulta más inquietante es ser una persona más de una comunidad normal. Cuando intento hacerlo me siento como un pez fuera del agua dando bandazos. Mis experiencias fueron tan diferentes a las del resto que me resulta difícil encontrar puntos de coincidencia con otras personas de mi edad.

Puedo hablar ante una sala llena de estudiantes en la Universidad de Nueva York sin pensármelo demasiado. Pero si me dejan en el auditorio de un instituto lleno de padres, profesores y personas de la comunidad celebrando la graduación de la promoción de ese año, me veo arrastrada instantáneamente hacia mi propio dolor y experimento un terrible desconcierto social. Nunca fui a la escuela secundaria ni al bachillerato. No sólo eso: no hubo un solo adulto que le diera importancia a mi graduación de la secundaria.

El aislamiento es una práctica común entre la mayoría de las familias polígamas de Utah, al igual que negarles a sus hijos el acceso a la educación o la posibilidad de decidir sobre sus relaciones sentimentales y matrimoniales, el derecho a votar o a ser reconocidos como ciudadanos por la opinión pública. Dados esos antecedentes, puedo caer fácilmente en el aislamiento. Existe una enorme brecha entre lo que viví en mi crianza y las experiencias de los demás en la sociedad en general. Resulta difícil encontrar puntos en común con la gente que me rodea. En cuanto se enteran de que crecí en un ambiente donde se practicaba la poligamia, surgen la curiosidad y muchas preguntas indiscretas. En esos momentos me siento como si estuviera a un lado del Gran Cañón, mientras que la mayoría de las personas que conozco están al otro lado.

Hoy tengo 41 años. Me enfrento a diversos retos: cuidar mi empleo, mantener una casa, criar a cuatro hijas y supervisar los servicios para mi hijo autista de 17 años. Mis hijas se abren camino en un terreno que desconozco por completo. Tienen la oportunidad de experimentar mucho más que yo a su edad. A veces las miro con orgullo y satisfacción, pero me duele no haber tenido nunca las mismas oportunidades.

Hasta ahora he logrado y experimentado muchas cosas en mi vida; sin embargo, sigo trabajando en la única cosa que me haría sentir que hice bien en haberme ido. Para mucha gente es algo básico, pero para mí es monumental. Me gustaría sentir que pertenezco a una comunidad. Me sentiría satisfecha si hubiera superado las manipulaciones mentales y los abusos espirituales, físicos y sexuales que sufrí de niña. Esas experiencias aún me separan de los demás.

La brecha entre mi vida dentro y fuera de la secta sigue siendo tan grande que resulta dolorosamente incómoda. A veces me siento como si fuera otra persona la que nació en la secta y yo fuera un adulto sin un pasado que compartir. Ese es justamente la razón por la cual tantas personas terminan regresando al entorno polígamo en el que se criaron. Los líderes lo han diseñado así para mantener el control sobre la gente. Es algo que espero resolver. Cuando lo haga, habré vencido totalmente sus teologías retorcidas. Ese es mi proceso y compromiso de por vida. Quiero encontrar la manera de sentirme cómoda en mi propia piel, con mis propias experiencias y y simplemente ser una persona común. Eso es lo que yo consideraría un verdadero logro.

Crianza de una niña en la secta *Meeting*
Roxanne Butler

Los padres de Roxanne Butler se unieron a una secta religiosa cuando ella tenía seis o siete años. Se casó con un hombre que había nacido en la secta. Roxanne y su marido se marcharon cuando ella tenía 54 años. Tres años después, Roxanne continúa desintoxicándose del abuso religioso. Ella y su marido han recibido bastante asesoramiento para aprender formas «normales» de vivir fuera de la secta (especialmente las mujeres). Uno de sus hijos sigue en la secta.

Mis padres se criaron en ambientes tóxicos. Sus padres eran alcohólicos y casi siempre estaban ausentes. Hubo drogas, abusos sexuales y penas de cárcel en ambos lados de mi familia. Cuando conocieron a personas de *Meeting*, para ellos fue como pasar a vivir en otro mundo. Yo tenía entonces siete años. Hasta ese momento nuestra vida había sido caótica. Mi padre tenía muy mal genio y abusaba psicológica y físicamente de mi madre. Ella le dio un ultimátum: si volvía a tocarla, más le valía que acabara con su vida, porque si le quedaba aliento se aseguraría de que no volviera a verla nunca más: ni a ella ni a sus hijos.

En esa época mi padre se convirtió al cristianismo. Aunque dejó de maltratar físicamente a mi madre, en parte redirigió el maltrato contra mis hermanos y contra mí, pero en especial con mi hermano menor. En retrospectiva, no recuerdo que nos maltratara físicamente estando mamá presente, aunque el abuso psicológico y emocional continuó.

Meeting es un grupo cristiano no confesional originado en Estados Unidos y presente también en otros países, cuyos predicadores rechazan la formación teológica formal, es decir, NO asisten a seminarios. Según el propio fundador, su principal influencia fueron los *Exclusive Plymouth Brethren*. *Meeting* es menos radical que los *Exclusive Plymouth Brethren*, pero más que los *Open Plymouth Brethren*. No se consideran una «iglesia» en sentido estricto, porque creen que tener un nombre es algo sectario, y eso se considera pecado. (Lo irónico es que *Meeting* resultaba ser muy sectaria.)

Creo que todo ese amor que la gente de *Meeting* les demostró a mis padres les resultó tan distinto de lo que habían experimentado en su vida, que lo aceptaron sin cuestionarlo. Para mi madre, esas personas eran prácticamente perfectas. Amaban a Dios. Ella sabía que quería vivir esa hermosa vida con sus hijos, en lugar de la vida en la que había crecido.

Cuando empezamos a asistir a *Meeting*, me resultaba entretenido. Nuestras vidas comenzaron a girar en torno a la secta y nos comprometimos plenamente con el grupo. La vida se volvió más estable. Los abusos físicos casi cesaron y los emocionales o psicológicos disminuyeron. Tenía amiguitas con quienes jugar varias veces por semana. Es cierto que las reuniones eran largas y aburridas (no había escuela dominical), pero contar con una comunidad maravillosa hacía que valiera la pena.

Con el tiempo, otros chicos de *Meeting* empezaron a hacerme preguntas: «¿Por qué tienes flequillo?» «¿Por qué se maquilla tu madre?» «¿Por qué usas pantalones?» Yo sentía la necesidad de integrarme, así que empecé a cuestionar a mi madre. Poco a poco, comenzamos a cambiar. Mi madre había sido una mujer muy glamorosa. Le costó cambiar, sobre todo dejar de maquillarse y dejar de teñirse el pelo para volver a su color natural.

Cosas que se desaconsejaban: ver televisión o ir al cine; practicar deportes (fuera de *Meeting*); el divorcio y el sexo prematrimonial; las citas (sólo se permitía el cortejo); tocar al sexo opuesto más allá de un apretón de manos o un abrazo de costado; nadar en presencia de personas del otro sexo; salir de vacaciones; votar; alistarse en el ejército (a menos que fuera por reclutamiento obligatorio); tener amigos fuera del grupo; contratar un seguro médico (hasta que se volvió obligatorio por ley); afiliarse a un sindicato; asistir a cualquier otra iglesia; ir a bodas o funerales que no fueran organizados por *Meeting*; escuchar música ajena al grupo; buscar asesoramiento profesional de cualquier tipo; demandar a otro miembro; hacer trabajo voluntario fuera del grupo; consumir bebidas alcohólicas (ni siquiera con moderación); ingresar a la universidad (especialmente en el caso de las mujeres, aunque eso está empezando a cambiar). También se desaconsejaba que las mujeres usaran pantalones o cualquier prenda que llamara la atención, como pendientes, joyas grandes, maquillaje, ropa atrevida, pelo teñido o esmalte de uñas. Cortarse el cabello también estaba mal visto: algunas mujeres lo llevaban hasta los tobillos.

Cosas que se esperaban o se fomentaban mucho: que los hombres trabajaran en construcción; que los niños trabajaran duro y se casaran jóvenes; que los adultos fueran laboriosos; que siempre se priorizara a los demás dentro del grupo; que, de ser posible, los hijos fueran educados en el hogar (algunas Asambleas contaban con escuelas privadas); que todos se mantuvieran "sin mancha del mundo" (es decir, alejados de todo lo que *Meeting* no recomendaba); que se diera el diezmo; y que los niños comenzaran a recitar versículos bíblicos desde los dos años, aproximadamente.

Las mujeres aprendían a ser madres y cuidadoras del hogar. Se les enseñaba a someterse a los hombres y a no decir jamás nada que pudiera desafiarlos. Debían vestir con modestia para no provocar la lujuria masculina:

faldas o vestidos por debajo de las rodillas, mangas al menos hasta la mitad del brazo, sin prendas ceñidas, sin aberturas, sin cremalleras delanteras ni escotes en V.

A los hombres se los instaba a mantener a sus esposas bajo control, sometidas a su autoridad, y a criar hijos obedientes para no quedar mal. Las mujeres debían servir a los hombres, encargarse de las tareas domésticas (cocinar, limpiar, etc.), mientras que ellos asumían los trabajos fuera del hogar. Sin embargo, también se esperaba que las mujeres cortaran el césped, trabajaran en el jardín, cuidaran animales o mantuvieran un huerto.

Debíamos negarnos a nosotras mismas, ser altruistas y anteponer las necesidades de los demás a nuestros propios deseos. Si hacías algo contrario a lo esperado, se recomendaba encarecidamente una confesión pública... siempre y cuando tu arrepentimiento fuera sincero. Lo triste era que eran los líderes quienes decidían cuán sincero era ese arrepentimiento. Así que, si sabías actuar bien, pasabas la prueba.

Yo iba al colegio con los hijos del predicador. No tardé más de dos años en darme cuenta de que no podía contarles nada a esos chicos sin que pronto todo el mundo lo supiera. Su madre solía compartir esa información con otros adultos de nuestra comunidad. Recuerdo haber sentido una profunda vergüenza cuando algunos de mis secretos salieron a la luz.

Muy pronto empecé a desconfiar de la gente. Mi madre anteponía siempre la palabra de cualquier adulto a la de sus propios hijos. Había una niña que se portaba muy mal con mi hermana, pero su madre le decía a la mía que la culpable era mi hermana. Y mamá le creía, porque no se le ocurría pensar que otro adulto de *Meeting* pudiera mentir.

En una ocasión, otro adulto le dijo a mi madre que me había oído hablar de cosas inapropiadas con una amiga. Yo tenía entonces unos catorce años. Mamá me preguntó al respecto y le conté lo que habíamos hablado. No me creyó y me dio unos azotes. Creía firmemente en aquello de que «quien escatima la vara, malcría al niño». Además, mentir era considerado un pecado grave. Tuve que quedarme todo el día en mi cuarto, reflexionando. Finalmente, me di cuenta de que nunca saldría de esa situación a menos que mintiera admitiendo una culpa que no era real. Recuerdo que pensé: «Si alguna vez salgo de aquí, prometo que protegeré a mis hijos de gente como esta».

Mi padre tuvo una aventura y nos dejó cuando yo tenía quince años. No creo que hubiera planeado irse, pero sabía que si se quedaba, tendría que arrepentirse públicamente. Habría sido censurado y, desde entonces, nunca se lo habría considerado lo suficientemente piadoso. Por lo visto, *Meeting* no le gustaba tanto como a mamá. Aquella fue su «salida».

Los integrantes de *Meeting* dicen que no hay reglas. Sin embargo, en cuanto cuestionas algo —pintarte las uñas, usar pantalones o que una mujer haga algo que el grupo perciba como insumiso—, te tildan de mundana. Y otros empiezan a dudar de tu relación con Dios. Si estás soltera y no cumples con las normas, no te aprueban para entablar una relación de cortejo.

Aunque nos alentaban a estudiar las Escrituras por nuestra cuenta, NO se consideraba aceptable cuestionarlas. Recuerdo que le pregunté a un ministro por qué no usábamos pendientes. Me mandó a estudiar algunos versículos de la Biblia. Volví una semana después y le dije: «Leí esos versículos, y también encontré otros en Ezequiel donde Dios viste a su hija adoptiva y le da aretes. Si a Dios le parece bien, ¿por qué no podemos usarlos nosotros?» Me respondió que tenía que aprender a confiar en los hombres que se preocupaban por mí más que mi propio padre. Que, si aprendía a confiar en los líderes, sería mucho más feliz.

Me interesé por uno de los chicos, y eso marcó un antes y un después. Era un año más joven que yo. Limpiaba la casa de sus padres y yo me quedaba a dormir allí todas las semanas. Cuando tenía diecisiete años, sus padres dejaron de ir a *Meeting*. La semana después de que abandonaran el grupo, ya no los vi más. Quería ir a su casa y ver a su madre para saber qué había pasado, pero mi madre me dijo que, si lo hacía, tendría que mudarme. No podía mantenerme económicamente, así que no lo hice. Una vez estuve a punto de escaparme, pero sabía que mi madre se enteraría y terminaría viviendo en la calle.

El muchacho venía en coche a *Meeting*, lo que me permitía verlo; pero cuando cumplió los dieciocho, desapareció. Tres años después supe que le habían dado un ultimátum: o se mudaba y «marcaba» a su familia (es decir, cortaba todo contacto con ellos y los repudiaba) o él también quedaría «marcado». Eligió a su familia. Tenía miedo de que si venía a verme, a mí también me marcarían y mi madre tendría que echarme.

Fue una época muy dura de mi vida. Estuve deprimida durante un tiempo y quería marcharme. Realmente empecé a dudar de Dios porque «sabía» que teníamos «LA VERDAD». Dudar de «LA VERDAD» significa que ya no crees en Dios. Me planteé la posibilidad de irme a vivir con unos familiares que no pertenecían al grupo, pero no me atrevía. Si me iba, perdería a mi madre y a mis hermanos. No sabía cómo salir adelante fuera de *Meeting*. Toda mi vida giraba en torno al grupo.

Acabé cambiándome a una nueva asamblea. Al principio parecía que la nueva asamblea era más sana y no tenía los mismos problemas. Pero cuanto más tiempo vivía allí, se hacía evidente que no era un entorno más sano. Le pregunté al ministro por qué no podía vivir mi vida conforme a mis propias convicciones. Le dije que me sentía falsa intentando vivir las convicciones de otra persona. Me animó a no hacer ningún cambio hasta que hubiera rezado al respecto. Me dijo que viera si podía llegar a confiar en los que velaban por mí. Ese hombre era diferente a mi padre. Empecé a confiar en él y a verlo más como una figura paterna. Dedicó tiempo a conocerme y a animarme. Ahora me doy cuenta de que me estaba sometiendo a un bombardeo de amor. En ese momento no lo detecté.

Me trasladé a otra asamblea donde trabajé para una empresa del *Fortune 500*. La gente me preguntaba a menudo si era amish. No me vestía como los amish, pero sí que tenía un estilo peculiar. Intentaba vestirme de manera lo suficientemente profesional como para cumplir con las normas de *Meeting*. Comencé a hacer cosas que me parecían correctas, como almorzar con una compañera de trabajo que era cristiana. Su compañía me hacía bien y me planteaba retos espirituales. También asistí a bodas y funerales de compañeros de trabajo (lo cual era ANATEMA). Solo lo mantenía en secreto.

El ministro tenía una hija varios años menor que yo. Un día me dijo que no podía permitir que su hija estuviera en mi compañía debido a mi forma de vestir. Me dijo que nunca debía usar camisetas (tenía mucho busto), que solo podía usar medias de color bronceado, nada de colores llamativos, y que dejara de cortarme el cabello (me llegaba hasta la cadera). También me dijo que iba demasiado «arreglada» y que el bolso y los zapatos no tenían por qué combinar. Decía que cuando venía directa del trabajo a *Meeting*, hacía que las demás mujeres se sintieran inseguras. Lo único que quería era casarme y tener hijos. Siendo una "vieja" de 26 años, ¿les daba celos a las madres?

El ministro me dijo que, si no me conformaba, le diría a su hija que no podía sentarse detrás de mí en *Meeting* y que no se le permitiría hablar conmigo. Entonces, pensé seriamente en marcharme. Lo dudé durante semanas. Quería irme, pero tenía que tener en cuenta el coste de perder a mi familia. Tenía que elegir: o mi familia y *Meeting*, o mi libertad y la vida sin Dios.

Para entender el riesgo de irse, es necesario comprender que nos lavaron el cerebro para pensar que, si te alejas de *Meeting*, tu vida irá cuesta abajo: no hay hombres buenos entre los cuales elegir, los matrimonios no duran, solo habrá gente que te usará y te desechará. Todo el mundo fuera de *Meeting* desagrada a Dios. No existía la idea de que pudiéramos llevar una vida decente fuera de *Meeting*. Aunque me sometí, le dije al ministro que solo lo hacía para poder tener una relación con su hija.

Cuatro hombres distintos me pidieron una cita en una semana, pero como NO formaban parte de *Meeting*, no lo consideré. Cuando reflexiono sobre eso, recuerdo que pensé: «¿Será cierto que Dios me exige esto?» Un chico con el que trabajaba estaba interesado en mí (y yo en él), pero ni siquiera me permitía plantearme la idea. Era un buen hombre: amable, cariñoso, interesante, responsable, que amaba a Dios... pero no asistía a Meeting. Así que esperé a que apareciera un hombre de Meeting.

Me casé con un hombre amable y cariñoso que era de la segunda generación de Meeting. Me entristece no haberme ido antes de tener hijos. Desearía que mis hijos no tuvieran que desaprender las cosas que yo todavía estoy desaprendiendo. Pensé que era mejor sacarlos antes de que fueran adultos, pero después de leer el libro *Escaping Utopia* («Adiós utopía»), de la Dra. Lalich, tiene sentido que ellos tienen más que desaprender que yo.

Antes de irnos, a mi marido le llevó seis años querer hacerlo y sentir que sería un error. La «buena esposa» no podía cuestionarlo ni presionarlo. Sentía que Dios estaba guiando a mi marido a marcharse por las cosas que me decía, aunque yo tenía mucho miedo de lo que les pasaría a nuestros hijos si nos íbamos. Lo que se «sabía» en el grupo era que el motivo por el que nos fuimos era que yo estaba amargada. Es chocante que tengan que culpar a la otra persona (la mujer) por irse, porque no conciben que ellos (es decir, el hombre) pudieran estar equivocados.

El comienzo después de nuestra salida fue horrible. Tenía tanto miedo de que mi marido nos estuviera llevando a los lobos. Me preocupaba con quién se casarían nuestros hijos. ¿Terminarían en las drogas? ¿Nos castigaría Dios haciendo que los niños sufrieran alguna enfermedad o incluso la muerte? Una parte de mí pensaba que sentiría alivio. Pero en lugar de eso, sentí como si todas las personas que había conocido hubieran muerto al mismo tiempo. Llegué a preguntarme si mi marido se había vuelto loco.

Lo más irónico fue que me puse en contacto con una amiga de toda la vida de Meeting para contarle que nos habíamos ido. Su reacción me dejó atónita. Esperaba que al menos me escuchara explicar por qué nos fuimos. Aunque sabía que no estaría de acuerdo conmigo, pensé que al menos me escucharía. Me quedé muy sorprendida y dolida cuando me contestó: «Pedí consejo (lo que significa hablar con su líder) y no creo que necesite saber nada sobre por qué se fueron. Sé que estás amargada». Su comentario me hizo abrir los ojos. De repente me di cuenta de lo tóxico que era el ambiente. Esa «amiga» me liberó. Duele muchísimo cuando uno de tus mejores amigos, al que has querido durante más de 50 años, te rehúye y rompe por completo la relación.

Sin embargo, lo que más duele es ver a nuestros hijos sufrir por las decisiones que tomamos. Ellos no pidieron nacer en una secta. No pidieron que abandonáramos la secta. Perdieron a todos sus amigos. Mi hijo comentó: «Hablan del amor de Dios, pero ni siquiera dejan que sus hijos tengan amistad conmigo. ¿Cómo creen que eso hará que quiera volver a *Meeting*?» No quieren que nuestros hijos estén cerca de los suyos porque temen que sus hijos tal vez quieran hacer cosas terribles, como llevar pendientes, maquillarse o tener una opinión que no coincida con la de sus padres.

Tres años después, todavía me sorprendo de mis reacciones automáticas ante ciertas cosas. Aunque voy mejorando, aún debo detenerme y preguntarme: «¿Es ésta una reacción de *Meeting*?» Estoy muy agradecida por haberme alejado del drama. La vida es tan tranquila desde que nos fuimos, a pesar del dolor del rechazo y de volver a empezar. Poco a poco estamos aprendiendo a vivir como personas «normales» en «un mundo grande, perverso y desagradable» 😊, donde encontramos personas que aman a Dios y personas que nos han amado y apoyado en nuestra sanación.

¡Pues resulta que no todas las personas son completamente malvadas! Y he aprendido a amar a Dios sin todas las reglas y juicios. Aunque emocionalmente me siento sofocada y no sé realmente quién soy o en qué creo, he aprendido a aceptar que está bien no tener todas las respuestas. Estoy aprendiendo que cada día estoy un poco más segura de lo que creo; no tengo por qué saberlo ahora mismo. Estoy aprendiendo que puedo decirle a mi marido que necesitamos considerar alguna otra cosa antes de tomar una decisión. Si mi opinión no coincide con la del predicador, no significa que sea impía. La vida tiene mucho más que ofrecer sin todos los juicios negativos.

Para información del lector: Mi madre se ha disculpado con nosotros por no habernos protegido y tenemos una relación estupenda con ella. Ahora es una persona completamente diferente.

Poemas
Drew Lamm

Drew Lamm nació en el seno de la secta Ciencia Cristiana, siendo cuarta generación. Ha publicado una novela, relatos cortos, libros ilustrados y poemas. Actualmente, dirige sesiones de Taste Life Twice Writing a través de Zoom, enfocándose en mujeres, jóvenes adultos en situación de alto riesgo y, ocasionalmente, en colaboración con el Lalich Center on Cults and Coercion. Para más información, visita http://www.tltwriting.com.

Hagamos una fiesta

Total que hui de aquella corriente de pensamiento; me bajé.
Sólo la parte superior de mi cabeza asomó por encima de la tierra,
como un nabo o una lombriz.

Aparecieron amigos con palas, pero casi siempre estaba yo solo,
cavando en la oscuridad. Lleva tiempo, ni siquiera mil duchas lograrían limpiarlo.
Arrastrando los pies entumecidos, mudo... y aun así mis pies distinguían
entre derecha e izquierda.

Mi corazón desplegado, los ojos alerta hasta llegar aquí; salud,
a salvo en la silla de mi cocina con un té y un libro normal,
en apariencia, como cualquier otro ser humano.

Por favor, no digas «mira qué resiliente; fíjate los dones que te has ganado
gracias al trauma».
Deja tu ábaco a un lado, el precio es demasiado alto.
Preferiría haber estado viviendo de luz que comer oscuridad para llegar a ser
resiliente.

Aun así, hazme una fiesta, bésame las mejillas, estoy encantado de que
haya quedado atrás.
Brindemos por días más sanos, alcemos una copa... ¡qué va, tres!
Por la liberación, por emerger, *por mí*.

Tocar el cielo

Mi familia se conformó con una vivienda prefabricada,
atrapada por una secta, le entregaron un contenedor,
listas de lo que se podía almacenar y luego, todos adentro.
Se dieron las pautas, se midió todo de antemano; «quédense adentro por seguridad».
Encajarás en la cuna que descendió con ellos.
Nacida allí dentro; yo no me había enrolado a ese régimen que llamaron religión.

Y era todo lo que conocía, así que me tragué las reglas,
me quedé en la caja, me enfundé la armadura y anduve traqueteando durante años.
Pero estamos diseñados para emerger.

Los mechones de Rapunzel la liberaron. Blancanieves engañó a su captor.
Cenicienta perdió la noción del tiempo y un zapato, para cambiar su historia.
Las mariposas emergen con las alas arrugadas,

hasta que un nuevo fluido las llene,
y entonces, por sorprendente que parezca,
tocan el cielo.

Fuera

En la secta, lo sabía todo, luego poco o nada, y ahora, una rebanada.
Llegar a la tierra real no es como nacer, que te arropen hasta gatear, y ya.
Es ser arrojado a la orilla completamente desarrollado, con máscara y aletas,

Palmoteando por alguna playa, saludando detrás de una visera. Hola, yo también soy humana.
Pasando con torpeza entre gente normal que vive su vida.
¿Cómo se hace? ¿Quién soy ahora? Hola, infierno. O.

Hasta tropezar con alguien que ve la trama de la historia.
Aquí tienes un mapa. X es lo que te pasó, toma estas herramientas para escarbar, tamizar.
La recuperación son los demás, los libros que explican, aprender frases normales.

Estarás bien. Probablemente. Resiliencia, agallas, lo que es cierto.
Descubre lo que amas, lo que amas, tú. Lo que quieres, tú.
La culpa, el borrón y la vergüenza ya no son destinos. Cuando llega la noche, descansa.

Eres humana, tierna y apetecible.
Aunque pensaron comerte, eso ya es historia.
Bienvenida, bien venida, pasos de bebé, querida.

19. El abuso de menores en las sectas

El abuso de menores en las sectas es generalizado. Esto incluye abusos físicos, emocionales y sexuales. Cada día aparecen nuevas revelaciones en las noticias y en las redes sociales. Se trata sin duda de uno de los problemas más graves y desconocidos de derechos humanos y salud pública.

Dado que la escolarización en el hogar está tan extendida en estas comunidades, la mayoría de los abusos pasan inadvertidos y no se denuncian. Los niños que sufren no cuentan con personas fiables y objetivas a las que acudir, como profesores, consejeros o adultos que no pertenezcan también a la secta. El encubrimiento abunda y hasta se da por sentado en la cultura imperante de la mayoría de las sectas, muchas de las cuales son también ultrapatriarcales y misóginas.

Los siguientes son algunos relatos personales de individuos que crecieron en sectas, sufrieron diversas formas de abuso cuando eran niños, pero finalmente se escaparon, crearon una vida para sí mismos, y confían en que al contar sus historias, este fenómeno nocivo generalizado termine.

Una escalera sin peldaños
Tammie Willis

Tammie Willis creció en una pequeña comunidad cristiana fundamentalista apocalíptica (y abusiva) desde los tres años hasta que se alejó a los dieciocho. Describe los efectos nocivos del adoctrinamiento, los abusos de menores y el consiguiente trauma con el que ha tenido que lidiar. Como Directora de Comunicaciones del Centro Lalich sobre Sectas y Coacción, Tammie ayuda ahora a los supervivientes de sectas, grupos de alta demanda y la Industria de Rehabilitación de Adolescentes Traumatizados, en su recuperación.

Durante mi infancia, mis padres no eran muy religiosos. Se casaron jóvenes; mi padre estaba en la Marina. Yo nací un año después. A los tres años habíamos vivido en tres estados. Volvimos a mudarnos. Mis padres —solos, vulnerables, sin ningún tipo de apoyo— se sintieron atraídos por una pequeña iglesia ultrafundamentalista a través de un programa de evangelización dirigido a militares por una familia con ocho hijos. Acogieron a mis padres, les ofrecieron guardería gratuita y los invitaron a la iglesia y a comidas familiares.

Más tarde se conocería como el movimiento *Quiverfull*. Los seguidores del movimiento creían que, para recibir bendiciones de Dios, debían tener tantos hijos como fuera posible. [Nota de la autora: El documental de 2023, *Shiny Happy People* («Gente Alegre y Feliz», traducción libre) ofrece un crudo retrato del movimiento *Quiverfull*]. Aunque mi madre tenía dificultades con los embarazos y los partos, mis padres siguieron intentando tener más hijos. Cuando yo tenía seis años, mi madre había sufrido nueve abortos, lo que debilitó su cuerpo y la hizo caer en una profunda depresión.

Mi infancia estuvo marcada por el abandono. Mi padre se ausentaba durante meses y, cuando estaba en casa, se mostraba emocionalmente distante y abusivo. Mi madre casi siempre se encontraba recuperándose de un aborto espontáneo o simplemente era incapaz de levantarse de la cama debido a su depresión. Solía quedarme sola. Entre los cuatro y cinco años, me la pasé deambulando por el vecindario.

Aquella versión de fundamentalismo interpretaba la Biblia de manera absolutamente literal. Era punitivo, misógino, racista y apocalíptico. Creían que los niños nacían intrínsecamente pecadores y que necesitaban castigos físicos por su propio bien. Se esperaba que se comportaran como pequeños adultos, que no mostraran emociones fuertes. No se nos permitía bailar ni escuchar música secular, como tampoco ver televisión o películas. El material de lectura se seleccionaba cuidadosamente. La vestimenta estaba estrictamente reglamentada: faldas por debajo de las rodillas, camisas que cubrieran hasta la clavícula; las niñas y mujeres no podían usar pantalones. Se separaba a chicas y chicos para las actividades físicas y la natación. Debíamos evitar las playas y piscinas públicas. No recuerdo haber sido una niña alegre y despreocupada.

Los integrantes del movimiento se esforzaban mucho por atraer gente a la iglesia. Además de dedicar horas semanales a tocar puertas, se esperaba que los miembros abrieran sus hogares a jóvenes reclutas militares, adolescentes «problemáticos», profesores visitantes, misioneros y familias militares. Nuestra casa era un constante ir y venir de desconocidos.

Los servicios religiosos duraban horas. Los miembros del movimiento creían que vivíamos en el Fin de los Tiempos, que el regreso de Jesús era inminente y que este desencadenaría una serie de acontecimientos aterradores que desembocarían en un violento Armagedón. Creían en una condena literal, horrible y eterna para los no creyentes y en el inevitable juicio divino para los creyentes. Nunca había certeza de salvación.

Creían que Satanás y los demonios eran entidades reales y malvadas. Hablaban de esos temas aterradores en cada servicio religioso. Recuerdo a los cuatro años pasar tiempo despierta aterrorizada de que los demonios me rodearan o de que fuera a morir y acabara en el infierno. Tuve un miedo mortal a la oscuridad hasta la adolescencia. He padecido insomnio toda mi vida.

Exigían fe ciega, confianza absoluta, obediencia sin cuestionamientos. Como estuve expuesta a muchos extraños en mi casa, sufrí abusos sexuales varias veces. El primero fue un abuso continuado por parte de un médico fundamentalista en el que mis padres confiaban implícitamente, cuando tenía tres años. Para cuando cumplí los cinco, nos habíamos mudado dos veces más, siguiendo a los fundamentalistas a iglesias cada vez más extremas. Empecé el jardín de infantes en una escuela fundamentalista pequeña, aislada y segregada, en Virginia.

Mi madre estaba enferma y ya había sido hospitalizada varias veces. En 1976, mi hermana nació de forma prematura, con un peso de apenas un kilo. Mi madre y mi hermana pasaron varios meses en el hospital. Sin embargo, trece meses después, mi madre volvió a dar a luz, esta vez a mi hermana menor, que padece discapacidades físicas y cognitivas. Ese embarazo casi le costó la vida. Debido a su fragilidad, a la exigencia de cuidar a dos bebés con necesidades especiales y a que quedó sola cuando mi padre fue destinado, mi madre se fue involucrando cada vez más con el grupo fundamentalista.

Aunque apenas superábamos el umbral de la pobreza, seguíamos destinando el 25 % de nuestros ingresos a la iglesia. La atención médica y dental no se brindaba de forma adecuada. Ninguna de mis hermanas recibió ayuda más allá de lo estrictamente básico. No fui al dentista hasta los once años; para entonces, tenía la boca llena de caries. Sufro daños auditivos por el tejido cicatricial de repetidas infecciones de oído que, en muchas ocasiones, no fueron tratadas. No visité a un ginecólogo hasta los diecinueve. Siento vergüenza y pudor al contar mi historial a dentistas y profesionales de la salud.

La escuela y el hogar estaban marcados por normas rígidas, adoctrinamiento constante y castigos diarios. Vivíamos aislados y se nos enseñaba a temer a quienes estaban fuera del grupo. Sin embargo, siendo niños pequeños y vulnerables, se nos enviaba solos a repartir material religioso o a vender productos para recaudar fondos para la iglesia.

Además de las horas en la iglesia, el estudio bíblico y la evangelización, en la escuela teníamos diariamente una hora de servicio religioso y otra de clase de la Biblia. Memorizar extensos pasajes de las Escrituras era parte de nuestra rutina. Nos enseñaban que la Tierra tenía 5,000 años, que los dinosaurios y los fósiles no eran reales, y que la datación por carbono era una mentira. Se nos inculcaba que todo lo que decía la Biblia era literalmente cierto.

El castigo corporal en la escuela era extremo, público, arbitrario y humillante, y además conllevaba más castigos en casa. A veces no sabía por qué me castigaban. Me sancionaban por faltas mínimas, como salirme de la fila para ir al baño o no prestar suficiente atención en la iglesia. Vivía con un miedo constante al castigo. Me volví reservada y aprendí a mentir.

Nos decían que debíamos denunciar cualquier falta que presenciáramos, de lo contrario, éramos tan pecadores como quien la cometía. Nunca sabíamos en quién podíamos confiar: ni en nuestros compañeros ni en los adultos que nos maltrataban mientras decían que sus castigos eran para salvarnos del infierno. Nos obligaban a confesar públicamente nuestros pecados y errores para demostrar nuestra devoción. No se nos permitía cuestionar, solo obedecer.

Los que crecimos dentro del movimiento nos perdimos aspectos fundamentales del desarrollo normal, como aprender a hacer amistades o a manejar los conflictos. Todas mis relaciones eran vínculos traumáticos.

Como pasaba mucho tiempo sola, tenía una libertad cuestionable. Caminaba durante horas hasta la biblioteca del vecindario, donde leía una gran cantidad de material no aprobado. Contábamos con un pequeño televisor de tres canales, así que veía muchas reposiciones de programas antiguos. Esas cosas me salvaron. Desarrollé un mundo interior muy rico como vía de escape. De adulta, disfruto profundamente —y hasta anhelo— pasar tiempo a solas. A veces me pregunto si soy introvertida por naturaleza o si mi preferencia por la soledad es una consecuencia de mi infancia.

Las conversaciones sobre el Arrebatamiento y el regreso de Cristo eran incesantes. Nos mostraban repetidamente una película de adoctrinamiento que representaba el Arrebatamiento y la tribulación con detalles aterradores. Recuerdo que, de niña, esperaba con ilusión hacer cosas divertidas y deseaba que el Arrebatamiento no ocurriera antes de poder vivirlas. Nos obligaban a confesar públicamente nuestros pecados y faltas para demostrar nuestra devoción. No se nos permitía cuestionar, solo obedecer.

En 5° grado, cuando volvimos a ver la película del Arrebatamiento, algo me pasó. Supe con certeza que intentar asustar a los niños para que creyeran y se comportaran de una determinada manera y castigarlos por desobedecer estaba mal. Sabía que debía guardarme eso para mí y continuar con la obediencia ciega. Era difícil porque veía y sufría abusos a diario.

Por aquel entonces se alojó en nuestro pequeño hogar una familia que tenía un chico adolescente. El chico abusó de mí y de mi hermana de 5 años. No se lo dijimos a nadie. Me aseguré de que el chico nunca estuviera a solas con mi hermana. El ambiente de confianza y obediencia ciegas e ignorancia sobre el sexo y la salud propició esos abusos. Mientras tanto, la cultura puritana y misógina y la culpabilización de las víctimas facilitaba e institucionalizaba los abusos y engendraba abusadores. Los adultos sabían que ocurrían pero miraban hacia otro lado.

En 6° grado se intensificó el adoctrinamiento en las creencias de pureza. No nos daban ninguna información sobre salud o sexualidad, sino que nos decían que el matrimonio y el sexo eran estrictamente para procrear. Las chicas debían mantenerse puras para sus maridos y hacer todo lo posible para no tentar a los chicos y a los hombres a pecar. Mientras tanto los abusos sexuales proliferaban en el colegio y en la iglesia. La culpabilización de las víctimas impedía que se denunciaran.

A los doce años se me hizo evidente que había perdido la fe; mientras tanto, los abusos eran cada vez peores. Me enviaron varias veces a las oficinas de dos administradores masculinos diferentes. Me dijeron que me quedaría embarazada, me volvería drogadicta, moriría e iría a parar al Infierno. Me maltrataron emocional, física y sexualmente. Me aterrorizaban los hombres. Empecé a desmoronarme. A menudo me quedaba en casa y no asistía a la escuela. Comencé a negarme a ir a la iglesia, y muchas veces me llevaban a la fuerza.

Le rogué a mi madre, que entonces era profesora en mi colegio, que me diera permiso para cambiarme a un colegio público. Aunque nunca reconoció mis abusos, debía de saber que estaban ocurriendo. A los catorce años ya me estaba volviendo disfuncional. Mis padres finalmente aceptaron cambiarme al colegio público. Aunque mi madre fue despedida de su puesto, mis padres permanecieron en el movimiento, y finalmente se unieron a una iglesia y escuela más pequeñas, donde mi hermana sufrió abusos sexuales.

Nunca más puse pie en una iglesia fundamentalista. Hoy en día, me identifico como atea.

Cuando empecé la secundaria, pensé que por fin era libre. Era aterrador pero al mismo tiempo estimulante. No tenía ni idea de lo que vendría al siguiente momento. Estaba impaciente. No estaba preparada para el choque cultural de la escuela pública. Me había criado en un ambiente de racismo extremo, casi siempre separada de los grupos minoritarios. Sabía poco de cultura pop o música y no tenía ropa no religiosa. Cuando me enfrenté a la ciencia real, los fundamentos de la historia y la literatura inglesa, me di cuenta de cuánta educación vital me había perdido. No sabía hacer amigos ni relacionarme con gente de mi edad. No tenía capacidad de pensamiento crítico ni sentido de quién era como persona. Me aterrorizaban los hombres y las figuras de autoridad y era incapaz de aceptar las críticas sin derrumbarme. Me sentía como pez fuera del agua. Mentía o evitaba hablar de mi crianza para poder encajar.

Un mes después, le diagnosticaron cáncer de mama metastásico a mi madre, quien entonces tenía treinta y siete años. Creo que su cuerpo simplemente colapsó después de tanto maltrato. Tuvo que someterse a varias operaciones, quimioterapia y radioterapia durante dos años y medio. Nunca nos dijeron lo enferma que estaba.

Mi padre volvió al servicio activo y a mis hermanas las enviaron a vivir con nuestros abuelos. Yo cuidaba de mi madre y la llevaba a sus consultas. Ella seguía siendo fiel a la Iglesia. Solo un puñado de personas de las iglesias le ofrecieron ayuda. Murió justo antes de que me graduara en el instituto. Estaba sola con ella cuando murió. Mis hermanas y yo no estábamos preparadas para su muerte. Nos dijeron que nos alegráramos de que estuviera en el Cielo. Ninguna de nosotras recibió nunca asesoramiento para el duelo ni terapia de ningún otro tipo. Tras la muerte de mi madre, viví sola en nuestra casa durante dos meses. Cuando terminé la secundaria, me mudé y nunca volví a mirar atrás. Llevo mucho tiempo alejada de mi padre.

Aunque apenas lo recuerdo, solicité plaza y me aceptaron en una pequeña universidad estatal. Aplacé la admisión para cuidar de mis hermanas y tardé más de siete años, trabajando para pagarme los estudios, en terminar mi licenciatura. Mi vida de joven adulta transcurrió tratando de salir adelante, de olvidar lo que me había ocurrido, de liberarme de las creencias e ideas que me habían inculcado a golpes, de sublimar mi dolor y mi trauma, y de simplemente ser normal.

Vivía en un estado constante de ira latente. No sabía cómo ser una adulta en el mundo. Me aterrorizaba la muerte y tendía a hacer de todo, una catástrofe. Al final esas cosas me pasaron factura.

Ha sido extremadamente difícil analizar las experiencias y los recuerdos desde el punto de vista de una niña adoctrinada, recuperar recuerdos olvidados en aras de la supervivencia, aprender a criarme a mí misma de todas las formas en que nunca fui criada, convencerme de que el mundo es un lugar seguro, confiar en mí misma y en mis instintos, confiar en la gente y aprender a reconocer y regular mis emociones. Sin embargo, sé que es muy necesario que haga ese esfuerzo para sanarme del adoctrinamiento y del complejo TEPT.

La recuperación de una infancia en una religión apocalíptica de alta exigencia es, para mí, un proceso que dura toda la vida. A menudo es una montaña rusa. Se siente como subir una escalera interminable a la que le faltan muchos peldaños. Pero aquí estoy. Todavía me siento frágil la mayor parte del tiempo. Pero a medida que aprendo y me voy sanando, estoy más segura de que compartir estas historias, conectar con la gente, decir por fin la verdad, quizá incluso ayudar a desmantelar algunos de los sistemas de control malsanos y perjudiciales, también forman parte de esa recuperación.

Un peón más en el juego de la iluminación
Sarito Carroll

La vida de Sarito Carroll dio un giro profundo cuando, a los nueve años, su madre se trasladó con Sarito a la India y se convirtió en discípula de Bhagwan Shree Rajneesh, más tarde conocido como Osho. Después de tres años en el ashram de la India, se trasladó con la comunidad a Rajneeshpuram, en el centro de Oregón, donde permaneció otros cuatro años. En sus conmovedores escritos, Sarito desvela con valentía el inquietante trasfondo de abandono y abuso sexual que sufrió al llegar a la mayoría de edad en una cultura que celebraba el amor libre y la liberación espiritual. Las memorias de Sarito, de próxima publicación, desvelan un viaje profundamente personal, trazando su camino a través de los retos de su singular educación hasta el complejo proceso de reintegrarse al mundo, para encontrar la fuerza de liberar su propia voz.

En 1978, cuando yo tenía nueve años, una amiga de mi madre le regaló un libro de Bhagwan Shree Rajneesh (más tarde conocido como Osho), un gurú indio cuyas enseñanzas atraían a muchos jóvenes adultos que se rebelaban contra los ideales represivos de los años cincuenta. Recurrían a terapias de vanguardia y a la filosofía oriental con la esperanza de encontrar la paz interior y plenitud espiritual. Un par de meses después de leer el libro, mi madre se convirtió en discípula, en *sannyasin*. Aunque no hablaba de su nuevo gurú, supe que se había iniciado porque empezó a llevar ropa naranja y un collar llamado *mala*, con un medallón que contenía la imagen de Bhagwan.

Por aquel entonces éramos hippies y vivíamos de la tierra en Hawái. La ropa holgada y las conversaciones sobre el misticismo indio no eran nuevas para mí. Mi madre y todos los que conocíamos experimentaban con modos de vida alternativos, vivían en entornos comunitarios, comían comida sana y se rebelaban contra «la opresión del Sistema». Hasta había disfrutado de muchas opíparas fiestas dominicales en el cercano *ashram* de Hare Krishna. Cuando mi madre me propuso ir a la India durante mis vacaciones escolares, me mostré reacia. Ya nos habíamos mudado más de una docena de veces, y no quería volver a mudarme. Acababa de instalarme e incluso había hecho algunos amigos en el colegio. Finalmente accedí cuando ella me aseguró que volveríamos a tiempo para que cursara cuarto grado. No sabía que nuestro viaje a la India cambiaría mi vida para siempre.

Cuando llegamos a las grandes puertas de madera adornadas con latón del Shree Rajneesh Ashram de Pune (India), me quedé hipnotizada. El *ashram* era un oasis limpio y acogedor, una joya inmaculada en medio del hedor pútrido y el caos que había experimentado desde nuestra llegada a Bombay el día anterior. Jardines exuberantes flanqueaban la calle central. Discípulos radiantes y felices nos recibían con calidez y sonrisas radiantes. La alegría era palpable.

La gente llevaba ropa holgada de color naranja, *malas* y chanclas. Al pasar me miraban directamente a los ojos, como si quisieran ver lo más profundo de mi alma. Parecían abiertos, amistosos y libres de las barreras y límites sociales a los que yo estaba acostumbrada, lo cual es mucho decir dada la contracultura en la que yo ya había crecido. En general la gente vestía y se relacionaba con naturalidad. Algunos hombres sólo llevaban un *lunghi*, y las mujeres no llevaban sostén. Muchas personas se cogían de la mano, otras se paraban a abrazarse al pasar, y otras permanecían de pie a lo largo de la calle principal, abrazándose lánguidamente. Los niños correteaban libremente, persiguiéndose y riendo. Por lo que parecía, era justo lo que mi madre buscaba: una comunidad de personas con ideas afines, donde los niños fueran libres y los adultos pudieran dedicarse a la superación personal.

Bhagwan se presentaba a sí mismo como el *antigurú*. El camino consistía en la libertad y la superación de las represiones. A diferencia de otros místicos, que prescribían sufrimiento, privaciones y enfoques austeros para alcanzar la paz interior, Bhagwan instaba a sus discípulos a abrazar sus deseos más profundos, ignorar las costumbres sociales y dejarse llevar por la corriente. Como tal, era una cultura altamente sexualizada en la que los límites eran laxos. Acostarse con cualquiera y cambiar de pareja era algo totalmente aceptado.

Bhagwan era muy culto y hablaba inglés con un tono sonoro y una cadencia hipnótica. Mezclaba con elocuencia conceptos de la filosofía oriental y la psicología occidental, señalando las trampas de la religión organizada. Su mística, su actitud libre y la promesa de un concepto difícil de alcanzar llamado «iluminación» atrajeron a occidentales que ya estaban arraigados en la contracultura y la mentalidad antisistema. Muchos lo abandonaron todo para unirse al movimiento.

El *ashram* ofrecía una serie de meditaciones diarias y grupos de terapia. Muchas de las meditaciones eran activas y catárticas, diseñadas para purgar los condicionamientos y las emociones negativas. En la meditación dinámica, los participantes se agitaban y gritaban para liberar las emociones reprimidas. Los grupos de terapia activa, como «Encuentro, Primal y Tantra», se adaptaron del movimiento de potencial humano. Eran confrontativos, provocativos y a veces hasta violentos. La gente creía de verdad que el desenfreno y la eliminación de patrones reprimidos acabarían con su ego y conducirían a la felicidad y la libertad.

Bhagwan también se inspiró en las enseñanzas de sus místicos favoritos, como Gurdjieff. Gurdjieff era conocido por crear situaciones difíciles o aparentemente imposibles que ayudaban a sus seguidores a hacer más conscientes sus hábitos inconscientes. Bhagwan incorporó mecanismos similares en sus grupos de terapia y meditaciones, así como en todos los aspectos del funcionamiento del *ashram*. Todo debía hacerse con totalidad y entrega. No había lugar para el ego.

A las pocas semanas de nuestra llegada, mi madre ya participaba en varios grupos, y yo había conocido a Bhagwan y tomado *sannyas*, una iniciación en la que él me colocó un *mala* —un collar de cuentas con su fotografía— alrededor del cuello, y me dio un nuevo nombre. Quería pertenecer a todo aquello e integrarme, aunque no entendía de qué se trataba. Asistía a los discursos cada mañana e intentaba comprender las enseñanzas de Bhagwan. Aunque gran parte de lo que decía era confuso y contradictorio, comprendí la importancia de la entrega incondicional y la noción de que nosotros, como devotos, éramos el «hombre nuevo» y teníamos el privilegio de estar en presencia de un ser iluminado.

Se decía que su energía búdica nos ungía. De hecho, el círculo íntimo de sus discípulos más cercanos siempre se sentaba en las primeras filas de los discursos y vivían en su casa. Por la proximidad a su energía iluminada, se pensaba que estaban más avanzados en el camino espiritual.

No había estructura, horarios ni supervisión para los niños. Yo estaba casi siempre sola y era libre de hacer lo que quisiera. Me paseaba por el *ashram* y jugaba con otros niños. Con el tiempo, conocí a algunos adultos que se paraban a hablar conmigo. Por las noches iba a la Sala de Buda, donde nos reuníamos todos para hacer música en grupo. Bailábamos con desenfreno y cantábamos canciones de nuestra devoción, con frases tales como «Sí, Bhagwan, sí» y «Beber de tu vino, Bhagwan».

El *ashram* estaba dirigido por varias mujeres decididas y prácticas, conocidas como las «mamás». A las pocas semanas de nuestra llegada, conocí a una de ellas, quien se encariñó conmigo de inmediato. Me dijo que sentía que yo podría ser su hija. Me tomó bajo su protección, me colmó de afecto y me dio un trabajo en la oficina como mensajera. Mi relación con mi madre ya era tensa antes de llegar, así que me alegró profundamente ser acogida con tanto cariño por una de las matriarcas y, por extensión, por las muchas otras mujeres que trabajaban en la oficina. Me sentía protegida y segura allí, y me sentía especial por estar rodeada de personas importantes.

Pronto me mudé al *ashram* y compartí habitación con otras dos chicas de mi edad. Mi madre vivía en otro sitio y casi nunca la veía. Lo normal era que hijos y padres vivieran separados. De hecho, muchos de los niños vivían juntos en una cabaña en otra propiedad cercana. Se suponía que estaban supervisados por un grupo de adultos, pero no siempre era así. También había un colegio fuera de la propiedad, pero nunca asistí a él. Me decían que la educación era un lavado de cerebro, así que me sentía afortunada de no haber tenido que asistir.

Bhagwan decía que los niños pertenecían a la comuna y que eran un obstáculo para el desarrollo espiritual. Consideraba que representaban una carga que distraía del enfoque introspectivo de los grupos de meditación y terapia. Muchos padres entregaron a sus hijos a la comunidad para poder centrarse en sí mismos. Bhagwan instaba a las personas a no tener hijos y alentaba a sus discípulos a abortar o a esterilizarse. Los niños que logramos formar parte de la comunidad éramos como una tribu perdida: vivíamos el momento, seguíamos la corriente y, a menudo, éramos abandonados y desatendidos. Como chica de oficina, sentía que debía ser lo más adulta y responsable posible.

En una comunidad con una apertura sexual tan marcada, no era inusual encontrarse con personas teniendo relaciones sexuales o compartir la ducha mixta con varios adultos. La desnudez se celebraba; era considerada algo natural. Al caminar por la hilera de habitaciones de *Veggie Villas*, donde vivía, a veces veía a personas desnudas o teniendo sexo en sus habitaciones. En ocasiones, incluso me invitaban a entrar para observar. Aunque no siempre veía algo, los fuertes gemidos provenientes de las habitaciones cercanas eran inconfundibles. Aceptaba todo eso como algo normal.

Bhagwan empezó a celebrar *darshan* de energía por las tardes. En esas reuniones especiales los discípulos acudían al auditorio de la casa de Bhagwan para ser bañados en su energía. Se rodeaba de hermosas mujeres de su círculo íntimo a las que llamaba sus «médiums». Ellas eran las encargadas de ayudarle a transmitir su energía. Cuando Bhagwan tocaba a alguien en la frente, los sujetos y las médiums se balanceaban y estremecían en éxtasis. La música en vivo se volvía cada vez más frenética y las luces se encendían y apagaban hasta llegar a un clímax que terminaba en la oscuridad.

Prácticamente durante toda esa hora, se apagaban por completo las luces del *ashram*. Debíamos meditar y disfrutar de la energía. Pero mis amigos y yo nos escabullíamos. Apenas tenía 10 años cuando empezamos a salir con los samuráis, los guardias que estaban en la puerta de la casa de Bhagwan. Nos reíamos y nos turnábamos para besuquear al guardia de turno. Él nos clasificaba según lo bien que besáramos.

Pensaba que todo era diversión y juegos hasta que un día un hombre adulto nos pidió a mí y a una de mis amigas que lo masturbáramos. Yo no quería pero sentí que debía hacerlo. No quería parecer mojigata. Cuando paramos al cabo de un minuto, el hombre nos dijo que sería cruel dejarlo colgado. Así que continuamos. En cuanto eyaculó, salí de la habitación asqueada. El asco se me quedó grabado como algo sucio que no podía disipar. Aunque me sentía cada vez más incómoda, nunca lo comenté. Pensaba que todo lo que ocurría en el *ashram* debía aceptarse sin cuestionarlo, ya que Bhagwan lo sabía todo y estaba bajo el dominio de su visión. Creía que el problema era mi reacción.

Pasaron tres años. Pensé que nunca me iría. Una mañana, la alegría y el bullicio habituales desaparecieron del *ashram*. La gente estaba de pie a lo largo de la calle, llorando desconsolada. Bhagwan se había marchado. Pronto nos dijeron que él y su círculo íntimo se habían trasladado a Estados Unidos y que allí se formaría una nueva comuna a su debido tiempo. La antigua secretaria de Bhagwan, Ma Yoga Laxmi, había sido sustituida por Ma Anand Sheela. Conmocionados y escasos de recursos, los seguidores abandonaron rápidamente el *ashram* y se dispersaron por todo el mundo, a la espera de ser invitados a la nueva comuna.

Volví a Hawái con mi madre, que para entonces me parecía una extraña. Estaba deprimida y ansiaba reintegrarme a la comunidad. Tras algunas semanas, logré contactar a Sheela. Me dijo que podía ir al rancho *Big Muddy*, una propiedad de 26,000 hectáreas en el centro de Oregón que ella había adquirido. Más tarde, ese lugar se llamó Rajneeshpuram.

Llegué al rancho a principios del verano de 1981, con 12 años. Al principio sólo vivíamos allí unas 40 personas. Nos hacinábamos en todos los rincones de una vieja granja y un par de dependencias más. Yo vivía en un barracón con 15 hombres. En ese momento estaba entrando en la pubertad. Oía a los hombres hablar de mi cuerpo en florecimiento cuando creían que estaba dormida. Me daba mucha vergüenza. No quería que me vieran desnuda.

Tenía que compartir un solo baño con todos ellos. Y como se suponía que éramos tan abiertos con la sexualidad y la desnudez, no podía decirle a nadie lo incómoda que me sentía. No tenía una figura paterna o un consejero con quien hablar. Fingía estar bien, pero a menudo no me duchaba ni iba al baño hasta la media noche.

Fue durante los primeros días del rancho cuando un hombre de 29 años empezó a prestarme especial atención. Como era una de las pocas niñas allí, me sentía sola y me pasaba el tiempo con los adultos. Me halagaba que un músico popular y carismático me viera atractiva y pensara que era bonita. Estaba convencida de que sus coqueteos y palabras dulces eran sinceros. Después de acariciarme los pechos en varias ocasiones, me quitó la virginidad. Creía que el sexo significaba que me quería y que yo era especial. A fin de cuentas, seguía siendo una niña que se aferraba a los ideales de los cuentos de hadas, aunque vivía en una cultura de amor libre. Pensar que no era más que un trozo de carne era demasiado doloroso.

Pero la realidad me dio una cruel bofetada cuando comprobé que se acostaba con una mujer distinta cada noche. Me quedé estupefacta y angustiada. Siguió acostándose conmigo durante varios años. Estuve angustiada durante años, miserablemente apegada a él y llena de vergüenza. Nadie lo detuvo ni me aconsejó. En lugar de eso, me mandaron a comprar anticonceptivos.

Bajo el régimen de Sheela y con nuevos retos entre manos, el clima de la comuna cambió. El ambiente festivo del *ashram* de la India había desaparecido. Se pasó de la meditación y la autorreflexión al trabajo. La misión era cumplir la visión de Bhagwan y construir una utopía en el desierto. Él solía decir que debíamos estar presentes en todo lo que hiciéramos y que cualquier cosa podía convertirse en una meditación. Capitalizando esa noción, el trabajo se acuñó como culto. Los departamentos en los que rendíamos culto se llamaban templos y recibían el nombre de diversos místicos. Por ejemplo, la cocina se llamaba *Magdalena* y el departamento de maquinaria pesada, *Mahavira*.

La gente llegaba masivamente y trabajaba de 12 a 16 horas al día. Con tantas personas trabajando juntas día y noche con tanta devoción, las cosas sucedieron rápidamente. En cuestión de meses se construyeron edificios de oficinas, casas, una cafetería y un gran auditorio.

Yo también trabajaba. Fui al colegio apenas un puñado de veces y creo que fue sólo para guardar las apariencias. Los niños más pequeños vivían en Antelope, un pueblecito a unos 15 kilómetros del que se había apoderado la comuna. Algunos de los niños mayores se encargaban de los más pequeños; se les asignaban como parte de un sistema de compañeros. Muchos de los niños iban al colegio Antelope a media jornada y trabajaban a tiempo parcial.

Yo solo trabajaba y no me relacionaba mucho con los otros niños. Seguía siendo una chica de oficina y me relacionaba sobre todo con las mamás, no con los otros niños. Cuando los responsables se dieron cuenta de que los niños estaban obligados por ley a ir al colegio, crearon un programa llamado «Colegio sin Muros». Los otros niños y yo supuestamente nos granjeábamos calificaciones escolares trabajando en diferentes departamentos. Aunque yo sabía trabajar duro, apenas sabía leer y escribir.

A medida que la comunidad crecía y había más chicas de mi edad entre nosotros, el hombre que seguía teniendo relaciones sexuales conmigo empezó a acostarse también con algunas de ellas. Era sólo uno de los muchos hombres adultos que tenían relaciones sexuales con preadolescentes y adolescentes. Magdalena, la cafetería donde todos comíamos por la noche, era el mercado de carne donde la gente se buscaba una amante para la noche. Los hombres se me acercaban y yo casi siempre decía que no, pero a veces cedía bajo presión.

Algunos de los hombres que se aprovechaban de las adolescentes eran amigos entre sí. Solían salir juntos y los oía hablar de a cuántas de nosotras habían «desflorado». Aunque se me revolvían las tripas, estaba tan impregnada de esa cultura que sólo pensaba que me habían roto el corazón. No se me pasó por la cabeza que estaban abusando de mí. En cambio, la voz de la comuna se había alojado en mi cerebro y me decía que era demasiado sensible y egoísta. Si hubiera evolucionado más y me hubiera entregado, aquello no me habría hecho daño.

Aunque intentaba ocultarlo, estaba amargada, enfurecida y deprimida. Me habían arrancado la inocencia y la confianza en el mundo. Me sentía embaucada y engañada en nombre de la espiritualidad. Pero no me atrevía a hablar de mi desgracia. Las mamás me habrían aconsejado que lo dejara o que me fuera a acostar con otro hombre. No sabía si era capaz de hacerlo. Estaba tan angustiada emocionalmente que cada vez me resultaba más difícil llevar la máscara de la alegría. Me sentía inútil e invisible. Debíamos celebrar, entregarnos y no quejarnos nunca. Ser intratable no era aceptable. No sabía qué hacer e instintivamente me encerré en mí misma y mantuve la boca cerrada.

Vivía en mi propio mundo. No encajaba con los adultos porque era una niña, y no encajaba con los niños porque vivía y trabajaba con las mamás. Cuando veía a los otros niños me sentía como una extraña incómoda. Estaba segura de que pensaban que era una engreída porque recibía trato especial por ser la "niña obediente" que vivía en casa de Sheela. Pero en realidad estaba encerrada en mí misma y probablemente algo disociada la mayor parte del tiempo.

En Rajneeshpuram, la atención se centraba en luchar contra el gobierno local y en asegurarse de que había dinero suficiente para proporcionar a Bhagwan todo lo que quería. Bhagwan empezó a vestir túnicas lujosas, relojes con diamantes y gafas de sol. Todos los días conducía uno de sus 93 Rolls-Royce desde el rancho hasta Madrás (una ciudad cercana). Todos nos alineábamos al borde de la carretera para verlo o poner una rosa en su parabrisas.

Durante mis cuatro años en Rajneeshpuram, nadie cuestionó jamás los abusos sexuales que sufrían las adolescentes y preadolescentes. Se aceptaba como algo normal. La atención se centraba en el drama constante que se desencadenaba: luchar contra el gobierno local, traer autobuses llenos de indigentes para intentar influir en las votaciones y organizar festivales mundiales en los que se reunían diez mil discípulos a celebrar con el Maestro. Y, como supe más tarde, las mamás también tramaban envenenamientos, asesinatos y escuchas telefónicas.

La seguridad, la educación y el bienestar de los niños no eran una prioridad. Ni siquiera estaban en agenda. Nadie adoptó una postura ni estableció normas sobre los adultos que se acostaban con menores. Lo máximo que se hizo fue convocar a una reunión a todos los adultos que se sabía que estaban con menores, una lista de 100 personas, y pedirles que fueran discretos. Eso fue todo.

Me volví hiper cautelosa. Había poca intimidad o autonomía. Y aun así, nunca cuestioné nada. Cuestionar la visión de un iluminado o cualquier cosa en la comuna era anatema, y sólo indicaba que estabas actuando desde tu ego. Llegué a ser capaz de interpretar a la perfección cualquier papel que me asignaran. Era un camaleón y ni siquiera me daba cuenta de que no tenía pensamiento propio. Cuando me sentía incómoda por la falta de límites, me avergonzaba de mí misma. Si tenía un sentimiento negativo o me sentía incómoda, era culpa mía.

A veces intentaba imaginar cómo sería la vida fuera de la comuna. Pensaba que me sentiría completamente infeliz entre gente "normal", personas a las que me habían enseñado a ver como «ovejas inconscientes». Siempre flotaba un halo de arrogancia entre los *sannyasins*. Bhagwan repetía una y otra vez que éramos especiales y más evolucionados que el resto. Alimentaba nuestro ego, y una forma eficaz de mantenernos devotos. Si Bhagwan lo decía, era palabra sagrada.

Cuando tenía 16 años, Sheela y muchas de las «mamás» se marcharon en medio de la noche. Unos meses después, Bhagwan fue deportado a la India. Rajneeshpuram cerró y yo me fui sola a California con 300 dólares que me había dado mi madre. No tenía ningún sentido de la realidad. Pensé que todo estaría bien. Intenté acercarme a mi agresor, pero ni siquiera me dirigió la palabra. No tenía educación, ni vocación, ni nadie que me guiara. No sabía quién era, y mucho menos cuál era mi sistema de creencias. Venía de otro universo. No entendía la cultura ni cómo moverme en ella. Era duro y confuso.

Con el tiempo, me las arreglé para cubrir mis necesidades básicas. Más adelante fui a la universidad y cursé materias de distintas áreas para intentar compensar las enormes lagunas en mi formación. Al principio, todo giraba en torno a la supervivencia. Pero tras algunos años, cuando me sentí más segura y empecé a desenvolverme en el mundo como cualquier otra persona, comencé a procesar lo que había sido mi vida en la comuna.

En mi primera sesión de terapia, cuando tenía unos veinte años, la terapeuta comentó con desparpajo: «Vaya, abusaron sexualmente de ti durante años». Me quedé atónita ante su torpeza. Le dije que no había sido abuso sexual, aunque en realidad no sabía cómo llamarlo. Lo había normalizado y seguía justificándolo. Desde aquel día, ya hace más de tres décadas, he ido desenredando una gran madeja de negación y adoctrinamiento, y hoy puedo decir con claridad que fue abuso sexual y estupro... y peor que eso: fue negligencia. Fue abuso emocional. Fue abuso espiritual.

Cuando era joven e inocente, creía que vivíamos en una comuna donde el amor, la honestidad y la verdad eran principios sagrados. Pero todo era solo una fachada. Detrás de la apariencia de elitismo espiritual, me desvalorizaban, me utilizaban y me silenciaban. Los preceptos espirituales de entrega, de fluir con la corriente y de soltar, de algún modo volvían todo permisible y me hacían sentir que el problema eran mis propios sentimientos de asco, vergüenza y engaño. Aprendí a conformarme y a reprimir mis propias ideas, instintos y necesidades. En una cultura sin límites, había renunciado a la propiedad de mi cuerpo y de mi mente.

Nunca me he sentido una persona "normal". Vivo con las cicatrices. Mi trastorno de estrés postraumático complejo se manifiesta en forma de ansiedad y depresión. Todavía me desestabiliza ver una foto de Bhagwan o alguna de sus citas publicada en Internet como dogma. Hago un gran esfuerzo por mantenerme centrada y cuerda. Es mucho trabajo, y a veces me tambaleo. En ocasiones me desplomo, atrapada en la vergüenza, la autocrítica y la duda. Pero siempre vuelvo a levantarme y sigo adelante. Es agotador ir a contracorriente de los *sannyasins* que niegan la verdad.

Aunque Bhagwan murió en 1990, aún hay muchos devotos fervientes alrededor del mundo. Muchos se autoproclaman terapeutas y se promocionan usando su nombre. Continúan viendo a Bhagwan como una deidad cuya sabiduría eclipsa todo lo oscuro que ocurrió en sus comunas. Muchos recurren a la desviación espiritual y a la positividad tóxica para minimizar el abuso y la negligencia que yo y otros niños sufrimos. Es como una telaraña pegajosa que, de manera encubierta, me insta a guardar silencio.

Pero mi necesidad de tener voz y decir la verdad me impulsa a seguir adelante. Desde que he contado mi historia públicamente, me han sugerido en numerosas ocasiones que lo deje pasar, que deje de exagerar. Me dicen que no fue para tanto. Usan citas de Rajneesh/Osho para justificarlo todo. Lloro la pérdida de amistades de toda la vida con personas que siguen siendo devotas y que no están dispuestas a ver la comuna como algo que no sea amor y luz. Sin embargo, he encontrado mi propia identidad y mi propia voz. Ahora no puedo —ni quiero— volver a esconderme.

Explorar la ciencia en lugar de la ficción
Kathleen Oh

Kathleen Oh, nacida en una familia muy controladora, sufrió abusos y traumas sexuales. Tras superar la depresión, el trauma y las adicciones, Kathleen se ha dedicado a ayudar a los demás en su recuperación. Al haber estado involucrada en el bienestar espiritual del movimiento New Age y haberse enfrentado a teorías conspirativas, aporta una perspectiva única a su trabajo. Su enfoque, fundamentado en un marco antiopresivo, reconoce los factores sistémicos que impulsan un compromiso con la justicia social.

En retrospectiva, puedo ver que mi desconfianza hacia la ciencia moderna era en realidad una desconfianza total hacia toda autoridad. Mis padres y mis mayores no me protegieron. Nací en medio de violencia física, sexual y emocional.

Apenas dos generaciones antes que yo, éramos colonos blancos. Los antepasados coloniales trajeron décadas de agresión, adicciones, incesto, enfermedades mentales y violencia. Las vidas que construyeron estaban plagadas de mentiras visibles al público, mientras se presentaban como cristianos generosos, sanos, felices y miembros activos de la comunidad.

Éramos una familia de agricultores muy trabajadora, orgullosa de nuestras contribuciones. Con mis padres ocupando cargos como presidentes del club comunitario y como miembros fieles de la Iglesia Anglicana, parecía que estábamos muy comprometidos con la creación de un mundo civilizado para las generaciones futuras. Mis padres difundieron y compartieron desinformación sobre nuestra historia pasada y presente como una insignia de honor. Su imagen de excelencia ocultaba el sangriento desastre que mantenían en secreto tras puertas cerradas.

Sabía que dejar el norte rural era una oportunidad para ser diferente a ellos. Apenas era consciente del trauma que llevaba conmigo. Manejaba una tenue conciencia de la disfunción que se entrelazaba con la falta de honestidad en las relaciones. Me engañaba a mí misma con reglas inventadas para interpretar la realidad y con una falta de comprensión sobre cómo manejar mis emociones. Mentirme era lo único que había conocido. Como madre joven, llevé mi desconfianza aprendida hacia todo por un camino dañino.

Mi difícil crianza me dejó hambrienta de seguridad y control extremos. Me aferré firmemente al movimiento de la salud natural, que cada vez se alejaba más de la verdad científica, y me fui adentrando en aguas conspirativas. Mis creencias reformadas eran una mezcla de bienestar, espiritualidad New Age y el movimiento antivacunas. Creer plenamente que ejercía un consentimiento informado me dio esperanza de un mundo más seguro para mis hijos y para las generaciones futuras.

Comprometerme con la salud natural significaba rechazar por completo la confianza en médicos y farmacéuticas, en los medios de comunicación y la religión, en la política y el gobierno. Estaba convencida de que la ciencia moderna era un sistema diseñado para perjudicar a todo el mundo. La desinformación había sido una constante en mi vida. Buscaba medios que promovieran una realidad inventada y me deleitaba con la pseudociencia que encontraba en Internet. Aislada, creé una nueva realidad que se superponía a mi configuración original y simplemente la sometí a una versión reelaborada del pensamiento irreal.

Pensé que criar a mis hijos siguiendo un protocolo hecho por mí misma era una forma de protegerlos. Pero solo me permitió seguir difundiendo y modificando información falsa. Lamentablemente, no podía confiar en nada que no estuviera basado en la mentira.

La idea de que "la ciencia supera a la ficción" sugiere que personas como yo somos irracionales, anticiencia o resistentes y opuestos a la vacunación. La verdad, sin embargo, es que mis decisiones estuvieron impulsadas por el trauma y aumentadas por la ansiedad ante la percepción de falta de seguridad. Mis experiencias de confiar en lo indigno de confianza y de buscar lo familiar me llevaron a repetir el patrón familiar en el que crecí. Al conocer solo los extremos, me sumergí de forma natural en esa forma de ver el mundo.

«Cuando defendí la verdad, olvidé en qué creía».

Al despertar, todo era dudoso y complejo de entender. Ni siquiera conocía QAnon. Pero en mis 25 años de maternidad y de ser diferente, estuve profundamente influenciada por mi radicalismo. Negaba la existencia del

COVID, estaba en contra del uso de mascarillas y de las vacunas, y me inclinaba fuertemente hacia el pensamiento conspirativo. Creía que una mente poderosa podía cambiarlo todo; solo había que creer lo suficiente en el amor inmenso y en una sanación revolucionaria, y entonces todos ganaríamos. Pensaba que era especial y que, de algún modo, sabía más que la ciencia y la corriente dominante.

Sin embargo, mi marido (es mi segundo matrimonio) es ingeniero y una persona muy lógica. Nuestra relación se estaba hundiendo mientras el COVID avanzaba rápido y yo no podía fundamentar mis creencias. Él tuvo paciencia mientras por fin empezaba a desentrañar por qué y cómo encontraba consuelo en formas de pensar tan destructivas. Me tomó meses desaprender, cuestionar mis ideas y creencias arraigadas y enfrentar el ridículo hasta entender por fin la raíz de mi desconfianza. Luego vino el proceso de reversión de condicionamiento, un cambio en mi entorno social y dejar atrás la espiritualidad de la *New Age* y la cultura del bienestar, que asocian la salud con la bondad moral y el comportamiento aceptable.

Tras años de elegir ignorar, empecé a desaprender e invertir tiempo en comprender. Me sentaba y callaba. Por fin estaba asumiendo responsablemente mis privilegios. A través de la recuperación psicoeducativa posterior a la secta, tuve que estar dispuesta a enfrentar la verdad sin adornos sobre mi historia. Con la ayuda del libro *Recovering Your Life: Recovering from Cults and Abusive Relationships* de Janja Lalich y sus cursos y talleres de recuperación en línea (www.lalichcenter.org), podcasts imparciales, datos científicos y algunos programas de escritura creativa, pude desentrañar la ansiedad e incomodidad que me causaban mis creencias anteriores.

En última instancia, pude ser sincera conmigo misma respecto a las áreas problemáticas de mi vida. Aprendí a investigar y a pensar críticamente sobre las decisiones que afectan mi salud, incluida la vacunación y las relaciones sanas y no coercitivas. Ahora soy capaz de tomar decisiones saludables que, de otro modo, habrían estado fuera de los límites de mi adoctrinamiento.

Las raíces opresivas de la industria del coaching y cómo salí de ella
Tarzan Kay

Tarzan Kay se crió en el grupo Plymouth Brethren junto con sus cinco hermanos, se convirtió a las creencias New Age en la adolescencia y se dedicó a los negocios en línea en la edad adulta. Hoy dirige una empresa que enseña técnicas de marketing no coercitivo a pequeñas empresas y vive con sus dos hijos en Ontario, Canadá.

Me incorporé a la industria del coaching en 2016 como redactora que trabajaba con *coaches* que dirigían negocios online. Escribía para *coaches* de negocios, expertos en autoayuda, *influencers* del bienestar y personas que vendían cursos digitales sobre diversos temas, pero principalmente sobre superación personal y cómo ganar dinero online. En definitiva, yo era la que escribía esos irritantes anuncios en las redes sociales que prometen dinero, fama y un cuerpo de revista.

«¿Eres una chica de negocios ambiciosa y dispuesta a ir por todos tus sueños, convertirte en una celebridad en tu nicho y crear un impacto masivo escalando al éxito de siete cifras? Haz clic aquí para comenzar tu viaje transformador».

Escribí varios libros repletos de promesas vacías disfrazadas con un lenguaje de marketing ingenioso, todo ello acompañado de bonificaciones de acción rápida, temporizadores de cuenta regresiva y exhortaciones a «¡comprar ahora antes de que se acabe para siempre!». Como joven redactora publicitaria, aprendí el primer día los principios de persuasión de Robert Cialdini: autoridad, coherencia, simpatía, reciprocidad, escasez y demostración social.

Nadie me dijo que Cialdini escribió sobre esos principios para que los consumidores pudieran protegerse de ser manipulados por vendedores inescrupulosos y no comprar cosas que no necesitaban ni querían. No sabía que Cialdini llamaba a esos principios "armas de influencia". Fue el padrino oficioso de la redacción publicitaria moderna.

Para mí, sus principios no eran armas, sino estrategias de venta. Me aseguré de incluir los seis principios en mis anuncios, correos electrónicos y cartas de ventas. Y la gente se lo tragaba. Mis clientes se hacían ricos y yo también.

No tardé mucho en convertirme exactamente en el tipo de persona para la que escribía. Al fin y al cabo, no era tan difícil transformarme en *coach*. No requería ninguna certificación ni formación. Todo eran grandes promesas y artimañas; consistía sobre todo en personas blancas al servicio de personas blancas, que se promocionaban a sí mismas gracias a su carisma y buena apariencia, dos cualidades que yo poseo.

Así que empecé a vender programas y a enseñar a la gente a construir sus propios imperios de 7 cifras usando solo un teclado y la promesa de un estilo de vida perfecto como el mío, completo con gruesos jerséis de cachemira y *lattes chai*, todo filtrado con un toque de *guinga* en Instagram.

No me di cuenta hasta más tarde de que muchos de mis consejos y estrategias se basaban en reclamar un poder que no me correspondía. Mis hábiles estrategias de marketing no funcionaban para personas con identidades más marginadas, como quienes tienen sobrepeso, o son negras, discapacitadas o trans. Daba por sentado que era una persona por encima del promedio en inteligencia, y por eso esas estrategias me funcionaban a mí y no a otros.

Si alguien me decía que tenía derecho a estar al frente de la sala o a sentarme en la cabecera de la mesa, no me costaba aceptarlo. Como mujer blanca, atractiva, delgada y bien educada, veo todos los días a personas que se parecen a mí en puestos de poder. Creía que tenía un derecho automático a una posición de autoridad, me lo hubiera ganado o no.

A los dos años de comenzar mi negocio, cobraba 2.500 dólares al día como redactora publicitaria y hacía enormes promesas a mis clientes y estudiantes sobre todo el dinero que ganarían si trabajaban conmigo. Al cuarto año, ya había hecho crecer mi negocio hasta alcanzar la esquiva cifra del millón de dólares que todo el mundo vociferaba en Internet. Era muy fácil. Lo único que tenía que hacer era ser blanca y atractiva.

Tres años después, desmantelé todo lo que había construido. Sigo trabajando para comprender plenamente cómo me involucré en un sistema de mercadotecnia altamente extractivo y manipulador, que sostiene una industria que lava el cerebro a la gente para que valore la delgadez, la blancura y la riqueza por encima de todo. Como sobreviviente de una secta, no tengo una buena defensa contra la manipulación y el control, ni en el marketing ni en la vida. No detecto las señales de alerta porque me resultan tan familiares como las primeras líneas del Génesis.

También me cuesta reconocer a las personas seguras, y la industria del *coaching* está dominada por personas peligrosas. Mi última *coach*, Nancy, usó una pulsera electrónica en el tobillo durante el año que trabajamos juntas. Ahora está tras las rejas. Y sin embargo, la orientación que recibí de ella fue como una canción familiar que había escuchado toda mi vida. Me hacía sentir especial. Me decía con frecuencia que me quería. "Tememos experimentar nuestras limitaciones," me dijo una vez, "por miedo a perder algo."

No quería perder a Nancy. Ella llegó a mi vida cuando todo el mundo a mi alrededor se estaba desmoronando, y con él, mi matrimonio. Era lo que tenía a mano, así que lo aproveché lo mejor que pude, como he hecho toda mi vida, empezando por mi padre maltratador, líder de la secta fundamentalista cristiana *Plymouth Brethren*. Para no perder su apoyo, me convencí de que era una persona abierta y sin prejuicios, capaz de ver lo mejor en los demás, y por eso pagué 200 dólares la hora para ser asesorada por una delincuente convicta. Ese es exactamente el tipo de desastre que haces cuando la industria del *coaching* te dice que tienes "creencias limitantes."

Crees cosas que cualquier persona no adoctrinada o "normal" te diría que son obviamente falsas.

Yo creía que cualquiera con una habilidad recién descubierta ayer podía ganar seis cifras en su primer año de negocio. Como parte rutinaria de la formación empresarial, a *coaches* y proveedores de servicios en línea no calificados e inexpertos como yo se les dice que tienen el síndrome del impostor. Es una teoría conveniente, y así siguen adelante con sus vídeos rápidos de Instagram o series de tres videos, desestimando cualquier objeción subconsciente o incomodidad como inseguridades que deben superar.

Algunos *coaches* se enriquecen así; la mayoría no. Cuando lo hacen, esos elevados honorarios suelen acabar de nuevo en manos de otro *coach*. La industria del *coaching* es muy buena para mantener grandes sumas de dinero en circulación, haciendo que los *coaches* se sientan ricos sin acumular realmente riqueza. Nunca he conocido a un *coach* de alto costo que no tuviera a su propio *coach* de alto costo ayudándole a alcanzar el siguiente nivel de precios. Me enseñaron esas estrategias, y yo las transmití fielmente a mis alumnos y clientes.

Me costó trabajo ver la verdad sobre la industria del *coaching* y cómo sus principios defectuosos estaban arraigados en la supremacía blanca, al igual que me costó trabajo ver la verdad sobre Nancy, aunque la tenía delante de mis narices todo el tiempo. En mi caso, todo empezó con la lucha contra el racismo. Tres años después de empezar mi negocio, recibí un correo electrónico de una mujer llamada Saira que había asistido a un evento que yo había organizado, un evento que ahora sé que era una "formación de mentalización de grupos grandes" o LGAT (por sus siglas en inglés), un evento donde se exaltaba a la gente con buenas sensaciones para venderles algo realmente caro e incentivarlos a comprarlo de inmediato, antes de que tuvieran la oportunidad de hablar con sus parejas o revisar su saldo bancario.

Saira pidió retirar su solicitud de mi programa de *coaching* de 10,000 dólares y luego me contó su experiencia en mi evento como mujer musulmana morena. Empezó señalando que nuestro equipo y todos los ponentes invitados eran personas blancas. «Como mujer de color, cuando veo eso, sé casi de inmediato que esos espacios estarán dominados por la cultura blanca». Continuó explicando las innumerables formas en que mi conferencia resultaba una carga agotadora debido a su raza.

No tenía ni idea. Era la primera vez que escuchaba el término «sesgo inconsciente». Pero cuanto más pensaba en ello, más me parecía que explicaba por qué las estrategias de marketing que enseñaba funcionaban para algunas personas y para otras no.

Descubrir que había sido adoctrinada en un sistema opresivo y cómo eso afectaba la manera en que hacía negocios derrumbó el primero de muchos elementos que conformaban mi visión fundamental del mundo. Con ese nuevo conocimiento, terminaría encontrando a las personas y el apoyo que necesitaba para enfrentar las raíces de mi adoctrinamiento como niña criada en The Brethren, lo cual influyó en las decisiones cuestionables que tomé siendo una niña asustada que se abría camino en el mundo adulto.

Durante la mayor parte de mi vida, los sistemas de control fueron mi única brújula. Puede que me tome una década salir a flote, pero ya he hecho muchos cambios y sigo haciendo más. Un mes antes de que Nancy Salzman comenzara a cumplir su condena en prisión, terminé nuestra relación y empecé a investigar por qué había llegado no solo a confiar en una mujer que había causado tanto daño —daño que conocía y que estaba bien documentado— sino también a amarla. ¿Por qué estuve tan dispuesta a mirar hacia otro lado? Enfrentar ese aspecto de mí misma fue confuso y doloroso. Rompí la confianza conmigo misma, y eso ha sido difícil de reparar.

En muchos sentidos, tiene sentido que la industria del *coaching* me pareciera un hogar. Durante mi infancia en The Brethren, no existían lugares ni personas seguras. Aprendí a sacar el mejor partido de lo que tenía, a encontrar seguridad en creencias y personas peligrosas. La industria del *coaching* me prometía que podía cambiar el mundo simplemente cambiando mi manera de pensar. Tenía todos los elementos de las opciones limitadas, incluyendo un sistema de creencias trascendental que además me enriquecía materialmente. También cumplía otros requisitos. Cuando un cliente narcisista me insultó porque mis escritos no eran lo suficientemente buenos, lo interpreté como una muestra de amor.

He pasado los últimos tres años desmantelando los sistemas de influencia que construí en mi negocio y me he dedicado a reparar el daño que causé. Contraté a educadores especializados en lucha contra la opresión. Me he enfocado en mejorar la accesibilidad y la representación: eliminé los temporizadores de cuenta regresiva y las ofertas por tiempo limitado, y en su lugar ofrezco transparencia en los precios y un servicio al cliente más honesto y de calidad. Aprendí a convivir con la incomodidad, a ser honesta sobre lo que no sé y a estar dispuesta a buscar a tientas el camino a seguir. Cada día aprendo más. Ha sido un reto encontrar estrategias de marketing que puedan incluir a más que solo unos pocos privilegiados, que no se basen en lo rubio y delgado que eres o en las cifras que ganaste el año pasado.

Ya no gano tanto como antes ni me siento tan segura de mí misma como había hecho creer a los demás. La experiencia ha sido a la vez hermosa y horrible, desgarradora y maravillosa.

Ya no puedo pasar por alto los problemas reales de mis clientes con una canción y un baile sobre creencias limitantes o la mentalidad correcta. Tengo que profundizar y ayudarles a encontrar respuestas reales. Ya no acepto tarjetas de crédito cuando sé, en el fondo, que esperan una cura milagrosa. Ha sido duro, pero ha valido la pena. Me ha ofrecido una forma menos extractiva de existir bajo el capitalismo. Es lo que da profundidad y sentido a mi trabajo, y es esencial para poder participar en la industria del *coaching*.

A medida que los sobrevivientes de abusos por parte de *coaches* (y quienes han sido manipulados y han visto cómo sus cuentas bancarias se vaciaban) comienzan a alzar la voz, surgen nuevos problemas en la industria del *coaching*. Muchos *coaches* ahora se autodenominan "informados sobre trauma" o dicen enseñar "marketing ético", pero en la mayoría de los casos no es más que otra táctica de marketing, el mismo truco disfrazado con un lenguaje que la gente quiere creer que es auténtico. Rara vez lo es. Muchas personas en el sector, incluida yo, vemos cambios en el horizonte; sin embargo, sigue siendo un sector joven y sin regulación que aún busca su camino. A mí me adoctrinaron sin mi consentimiento, por lo que puedo perdonarme a mí misma y ser compasiva con quienes aún causan daño, porque sé dónde aprendieron: de alguien como yo.

CUARTA PARTE

Inquietudes y problemas terapéuticos

Se gana fuerza, coraje y
confianza con cada experiencia
en la que te detienes a enfrentar el miedo.
Eres capaz de decirte a ti mismo: «sobreviví a este horror;
puedo soportar lo que venga después».

Eleanor Roosevelt

20. El rol del terapeuta y la voz del paciente

Shelly Rosen

Shelly Rosen, LCSW es psicoterapeuta y especialista en traumas. Está certificada en muchos modelos de procesamiento de traumas y enseña en el National Institute Psychotherapies Integrative Trauma Program y en The Big Oak Institute. Trabaja como consultora para terapeutas de trauma, organizaciones sin ánimo de lucro y consultas de grupo. Shelly diseñó un protocolo de actuación para la prevención de traumas destinado a paramédicos y técnicos de emergencias médicas y, con la ayuda de una subvención del Departamento de Trabajo de EE.UU., trabajó con un equipo para integrar este protocolo en la práctica profesional prehospitalaria. De 1983 a 1991, Shelly trabajó en la Clínica de Sectas de JBFCS. Ha escrito varios artículos para la revista de la International Cultic Studies Association. Shelly forma a psicoterapeutas para trabajar con personas cuyas vidas se han visto afectadas por grupos de alta exigencia y desarrolló un módulo de aprendizaje sobre TEPT y Daño Moral para el Centro Lalich sobre Sectas y Coacción.

Si eres un exmiembro y estás leyendo este libro o escuchando el audiolibro, vas por buen camino en tu recuperación de la influencia sectaria. Si eres terapeuta, ya cuentas con lo necesario para ayudar a una persona que ha salido de una secta a sanar su experiencia coercitiva. Tu motivación y apertura como terapeuta, junto con el deseo de cambio del paciente, se combinarán para favorecer la recuperación.

Los metanálisis sobre la eficacia de la psicoterapia destacan cuatro factores que predicen el cambio: la motivación del paciente para cambiar, la relación terapéutica, el método de tratamiento y la adaptación o «personalización» de la terapia según las necesidades del paciente. La motivación del paciente es el factor que más predice el cambio, mientras que la relación terapéutica aporta al menos tanto como el método de tratamiento, el cual funciona mejor cuando hay una alianza «colaborativa.»

Una alianza colaborativa incluye acciones como solicitar retroalimentación en tiempo real, mostrar consideración positiva y empatía hacia el paciente, y brindarle afirmación. La psicoterapia colaborativa es fundamental cuando se trabaja con exmiembros de grupos o relaciones coercitivas, ya que ofrece un contrapunto al sistema autoritario de la secta. Toda secta tiene uno o más líderes que afirman poseer la verdad y dominan a los miembros, exigiendo lealtad absoluta y obediencia incuestionable. Se considera que los miembros —o seguidores— desconocen "la verdad", "el camino", etc., y se espera que se sometan a los dictados del grupo.

En la relación terapéutica, un terapeuta competente cuenta con formación en diversos modelos que respaldan y ayudan al paciente a encontrar su propio camino en la vida. Apoyar la sanación y el crecimiento del paciente puede implicar que el terapeuta formule preguntas fundamentadas, haga sugerencias basadas en realidades culturales y proponga diversas actividades terapéuticas (prácticas de procesamiento del trauma, técnicas cognitivo-conductuales, etc.). Sin embargo, el paciente debe tener siempre la última palabra sobre lo que hará o no hará, o lo que elegirá creer o no creer, tanto en la terapia como en su vida cotidiana. A continuación, se presentan más orientaciones y conceptos útiles para terapeutas y pacientes involucrados en un proceso de recuperación tras una experiencia sectaria.

Psicoterapia colaborativa personalizada para antiguos adeptos a sectas

Tanto el terapeuta como el paciente deben aceptar el hecho de que es probable que el exmiembro sienta cierto temor o escepticismo hacia el terapeuta. Al fin y al cabo, el terapeuta es una figura de autoridad y una especie de mentor, lo que puede activar recuerdos traumáticos en alguien que ha pasado por una experiencia sectaria. Los terapeutas deben tener en cuenta que los estilos de apego (es decir, la forma en que siente y se comporta una persona en una relación) son en parte hereditarios, pero también contextuales y cambiantes a lo largo del ciclo vital.[3] Con el tiempo, durante el proceso de una psicoterapia colaborativa informada sobre dinámicas sectarias, el paciente ganará confianza.

Con demasiada frecuencia, los terapeutas imponen sus propios métodos e ideologías preferidos a sus pacientes, y tildan de «resistente» a quien no está de acuerdo o no participa. Está bien establecido que los distintos modelos terapéuticos y metapsicologías (por ejemplo, terapias centradas en el trauma, psicoterapia psicoanalítica, terapia cognitivo-conductual) comparten elementos similares y han demostrado ser eficaces. Todas las terapias efectivas tienen componentes de apoyo y abordan patrones problemáticos repetitivos moldeados por experiencias pasadas. Los terapeutas deben ser muy conscientes de no presentar sus modelos preferidos como «verdades absolutas», al estilo de un líder sectario, sino como posibles herramientas para fomentar la curiosidad y el cambio. Para el terapeuta, esto implica mantener la mente abierta y realizar una indagación cuidadosa para conocer verdaderamente a su paciente.

Invitar al desacuerdo forma parte del rol del terapeuta. Animo a todos mis pacientes a decirme si sienten que no estoy comprendiendo algo sobre ellos o si les propongo algo que no les resuena. Esta reciprocidad puede ayudar al exmiembro de una secta —quien probablemente fue castigado o manipulado por atreverse a cuestionar o expresarse libremente— a volverse más asertivo y a desarrollar límites personales sanos. A menudo les digo: «Aunque no te sientas listo para decirme lo que estás pensando por miedo, no te mientas a ti mismo. Prueba decirte: "No estoy de acuerdo, esto no me gusta, pero todavía no estoy preparado para declararlo o disentir"». Ese puede ser el primer paso para que el paciente empiece a respetar sus propios instintos y preferencias, algo que en la secta le fue prohibido y reprimido.

Inicio de la terapia

Una vez que un exmiembro encuentra un terapeuta con quien trabajar, deben establecer objetivos en conjunto. Hoy en día, las obras sociales y aseguradoras exigen que terapeutas y pacientes fijen metas y objetivos para el tratamiento. Aunque muchos terapeutas se quejan de estos requisitos, se trata de un aspecto particularmente importante de la psicoterapia y un componente crucial cuando se trabaja con exintegrantes de grupos coercitivos. Con demasiada frecuencia, los terapeutas se enredan en sus propias filosofías terapéuticas y en las metas que esas corrientes priorizan. Esto refleja dinámicas similares a las de las sectas, donde los objetivos del líder y la ideología del grupo se imponen sobre los verdaderos anhelos y metas de la persona. Los terapeutas deben mantener el foco en los objetivos del paciente y revisarlos periódicamente para evaluar si se están alcanzando.

Este enfoque centrado en el paciente es fundamental para cualquier exmiembro que trabaje con un terapeuta. Si un paciente en proceso de recuperación de los efectos de una secta percibe que no se están cumpliendo sus metas, o que el terapeuta parece impulsar un cambio en una dirección que el paciente no desea tomar, debe expresarlo. Si te responde con frases del tipo «confía en el proceso» o «sólo tienes que sostener el proceso», puede que haya llegado el momento de consultar a otro terapeuta. Ese tipo de garantías se asemejan a lo que prometen los líderes de las sectas: que si el miembro sigue asistiendo, entregando tiempo y dinero al grupo, reclutando a otros o sirviendo al líder, tarde o temprano todo irá bien. Pero si no hay evidencia de mejoría, el líder simplemente insiste: «Trabaja más. Confía en que este es el camino». Si no hay señales de progreso como resultado de la psicoterapia, tal vez sea hora de reevaluar esa diada terapéutica.

No hay ningún problema con que se considere o incluso se consulte a otros terapeutas mientras se sigue evaluando la terapia con el profesional actual. No existe ninguna norma en psicoterapia que obligue al paciente a ser «leal» a un terapeuta o a resolverlo todo con una sola persona. Algunos de mis propios pacientes, en ciertas ocasiones, han consultado a otros terapeutas para evaluar si podrían tener un mejor encuadre, o porque querían explorar un enfoque terapéutico que yo no manejo. Esta apertura hacia otros clínicos y estilos terapéuticos mantiene al exmiembro en el asiento del conductor de su propia recuperación. Mis pacientes y yo hablamos abiertamente de esto, y esa franqueza es lo más saludable. La terapia pertenece a la persona en recuperación; no es obligatorio compartir con el terapeuta actual que se están explorando otras opciones. En todo momento y con cualquier persona, tenemos derecho a reservarnos aquello que sea importante para nosotros. Esto contrasta con lo que ocurre en las sectas, donde se exigen «confesiones» que luego se utilizan en contra del miembro.

Con demasiada frecuencia he oído decir: «Estoy en terapia». Esa es una forma preocupante de ver cualquier relación paciente-terapeuta, pero es particularmente inquietante cuando antiguos integrantes de sectas caracterizan sus sesiones de terapia de esa manera. Los pacientes de psicoterapia están asegurando servicios para sí mismos para poder tener una vida más satisfactoria, no para subordinarse al enfoque del terapeuta ni subordinarse a su enfoque o su persona. Esa diferencia de actitud, reflejada también en el uso del lenguaje, sugiere una relación de dependencia. Si el paciente es pasivo, la terapia se convierte en una réplica sutil de la dinámica que tenía en su relación con la secta. El paciente debe hacerse cargo de su propia terapia. Él o ella «utiliza» al terapeuta.

En algún momento el paciente y yo mantenemos un intercambio que me lleva a recordarle que, en definitiva, soy «su empleada». Nunca sentí que eso interfiriera en mi trabajo con ningún paciente. No socavó mi autoridad, mi postura colaborativa, ni siquiera el desarrollo de la transferencia (que es la manera en que el paciente interpreta o siente las acciones y motivos del terapeuta, y que puede ser muy útil analizar durante la terapia). En general, es indispensable que el terapeuta desmitifique la terapia; otra cosa que ayuda es explicar sobre la marcha lo que haces y por qué lo haces.

Idealismo, sensibilidad, altruismo

La mayoría de las personas que se unen a grupos sectarios en la edad adulta son, por naturaleza, idealistas, altruistas, sensibles y curiosas. Estudios de imágenes cerebrales y de gemelos han demostrado que estos rasgos, al igual que muchos otros rasgos de personalidad, son altamente heredables.[4,5,6] Los idealistas y altruistas suelen involucrarse en grupos sectarios porque el líder promete una vida mejor y una ideología que incluye un camino hacia el crecimiento personal y/o la oportunidad de ayudar a los demás. Naturalmente, los miembros no se dan cuenta de que están entrando en una secta.

Aunque muchas personas que se ven atraídas por sectas en la edad adulta son extrovertidas, pertenecer a una secta también representa un compromiso atractivo para personas introvertidas o con ansiedad social. La participación en una secta permite a alguien tímido y sensible estar rodeado de gente dentro de una comunidad cohesionada, sin enfrentar las dificultades de la intimidad. De hecho, descubrimos que muchos pacientes socialmente sensibles que inicialmente acudían a psicoterapia por problemas no relacionados con las sectas habían estado anteriormente involucrados en grupos de este tipo.

No es útil que los terapeutas patologicen ciertos tipos de personalidad y cualidades que no son culturalmente valorados y/o que están en proceso de cambio. Por ejemplo, etiquetar a alguien como poseedor de un estilo de «apego desorganizado», o como «oposicionista», o «demasiado sensible y generoso» resulta estigmatizante, está mal fundamentado y obstaculizará el autodescubrimiento, la autonomía y la recuperación del antiguo afiliado. Por ello, los profesionales que trabajan con personas que se unieron a grupos en la edad adulta deberían familiarizarse con la bibliografía sobre personas superdotadas, altamente sensibles, altruistas e introvertidas.[7,8] Tanto el terapeuta como el paciente deben respetar los atributos esenciales del paciente mientras este encuentra su lugar en el mundo fuera de la secta.

Los estilos de personalidad de quienes nacieron y crecieron en sectas serán más variados que los de quienes se unieron siendo adultos, ya que ellos no eligieron participar en la vida del grupo. Algunos pueden ser altruistas e idealistas, como sus padres, mientras que otros pueden mirar la secta con ojos críticos y desear escapar lo antes posible. No obstante, es fundamental que el terapeuta tenga en cuenta que todos los niños nacidos y criados en grupos sectarios habrán crecido sometidos a tácticas manipuladoras, posibles abusos físicos, sexuales y psicológicos, y a creencias mágicas a menudo aterradoras que moldearon su yo en desarrollo.

Los capítulos 17, 18 y 19 de este libro, así como el exhaustivo libro de Lalich y McLaren, *Escaping Utopia: Growing Up in a Cult, Getting Out and Starting Over* («Dejar atrás la utopía: crecer en una secta, huir y empezar de nuevo», traducción libre), describen con más detalle el impacto de nacer y crecer en un grupo coercitivo. Estos recursos son útiles para comprender los efectos en el desarrollo de haber nacido y crecido en una secta. Pueden ser didácticos tanto para lectores en proceso de recuperación como para terapeutas que trabajan con personas criadas en grupos coercitivos.

Comprender la gravedad de lo que han sufrido los exintegrantes

Un error común, incluso entre terapeutas con formación en dinámicas sectarias, es no comprender del todo el terror, el dolor y el grado de confusión que han vivido los exmiembros de sectas, ni la gravedad del sufrimiento actual relacionado con esos traumas. En su obra fundamental sobre el trauma, *Trauma and Recovery* («Trauma y recuperación»), la doctora Judith Lewis Herman compara las condiciones traumáticas de la participación en sectas con las de las prisiones, los campos de concentración y los campos de trabajo forzado. Dado que los límites de una secta no están formados por muros físicos, muchas personas no logran captar del todo esa comparación.

A veces, el terapeuta puede equivocarse al dar por cierto que el grupo en el que participaba un paciente era un grupo religioso o espiritual de carácter benigno, simplemente porque es grande y conocido. Para complicar aún más las cosas, es posible que el paciente no pueda explicar la constante dominación, el control y el abuso que vivió en esa situación coercitiva, porque todavía no cuenta con el marco referencial ni la perspectiva necesarios. Por eso, es importante que el terapeuta lleve a cabo una exploración detallada de las creencias, prácticas y exigencias de cualquier grupo o relación en la que el paciente haya estado —o esté— implicado. Asimismo, el exmiembro debería recordarle al terapeuta, cuantas veces haga falta, los detalles de lo que ha vivido. Es probable que quienes han pertenecido a sectas no se vean ni actúen como personas que hayan atravesado una experiencia abrumadora, ya que tienden a presentarse como fuertes, reflexivos y resolutivos, lo que se conoce como «enmascaramiento». Y es fácil que el terapeuta lo olvide.

Los exintegrantes pueden ayudar a su terapeuta a comprender mejor la situación brindando ejemplos concretos de los episodios abusivos y/o aterradores que vivieron o presenciaron dentro del grupo. Recomiendo que el clínico aborde a los pacientes que hayan estado implicados en sectas (de hecho, a todos sus pacientes de psicoterapia) con una actitud parecida a la de un antropólogo. Puede hacer preguntas sobre la ideología, las normas, los mandatos y la jerarquía del grupo. También conviene indagar qué nivel de aislamiento tenía la persona respecto del mundo exterior y los medios de comunicación. Las personas que han estado inmersas en estos sistemas sociales tan cerrados —desde su nacimiento o durante muchos años de su vida adulta— pueden no pensar en describir los aspectos extremos de lo que han vivido. Es habitual perder la perspectiva de aquello que, en el contexto de la secta, llegó a volverse familiar y normal.

El horror de lo que ocurre en los grupos coercitivos a menudo refleja las atrocidades que se cometen en familias y culturas humanas: culpar, avergonzar, aislar, encarcelar y abusar sexual y físicamente. Los psicoterapeutas deben tener en cuenta que los abusos que recuerdan sus pacientes probablemente sean ciertos y deben ser reconocidos y honrados. También es cierto que los recuerdos que no están claros —debido a alteraciones de la conciencia relacionadas con el trauma— pueden ser parcial o completamente reales. Es posible, por supuesto, que algunos recuerdos sean inexactos. La diada terapéutica debe aprender a convivir con la ambigüedad cuando corresponde. Aunque los recuerdos no estén del todo claros ni sean concretos, el terror que conllevan es real y no debe minimizarse. La sociedad en general suele rehuirle a mirar de frente los abusos que los seres humanos se infligen unos a otros entre sí. Si el terapeuta no está dispuesto a conocer los detalles, el paciente no podrá procesar plenamente lo que le ocurrió ni sanar.[10] Seguirá culpándose a sí mismo y padeciendo síntomas postraumáticos.

Es importante que los terapeutas tengan en cuenta que el sistema vincular de tipo sectario puede estar afectando a muchas de las personas y parejas con las que trabajan. Por ejemplo, terapeutas de pareja bienintencionados han remitido a mi consulta de psicoterapia a pacientes que mantenían relaciones coercitivas. Los terapeutas de pareja suelen atribuir los comportamientos que presentan los pacientes a sus traumas infantiles. A menudo, esos terapeutas etiquetaban a sus pacientes como «desconectados» o informaban que en raras ocasiones los pacientes se enfadaban mucho. En esos casos descubrí que el problema real era que mi nuevo paciente era víctima de abusos, culpabilización incesante y/o manipulación en su hogar. Se sentía aislado o agotado y a veces la frustración lo llevaba a enojarse. Esos terapeutas de pareja se dejaban seducir por las parejas de mis pacientes, que eran narcisistas culpabilizadores convincentes, que por ejemplo se quejaban de no recibir la intimidad que deseaban. En este libro denominamos a esas relaciones «sectas bipersonales». Decirle al paciente más flexible que se defienda o que comprenda los sentimientos del compañero acosador no tiene ningún valor. El narcisista culpabilizador no cederá ni colaborará. Su contraparte se sentirá confundido, traicionado y manipulado por el terapeuta. Por lo tanto, la terapia de pareja está contraindicada cuando un miembro de la pareja tiene una personalidad narcisista.[11,12]

El terapeuta individual o de pareja puede indagar activamente sobre quién dijo e hizo qué y cuándo para evaluar si un paciente mantiene una relación abusiva con un familiar, jefe, compañero de piso o grupo. Si el paciente sospecha que se encuentra en una relación abusiva, puede llevar un registro de lo que su pareja dice y hace. Alexa, clienta mía, se encontraba en un matrimonio coercitivo. Cada vez que había un conflicto o desacuerdo, el marido de Alexa la culpaba a ella, señalando las formas en que ella era el problema. Como resultado, comenzó a culparse a sí misma. Alexa acudió a un experto terapeuta de parejas que se reunió con ella a solas y le dijo: «Tu marido es así. Es narcisista y culpabilizador y no está dispuesto a escuchar tu punto de vista. Si quieres seguir con él, tendrás que aceptar eso sobre tu matrimonio». Aunque Alexa inició los trámites de divorcio, durante el proceso su futuro exmarido no dejó de comportarse de forma narcisista y culpabilizadora. Ella se preguntaba por qué no lograban resolver los problemas de la separación.

En mis sesiones con ella le sugerí que llevara un cuaderno en el que anotara lo que él decía en cada conversación. Le proponía que leyera algunos de los pasajes cuando expresaba confusión o autoculpabilidad después de una interacción con él. Leer sus notas siempre la ayudaba a adquirir perspectiva sobre lo que sucedía. Por ejemplo, cuando él la culpaba, ella intentaba cambiar, se menospreciaba, o se sometía a sus deseos, que eran contrarios a las necesidades de sus hijos y a las suyas propias. Lo hacía para intentar reconciliarse con él. Las notas incluían las cosas que él decía y hacía y que provocaban las respuestas de ella. Las acciones y los comentarios de él eran siempre hostiles, culpabilizadores y grandilocuentes. Alexa entonces llegó a comprender la gravedad de lo que había pasado y de lo que hacía su marido.

Del mismo modo, los antiguos integrantes de grupos coercitivos pueden guardar apuntes de las cosas que ocurrieron para recordar las tácticas de control del grupo y del líder. Leer esos apuntes para uno mismo y/o para el terapeuta puede ser un recordatorio de lo que realmente sucede. Los hechos y los datos pueden equilibrar los prejuicios o la confusión del terapeuta y del paciente. También pueden hablar con antiguos integrantes del grupo que abandonaron, así como con afiliados de otros grupos coercitivos, para conservar la perspectiva.

Ángela, una clienta mía, llevaba más de un año fuera de un grupo sectario hindú. Me informó que tenía dudas sobre su decisión y estaba considerando la posibilidad de volver. Adaptarse a la vida fuera del grupo le resultaba muy difícil. Se sentía sola y recientemente le habían ocurrido una serie de desgracias. Recordaba que el líder le había dicho que si abandonaba la secta su vida se desmoronaría y le sobrevendrían muchos males. «¿Ves? —me dijo—, tenía razón».

Le sugerí que llamara a algunos amigos que abandonaron el grupo más o menos al mismo tiempo que ella. Todos le recordamos que esa es una estrategia típica de los líderes de sectas, atemorizar a la gente para que no se atreva a vivir con libertad. Le expliqué además que su situación era similar a la de los inmigrantes pobres. La realidad económica y social de un cambio de vida de ese tipo es difícil. Es complicado gestionar las crisis solo, con pocos recursos o estabilidad. Le recordé las adaptaciones a la vida que ya había conseguido después de abandonar la secta y le di esperanzas de que llegarían otros éxitos.

Entender el contexto social

Los terapeutas deben ayudar a los exmiembros a ver que su contexto «social» puede estar afectándolos tanto como su propia personalidad y sus conflictos internos. Mientras viven en el entorno cerrado y hermético de la secta, los exmiembros tienden a perder su sentido de identidad, la autoestima, la confianza y la seguridad en sí mismos. Uno de los objetivos principales del adoctrinamiento de cualquier secta es «atacar al yo», es decir, deshacerse de la propia identidad y reconstruirla conforme al ideal del personaje de la secta: devoto, leal, obediente. Explicar o recordarle al paciente este proceso es algo que debe reforzarse repetidamente para que comprenda a cabalidad lo que le ocurrió mientras estaba en la secta y cómo lo condicionaron.

El uso del «modelo de opciones limitadas» es un buen punto de partida para empezar ayudar a los antiguos seguidores de una secta a comprender lo que han vivido.[13] Les ayuda a ver la enormidad y la invasividad del sistema de la secta, y las presiones omnipresentes bajo las que vivían. Con frecuencia los terapeutas no están en sintonía con el importante condicionamiento que ejercen los sistemas sociales sobre los pensamientos, las emociones y los comportamientos de las personas. Los terapeutas que trabajan con personas que abandonan sectas se beneficiarían de integrarse a una comunidad colegiada de otros clínicos que trabajan con personas que intentan recuperarse de situaciones sectarias. La experiencia y el conocimiento compartidos sobre la participación en sectas y la dinámica de las sectas beneficiarán tanto al clínico como al paciente.

Maggie nació y creció en una secta importante. David, su terapeuta, me consulta y le doy mi apoyo en su trabajo con sus propios pacientes. Me informó que se sentía frustrado por el oposicionismo de Maggie. Maggie le decía repetidamente a David que su apoyo era crucial para su recuperación, pero cada vez que él le sugería posibles estrategias a probar o formas de manejar un conflicto o una nueva manera de ver un problema, Maggie se oponía tajantemente.

David y yo estábamos perplejos. Ya no sabíamos qué hacer hasta que recordé lo importante que es tener en cuenta la cultura de los grupos coercitivos. Le recordé que la dinámica entre ellos podía estar muy ligada a las dinámicas de control presentes en la crianza de Maggie. Al crecer en una secta, ella tuvo pocas oportunidades de decidir dónde dormir, con quién relacionarse y en qué creer. Entonces comprendí que el "oposicionismo" de Maggie era la raíz de su individualidad.

El sistema social que impera en una secta es el de la dominación y la sumisión. Me pregunté si esa dinámica se estaba reproduciendo en la situación terapéutica. Maggie encarnaba la única forma que conocía de sentir poder; es decir, dominar a David con el «No». La frustración de David se suavizó y empezó a hacerle más preguntas a Maggie cada vez que le respondía con un «No» rotundo. David también modeló un enfoque de resolución de problemas más cooperativo, utilizando a menudo la frase «dos cabezas piensan mejor que una» cuando percibía oposición. Así, creó un diálogo más abierto para que él y Maggie pudieran considerar posibilidades e ideas juntos. Ella pudo entonces sentir en carne propia la eficacia de la cooperación y el impacto que tenían sus propias creencias y necesidades en la conversación. Amplió su capacidad de dar marcha atrás en cuestiones no negociables porque ahora era más consciente de aspectos flexibles de la diada terapéutica. David también aprendió a ser muy claro sobre lo que haría o no haría en su papel de terapeuta.

Cada vez que un paciente plantea un problema, mi principal objetivo es aclarar de quién es realmente el problema. La mejor manera de conseguirlo es mantenerse consciente en todo momento de las técnicas de adoctrinamiento utilizadas por el grupo. Esto puede requerir que el terapeuta investigue un poco o que tome la iniciativa de informarse más sobre el grupo o la práctica en cuestión. Por ejemplo, si un paciente que formó parte de una secta quiere hablarme de su «egoísmo», me pregunto si ese era uno de los términos que se utilizaban en la secta cuando las necesidades de los devotos chocaban con las del líder. Puede que el conflicto actual del paciente no se deba en absoluto a su egoísmo, sino que sea el resultado de un conflicto interpersonal que lo llevó a adquirir el hábito de etiquetar esos conflictos como problema suyo.

Cuando un paciente menciona un problema en el que quiere trabajar, indago detalladamente qué ocurrió en la situación concreta a la que se refiere. Por ejemplo, si un paciente está disgustado y dice que la semana pasada actuó mal y fue desconsiderado con su madre, le pido una descripción detallada del incidente o incidentes. Mis preguntas son muy específicas. Pido al paciente que describa todas las palabras que recuerda haber pronunciado, su tono de voz y las palabras y el tono de voz de su madre. Por ejemplo, podría preguntarle: «¿Sonaba así?» y luego imitaré a la madre o «¿Fueron tantos segundos?» y los contaré. También preguntaré quién más estaba en la habitación y hasta obtendré una descripción física de la escena.

Por lo general, resulta bastante fácil ver que el problema no es solo del paciente, ni siquiera en parte. En este caso, puede que la madre de la paciente tuviera problemas para aceptar los deseos de su hija y la llamara egoísta cuando era ella (la madre) la que se comportaba de forma egoísta. La autoculpabilización de la paciente puede haber sido un viejo patrón de su primera infancia, de la secta o de ambos. En general, los exmiembros tienden a preocuparse por ser demasiado egoístas, reservados o indiferentes, o por no estar lo suficientemente comprometidos. Normalmente, todas estas son connotaciones negativas que el líder atribuye a sus comportamientos o acciones con el fin de reformular los intentos de sus seguidores de crear límites protectores. Cuando los pacientes mencionan esas cuatro cuestiones (egoísmo, reserva, indiferencia o falta de compromiso), tiendo a buscar vínculos con su adoctrinamiento en la secta y luego procedo con la investigación detallada que acabamos de describir.

No insistir demasiado en la responsabilidad personal

Tradicionalmente, los terapeutas se centran en el individuo: en cómo percibe su mundo, cómo reacciona ante él y en su capacidad para afrontar los problemas. Cuando se trabaja con exmiembros de sectas, si bien es importante ayudarlos a recobrar conciencia de su capacidad de acción, es igualmente importante ayudarlos a reconocer sus límites y la necesidad de cuidarse. Puede ser necesario, por ejemplo, que un exintegrante se mantenga alejado del grupo y de sus miembros durante meses, años o incluso para siempre. Es posible que su antiguo líder y/u otros integrantes del grupo lo alteren o intimiden con demasiada facilidad. Si el alejamiento no representa un problema o una pérdida significativa en su vida actual, no hay razón para que vuelva a vincularse con la secta ni con sus miembros actuales.

Creer que los antiguos integrantes de contextos coercitivos «deberían ser capaces de afrontarlos» es una idea destructiva, que resuena con las nociones grandilocuentes del grupo: «Si sigues nuestra filosofía y forma de vida, todo es posible». El líder de la secta se vale de esa idea para incitar a los afiliados a trabajar más, reclutar más y tolerar más abusos. Todos somos vulnerables a las ideas, influencias y emociones de los demás, y tenemos derecho a evitar lo que queramos. Evitar también puede ser un «¡No!» asertivo y autoprotector.

El trabajo del terapeuta consiste en ayudar a las personas a comprenderse a sí mismas, pero también es importante que las ayude a entender lo que ocurre a su alrededor. ¿Ese jefe es autoritario o abusivo? ¿Qué opciones tienes si compruebas que lo es? ¿Ese amigo es competitivo? ¿Por eso te sientes minimizado en su presencia? ¿Ese grupo es manipulador? ¿Cómo puedes, o de qué manera te conviene, vincularte con él? Cualquier terapeuta, pero especialmente el que trabaja con exmiembros, debe procurar no centrarse exclusivamente en la noción de responsabilidad individual, sino más bien ayudar a sus pacientes a comprenderse en relación con los demás.

No dar por sentado que el sufrimiento actual de un antiguo afiliado es consecuencia de una experiencia de la primera infancia

Cuando se enteran de los problemas de un paciente, lo primero que tienden a hacer muchos psicoterapeutas es indagar sobre la historia familiar. De hecho, la queja más frecuente de los exmiembros de sectas que se comunican conmigo es que, cuando buscaron ayuda por primera vez, el terapeuta les preguntó sobre su familia de origen pero no abordó sus experiencias traumáticas recientes o de toda la vida dentro del grupo sectario. Si veo a un exintegrante solo para una consulta puntual, suele decirme que esa única sesión fue más satisfactoria que meses de terapia con alguien centrado en su infancia familiar. Muchos me han dicho algo como: «Siento que comprendes lo que viví, y eso marca una gran diferencia».

Podemos pensar en los exmiembros de sectas como inmigrantes que llegan desde otro país, a menudo con menos recursos y redes de apoyo de los que jamás tuvieron en su vida. Un terapeuta no recibiría a un inmigrante angustiado empezando por preguntarle sobre sus relaciones en la infancia. Como mínimo, primero dedicaría el tiempo necesario a comprender qué es lo que más lo afecta hoy y a encontrar la forma más útil de acompañarlo. En el caso de inmigrantes, como también de exintegrantes de sectas, esto supone tener presente la jerarquía de necesidades de Maslow. La psicoterapia con cualquier persona —incluidos inmigrantes y antiguos adeptos— debe incluir apoyo en la resolución de problemas, el desarrollo de habilidades y la derivación a recursos institucionales útiles. Suelo remitir a muchos pacientes a organizaciones que brindan asesoramiento gratuito en temas laborales y comerciales, como SCORE en los EE.UU. Otras agencias pueden ofrecer ayuda en materia de vivienda, educación y asuntos jurídicos.

Mi clienta Mary nació y se crio en una secta cristiana evangélica en Virginia Occidental. El líder prohibía a los miembros ver televisión, leer libros o periódicos. Las computadoras eran consideradas malignas, y por tanto nadie tenía acceso a Internet. Todos trabajaban en la granja del grupo, y nadie tenía un empleo ni contacto con personas del «exterior», salvo el líder y su círculo más cercano. Hasta que Mary dejó el grupo en la adolescencia, no sabía que existía un estado llamado Virginia ni que era ciudadana de un país llamado Estados Unidos de América. Para ella, el mundo se dividía entre «el grupo de los buenos» y «la gente mala de afuera». Imaginemos todo lo que Mary ignoraba sobre la cultura dominante.

Desde el punto de vista de Mary, mi capacidad de comprender y empatizar con su sufrimiento actual, ligado al desarraigo, era más importante que indagar en su historia familiar. Más adelante, a medida que avanzábamos en la terapia, comenzamos a explorar con curiosidad algunos de sus patrones relacionales y conductuales, en particular aquellos que resonaban con las dinámicas de abuso, negligencia y desconexión presentes en su familia. También indagamos cómo la secta había influido en las actitudes y comportamientos de sus padres, así como en su identidad como personas.

Muchos psicoterapeutas con los que convivo socialmente a menudo suponen que las personas se unen a grupos coercitivos por algo relativo a sus relaciones en la infancia. Tienden a centrarse excesivamente en las experiencias vitales tempranas como causa de los problemas adultos, a pesar de que la investigación psicológica indica lo contrario.[14,15] A muchos psicoterapeutas les resulta difícil aceptar que, aunque los patrones relacionales tempranos son importantes, el estatus socioeconómico, la cultura, la marginación y el azar también tienen un fuerte impacto en nuestra vida.

Hace poco conocí a una psicoterapeuta en una reunión social. Tras enterarse de que yo trabajaba con antiguos adeptos de sectas, me dijo sin rodeos que creía que su hermano se había unido a un grupo sectario porque su madre nunca lo comprendió. Le dije: «Muchas personas sienten que sus madres no las comprendieron y sin embargo, no todas son reclutadas por sectas». Le pregunté si su hermano estaba en una transición de vida en ese momento. Entonces me dijo que su hermano se había mudado recientemente a una nueva ciudad, que no tenía trabajo ni amigos en la zona y que era una persona sensible y filosófica.

Las personas son más vulnerables al reclutamiento por parte de sectas cuando se encuentran en un momento de transición en su vida, quieren superarse y/o tienen problemas para discernir que los líderes son narcisistas o psicópatas con conductas controladoras. La mayoría de nosotros pensamos que los demás son por lo general como nosotros: gente bienintencionada y recta. No sabemos lo que es ser un manipulador carente de empatía; por eso no lo vemos venir. Muchos admiramos a las personas audaces que defienden ideales que nos resultan atractivos. Es decir que, la mayoría somos vulnerables a la manipulación psicológica,[16] y por lo tanto también somos susceptibles de ser reclutados por grupos o de caer en relaciones controladoras durante esas transiciones vitales, cuando nos sentimos solos o desamparados.

Aunque las experiencias iniciales en la vida influyen menos en nuestra personalidad, desarrollo y circunstancias vitales de lo que muchos psicoterapeutas creen, no cabe duda de que nuestros padres y familias tienen un rol muy importante en nuestro desarrollo. El apoyo a lo largo del ciclo vital puede marcar una diferencia sustancial en la forma en que una persona experimenta las dificultades y los traumas. He trabajado con muchas familias que tienen hijos adultos en grupos coercitivos. He llegado a ver familias enteras en terapia, incluido el antiguo afiliado. También he visto a padres que han perdido contacto, en algunos casos durante muchos años, con un hijo implicado en la secta.

Donald y Marjorie vinieron a verme porque su hija menor, Kyla, que dejaba la universidad y estaba muy ansiosa por la siguiente etapa de su vida, había sido reclutada por una secta budista. Trabajé con Donald y Marjorie para que se mantuvieran en contacto con Kyla y la ayudaran a analizar sus opciones. Estaban asustados y alterados, y su impulso era criticar al líder y la ideología del grupo. Con mi orientación, pudieron mostrarse curiosos con Kyla acerca del grupo, así como sobre sus esperanzas y sueños para el futuro. Aprendieron a respetar su capacidad para tomar decisiones y a tolerar y finalmente apoyar su capacidad de decirles «no». Kyla acabó abandonando el grupo y agradeció a sus padres que no la avergonzaran ni intentaran dominarla. Se sentía menos sola en el mundo y más segura de su capacidad para tomar sus propias decisiones y hablar con sus padres cuando se encontraba en una transición o atravesaba momentos difíciles.

También he trabajado con exmiembros que han aprendido en terapia a ayudar a sus padres a ser mejores padres para sus hijos adultos. Bill se crio en una devota familia metodista del sur. Fue a la universidad en una ciudad del noreste, donde se sentía diferente de muchos de los estudiantes de su residencia. Se unió a un grupo de estudio de la Biblia que en realidad era un brazo de reclutamiento de una secta cristiana. Pasó diez años en el grupo hasta que él y varios otros integrantes huyeron cuando el líder fue procesado por varios delitos, entre ellos abuso de menores. Cuando Bill abandonó el grupo, sus padres lo culpaban y avergonzaban por haber abandonado el redil para unirse a otra iglesia.

Con mi ayuda, Bill pudo comunicarles cómo lo hacían sentir sus críticas y también pudo hablarles de cómo le gustaría que se relacionaran con él. A veces les decía que tenía que interrumpir la conversación porque se sentía atacado. Ayudé a Bill a darse cuenta de las cosas que sus padres hacían o decían para apoyarle y aprendió a hacerles comentarios positivos cuando estaba justificado. Con el tiempo, los bienintencionados padres de Bill fueron capaces de mirarse a sí mismos, cambiar sus actitudes y apoyar más a Bill. Cuando se declaró homosexual, se sintieron confundidos y tuvieron dificultades, pero al final acabaron aceptando y celebrando la individualidad de Bill.

De la misma manera que los padres son importantes durante todo el ciclo vital, también lo son otras personas: amigos, colegas, hermanos y gente conectada a través de «lazos débiles». Es importante que todos los terapeutas sientan una curiosidad activa por las conexiones sociales de sus pacientes. Establecer conexiones posteriores a la secta es un aspecto crítico de la estabilización después de la afiliación a una secta. Los miembros de las sectas no tienen «verificaciones de la realidad» más allá de la realidad cerrada de la secta, mientras que normalmente todos solemos tener una variedad de personas en nuestras vidas a las que podemos recurrir para pedir una opinión o comentarios. Eso no sucede en una secta porque «solo hay un camino».

Contar con amigos a los que recurrir, ya sea en busca de apoyo moral, para resolver problemas o simplemente para pasarlo bien es crucial para todos nosotros y en particular, para los que se encuentran en fases de recuperación posteriores a una experiencia sectaria. Es importante tener esto en cuenta, ya que algunas personas que salen de grupos sectarios tienen miedo de confiar en nuevos compañeros y pueden depender del terapeuta para obtener apoyo y consejos. Disponer de varias personas con las que consultar resulta provechoso, dado que las capacidades cognitivas de resolución de problemas se ven erosionadas por la simple doctrina de la secta, que insta a «seguir y no pensar». Aprender a escuchar muchas opiniones y a considerar y digerir según los propios valores es enriquecedor. Los antiguos afiliados pueden encontrarse a sí mismos tamizando la información y centrándose en lo que sienten que es correcto. [17]

Si un exmiembro es sensible y/o tiene miedo de confiar en sí mismo y en los demás, puede empezar por lo que se llaman «lazos débiles». Se trata de relaciones con vecinos, colegas y proveedores con los que la mayoría de nosotros tenemos contacto a diario. Esos vínculos pueden consistir en un simple hola o una breve conversación en el buzón o en el puesto de trabajo. Esos vínculos sociales más ligeros hasta pueden ayudar a mitigar la sensación de aislamiento y soledad. Las investigaciones demuestran que las personas pueden en realidad obtener más información sobre el mundo de los «lazos débiles» que de los estrechos, porque solemos elegir amigos íntimos que tienen puntos de vista y subculturas similares a los nuestros.[18]

Ayudar a los antiguos afiliados a comprender la personalidad del líder carismático

Como ya se ha mencionado, todo el mundo tiene tipos de personalidad y temperamento distintos, y cada uno de ellos provoca reacciones diferentes. Muchos líderes de sectas tienen lo que los terapeutas llaman «trastornos de personalidad». Son personas que tienden a externalizar en lugar de internalizar. Cuando algo va mal o resulta incómodo, es propio de la naturaleza humana intentar aprender de lo sucedido o arreglarlo. Los «internalizadores» lo hacen preguntándose: «¿Qué hice mal aquí y qué puedo aprender?» Los «externalizadores» hacen lo contrario. Cuando algo les resulta incómodo o no les conviene, culpan a los demás.

Las personas con trastornos de personalidad suelen ir unos pasos más allá culpando, manipulando y dominando a los demás. Los líderes de sectas parecen tener algunos trastornos de personalidad o, al menos, rasgos de personalidad negativos y perjudiciales, y son maestros en el uso de la culpa para influir en los demás y controlarlos. Es importante ser franco al respecto con los antiguos integrantes. Los antiguos integrantes de sectas suelen contar cómo les ayudan los libros, los vídeos de Youtube, los podcasts y los artículos de Internet sobre narcisistas y sociópatas/psicópatas. A los terapeutas les puede resultar útil tener una lista de esos recursos para ofrecer a los pacientes que estuvieron en entornos coercitivos.

La mayoría de la gente cuenta al menos con una persona en su entorno con ese tipo de rasgos o trastornos de carácter. A los antiguos integrantes sensibles les va mejor cuando comprenden que las personas piensan y sienten de forma muy distinta. Dado que pueden haber creído que el líder de su secta era cariñoso y generoso, al principio puede resultarles difícil aceptar que esa misma persona podría haber sido calculadora, manipuladora o una controladora obsesiva. Los líderes sectarios también tienden a culpar a sus seguidores, generando actitudes autocríticas de las que es difícil desprenderse. Así, cuando surgen conflictos relacionados con necesidades personales, los antiguos integrantes se culpan a sí mismos porque eso es lo que aprendieron en la secta. Cuanto más puedan aprender sobre los tipos de personalidad abusiva, así como sobre los hábitos nocivos que adquirieron en la secta, más rápido estarán en el camino hacia una vida y unas relaciones más sanas.

Terapia para superar traumas

Si eres un terapeuta que trabaja con antiguos integrantes, es esencial que estés familiarizado con el trauma psicológico y terapias orientadas al trauma. Si te estás recuperando de la experiencia de un grupo de alta exigencia o de una relación coercitiva, lo mejor es que busques un terapeuta con formación específica en traumas.

El trauma psicológico se produce cuando alguien se enfrenta a experiencias abrumadoras y aterradoras que afectan gravemente a su sistema nervioso y provocan reacciones de miedo continuas que pueden incluir recuerdos retrospectivos, recuerdos involuntarios, lapsus de memoria, alteraciones de la conciencia, cambios en las ideas o definiciones de uno mismo y pesadillas. Esas reacciones también incluyen evitar situaciones que se asemejan temáticamente a la experiencia aterradora original.[19] El trauma está muy relacionado con el hecho de estar atrapado o inmovilizado durante esas experiencias. Las personas pueden verse atrapadas por circunstancias, por otras personas o por su propio sistema nervioso involuntariamente conmocionado y paralizado por el miedo.

Muchas personas que nacieron y crecieron en grupos coercitivos, así como las que se incorporaron de adultas, presentan tres tipos de traumas psicológicos: Trastorno de Estrés Postraumático (TEPT), Trastorno de Estrés Postraumático Complejo (TEPTC) y Daño Moral.[20]

Alrededor del 5% de todos los ciudadanos estadounidenses padecen TEPT en un momento dado. De los 6 millones de veteranos que sirvieron en el año fiscal 2021, alrededor del 10% de los hombres y el 19% de las mujeres fueron diagnosticados con TEPT.[21] Las investigaciones en EE.UU. sitúan las tasas de TEPT entre los antiguos integrantes de sectas en el 61,4% para los hombres y el 71,3% para las mujeres.[22] Esas son estadísticas aleccionadoras.

En general, el TEPT tras la participación en un grupo sectario puede considerarse como el dolor y el shock de lo que le ocurrió a alguien al verse atraído por una secta o el shock de encontrarse con una nueva visión del grupo de alta exigencia. El TEPTC se refiere a problemas adicionales de identidad, miedos y dificultades en las relaciones, conductas de evasión y alteraciones de la conciencia (disociación) como resultado de lo que se le ha hecho a alguien a lo largo del tiempo en una secta. El daño moral derivado de la pertenencia a una secta puede definirse como el sufrimiento y el remordimiento actuales que los antiguos integrantes arrastran por lo que hicieron a otros o por lo que vieron que hacían a otros en el grupo.[23] Resulta útil tanto para el paciente como para el terapeuta ir desgranando poco a poco los distintos tipos de sufrimiento traumático con los que lidia el antiguo integrante. Cada uno de estos tipos de trauma requiere enfoques terapéuticos diferentes.

Una vez más, la psicoeducación es esencial cuando se trabaja con antiguos integrantes porque contrarresta la dinámica del líder que lo sabe todo y tú te limitas a seguirlo. La psicoeducación debe comenzar con el modelo de opciones limitadas, la comprensión de los líderes controladores y a continuación, incluir la psicoeducación sobre el trauma psicológico.

Yo utilizo este sencillo ejemplo que aprendí en la formación de Experiencias Somáticas cuando comparto mi comprensión del trauma con los pacientes

> Supongamos que vas de excursión solo por el desierto y de repente te topas con una serpiente de cascabel de la que sólo te percatas cuando estás a un palmo de ella y oyes su cascabel. Puede que te quedes helado de terror y entres en estado de shock. Puede que tu corazón se acelere y/o que te sientas momentáneamente irreal y entumecido. La serpiente puede atacarte y casi morderte. Puedes huir o quedarte congelado.
>
> Son reacciones normales y habituales ante una amenaza repentina. En los días siguientes puedes sentirte nervioso y ansioso. Es posible que cuando te encuentres con cualquier cosa que parezca una serpiente, como una salamandra, una manguera o un trozo de cuerda en el suelo, saltes o te sobresaltes y tu corazón empiece a acelerarse. Lo mismo puede ocurrir si oyes el sonajero de un bebé. El sonajero y la cuerda son desencadenantes de trauma que se asemejan a los atributos de una serpiente.
>
> Puede que digas a tus amigos que nunca irás solo o siquiera acompañado a zonas desérticas (evasión). Tal vez te sorprenda marearte o sentirte como si estuvieras fuera de tu propio cuerpo mirándote desde arriba (experiencias disociativas) cuando ves una serpiente en una vitrina de un zoo. O puede que tengas pesadillas con serpientes y otras cosas aterradoras. Quizás tengas momentos en los que pienses que fuiste débil o estúpido por no matar a la serpiente o por no verla antes (cambios negativos en la autopercepción).
>
> Sin embargo, cuando no se activan los desencadenantes, habrá momentos en los que tu sistema nervioso esté tranquilo y alerta; por ejemplo, cuando estás hablando con un buen amigo o estás haciendo ejercicio o trabajando, puedes sentirte conectado y relajado, y «como si fueras la persona de siempre». Tu sistema nervioso ha sido ahora sensibilizado por tu experiencia en el desierto para protegerte mediante la vigilancia, la evasión y una sensación de irrealidad y embotamiento (sensación de abandonar tu cuerpo), por si acaso vuelves a encontrarte con una serpiente. El sistema nervioso completo/sistema del miedo del ser humano no es tan inteligente como el cerebro pensante, más pequeño y de evolución más reciente, de modo que te prepara para cualquier cosa que parezca o suene como una serpiente.

A menudo, estas reacciones traumáticas se desvanecen al cabo de unos meses. Pero a veces no disminuyen, y la persona que ha estado a punto de sufrir una calamidad con una serpiente de cascabel sigue teniendo estas reacciones. Si estas experiencias duran más de tres meses, en psiquiatría se etiquetan como «síntomas» y se puede diagnosticar a la persona un Trastorno de Estrés Postraumático o TEPT.

TEPT y TEPTC

Mary, mi clienta que fue criada en una secta bíblica de Virginia Occidental, estuvo expuesta a repetidos shocks traumáticos durante toda su infancia. Experimentó intensas humillaciones, palizas, abuso sexual por parte de ancianos de confianza, creencias aterradoras y constantes sobre la proximidad del «fin de los tiempos» y «castigos» espirituales por «pensamientos egoístas». Puede recordar algunos buenos momentos de su crecimiento; pero simultáneamente, su infancia incluyó encuentros constantes con «serpientes de cascabel». Estaba atrapada por el mero hecho de ser una niña y no poder huir de su familia o del grupo. Muchas de las «serpientes de cascabel» eran las personas de las que dependía para recibir amor y cuidados: su familia y su comunidad. Por lo tanto, se sentía simultáneamente atraída y temerosa de todas las personas con las que vivía. Debido al abuso y la negligencia continuos en esta situación de encierro, Mary desarrolló TEPTC.

La 11ª Revisión de la Clasificación Internacional de Enfermedades de la Organización Mundial de la Salud define el TEPT como un trauma con tres componentes: reexperimentación, evasión y aumento de la sensación de amenaza. El TEPT puede producirse en muchas situaciones. La gente desarrolla TEPT después de vivir un terremoto, un accidente de tráfico o una caída. Pero una persona con TEPT no siempre se ve desencadenada/activada. Hay momentos en los que está con un buen amigo o mientras trabaja en los que su sistema nervioso está tranquilo y alerta.

Cuando las personas experimentan un trauma interpersonal continuo, es decir, un trauma perpetrado por otras personas, están en riesgo de CPTSD. La Organización Mundial de la Salud añadió la categoría CPTSD a la Clasificación CIE-11 en 2018. Definen el CPTSD como una forma de TEPT con tres síntomas adicionales: (1) desregulación emocional, (2) autopercepciones negativas (por ejemplo, culpa, vergüenza, fracaso) y (3) dificultades interpersonales.

Judith Lewis Herman, pionera en el campo de la teoría del trauma, acuñó el síndrome de Estrés Postraumático Complejo. En su libro *Trauma and Recovery* («Trauma y recuperación»), compara las condiciones de los grupos sectarios con las circunstancias de los campos de concentración.[9] Las personas con TEPTC presentan una desregulación continua del sistema nervioso. Su sistema nervioso se ve alterado durante años y queda crónicamente desregulado. A veces están en tensión y ansiosos, y en otras ocasiones decaídos y deprimidos. Su sistema nervioso trabaja para mantenerse alerta respecto de su entorno cotidiano. En consecuencia, las mantiene en estado de alerta la mayor parte del tiempo. Cuando eso se vuelve demasiado agotador, las personas con TEPTC colapsan.

Las personas que nacieron y crecieron en grupos sectarios o que estuvieron implicadas en ellos durante largos periodos pueden verse desencadenadas/activadas por personas o la comunidad o figuras de autoridad o el hogar o el trabajo. Así, los antiguos integrantes de sectas pueden verse desencadenados/activados todo el tiempo. Pueden sentirse ausentes o experimentarse fuera de su cuerpo (disociativos) o pueden estar agotados y derrumbarse (deprimidos) o estar hipervigilantes (ansiedad). Es importante señalar que, debido a que se han criado en condiciones confusas y amenazadoras, las personas criadas en sectas pueden presentarse inicialmente en terapia como si en raras ocasiones estuvieran alertas y distendidas.

Las personas que han nacido y crecido en situaciones sectarias o que han pasado muchos años en relaciones coercitivas suelen comenzar la terapia con problemas de identidad o alteraciones en la autoorganización, que también son características del trauma complejo. Suelen tener problemas para reconocer e identificar sus propios sentimientos e instintos sobre las cosas. A Mary, por ejemplo, le decían que sus sentimientos, gustos e instintos estaban mal y que era mala por tenerlos. Cuando Mary era capaz de identificar una emoción en las sesiones de terapia, venía acompañada de sentimientos de terror y de la sensación de que no le estaba permitido. Trabajamos repetidamente para separar esa asociación/vinculación. Yo le recordaba que la emoción era suya y que el «no permitido» era un miedo a la vieja serpiente/cuerda.

La categoría de TEPT Complejo también incluye la evasión, en particular la evasión de las relaciones. Los antiguos integrantes con los que trabajé eran propensos a temores extremos y a la evasión concomitante de estar con gente, a temer cualquier recuerdo de la situación coercitiva y a temer sus propios pensamientos, que a menudo son creencias aterradoras o supersticiones que les fueron inculcadas en la secta. La evasión también puede incluir el adormecimiento repetitivo o adictivo con alcohol, drogas, autolesiones, etcétera. También puede incluir el trabajo excesivo o el cuidado excesivo de los demás, más socialmente aceptables, pero no menos problemáticos.

El tratamiento del TEPTC suele ser a largo plazo. La paciencia es una parte importante de ese trabajo. Los pacientes pueden pensar que si trabajan con un terapeuta formado en traumas, su sufrimiento debería desaparecer rápidamente. Los terapeutas pueden sentirse frustrados porque, a pesar de sus esfuerzos de apoyo, sus pacientes siguen despreciándose a sí mismos y confundidos sobre su valoración, su valía y sus emociones, y a menudo experimentan una culpa y una vergüenza paralizantes. Puedo atender a un superviviente de un accidente de bicicleta o de un terremoto con TEPT durante 10 sesiones de procesamiento del trauma (EMDR o Experiencias Somáticas, que se explican más adelante en esta sección) y su TEPT mejorará. Por otro lado, atiendo a pacientes con TEPTC durante años.

Ten en cuenta que esta terapia a largo plazo puede ser profunda. Con el tiempo, el sentido de la propia identidad de los antiguos integrantes, su trabajo y su capacidad para mantener relaciones estrechas y comunitarias pueden transformarse. El objetivo de la terapia de trauma no es eliminar el dolor, sino integrar lo ocurrido de una manera adaptativa actualizada. Para alguien con TEPTC que ha soportado abusos psicológicos repetidos y continuos, eso lleva tiempo.

Con la ayuda de la terapia a largo plazo, mis pacientes que nacieron y crecieron o pasaron muchos años en sectas se han convertido, por ejemplo, en líderes en sus campos y han desarrollado relaciones estrechas con amigos, familiares y parejas. Suelen ser capaces de manejar situaciones estresantes mejor que las personas que nunca han estado en una secta. El trabajo implica volver innumerables veces al modelo de opciones limitadas, a la comprensión del TEPT y el TEPTC, y a identificar la culpa y la vergüenza como confusión entre la serpiente y la cuerda. A medida que el antiguo integrante cambie su comportamiento y su relación consigo mismo, también experimentará éxito y mayor seguridad respecto a esas creencias y comportamientos en su entorno actual.

El terapeuta puede llamar repetidamente la atención del paciente sobre esos éxitos y su relativa seguridad. Posteriormente sus temores se mitigarán. Claro está que ningún entorno social es totalmente seguro. Todos vivimos con marginación, prejuicios, sesgos internos y polarizaciones sociales. Hay que aceptar esa realidad y contrastarla con la anterior situación sectaria.

Daño moral

El daño moral es la experiencia de sufrimiento psicológico que sigue a un acto realizado o presenciado que una persona percibe como una transgresión moral. La persona que sufre un daño moral puede tener profundos sentimientos de culpa y vergüenza. Puede sentirse enfadada, confundida y traicionada por organizaciones, la sociedad y la vida en general.

Los terapeutas que tratan traumas suelen estar mejor informados sobre el TEPT y el TEPT-C que sobre el Daño Moral. Se centran en lo que les ocurrió a sus pacientes y en lo que les hicieron. Hace unos 10 años di una presentación que duró todo el día junto con un grupo de antiguos integrantes/exintegrantes de una secta y un psicoanalista que había estado en una secta. Durante el periodo de preguntas y respuestas un asistente se levantó y señaló enfadado que ninguno de nosotros había hablado de las cosas que la gente hacía a los demás estando bajo la influencia del líder de la secta. Continuó diciendo que, tras abandonar la secta, había considerado el suicidio a causa de la culpa abrumadora que sentía por lo que había hecho a otros integrantes. Tenía toda la razón. Todos nosotros habíamos perdido completamente la oportunidad de examinar, comprender y hablar sobre el complicado tema del daño moral.

Muchas personas acuden a psicoterapia creyendo que la vida estará llena de paz y felicidad si persisten en el proceso. Los antiguos integrantes pueden ser aún más vulnerables a esa creencia porque los líderes de sectas hacen promesas similares. Puede ser útil abordar esa distorsión al principio de la terapia. La vida es dolorosa. Los seres humanos pueden ser crueles. Y aunque muchos somos afables y bienintencionados, a veces herimos involuntariamente a otros. Todos sufrimos heridas y experimentamos pérdidas profundamente dolorosas.

Mientras que el TEPT y el TEPT complejo pueden tratarse con psicoterapia y modelos de terapia del trauma, el daño moral tiene más matices. Al igual que la pérdida, el remordimiento por las cosas que hemos hecho a otros o de las que hemos sido testigos nunca desaparece del todo. Es un tema delicado. Juntos, el terapeuta y el paciente pueden experimentar con enfoques que podrían aliviar o transformar el dolor en algo más tolerable. Como siempre sucede en la terapia colaborativa, el terapeuta puede sugerir las ideas y acciones que se exponen a continuación, pero el paciente tiene la última palabra sobre qué creer o con qué experimentar.

Los antiguos integrantes suelen convencerse de que son egoístas y malos por el daño que causaron a otros o por el daño que presenciaron sin tomar medidas para ayudar a los perjudicados. Un terapeuta puede tranquilizar a un antiguo integrante de una secta que ha sufrido daño moral explicándole que no sentiría el dolor de la culpa y la vergüenza si fuera egoísta y malo. Reunirse con otras personas que hayan vivido la experiencia de ser «agentes utilizados»[13] por grupos sectarios y conversar sobre la culpa y la vergüenza puede aliviar la soledad. Hacer trabajo voluntario para ayudar a los demás puede mitigar en parte el daño moral. Pedir disculpas o reparar el daño causado a las personas a las que el paciente hizo daño o cuyo perjuicio presenció en el grupo puede ayudar a atenuar el sentimiento de culpa. Sin embargo, la persona que procura enmendar sus errores no puede dar por sentado que será perdonada. Todos tenemos derecho a no perdonar a un espectador o a un agresor si no nos parece bien. Quien pide perdón tiene que avanzar hacia el perdón a sí mismo.

El perdón a uno mismo puede facilitarse ayudando a la persona en recuperación a imaginarse a otras personas en su situación de opciones limitadas. Suelo hacer la siguiente pregunta: «¿Cómo juzgarías a tu querida sobrina o sobrino o amigo si hubieran estado en el mismo aprieto que tú, mientras estabas en el grupo?» Algunos terapeutas están capacitados para ayudar a fomentar/aumentar la autocompasión. Mi propia experiencia es que permanecer con algo doloroso con un terapeuta empático también aumenta la autocompasión.

Terapia orientada por etapas y basada en información sobre traumas

Los modelos de procesamiento de traumas pueden resultar muy útiles una vez estabilizado el paciente. Algunos de los modelos más populares son la Desensibilización y Reprocesamiento por Movimientos Oculares (EMDR), la Experiencia Somática (SE), la Psicoterapia Sensoriomotora (SP), la Terapia de Exposición (ET) y la Terapia Cognitivo-Conductual Centrada en el Trauma (TF-CBT). La Psicoterapia Dinámica Experiencial Acelerada (AEDP) y los Sistemas Familiares Internos (IFS) (en todos los casos, por sus siglas en inglés) también realizan intervenciones basadas en información sobre traumas. A lo largo de la terapia el terapeuta debe hacer hincapié en la norma de cuidado de todo buen tratamiento del trauma: estabilización y apoyo.[24] Los antiguos integrantes de una secta y sus terapeutas deben tener siempre presente que el paciente está en proceso de integrarse en la sociedad.

Hay muchas cuestiones que atender, entre ellas, conseguir una vivienda segura, encontrar empleo, conectar o reconectar con amigos y familiares, aprender a establecer límites adecuados, confiar en su propio juicio, aprender a reconocer, etiquetar y procesar sus emociones, aprender nuevos estilos de crianza, etcétera. Como ya se ha dicho, es útil que el terapeuta piense en el paciente como un inmigrante reciente que estuvo cautivo en una cultura opresiva. Una vez más, un psicoterapeuta reflexivo no se apresuraría a procesar el trauma o a hablar de las experiencias de la primera infancia con alguien recién liberado de su cautiverio en un país extranjero.

Los modelos de procesamiento de traumas pueden resultar muy útiles, pero deben abordarse despacio y con mucha precaución porque las redes asociativas pueden estimularse rápidamente y el antiguo integrante puede verse abrumado por recuerdos y sentimientos aterradores. La Desensibilización y Reprocesamiento por Movimientos Oculares (EMDR) y la Terapia de Exposición son tratamientos de trauma populares que cuentan con respaldo empírico. La terapia de exposición expone sistemáticamente al paciente a sucesos traumáticos.

Durante la terapia EMDR, se guía al paciente para que recuerde experiencias traumáticas mientras observa un movimiento repetitivo o utiliza algún tipo de golpeteo o ritmo físico o verbal repetitivo. Sin embargo, la EMDR y la Terapia de Exposición solo deben utilizarse si el terapeuta tiene mucha experiencia en cuanto al ritmo y al trabajo con la disociación y las conductas de evitación. Las experiencias disociativas, la desregulación emocional y las conductas adictivas pueden aumentar en magnitud y frecuencia durante el procesamiento del trauma con antiguos integrantes de sectas, la mayoría de los cuales padecen TEPTC.[22]

La Experiencia Somática, los Sistemas Familiares Internos y el Procesamiento Emocional Profundo Acelerado (AEDP, *Accelerated Emotional Depth Processing*) cuentan con técnicas de estabilización incorporadas que son más seguras para comenzar y utilizar a lo largo de la terapia una vez que el antiguo integrante se siente relativamente confiado con el terapeuta.

Algunos de los aspectos de atención plena y mecanicistas de las terapias de trauma también pueden ser desencadenantes para los antiguos integrantes. Estos aspectos pueden tener ecos de palabras o prácticas de la antigua secta. Además, el paciente puede sentir que se le está haciendo algo en lugar de hacerlo con él.[22] Soy una terapeuta de EMDR bien formada y sé por experiencia que no es necesario utilizar la estimulación bilateral para fortalecer los recursos internos de un paciente. Se pueden observar y comentar los recursos de un paciente sin utilizar la «terapia de golpeteos», movimientos oculares o ejercicios de respiración.

Los integrantes de sectas en recuperación deben alzar la voz si un terapeuta insiste en un método o procedimiento particular de la terapia de trauma. Ningún método específico es necesario para la sanación. Estoy formada en muchos modelos de terapia de trauma. Debido a que algunos aspectos de estos modelos son desencadenantes para los antiguos integrantes de sectas, omito muchos de los aspectos de atención plena o mecanicistas de los modelos, utilizando la sabiduría de estas terapias en conversaciones con los exintegrantes.

Paciente y terapeuta pueden trabajar juntos para identificar los atributos esenciales del yo del paciente que estuvieron presentes desde el principio a pesar de la influencia de la secta.[25] En el grupo de Virginia Occidental de Mary, las mascotas estaban prohibidas porque los animales eran considerados «criaturas inferiores». Desde temprana edad, a Mary le encantaba ver a los animales que deambulaban por las zonas boscosas del recinto de la secta. Se llevaba a escondidas restos del comedor del grupo y alimentaba a los perros y gatos callejeros. Cuando dejó el grupo, sus nuevos amigos y yo apoyamos su amor inherente por los animales. Con el tiempo, Mary pudo liberarse de la culpa por el placer de tener y jugar con mascotas. Desarrolló una carrera satisfactoria como técnica veterinaria e hizo muchas conexiones sociales a través de la comunidad de acogida de mascotas.

Se puede experimentar con modelos de procesamiento del trauma cuando el paciente está estable socioeconómicamente y se siente más seguro en su vida y con el terapeuta. Es importante que los terapeutas tengan siempre presente que la terapia conversacional y la psicoeducación sobre la «elección limitada» son de gran ayuda. De nuevo, los elementos eficaces de la terapia son la motivación del paciente y una buena alianza terapéutica.[26]

¡Los terapeutas y los pacientes deben informarse! Pueden encontrar una plétora de artículos y libros sobre el TEPT, el TEPTC y el Daño Moral, así como escuchar podcasts, ver charlas TED y asistir a talleres de formación continua *(CE workshops)* sobre estos temas. Gran parte de la información actual sobre el Daño Moral está relacionada con experiencias militares. Pero el paciente y el terapeuta pueden extrapolar y extender el fenómeno a las experiencias en sectas pensando en el integrante de la secta como un «agente desplegable»[27] del líder de la secta, de forma muy parecida a un soldado que sigue las órdenes de oficiales superiores. También recomiendo encarecidamente las maravillosas memorias y documentales sobre las experiencias de personas que se han unido a sectas siendo adultas o que nacieron y crecieron en grupos sectarios. (Ver la Lista de Lecturas Recomendadas en la sección de Recursos del Lalich Center acerca de sectas y coerción, sitio web: www.lalichcenter.org.)

Las personas que han pasado por experiencias sectarias y se recuperan de las mismas tienen un bagaje de conocimientos, resiliencia y una profunda comprensión de la influencia de los sistemas sociales en el comportamiento humano. Ese conocimiento privilegiado y esa resiliencia se llaman «Crecimiento Postraumático». Los exintegrantes no están acostumbrados a que se reflejen sus puntos fuertes. Los líderes de la secta y otros integrantes se centran en sus defectos, según son definidos por las necesidades del grupo, como una forma de solidificar la participación en el mismo. Una vez más, recomiendo encarecidamente que los terapeutas identifiquen los puntos fuertes y la capacidad de recuperación de los exintegrantes de sectas y los reflejen en el paciente tantas veces como sea posible, reconociendo así su Crecimiento Postraumático.

Titulé mi artículo de 2014 *Cults and Trauma: A Natural Disaster*[28] («Sectas y trauma: un desastre natural») debido a todas las inclinaciones humanas naturales que pueden hacernos vulnerables a la atracción de grupos idealistas, personalidades autoritarias y coerción interpersonal. Así pues, «las sectas somos nosotros». Si aceptamos nuestra vulnerabilidad ante personalidades autoritarias y manipulación psicológica; si aceptamos nuestra necesidad de vínculos y afiliación; si aceptamos nuestros esfuerzos por ser mejores personas,[29] todos somos vulnerables a la dinámica sectaria. Si aceptamos que nacemos o nos encontramos en situaciones que no podemos controlar y que no podemos controlar las reacciones instintivas de nuestro sistema nervioso, el trauma somos nosotros. Si los pacientes no se sienten patologizados, tendrán menos miedo de sí mismos y de los demás y se ampliarán sus posibilidades en la vida.

Finalización de la terapia

Una vez alcanzados los objetivos del paciente, el terapeuta debe respetar su decisión de abandonar la terapia. Una vez más, en las sectas se espera que la gente «afronte» las situaciones por el mero hecho de «afrontarlas». En la vida real tomamos decisiones sobre qué «afrontar» y qué evitar en cada momento. Si afrontáramos todos los retos emocionales en cada momento, nos sentiríamos abrumados por la ansiedad e incapaces de funcionar.

Aunque el terapeuta debe respetar el deseo del paciente de dejar la terapia, también puede ser una oportunidad propicia para examinar cuestiones relacionadas, como conflictos que estén interfiriendo en su funcionamiento, dificultades para expresar su decepción o enfado con el terapeuta, cuestiones financieras sin resolver, etc. Mientras se exploran los posibles problemas, el terapeuta puede plantear la posibilidad de «archivarlos temporalmente»
y suspender la terapia. Si el terapeuta no responde a los problemas de finalización del paciente, éste puede considerar que el terapeuta actúa como el líder de la secta. Los líderes de sectas suelen utilizar los conflictos no resueltos de los integrantes como motivos para permanecer en la secta. La secta promete la perfección si sus seguidores permanecen en el grupo. Nadie se cura en una secta, ni con psicoterapia, ni en la vida. Todos estamos más o menos adaptados a nuestras circunstancias. Todos estamos más o menos satisfechos con nosotros mismos.

Cuando trabajo con alguien que ha alcanzado sus objetivos, le pregunto si ha pensado en finalizar la terapia. Esto es útil con todos los pacientes que pueden sentir miedo de plantear la idea de dejar la terapia. Los pacientes de psicoterapia a menudo sienten culpa relacional o miedo a dejar a alguien que ha ejercido un rol paternal o maternal. Esto es particularmente importante al trabajar con exintegrantes que pueden sentir que serán castigados por pensar en abandonar.

Es útil señalar que no abandonan, sino que interrumpen las sesiones regulares. A este respecto, señalo a los pacientes que siempre estoy a su disposición si quieren llamarme y contarme cómo les va. También les digo que pueden consultarme más adelante si hay algo que les quedó en el tintero. Les hago saber que aunque no me llamen para hablarme de ellos o para pedir cita, yo sigo aquí, a menos que esté enferma o me haya jubilado. Pueden volver por cualquier periodo de tiempo y en cualquier momento. Pueden estar fuera de contacto durante años o para siempre, y yo seguiré estando disponible. Sus idas y venidas no pueden diferir de la contratación de un técnico que resultó útil cuando se lo necesitó. Uno puede querer llamar o enviar una tarjeta de vacaciones (o no) a un técnico de confianza. Y uno sin duda llamaría a un técnico de confianza si algo necesitara atención, ya fuera dos semanas o cinco años después de la última visita.

Una vez que el terapeuta y el paciente han logrado una sólida desmitificación de la relación, hablar sobre la interrupción de las sesiones puede ser uno de los periodos más fructíferos de cualquier terapia, y puede ser especialmente útil en el caso de exintegrantes de una secta. Estos pacientes pueden darse cuenta de la multitud de sentimientos que tienen para con el terapeuta y de los miedos que les produce verse por su cuenta. Algunas de las denominadas distorsiones de transferencia que pueden surgir durante este periodo pueden ayudar a resolver antiguos problemas parentales y fuertes conflictos sobre la secta. Después de examinar esas cuestiones aseguro a los exintegrantes que probablemente se sentirán aún más fuertes cuando ya no asistan a las sesiones. Por lo general la gente suele descubrir que poco después de dejar las sesiones de terapia confían en su juicio más de lo que imaginaban. La naturaleza del vínculo terapéutico, como cualquier otra relación de tutoría, es intrínsecamente asimétrica.

En conjunto algunos sentimientos temporales de dependencia bien merecen los beneficios de una buena terapia. Hasta hablar de esa imperfección concreta en la estructura de la relación terapéutica es una forma valiosa de reforzar los matices (es decir, los grises) de la humanidad y de la vida en general. Reducir el análisis «blanco y negro» (todo bueno, todo malo) es una de las lecciones más valiosas que deben aprender los exintegrantes. Es la antítesis de lo que promulgan los líderes de las sectas. En general es esencial desmitificar la terapia e incluso explicar lo que se hace y por qué se hace.

Ventajas de trabajar con exmiembros de una secta

Cada vez que hablo con un amigo o colega sobre mi trabajo con exintegrantes de sectas, siempre comentan lo dependientes o locos que deben de estar. Según mi propia experiencia, las personas que se unen a sectas no son más problemáticas que cualquier otro grupo de personas con las que he trabajado.

Lo que los hace parecer locos son las creencias extremas o dramáticas que llegaron a abrazar durante el largo proceso de adoctrinamiento en el grupo, así como su evidente sometimiento a una autoridad humana superior.

Las personas que se unen a sectas suelen tener excelentes hábitos de trabajo, toleran bien la frustración, son flexibles, son capaces de gestionar bien los cambios, postergar su propia gratificación inmediata y aceptar ideas complicadas. Muchos de esos mismos atributos que los ayudaron a sobrevivir en una secta les permiten desenvolverse bien como clientes de terapia y los conducen a una vida exitosa después de dejar la terapia. Por lo general las ideas extremas en las que llegaron a creer en el grupo se desvanecen con bastante rapidez y suelen dar paso a un sistema de creencias más convencional, que puede parecerse en algo (pero no siempre) al del grupo. Por ejemplo, las personas que abandonan sectas hindúes tienden a mantener una visión oriental del mundo. Las personas que abandonan las sectas cristianas tienden a convertirse en cristianos practicantes. Las personas que abandonan sectas comunistas tienden a orientarse hacia la izquierda política. Naturalmente, también hay excepciones.

Los exintegrantes de sectas son algunos de los clientes más brillantes e interesantes con los que trabajé. Me ayudaron a examinar mi papel y mi autoridad como terapeuta y enriquecieron mi comprensión de las personas en su contexto. Ser testigo de su lucha y su crecimiento ha sido un regalo.

21. Sobrevivientes de sectas y traumas

Beth Matenaer

Beth Matenaer, LPC, es una consejera profesional licenciada y terapeuta de trauma; reside en Carolina del Sur y ha trabajado con adultos, niños, adolescentes y familias durante más de 25 años. Como sobreviviente de la Industria de Adolescentes Traumatizados, ha dedicado su carrera a tratar pacientes que exhiben la complejidad del estrés postraumático (TEPT y TEPTC) y otras víctimas de sistemas y relaciones de alto conflicto.

Existen tres tipos diferentes de respuestas al trauma: Trastorno de Estrés Postraumático (TEPT), Trastorno de Estrés Postraumático Complejo (TEPTC) y Daño Moral (IM). Esas distinciones son importantes puesto que a veces un profesional de la salud mental diagnostica erróneamente a un superviviente de una secta porque el terapeuta no conoce el TEPTC o cree que las respuestas al trauma se producen «únicamente en situaciones en las que los acontecimientos han puesto en peligro la vida del superviviente.

Como joven clínica y superviviente, luché mucho para entender mis propias experiencias a través de una visión de las respuestas al trauma exclusivamente en términos de vida o muerte. Aunque nunca sentí que mi vida estuviera en peligro inmediato, como resultado de mis experiencias vivía en un estado casi constante de sensación de inseguridad, hipervigilancia y ansiedad en el mundo que me rodeaba. A medida que fui comprendiendo mejor el trauma, se hizo evidente que no sólo nos afecta el riesgo de peligro mortal, sino también los sentimientos de impotencia, inexorabilidad y miedo a la exclusión social y el abandono, que tienen una influencia duradera en nuestra psiquis y nuestro sistema nervioso.

El presente capítulo proporciona información sobre esas respuestas traumáticas para los profesionales de la medicina, la salud mental y otros profesionales de asistencia social, de modo que puedan atender mejor a los pacientes que son o han sido integrantes de una secta, así como a los supervivientes de relaciones coercitivas y abusivas. Esta información puede ayudar también a los supervivientes a comprender mejor el trauma que experimentaron durante su participación y las secuelas persistentes que pueden dificultar la vida cotidiana y la recuperación.

Diferenciación de TEPT y TEPTC

El Trastorno de Estrés Postraumático (TEPT) se utiliza para describir un conjunto de síntomas derivados de «algo que te sucedió». A menudo se trata de un único incidente o de un conjunto de acontecimientos en los que experimentamos una intensa respuesta de estrés, como un robo, una violación, un accidente de coche o un incendio en casa. A menudo se relaciona con la vida actual a través de detonantes directos relacionados con el incidente, picos fuertes de estrés agudo y evasión de los detonantes asociados con el incidente. Para algunos, eso puede implicar flashbacks, pesadillas, insensibilidad y/o diversas versiones de distanciamiento o evasión.

El trastorno postraumático complejo (TEPTC) también provoca muchas de las mismas respuestas postraumáticas y tiende a centrarse en algo que te sucedió. Está relacionado con incidentes más prolongados de exposición al estrés. Este tipo de exposición al trauma suele producirse en el contexto de una relación y/o circunstancia vital continuada. Dado que este tipo de trauma está relacionado con relaciones traumáticas o situaciones de más larga data, la recuperación es más matizada. A menudo se asocia a detonantes inevitables y a un estado casi constante de respuesta al estrés y de ansiedad.

Para muchos supervivientes, este estado de alta agitación/vigilancia y/o insensibilidad se convierte en su forma normal de funcionar y muy rara vez se encuentran en un estado relajado. Se da especialmente entre los que nacieron o se criaron en una secta, los que estuvieron implicados durante mucho tiempo en experiencias sectarias y los individuos que se criaron en sistemas familiares abusivos y emocionalmente inseguros o que se vieron implicados en relaciones abusivas después de la infancia.

Si una de esas situaciones te describe, es probable que la exposición a ese tipo de entorno (y su conexión con altos niveles de inexorabilidad, imprevisibilidad e inseguridad emocional) te causara un impacto negativo en el desarrollo de tu yo, tus comportamientos y tu personalidad. Por lo tanto, afectó tu sentido de identidad: quién eres o en quién te has convertido. Cualquiera que haya pasado mucho tiempo en una secta o en una relación tóxica puede encontrarse con largos periodos de desconexión, comportamientos adictivos y respuestas traumáticas que al parecer nunca desaparecen. Hasta puede parecer que toda tu personalidad se compone de algún tipo de respuesta que entraña lucha, huida, inmovilización o amilanamiento. Esto se debe a que las formas en que nos adaptamos a estos entornos durante tanto tiempo se convierten en nuestra forma normal de ser, aun mucho después de haber salido del entorno o de la relación.

Tanto el TEPTC como el TEPT pueden causar patrones de pensamiento negativos que inducen a la culpa, la ira y el estado de ánimo depresivo. Muchos profesionales de la salud mental suelen pensar que el TEPT está relacionado con los traumas infantiles, ya que es ahí donde se produce con más frecuencia. El punto de vista tradicional sería que el TEPT está basado en la infancia o es una forma de trauma del desarrollo. En la última edición del *Diagnostic and Statistical Manual of Mental Disorders* (DSM-5) («Manual de diagnóstico y estadística de los trastornos mentales») publicado por la *American Psychiatric Association* (la «biblia» de los médicos para diagnosticar a los pacientes y obtener reembolsos de seguros médicos), se produjeron muchos debates y discusiones sobre la conveniencia de incluir una mejor comprensión del trauma, el trauma evolutivo y el TEPT.

Sería válido afirmar que en futuras ediciones, la definición de trauma y nuestra comprensión de sus repercusiones serán más matizadas que lo que existe en el manual actual. Es imposible comprender a fondo los orígenes de muchos trastornos de salud mental sin utilizar una perspectiva informada sobre el trauma que comprenda cabalmente este tipo de acontecimientos/relaciones estresantes y cómo repercuten en nuestro desarrollo y expresión de la sintomatología.

Lo relevante aquí es que el TEPTC es causado por un trauma que ocurre durante largos períodos de tiempo, a menudo relacionales, lo que provoca que experimentemos innumerables escenarios de dificultad y respuestas traumáticas en nuestra vida. La exposición prolongada a sentirse inseguro y estresado crea un sistema de adaptaciones que es diferente de lo que ocurre con un único acontecimiento agudo definitorio. Se diferencia del TEPT en la forma en que pensamos. Gran parte de nuestro comportamiento puede verse alimentado por alguna forma de respuesta traumática, especialmente en nuestras interacciones con los demás y en nuestras percepciones y respuestas a las relaciones. Además, como está tan conectado con las partes relacionales de nuestra vida y con esferas que simplemente son difíciles de evitar, los detonantes pueden ser constantes y la recuperación puede ser un proceso lento y continuo.

Daño moral

El **Daño Moral (DM)** es el resultado de lo que «hiciste a otros o de lo que presenciaste». En ambos casos, como estabas atrapado en la secta/relación, no podías hacer nada para proteger a las víctimas o a ti mismo. Aunque puede que te sientas responsable de tus actos, gran parte de nuestro comportamiento está alimentado por la respuesta al trauma cuando nos encontramos en una situación de mucho control, por lo que puede resultar difícil atribuir una concepción normal de responsabilidad personal en tales circunstancias. Para muchos, lo que experimentan es una desconexión entre su comportamiento normal y moral y cómo respondieron en una serie de circunstancias extremas que amenazaban su supervivencia y su seguridad física o emocional. Por eso, después es posible que tiendan a sentir mucha vergüenza y autoinculpación por sus acciones o su comportamiento. Te ves a ti mismo como diferente de los demás, como una mala persona, como dañado y mancillado.

La diferencia con la culpa y la ira que se observan en las personas con TEPT es que, en el caso del TEPT, esos sentimientos son menos generales y no fracturan la identidad del mismo modo que con el DM. Como suele afirmar la psicóloga Shelly Rosen, experimentar dolor por el daño moral sufrido es algo positivo porque indica que eres una persona moral y que estás rechazando la inmoralidad del líder/abusador de la secta. También es importante enseñar el concepto de opciones limitadas planteado por Lalich a las personas que sufren daño moral, de modo que tengan un contexto de autocompasión para procesar el trauma que ellas también sufrieron.[1]

Las respuestas traumáticas son respuestas normales a una situación o situaciones anormales

Por difícil que pueda resultar afrontar un trauma, es importante recordar que es una respuesta normal a circunstancias anormales. Las respuestas al trauma son tu cerebro y tu psique protegiéndote de un daño mayor. La forma en que respondemos tiene una razón y una lógica que no tiene nada que ver con nuestra fortaleza, debilidad o carácter moral. Una vez comprendido eso, normalmente a través de la psicoeducación impartida por un terapeuta especializado en traumas o por medio de la autoeducación y el descubrimiento, podrás reconocer e identificar los detonantes y disponer de herramientas para gestionarlos. No tienen por qué dominar tu vida.

¿Qué sirve de ayuda?

- Crea formas de gestionar los detonantes y fortalécete a través de la psicoeducación.

- Desarrolla estados de relajación para contrarrestar el estado de alta excitación y céntrate en hacerlo con frecuencia y de forma constante, no sólo cuando estés en crisis.
- Aprende a crear seguridad interna mediante la autocompasión y la pedagogía del trauma, así como a regularte y a comprender tus experiencias.
- Considera las cosas que te dan una sensación personal de bienestar y relajación mental y corporal. Lo más importante es lo que da resultado para ti, no para otra persona.
- Por último, cuando sea posible aumenta el espacio para relaciones sanas y seguras en tu vida y evalúa los límites que estableces para protegerte de nuevos abusos. Las experiencias emocionales sanas y correctivas pueden ayudarnos mucho a volver a sentirnos seguros en el mundo.

22 Lista de comprobación para localizar un terapeuta que pueda ayudarte

A continuación se incluyen algunas preguntas que pueden resultar útiles de plantear a los posibles terapeutas a la hora de determinar cuál podría ser la opción adecuada para ti en este momento de tu viaje. Recuerda que es totalmente aceptable entrevistar a un terapeuta para asegurarte de sentirte cómodo con su experiencia, su nivel de profesionalidad y determinar si es el adecuado para ti.

- ¿Qué licencia o acreditación tiene?
- ¿Cuál es su formación y experiencia?
- ¿Tiene experiencia trabajando con trauma? ¿Qué tipo de trauma? (Nota: la experiencia en TEPT Complejo será de gran ayuda).
- ¿Qué tipo de terapia practica? ¿Cómo se aplicaría eso en mi tratamiento?
- Y si no me siento cómodo con un tipo de terapia que usted practica, ¿cómo lo resolveremos?
- ¿Se lo puede localizar en caso de crisis o emergencia? Si no es así, ¿puede proporcionarme recursos que puedan ayudarme en tal caso?
- ¿Tiene formación o conocimientos sobre los efectos de las sectas, el condicionamiento psicológico, la coacción o los abusos?
- ¿Practica la hipnosis u otras técnicas de inducción al trance? (Nota: algunos tipos de terapias que utilizan conceptos *New Age*, visualización guiada e hipnosis pueden ser detonantes. Procede con precaución).
- ¿Cómo explica sus tarifas, escalas de precios y política de cancelación? (Nota: la transparencia y la claridad son importantes).
- ¿Cómo se establecen los objetivos del tratamiento? ¿Cómo es ese proceso?
- Si me siento incómodo con algo que hace o sugiere, ¿cómo recomienda que lo aborde?

Además, después de la evaluación o llamada inicial, puedes plantearte las siguientes preguntas:

- ¿Me sentí escuchado, comprendido y respetado por el terapeuta?
- ¿Sentí que la relación con el terapeuta era de colaboración o que él era el experto y yo el alumno?
- ¿Estaba el terapeuta dispuesto a comprender y hacer ajustes si algo me hace sentir incómodo?
- ¿El terapeuta estaba dispuesto a derivarme a otra persona si no tenía el nivel de experiencia necesario para abordar mis necesidades terapéuticas?
- ¿Fue el terapeuta abierto y directo al responder a todas mis preguntas?
- ¿Parecía el terapeuta sensible, inteligente y maduro? ¿Parecía alguien con quien me podía sentir seguro?
- ¿Estaba el terapeuta abierto y dispuesto a aprender más y a trabajar para comprender mejor mis necesidades específicas?

En todo momento, ten en cuenta lo siguiente:

- Sobre todo, confía en tu propio juicio. Si por alguna razón no te sentiste seguro o te sentiste ignorado, ya es suficiente. Busca otro terapeuta.
- Está bien entrevistar a diferentes terapeutas hasta que encuentres a alguien que te sirva. Un terapeuta sano lo entiende y no se ofende.
- Puedes dejar la terapia cuando quieras. Dispones en todo momento de un acelerador y un freno. Tu terapeuta debe entenderlo y respetarlo.
- La terapia es para ti, no para el terapeuta.

Todo terapeuta debe conocer los principios básicos de las prácticas éticas, incluyendo la prohibición de relaciones sexuales con los pacientes, la precaución ante cualquier contacto físico, los límites en las relaciones y la ausencia de relaciones duales con el paciente. Todos esos aspectos deben debatirse con franqueza y tratarse de forma segura y respetuosa.

Reconocimientos

Por esta tercera edición de **Recupera tu vida: Sanar las heridas de experiencias sectarias y relaciones abusivas** (Take Back Your Life: Recovering from Cults and Abusive Relationships), tengo que dar gracias a tanta gente que apenas sé por dónde empezar. Allá vamos... sin ningún orden en particular.

En primer lugar, quiero dar las gracias a mi colega y amiga, Madeleine Landau Tobias, quien, en 1993, me animó a ser coautora de la primera edición de este libro, *Captive Hearts, Captive Minds* (*Corazones cautivos, mentes cautivas*).

Con la más profunda gratitud, este libro no habría sido posible sin la generosa contribución de la Fundación Resource for Life, un recurso para la sanación de supervivientes de cultos. Gracias. Gracias. Gracias.

Asimismo, el más sincero agradecimiento a Liliana Rosing por su trabajo en la traducción inicial al español del libro: una tarea nada sencilla, por decir lo menos. Gracias, amiga.

Envío montañas de gratitud a Shelly Rosen por renovar y actualizar los capítulos relacionados con la terapia. Le estoy muy agradecida por prestar sus conocimientos como terapeuta con una larga experiencia en este campo, trabajando con supervivientes de sectas y formando y supervisando a terapeutas para que puedan servir mejor a la comunidad de supervivientes. Shelly revisó capítulos con contenido terapéutico y fue autora de varias contribuciones importantes que añadieron un enorme valor a este libro.

Estoy más que agradecida a Bethany Kelly y a sus fantásticos servicios de socia editorial. Bethany hizo realidad esta nueva edición de muchas maneras. Me espoleaba (muy dulcemente). Me enviaba recordatorios por correo electrónico y me ponía plazos. Hasta vino a mi casa y me ayudó a priorizar, me dijo lo que tenía que hacer y lo que ella podía hacer para que todo el proceso fuera más rápido. Hasta soportó a mi perro ladrador, Ollie. Y sí, gracias a Ollie por levantarme del escritorio y sacarme de casa varias veces al día. Ambos agradecemos a su maravillosa amiga, paseadora y niñera Liliana Rosing.

Doy las gracias especialmente a mi alma gemela, Polly Thomas. Conozco a Polly desde 1974 y hasta tuve la osadía de reclutarla para la secta en la que yo estaba (afortunadamente, me perdonó). Durante todos estos años ha sido mi mejor y más leal amiga, más de lo que alguien puede pedir.

Multitudes de agradecimientos a Darlene Frank, Marny Hall, Janet Seldon, Barbara Besser y Phil Montalvo, Mary Jo Cowart, Miguel de Cruz, Lenor de Cruz, Susan Davis, Drue y Phil Kramer, Margaret y Robert DeGraca, Jim y Val Heckendorf por su incansable apoyo y amistad, y Deb Hagin y Becky y Robert Granse… por todas las tardes de vino y juegos y risas que me ayudaron a distenderme. Los quiero y valoro a todos y cada uno de ustedes.

Muchos guiños risueños y agradecidos al perspicaz y singular Stuart Horowitz, que me ayuda con mis memorias, por su paciencia mientras dejo de lado ese proyecto para terminar éste.

Conmigo siempre y apoyándome en todo momento, por lejos me encuentre: mis cuatro mejores amigas de nuestro primer año en Francia en 1965-66: Pat Lerman, Deborah Mechanek, Laurie Shewmon y Judy Friebert. Siento haberme perdido tantos encuentros de Zoom, ¡el motivo es este libro!

Por todo su amor y apoyo, mi sobrino y su mujer, Mihailo y Jennifer Lalich y todos los niños, Ilya, Sasha, Miles, Leia, Sophie y Hannah… ustedes hacen una diferencia en mi vida.

Les debo mucha gratitud a Cecilia Peck, Daniel Voll, Inbal Lessner y Morgan Proferi de Rocket Girl Productions, por darme siempre un buen empujón cuando lo necesito y por sus fabulosos documentales que ayudan a educar sobre las sectas y el control coercitivo. Huelga mencionar a Sarah Edmondson, Lisa de igotout.com, y a todos los maravillosos podcasters, documentalistas, periodistas y locutores de noticias que me entrevistaron y ayudaron a difundir información sobre sectas, con un agradecimiento especial a los cineastas Pat McGee y Zach Ingrasci y a los podcasters, entre ellos, nada menos que Navigating Narcissism del Dr. Ramani, Sensibly Speaking de Chris Shelton, Cult Vault Kacey, Let's Talk About Sects Sarah Steele, la descarada Ashley Richards de That'sSoFuckdUp, y el fabuloso Aldo Martin, de muchos talentos y podcasts.

La suerte me acompañó este año y me trajo a mi asistente virtual, Tara Backes, que se encarga de mis correos electrónicos, agenda mis citas, hace malabares con mi disparatado calendario y me salvó la vida más de una vez. Gracias, Tara.

Ni siquiera sé cómo agradecer lo suficiente a la Junta Directiva del Centro Lalich sobre Sectas y Coacción—Phil Elberg, Polly Thomas, Natalie

Fabert, and Adam Kunz— y a todos los miembros voluntarios del equipo y colaboradores que han ayudado de muchísimas maneras. Andrew Pledger, Keely Griffin, Nichole Nelson, y a todos los que han venido a nuestros grupos, cursos y talleres.

Agradezco profundamente a todos los supervivientes que han contribuido generosamente con sus historias, añadiendo profundidad y una visión única a cuestiones y temas complejos y difíciles. Estoy especialmente en deuda con los que nacieron y crecieron en una secta por añadir una dimensión especial al libro con sus relatos personales. Y por concientizar sobre este problema de salud pública tan poco reconocido.

Y nunca olvidaré a las innumerables personas con las que me reuní o hablé o a las que envié mensajes de texto o Instagram o Twitter o Messenger o Zoom o TikTok o correo electrónico a lo largo de los años, que lograron salir de sus sectas y de las que aprendí muchísimo.

Notas

Introducción
1. Singer, M. *Cults in Our Midst* (San Francisco: Jossey-Bass, 2003). Antes de su muerte en 2003, la Dra. Singer, profesora adjunta emérita del Departamento de Psicología de la Universidad de California en Berkeley, era considerada por muchos la principal experta mundial en sectas. Singer llevó a cabo numerosas investigaciones, asesoró a más de tres mil antiguos seguidores de sectas y a sus familias, y actuó como testigo experto o consultora en muchos casos judiciales relacionados con sectas.
2. Clark, C. S. *Cults in America*, The CQ Researcher 3:17 (7 de mayo de 1993), p. 387, citando a Cynthia S. Kisser, directora ejecutiva de la *Cult Awareness Network* (CAN). CAN era una organización de voluntarios sin ánimo de lucro dedicada a educar al público sobre las sectas. A causa de numerosas demandas judiciales, CAN se vio obligada a declararse en quiebra a mediados de los años noventa. El juzgado de quiebras vendió los activos de CAN —su nombre, logotipo y número de teléfono de la línea de ayuda— al mejor postor, un abogado cienciólogo. La nueva CAN pasó a manos de la Fundación para la Libertad de Culto, que según los archivos del IRS es una organización de la Cienciología.

Capítulo 1: Definición de secta
1. *Merriam-Webster's Collegiate Dictionary*, 10th ed., s.v. *"thrall"* (cautividad).
2. Arendt, A. *The Origins of Totalitarianism* (New York: Harcourt Brace & World, 1966), p. 326.
3. En 1988, la *American Family Foundation* (ahora ICSA) publicó *Cults: Questions and Answers* [Sectas: preguntas y respuestas], de Michael D. Langone. El folleto proporcionaba una comprensión básica de las sectas y los problemas que las rodean, incluyendo definiciones, en qué se diferencian las sectas de los grupos autoritarios y jerárquicos reconocidos, una explicación del condicionamiento psicológico y por qué las sectas son perjudiciales para los individuos y la sociedad.
4. *American Family Foundation, Cultism: A Conference for Scholars and Policy Makers* (Conferencia para académicos y responsables políticos), *Cultic Studies Journal* 3:1 (1986), pp. 119-120. El Instituto Neuropsiquiátrico de la Universidad de California en Los Ángeles, la Johnson Foundation y la American Family Foundation patrocinaron la conferencia.
5. Langone, *Cults: Questions and Answers* (Sectas: preguntas y respuestas), (Weston, MA: *American Family Foundation*, 1988), p. 1.

6. Appel, W. *Cults in America: Programmed for Paradise* (Sectas en Estados Unidos: Programados para el paraíso) (Nueva York: Holt, Rinehart & Winston, 1983), pp. 16-18.
7. FitzGerald, F. *Cities on a Hill: A Journey through Contemporary American Cultures* (Ciudades en una colina: Viaje por las culturas americanas contemporáneas) (Nueva York: Simon and Schuster, 1986), pp. 390, 408.
8. Lalich, J. *Bounded Choice: True Believers and Charismatic Cults* (Opciones limitadas: verdaderos creyentes y sectas carismáticas) (Berkeley: University of California Press, 2004), p. 5.
9. Ibid., pp. 17 y 245.
10. Ibid., p. 17.
11. Zablocki, B. y Robbins, T. *Misunderstanding Cults: Searching for Objectivity in a Controversial Field* (Incomprensión del fenómeno sectario: En busca de la objetividad en un campo controvertido) (Toronto: University of Toronto Press, 2001).

Capítulo 2: Reclutamiento

1. Singer, M. *Group Psychodynamics*, (Psicodinámica grupal) en *The Merck Manual of Diagnosis and Therapy*, (Manual Merck de Diagnóstico y Terapia) ed. Robert Berkow (Rahway, NJ: Merck Sharp & Dome Research Laboratories, 1987), pp. 1468, 1470.
2. West, L. J. *Persuasive Techniques in Contemporary Cults: A Public Health Approach*, (Técnicas persuasivas en las sectas contemporáneas: Un enfoque de salud pública) *Cultic Studies Journal* 7:2 (1990), p. 131.
3. Ibid.; Langone, *Cults: Questions and Answers* (Preguntas y respuestas), p. 5.
4. Langone, *Cults: Questions and Answers*, (Preguntas y respuestas), p. 6.
5. Cialdini, R. *Influence: The New Psychology of Modern Persuasion* (Influencia: La nueva psicología de la persuasión moderna) (New York: Quill, 1984).
6. Cialdini, R. discurso inaugural, *The Powers of Ethical Influence* (La efectividad de la influencia ética). Conferencia annual de la *Cult Awareness Network*, Los Ángeles, 6 de noviembre de 1992.
7. Zimbardo P. G. y Leippe, M. R. *The Psychology of Attitude Change and Social Influence* (La psicología del cambio de actitudes y la influencia social) (Nueva York: McGraw-Hill, 1991), p. 10.
8. Scharff, G. *Autobiography of a Moonie*, (Autobiografía de un *Moonie*) *Cultic Studies Journal* 2:2 (1985), pp. 252-258.
9. Miller, J. S. *The Utilization of Hypnotic Techniques in Religious Cult Conversion*, (Utilización de técnicas hipnóticas en la conversión religiosa sectaria) *Cultic Studies Journal* 3:2 (1986), p. 245.
10. Ibid., p. 247.
11. Sharma, J. M.S.W., desarrolló el contrato original para pacientes con dificultades de relación. Adaptado con permiso.
12. Adaptado de Zablocki, B. *Proposing a 'Bill of Inalienable Rights' for Intentional Communities* (Propuesta de una «Carta de derechos inalienables» para comunidades intencionales), *Cultic Studies Journal* 16:2 (1999), pp. 185-192.
13. Herman, J. L. *Trauma and Recovery: The Aftermath of Violence—From Domestic Abuse to Political Terror* (Trauma y recuperación: Las secuelas de la violencia: del maltrato doméstico al terrorismo político) (Nueva York: Basic Books, 1992), pp. 34-35, citando a Pierre Janet y Abram Kardiner.
14. Lifton, R. J. *The Future of Immortality and Other Essays for a Nuclear Age* (El futuro de la inmortalidad y otros ensayos para una era nuclear) (Nueva York: Basic Books, 1987), p. 197.

15. Esta sección procede de Janja Lalich, *Why It's Not Easy to Leave Cults* (Por qué no es fácil abandonar una secta), presentación en un seminario de educación pública, filial del norte de California de la *Cult Awareness Network*, San Francisco, 17 de noviembre de 1993 y *The Social Construction of Freedom: Making Sense of a Conflicted Experience* (Construcción social de la libertad: Dar sentido a una experiencia conflictiva), discurso de apertura, conferencia anual de *A Common Bond* (Un vínculo común), San Francisco, 15 de agosto de 2000.

Capítulo 3: Adoctrinamiento y resocialización

1. Lifton, R. J. *Thought Reform and the Psychology of Totalism* (Condicionamiento psicológico y la psicología del totalismo) (Nueva York: Norton, 1961).

2. Taylor, K *Brainwashing: The Science of Thought Control* (Lavado de cerebro: la ciencia del control del pensamiento) (Oxford, England: Oxford University Press, 2004).

3. Schein, E. con Schneier, I y Barker, C. H. *Coercive Persuasion: A Socio-psychological Analysis of Brainwashing of American Civilian Prisoners by the Chinese Communists* (Persuasión coercitiva: Análisis socio-psicológico del lavado de cerebro de prisioneros civiles estadounidenses por los comunistas chinos) (Nueva York: Norton, 1961).

4. Lifton, *Thought Reform* (Condicionamiento psicológico), p. 419.

5. Ibid., p. 435.

6. Ofshe, R. y Singer, M. *Attacks on Peripheral Versus Central Elements of Self and the Impact of Thought Reforming Techniques*, (Ataques a elementos periféricos frente a elementos centrales del yo e impacto de las técnicas de condicionamiento psicológico), *Cultic Studies Journal* 3:1 (1986), pp. 3-24.

7. Ibid., p. 19.

8. Singer, *Cults in Our Midst* (Las sectas en nuestro medio), pp. 64-69.

9. Stahelski, A. *Terrorists Are Made, Not Born: Creating Terrorists Using Social Psychological Conditioning* (Los terroristas no nacen, se hacen: creación de terroristas mediante el condicionamiento psicológico social), *Journal of Homeland Security*, marzo de 2004. Disponible en www.homelanddefense.org/journal/Articles/stahelski. html. Ver también See also Martha Crenshaw, *The Psychology of Terrorism: An Agenda for the 21st Century*, (Psicología del terrorismo: Una agenda para el siglo XXI), *Political Psychology* 21:2 (junio de 2000), pp. 405-420; Jerrold M. Post, *Terrorist Psycho-Logic: Terrorist Behavior as a Product of Psychological Forces* (Psico-lógica terrorista: El comportamiento terrorista como producto de fuerzas psicológicas), En Walter Reich, ed., *Origins of Terrorism: Psychological, Ideologies, Theologies, States of Mind* (Orígenes del terrorismo: Psicológicos, ideológicos, teológicos, estados de ánimo) (Cambridge, England: Cambridge University Press, 1998), pp. 25-40; y Walter Reich, *Understanding Terrorist Behavior: The Limits and Opportunities of Psychological Inquiry* (Comprensión del comportamiento terrorista: Límites y oportunidades de la investigación psicológica), en Reich, ed., *Origins of Terrorism* (Orígenes del terrorismo)

10. Stahelski, *Terrorists Are Made* (Los terroristas se crean)

11. Singer, *Cults in Our Midst* (Las sectas en nuestro medio), pp. 64-69.

12. I. Farber, H. Harlow, y L. J. West, *Brainwashing, Conditioning, and DDD* (Lavado de cerebro, condicionamiento y DDD) *Sociometry* 20 (1957), pp. 271-285, citado en Langone, *Assessment and Treatment of Cult Victims and Their Families* (Evaluación y tratamiento de las víctimas de sectas y sus familias), en *Innovations in Clinical Practice: A Sourcebook* (Innovaciones en la práctica clínica: Manual de consulta), ed. P. A. Kellerman y S. R. Hegman (Sarasota, FL: Professional Resource & Exchange, 1991), p. 264.

13. Lifton, *Thought Reform* (Condicionamiento psicológico); Schein, *Coercive Persuasion* (Persuasión coercitiva)
14. Langone, *Assessment and Treatment* (Evaluación y tratamiento), p. 264.
15. *Merriam-Webster's Collegiate Dictionary*, 10th ed., s.v. *double bind* (doble vínculo).
16. West, L. J. y Singer, M. *Cults, Quacks, and Nonprofessional Therapies* (Sectas, charlatanes y terapias no profesionales) en *Comprehensive Textbook of Psychiatry/III* (Manual integral de psiquiatría/III), eds. Harold I. Kaplan, Alfred M. Freedman, y Benjamin J. Sadock (Baltimore: Williams & Wilkins, 1980), p. 3248.
17. Ibid., pp. 3248-3249.
18. Langone, *Cults: Questions and Answers* (Sectas: Preguntas y respuestas), p. 6.
19. Lifton, *The Future of Immortality* (El futuro de la inmortalidad), pp. 197-198.
20. West, L. J. y Martin, P. R. *Pseudo-identity and the Treatment of Personality Change in Victims of Captivity and Cults* (Pseudoidentidad y tratamiento del cambio de personalidad en víctimas de cautiverio y sectas), en *Dissociation: Clinical and Theoretical Perspectives* (Disociación: Perspectivas clínicas y teóricas), eds. S. J. Lynn y J. W. Rhue (Nueva York: Guilford Press, 1994), pp. 268-88.
21. Lifton, *The Future of Immortality* (El futuro de la inmortalidad), p. 200.
22. Lalich, *Bounded Choice* (Opciones limitadas)
23. Schein, E. *Organizational Culture and Leadership*, 2nd ed. (Cultura organizativa y liderazgo, 2ª ed.) (San Francisco, Jossey-Bass, 1997), pp. 327-329.
24. Schein, *Coercive Persuasion* (Persuasión coercitiva).
25. Lifton, *Thought Reform* (Condicionamiento psicológico), p. 436.
26. Giddens, A. *The Constitution of Society: Outline of the Theory of Structuration* (Constitución de la sociedad: Esbozo de la teoría de la estructuración), (Berkeley: University of California Press, 1984).
27. Coleman, J. S. *Foundations of Social Theory* (Fundamentos de la teoría social), (Cambridge, MA: Belknap Press, 1990), p. 295.
28. Ibid.

Capítulo 4: El líder de la secta

1. Levine, E. y Shaiova, C. *Religious Cult Leaders as Authoritarian Personalities* (Los líderes de sectas religiosas como personalidades autoritarias), *Areopagus* (otoño de 1987), p. 19.
2. Adaptado de *Personality Structure and Change in Communist Systems: Dictatorship and Society in Eastern Europe* (Estructura y cambio de personalidad en sistemas comunistas: Dictadura y sociedad en Europa del Este), de Volgyes, I. en *The Cult of Power: Dictators in the Twentieth Century* (El culto al poder: Dictadores en el siglo XX), ed. Joseph Held (Boulder, CO: *Eastern European Monographs*, 1983), pp. 23-39.
3. Suedfeld, P. *Authoritarian Leadership: A Cognitive-Interactionist View* (Liderazgo autoritario: Una visión cognitivo-interaccionista), en *The Cult of Power* (El culto al poder), ed. Held, pp. 8-9.
4. Post, J. M. *Leaders and Their Followers in a Dangerous World: The Psychology of Political Behavior* (Líderes y seguidores en un mundo peligroso: Psicología del comportamiento político), (Ithaca, NY: Cornell University Press, 2004), pp. 197-198.
5. *Merriam-Webster's Collegiate Dictionary*, 10th ed., s.v. *charisma* (carisma).
6. Weber, M. *Charismatic Authority* (Autoridad carismática), en en S. N. Eisenstadt, ed., *Max Weber: On Charisma and Institution Building* (Sobre el carisma y la creación de instituciones) (Chicago: University of Chicago Press, 1968), p. 48.

7. Ibid., pp. 48-49.
8. Lattin, D. *10-Hour Wait, 3-Second Hug* (10 horas de espera, 3 segundos de abrazo), *San Francisco Chronicle*, 15 de junio de 2005, pp. A1, A11.
9. Ibid, p. A11.
10. Véase por ejemplo, Deutsch, A. *Tenacity of Attachment to a Cult Leader: A Psychiatric Perspective* (Tenacidad del apego a un líder sectario: perspectiva psiquiátrica), *American Journal of Psychiatry* 137 (1980), p. 12; Joachim C. Fest, *The Face of the Third Reich* (La cara del Tercer Reich) (Nueva York: Pantheon Books, 1960); Levine y Shaiova, *Religious Cult Leaders* (Líderes de sectas religiosas); L. J. Saul y S. L. Warner, *The Psychotic Personality* (Personalidad psicótica), (Nueva York: Van Nostrand Reinhold, 1982); Benjamin B. Wolman, *The Sociopathic Personality* (La personalidad sociopática) (Nueva York: Brunner/Mazel, 1987).
11. Kernberg, O. F. *Borderline Conditions and Pathological Narcissism* (Trastornos límite y narcisismo patológico), (Nueva York: Jason Aronson, 1983), p. 228.
12. American Psychiatric Association, *Diagnostic and Statistical Manual of Mental Disorders* (Manual diagnóstico y estadístico de trastornos mentales), 4th ed., revisión de texto (Washington, D.C.: Autor, 2000), p. 702.
13. Ibid., p. 704.
14. Ibid., pp. 702-706.
15. Hare, R. D. *Without Conscience: The Disturbing World of the Psychopaths Among Us* (Sin conciencia: El inquietante mundo de los psicópatas en nuestro medio), (Nueva York: Pocket Books, 1993), p. xi.
16. Restak, R. M. *The Self Seekers* (Buscadores del yo), (Garden City, NY: Doubleday, 1982), p. 195.
17. Magid, K. and McKelvey, C. A. *High Risk: Children Without a Conscience* (Alto riesgo: niños sin conciencia) (Nueva York: Bantam Books, 1989), p. 21.
18. Dorr, D. y Woodhall, P. K. *Ego Dysfunction in Psychopathic Psychiatric Inpatients* (Disfunción del yo en pacientes psiquiátricos psicopáticos hospitalizados), en *Unmasking the Psychopath*, (Desenmascaramiento del psicópata), eds. Reid et al., pp. 128-129.
19. Strasburger, L. H. *The Treatment of Antisocial Syndromes: The Therapist's Feelings*, (Tratamiento de síndromes antisociales: Los sentimientos del terapeuta), en *Unmasking the Psychopath* (Desenmascaramiento del psicópata), eds. Reid et al., p. 191.
20. Magid y McKelvey, *High Risk* (Alto riesgo), p. 21.
21. Restak, *Self Seekers* (Buscadores del yo), p. 289.
22. Magid and McKelvey, *High Risk* (Alto riesgo), p. 4.
23. Véase Cleckley, H. *The Mask of Sanity* (La máscara de la cordura), (Nueva York: NAL/Plume, 1982), p. 204, y Robert D. Hare, *Twenty Years of Experience With the Cleckley Psychopath* (Veinte años de experiencia con el psicópata de Cleckley), en *Unmasking the Psychopath* (Desenmascaramiento del psicópata), eds. Reid et al., p. 18. Cleckley describió la personalidad psicopática en su obra clásica, *The Mask of Sanity* (La máscara de la cordura). Basándose en un estudio detallado de la personalidad y el comportamiento del psicópata, identificó 16 características para su uso en la evaluación y el tratamiento de psicópatas. El trabajo de Cleckley influyó enormemente en la investigación de Hare. Al desarrollar procedimientos fiables y válidos para evaluar este trastorno, Hare revisó en varias ocasiones la lista de Cleckley y finalmente se decidió por una lista de comprobación de psicopatía de 20 preguntas.
24. Lifton, *The Future of Immortality* (El futuro de la inmortalidad), p. 211.

25. Person, E. *Manipulativeness in Entrepreneurs and Psychopaths* (Manipulación en emprendedores y psicópatas), en *Unmasking the Psychopath* (Desenmascaramiento del psicópata), eds. Reid et al., p. 257.

26. Magid and McKelvey, *High Risk* (Alto riesgo), p. 98.

27. Snyder, S. *Pseudologica Fantastica in the Borderline Patient* (Pseudológica fantástica en el paciente borderline), *American Journal of Psychiatry* 143:10 (1986), p. 1287.

28. Véase Magid y McKelvey, *High Risk* (Alto riesgo) A quienes estén interesados en saber más sobre los factores de la infancia y cómo pueden influir en la visión del mundo de una persona y en su potencial para la violencia, les recomendamos, en particular, la obra de Alice Miller, *The Drama of the Gifted Child* (El drama del niño superdotado), (Nueva York: Basic Books, 1981) y *For Your Own Good: Hidden Cruelty in Child-Rearing and the Roots of Violence* (Nueva York: Farrar Straus Giroux, 1984). La segunda incluye un estudio fascinante sobre la infancia de Adolph Hitler.

29. Véase. Por ejemplo, Ward, D. *Domestic Violence as a Cultic System* (La violencia doméstica como sistema sectario), *Cultic Studies Journal* 17 (2000), pp. 42-55.

30. Restak, R. M. *If Koresh had been treated as a psychotic* (Si Koresh hubiera sido tratado como psicótico), *Hartford Courant*, 3 de mayo de 1993.

31. Holmes, C. J. *Jerusalem syndrome victim?* (¿Víctima del síndrome de Jerusalén?), *Atlanta Journal*, 13 de marzo de 1993.

32. Las fuentes utilizadas para la información relacionada con la vida de David Koresh son: Peter Applebome, *Bloody Sunday's Roots in Deep Religious Soil* (Las raíces del Domingo Sangriento en el suelo religioso profundo), New York Times, 2 de marzo de 1993; Mark England y Darlene McCormick, *Violent Cult Had Faith in Twisted Leader* (Secta violenta tenía fe en un líder retorcido), San Francisco Chronicle, 1 de marzo de 1993; *The Cult Leader's Seductive Ways* (Las formas seductoras del líder de la secta), San Francisco Chronicle, 2 de marzo de 1993; David Gelman, *An Emotional Moonscape* (Paisaje lunar emocional), Newsweek, 17 de mayo de 1993; 911 *Tape Reveals Koresh Knew of Planned ATF Raid* (Grabación del 911 revela que Koresh sabía que la ATF planeaba una redada), San Francisco Chronicle, 10 de junio de 1993; Nancy Gibbs, *Oh, My God, They're Killing Themselves* (Dios mío, se están matando), Time, 3 de mayo de 1993; Melinda Henneberger, *At the Whim of the Leader: Childhood in a Cult* (A merced del capricho del líder: la infancia en una secta), New York Times, 7 de marzo de 1993; Michael de Courcy Hinds, *U.S. Pleads with Cult Leader to Let His Followers Go* (Estados Unidos ruega al líder de la secta que deje marchar a sus seguidores), New York Times, 7 de mayo de 1993; *FBI Told Not to Attack Compound* (El FBI recibió órdenes de no atacar el complejo), Hartford Courant, 9 de mayo de 1993; B. Kantrowitz, et al., *Thy Kingdom Come* (Venga tu reino), Newsweek, 15 de marzo de 1993; Richard Lacayo, *In the Grip of a Psychopath* (En las garras de un psicópata), Time, 3 de mayo de 1993; A. Press et al, *Death Wish*, (Deseo de muerte), Newsweek, 3 de mayo de 1993; Richard M. Restak, *If Koresh had been treated as a psychotic* (Si Koresh hubiera sido tratado como un psicópata), Hartford Courant, 3 de mayo de 1993; J. Smolowe et al., *Tragedy in Waco* (Tragedia en Waco) Time, 3 de mayo de 1993; J. Treen et al, *The Zealot of God* (El zelote de Dios), People, 15 de marzo de 1993; Sam Howe Verhovek, *«Messiah» Fond of Rock, Women and Bible* (El mesías aficionado al rock, las mujeres y la biblia), New York Times, 3 de marzo de 1993; *The Siege, Waco Points Out, Isn't Exactly in Waco* (Waco señala que el sitio no es realmente en Waco), New York Times, 6 de marzo de 1993.

Capítulo 6: Psicología del líder narcisista traumatizante de una secta, por Daniel Shaw

1. Shaw, D. (2014). *Traumatic Narcissism: Relational Systems of Subjugation* (Narcisismo Traumático: Sistemas relacionales de sometimiento), Nueva York: Routledge.
2. Lalich, J. (2004). *Bounded Choice: True Believers and Charismatic Cults* (Opciones limitadas: auténticos creyentes y sectas carismáticas), Berkeley: University of California Press.

Capítulo 7: Relaciones abusivas y sectas familiares

1. Véase, P. *The Verbally Abusive Relationship: How to Recognize It and How to Respond* (Relaciones verbalmente abusivas: Cómo reconocerlas y cómo responder) (Holbrook, MA: Bob Adams, 1992).
2. Loew's Inc., *Gaslight* (Manipulación) (1944, renewed 1971 Metro-Goldwyn-Mayer).
3. Un libro excelente que describe el poder que un terapeuta puede tener sobre un paciente es *You Must Be Dreaming* (Debes estar soñando), (Nueva York: Poseidon, 1993), de Barbara Noël, un relato fascinante y detallado de dieciocho años de supuestos abusos sexuales y emocionales sistemáticos mientras la autora era paciente del célebre psicoanalista Jules Masserman.
4. Boulette, T. R. y Andersen, S. M. *'Mind Control' and the Battering of Women* ("Control mental" y maltrato a la mujer), *Cultic Studies Journal* 3:1 (1986), p. 26.
5. Véase por ejemplo, www.recovery-man.com.
6. Herman, *Trauma and Recovery* (Trauma y recuperación) p. 92.
7. Boulette y Andersen, *Battering of Women* (Maltrato a la mujer), pp. 26-27.
8. 1010Wins, *Joel Steinberg Thrown Out of NYC Hotel* (Joel Steinberg arrojado por la ventana de un hotel de Nueva York), 23 de agosto de 2004. Disponible en http://1010wins.com/topstories/winstopstories_story_236072259.html.
9. Esta y todas las otras citas atribuidas a Hedda Nussbaum son de la transcripción de *Interview with Hedda Nussbaum* (Entrevista a Hedda Nusbaum), *Larry King Live*, 16 de junio de 2003.
10. Klagsbrun, S. *Is Submission Ever Voluntary?* (¿La sumisión puede ser voluntaria?), conferencia anual de la *Cult Awareness Network*, Teaneck, NJ, noviembre de 1989.
11. Rosen, S. *Gender Attributes That Affect Women's Attraction to and Involvement in Cults* (Atributos de género que afectan a la atracción por las sectas y su participación en ellas), *Cultic Studies Journal* 14:1 (1997), p. 22-39.
12. El material sobre la relación Malvo-Muhammad se extrajo de lo siguiente: Matthew Barakat, *Possible Brainwashing Eyed in Sniper Case* (Posible lavado de cerebro en el caso del francotirador), Associated Press, 5 de diciembre de 2003; *Cult expert testifies at second sniper trial* (Experto en sectas testifica en el segundo juicio del francotirador), San Francisco Chronicle, 6 de diciembre de 2003; *Cult Expert testifies for Malvo Defense* (Experto en sectas testifica en defensa de Malvo), Atlanta Journal Constitution, 6 de diciembre de 2003; James Dao, *Mental Health Experts Call Sniper Defendant Brainwashed* (Expertos en salud mental afirman que el francotirador acusado sufrió un lavado de cerebro), New York Times, 11 de diciembre de 2003; Dan Oldenburg, *Stressed to Kill: The Defense of Brainwashing* (Estresado para matar: el lavado de cerebro como defensa), Washington Post, 21 de noviembre de 2003; Adrienne Schwisow, *Psychiatrist testifies teen sniper suspect was legally insane* (Psiquiatra testifica que el sospechoso de ser francotirador estaba legalmente enajenado), San Francisco Chronicle, 10 de diciembre de 2003; *Prosecutor challenges psychologist's testimony in Malvo's murder trial* (Fiscal impugna el testimonio del psicólogo en el juicio por

asesinato de Malvo), San Francisco Chronicle, 10 de diciembre de 2003; Andrea F. Siegel, *Witness links Malvo profile, brainwashing* (Testigo vincula el perfil de Malvo con el lavado de cerebro), Baltimore Sun, 6 de diciembre de 2003.

13. Dao, *Mental Health Experts Call Sniper Defendant Brainwashed* (Expertos en salud mental afirman que el francotirador acusado sufrió un lavado de cerebro).

14. Ibid.

15. Schwisow, *Psychiatrist testifies* (Psiquiatra testifica).

16. Ibid.

17. El material sobre la familia Wesson se extrajo de las siguientes fuentes: Mark Arax, *Puzzles persist in mass slayings* (Persisten los enigmas en los asesinatos masivos), Los Angeles Times, 16 de marzo de 2004; *Wesson was raised in loving, religious family, mother says* (Wesson se crió en una familia cariñosa y religiosa, dice la madre), Los Angeles Times, 20 de marzo de 2004; Associated Press, *Wesson's relative calls Fresno slayings suspect "evil"* (Familiar de Wesson califica de «perverso» al sospechoso de los asesinatos de Fresno), 20 de marzo de 2004; *Fresno killing suspect devised a plan 10 years ago for his children to commit suicide* (El sospechoso de los asesinatos de Fresno ideó un plan hace 10 años para que sus hijos se suicidaran), 9 de abril de 2004; *Jury gets case of murder involving 9 family members* (El jurado decide el caso de asesinato de 9 miembros de una familia), 3 de junio de 2005; *Slained child's mother testifies at murder trial* (La madre del niño asesinado declara en el juicio por homicidio), 8 de marzo de 2005; *Witness describes years of sexual abuse in Wesson household* (Testigo describe años de abusos sexuales en el hogar de Wesson), 9 de marzo de 2005; *Father convicted of murdering 9 of his children* (Padre condenado por el asesinato de 9 de sus hijos), 17 de junio de 2005; *Jury recommends death for Wesson* (El jurado recomienda la pena de muerte para Wesson), 30 de junio de 2005; Cyndee Fontana, *9 dead in Fresno home*, (9 muertos en hogar de Fresno), Fresno Bee, 13 de marzo de 2004; Kerri Ginis y Jim Davis, *Murder suspect led a life of secrecy* (Sospechoso de homicidio llevaba una vida de secretismo), Fresno Bee, 14 de marzo de 2004; Doug Hoagland, Jim Davis y Pablo López, *Incest, polygamy part of mass murder probe* (Incesto y poligamia, parte de la investigación del asesinato masivo), Fresno Bee, 14 de marzo de 2004; Meredith May y Demain Bulwa, *9 bodies unclaimed in Fresno massacre* (9 cadáveres sin reclamar en la masacre de Fresno), San Francisco Chronicle, 15 de marzo de 2004; Chuck Squatriglia, *Wesson convicted of murdering nine children* (Wesson condenado por el homicidio de nueve niños), San Francisco Chronicle, 17 de junio de 2005; Matthew Stannard, *Not-guilty pleas entered in case of family slayings* (Declaraciones de inocencia presentadas en el caso de los asesinatos de una familia), San Francisco Chronicle, 26 de abril de 2004; Jim Herron Zamora y Ryan Kim, *Incest claim in Fresno slayings* (Alegación de incesto en los asesinatos de Fresno), San Francisco Chronicle, 14 de marzo de 2004.

18. Associated Press, *Witness describes years of sexual abuse* (Testigo describe años de abusos sexuales).

19. Squatriglia, *Wesson convicted* (Wesson condenado).

20. El material sobre *"The Family,"* de Winifred se extrajo de lo siguiente: Associated Press, *Sentence given to member of Marin household where toddler starved* (Condena impuesta a un miembro de una familia de Marin en la que un niño murió de hambre), 19 de abril de 2003; Bob Egelko, *3 "Family" parents lose custody rights* (3 padres de "The Family" pierden la patria potestad), San Francisco Chronicle, 4 de febrero de 2005; Kevin Fagan y Peter Fimrite, *Court papers detail ritual beatings by "Family" cult* (Documentos judiciales detallan las palizas rituales de la secta de "The Family"), San Francisco Chronicle, 23 de febrero de 2002; Peter Fimrite, *Dad in "Family" gets 16 years* (Al padre

de "The Family" le caen 16 años), San Francisco Chronicle, 15 de marzo de 2003; Peter Fimrite et al, *Diet blamed in death of "Family's" child* (Culpan a la dieta de la muerte de un niño de "The Family"), San Francisco Chronicle, 14 de febrero de 2002; Stacy Finz et al., *Toddler victim of more than neglect* (Niño víctima de algo más que negligencia), San Francisco Chronicle, 17 de febrero de 2002; Jason Van Derbeken et al., *Bizarre details of secretive life emerge in tot's death* (Detalles extraños de una vida secretiva emergen en la muerte de un niño), San Francisco Chronicle, 13 de febrero de 2002; *Witnesses: "The Family" used drugs, guilt on recruits* (Testigos: "The Family" utilizaba drogas y culpabilidad con los reclutas), San Francisco Chronicle, 15 de febrero de 2002.

21. Associated Press, *Sentence given* (Sentencia emitida).

22. Maier, G. J. *Understanding the Dynamics of Abusive Relationships* (Comprensión de la dinámica de las relaciones abusivas), *Psychiatric Times* (September 1996), p. 26.

23. Ibid., p. 27.

24. Ibid.

25. Boulette y Andersen, *Battering of Women* (El maltrato a la mujer), p. 31.

26. Véase, por ejemplo, Paul T. Mason y Randi Kreger, *Stop Walking on Eggshells: Coping When Someone You Care About Has Borderline Personality Disorder* (Deja de andar con rodeos: Cómo afrontar un ser querido que padece un trastorno de personalidad límite), (Oakland, CA: New Harbinger Publications, 1998); Randi Kreger y Kim Williams, *Love and Loathing: Protecting Your Mental Health and Legal Rights When Your Partner Has Borderline Personality Disorder* (Amor y odio: Cómo proteger tu salud mental y tus derechos legales ante una pareja que padece un trastorno de personalidad límite), (Milwaukee, WI: Eggshells Press, 1999); William A. Eddy, Splitting: *Protecting Yourself While Divorcing a Borderline or Narcissist* (Cómo protegerse al divorciarse de un borderline o narcisista), (Milwaukee, WI: Eggshells Press, 2004).

Capítulo 8: Abandonar una secta

1. Langone, M. D. *Cults: Questions and Answers* (Sectas: preguntas y respuestas), p. 7.

2. Véase, por ejemplo, Landa, S. *Warning Signs: The Effects of Authoritarianism on Children in Cults* (Señales de advertencia: los efectos del autoritarismo en los niños de las sectas), Areopagus 2:4 (1989), pp. 16-22; Langone, M. y Eisenberg, E. Children and Cults (Niños y sectas), en Michael Langone, ed., *Recovery from Cults* (Recuperación de una experiencia sectaria) (Nueva York: Norton, 1993), pp. 327-342; Markowitz, A. y Halperin, D. *Cults and Children: The Abuse of the Young*, (Niños y sectas: abuso de menores), Cultic Studies Journal 1:2 (1984), pp. 143-166.

3. Wilkinson, P. *The Life and Death of the Chosen One* (Vida y muerte del Elegido), *Rolling Stone*, 30 de junio al 1 de julio de 2005, p. 162.

4. West, *Persuasive Techniques* (Técnicas de persuasión), p. 133.

5. Stoner, C. y Kisser, C. *Piedras de toque: Reconectar tras una experiencia sectaria* (Chicago: Cult Awareness Network, 1992), p. 2.

6. Langone, M. D. *Questionnaire Study: Preliminary Report* (Estudio de cuestionario: informe preliminar), disponible online en http://www.csj.org/infoserv_articles/langone_michael_questionnairesurvey.htm.

7. Hassan, S. *Combatting Cult Mind Control* (Combate contra el control mental de las sectas), (Rochester, VT: Park Street Press, 1988), p. 170.

8. En la conferencia de 1990 de la antigua Cult Awareness Network, aproximadamente el 5% de los ex afiliados presentes habían abandonado su grupo con asesoramiento de salida. Casi todos los demás lo habían hecho por su cuenta. Los

datos de la encuesta de Langone (véase nota de pie de página 6) indican que el 17% recibió asesoramiento de salida, y otro 14% abandonó la secta gracias a la ayuda de un profesional de la salud mental o de otro tipo.

9. Giambalvo, C. *Exit Counseling: A Family Intervention* (Asesoramiento de salida: una intervención familiar), (Bonita Springs, FL: American Family Foundation, 1992), p. 3.

Capítulo 9: Recuperar la mente

1. Campbell, R. J. *Psychiatric Dictionary* (Diccionario psiquiátrico) (Nueva York: Oxford University Press, 1989), p. 492.

2. Ford, W. *Recovery from Abusive Groups* (Recuperación de efectos de grupos abusivos), (Bonita Springs, FL: American Family Foundation, 1993), p. 41.

3. Beck, A. et al., *Cognitive Treatment of Depression* Tratamiento cognitivo de la depresión), (Nueva York: Guilford Press, 1979); Gary Emery, *New Beginning* (Nuevo comienzo), (Nueva York: Simon and Schuster, 1981).

4. Burns, D. *Feeling Good: The New Mood Therapy* (Sentirse bien: La nueva terapia del estado de ánimo), (Nueva York: Signet, 1981).

Chapter 10: Lidiar con las secuelas

1. Stoner y Kisser, *Touchstones* (Piedras de toque), pp. 2-3.

2. Singer, M. *Coming Out of the Cults* (Salir de una secta), *Psychology Today* (enero de 1979), pp. 72-82.

3. Singer, M. *Coming Out of the Cults*, (Salir de una secta) p. 75.

4. Ibid., p. 76.

5. Singer, M. *Triggers: How to Recognize and Deal with Them* (Detonantes: cómo reconocerlos y afrontarlos), conferencia anual de la Cult Awareness Network, Los Ángeles, 6 de noviembre de 1992; y entrevistas con J. L., julio y agosto de 1993.

6. Ryan, P. y Kelly, J. *Ex-Members' Coping Strategies* (Estrategias de ex integrantes para afrontar las secuelas). Republicado con permiso.

7. El registro de detonantes es una adaptación de una planilla de trabajo de Caryn StarDancer, *Recovery Skills for the Dissociatively Disabled: Reprogramming* (Técnicas de recuperación para discapacitados disociativos: reprogramación), *SurvivorShip*, marzo de 1990.

Capítulo 11: Lidiar con las emociones

1. McLaren, K. *The Language of Emotions: What Your Feelings Are Trying to Tell You* (El lenguaje de las emociones: Lo que tus sentimientos intentan decirte), (Colorado: Sounds True, 2023).

2. McLaren, K. *Embracing Anxiety: How to Access the Genius of This Vital Emotion* (Acoger la ansiedad: cómo acceder al genio de esta emoción vital), (Colorado: Sounds True, 2020).

3. Frankl, V. *Man's Search for Meaning: An Introduction to Logotherapy* (El hombre en busca de sentido: Introducción a la logoterapia) (Nueva York: Washington Square Press, 1984).

4. Gaylin, W. *Feelings* (Sentimientos) (Nueva York: Ballantine, 1979), p. 145.

5. Ibid.

6. Ibid., p. 54.

7. Herman, *Trauma and Recovery* (Trauma y recuperación), p. 68.

8. Langone, M. D. *Psychological Abuse* (Abuso psicológico), *Cultic Studies Journal* 9:2 (1992), p. 213.

Notas   393

Capítulo 12: Construir una vida

1. *Dietary Guidelines for Americans 2005* (Lineamientos dietéticos para estadounidenses), (Departamento de Agricultura de los EEUU y Departamento de Servicios de Salud Humana), 2005.

2. *Physical Activity for Everyone: Recommendations* (Actividades físicas para todos: recomendaciones), (Centers for Disease Control and Prevention website, www.cdc.gov), actualizado 4/14/2005. Se puede obtener información similar en www.healthierus.gov/dietaryguidelines, donde se publican lineamientos para la población en general.

3. Adaptado de *A Bill of Assertive Rights* (Declaración de derechos asertivos) en *When I Say No I Feel Guilty* (Cuando digo que no me siento culpable) de Smith, M. (Nueva York: Bantam Books, 1975).

4. Singer, *Cults in Our Midst* (Las sectas en nuestro medio), p. 319.

5. Crawley, K. Paulina, D. y White, R. W. *Reintegration of Exiting Cult Members with Their Families: A Brief Intervention Model* (Reintegración de personas que se desafilian de una secta con sus familias: Breve modelo de integración), *Cultic Studies Journal* 7:1 (1990), p. 37.

6. Goldberg L. y Goldberg, W. *Questions and Answers* (Preguntas y respuestas), *FOCUS News* (Winter 1992), p. 2.

7. Goldberg L. y Goldberg, W. *Family Responses to a Young Adult's Cult Membership and Return* (Reacciones de una familia a la afiliación y posterior desafiliación a una secta de un adulto joven), *Cultic Studies Journal* 6:1 (1989), pp. 86-100.

8. Markowitz, A. *The Role of Family Therapy in the Treatment of Symptoms Associated with Cult Affiliation* (El papel de la terapia familiar en el tratamiento de los síntomas asociados a la afiliación a una secta), en *Psychodynamic Perspectives on Religion, Sect, and Cult* (Perspectivas psicodinámicas sobre religión, secta y culto), ed. David Halperin (Boston: John Wright, 1983), p. 331.

9. Goldberg L. y Goldberg, W. *Questions and Answers,* (Preguntas y respuestas), *FOCUS News* (otoño de 1991), p. 3.

Capítulo 13: Afrontar los futuros desafíos

1. Véase por ejemplo, Wilkinson, *The Life and Death of the Chosen One* (Vida y muerte del Elegido).

2. Religious Tolerance.org, Los Testigo de Jehová y la homosexualidad, n.d. Accedido el 30 de enero de 2004. Disponible en at www.religioustolerance.org/hom_jeh.htm.

3. Lalich, J. *Religion, Family, and Homosexuality: Conflict in the Lives of Gay and Lesbian Jehovah's Witnesses* (Religión, familia y homosexualidad: Conflictos en la vida de los Testigos de Jehová gays y lesbianas), monografía presentada en la *Association for the Sociology of Religion*, San Francisco, 13 de agosto de 2004.

4. Ibid.

5. Hardin, K. y Hall, M. *Queer Blues: The Lesbian & Gay Guide to Overcoming Depression* (Queer Blues: La guía gay y lesbiana para superar la depresión) (Oakland, CA.: New Harbinger, 2001), p. 23.

6. Ibid.

7. Harrison, T. W. *Adolescent Homosexuality and Concerns Regarding Disclosure* (Homosexualidad en la adolescencia y temores sobre su sinceramiento), *Journal of School Health* 73:3 (2003), pp. 107-113.

8. Markowitz, *The Role of Family Therapy* (La función de la terapia familiar).

9. Sharma, J. M.S.W., *Typical Characteristics of Co-Dependent Relationships* (Características típicas de las relaciones de codependencia). Adaptado con permiso.

10. Burtner, W. K. *Helping the Ex-Cultist* (Asistencia al ex sectario), en *Cults, Sects, and the New Age* (Sectas, cultos y la Nueva Era), ed. James J. LeBar (Huntington, Ind.: Our Sunday Visitor, 1989), pp. 74-75.

11. Ibid. Véase también Rev. William Dowhower, *Guidelines for Clergy* (Linieamientos para clérigos) en *Recovery from Cults* (Recuperación de las secuelas de una experiencia sectaria), ed. Langone, pp. 251-262.

Capítulo 14: Sanación de las secuelas de abusos sexuales y violencia

1. Taller *After the Cult* (Después de la secta), American Family Foundation, Stony Point, NY, 21-22 de mayo de 1993. Estadísticas de asistencia facilitadas por Marcia Rudin, entonces Directora del Proyecto Internacional de Educación sobre Sectas, de la AFF.

2. Véase *Sex in the Forbidden Zone: When Men in Power-Therapists, Doctors, Clergy, Teachers, and Others-Betray Women's Trust*, (Sexo en la zona prohibida: cuando hombres con poder —terapeutas, médicos, clérigos, profesores y otros— traicionan la confianza de las mujeres), de Peter Rutter (Nueva York: Fawcett, 1991), y Margaret Singer y Janja Lalich, *«Crazy» Therapies: What Are They? Do they work?* (Terapias «disparatadas»: ¿qué son? ¿dan resultado?) (San Francisco: Jossey-Bass, 1996).

3. Brodsky, A. *Sex Between Patient and Therapist: Psychology's Data and Response* (Sexo entre paciente y terapeuta: datos y respuesta de la psicología), en Glen Gabbard, ed., *Sexual Exploitation in Professional Relationships* (Explotación sexual en las relaciones profesionales) (Washington, DC: American Psychiatric Press, 1989), pp. 18-19; Nanette Gartrell et al., *Psychiatrist-Patient Sexual Contact: Results of a National Survey* (Contacto sexual entre psiquiatra y paciente: resultados de una encuesta nacional), American Journal of Psychiatry 143 (1984), pp. 110-124.

4. Susoyev, S. *People Farm* (Granja humana), (San Francisco: Moving Finger Press, 2003), p. 2.

5. Moore-Emmett, A. *God's Brothel* (El burdel de Dios), (San Francisco: Pince-Nez Press, 2004), p. 10.

6. Ibid., p. 17.

7. Véase por ejemplo, Garvey, K. *The Importance of Information Collection in Exit Counseling: A Case Study* (Importancia de recabar información en el asesoramiento de salida: Estudio monográfico), en Langone, ed., *Recovery from Cults* (Recuperación de las secuelas de una experiencia sectaria), pp. 181-200.

8. Véase también, Kent, S. A. *Lustful Prophet: A Psychosexual Historical Study of the Children of God's Leader, David Berg* (Profeta lujurioso: estudio histórico psicosexual del líder de los Niños de Dios, David Berg), Cultic Studies Journal 11 (1994), pp. 135-188; y Wilkinson, P. *The Life and Death of the Chosen One* (Vida y muerte del Elegido).

9. Temerlin J. W. y Temerlin, M. K. *Some Hazards of the Therapeutic Relationship* (Algunos riesgos de la relación terapéutica), *Cultic Studies Journal* 3:2 (1986), pp. 234-242.

10. Véase, por ejemplo, Boland, K. y Lindbloom, G. *Psychotherapy Cults: An Ethical Analysis* (Sectas psicoterapéuticas: un análisis ético), Cultic Studies Journal 9:2 (1992), pp. 137-162; Kenneth Pope y Jacqueline Bouhoutsos, *Sexual Intimacy Between Therapists and Patients* (Intimidad sexual entre terapeutas y pacientes) (Nueva York: Praeger, 1986); Singer y Lalich, *"Crazy" Therapies* (Terapias «disparatadas»); y Margaret Singer, Maurice Temerlin y Michael Langone, *Psychotherapy Cults* (Sectas psicoterapéuticas), Cultic Studies Journal 7:2 (1990), pp. 101-125.

11. Pope, K. *Therapist-Patient Sex Syndrome: A Guide for Attorneys and Subsequent Therapists to Assessing Damage* (Síndrome de relaciones sexuales entre terapeuta y

paciente: Guía de valoración de daños para consejeros legales y terapeutas ulteriores), en Gabbard, ed., *Sexual Exploitation* (Explotación sexual), pp. 39-45.

12. Mayer, J. "'Our Terrestrial Journey Is Coming to an End': The Last Voyage," (Nuestra travesía terrestre toca a su fin: El último viaje). *Nova Religio* 2:2 (1999), pp. 172-196.

13. Goldman, M. S. *Passionate Journeys: Why Successful Women Joined a Cult* (Por qué las mujeres de éxito se afilian a una secta), (Ann Arbor: University of Michigan Press, 1999).

14. Lifton, R. J. *Destroying the World to Save It: Aum Shinrikyô, Apocalyptic Violence, and the New Global Terrorism* (Destruir el mundo para salvarlo: Aum Shinrikyô, la violencia apocalíptica y el nuevo terrorismo global (Nueva York: Metropolitan Books, 1999).

15. Fennell, T. *The Cult of Horror* (La secta del horror), *Macleans*, 8 de febrero de 1993.

16. Véase, por ejemplo, Bergen, P. *Holy War, Inc: Inside the Secret World of Osama bin Laden* (Guerra santa S.A.: Dentro del mundo secreto de Osama bin Laden), (Nueva York: Free Press, 2001); Juergensmeyer, M. *Terror in the Mind of God: The Global Rise of Religious Violence* (Terror en la mente divina: el auge global de la violencia religiosa), (Berkeley: Universidad de California Press, 2000); Noble, K. *Tabernacle of Hate: Why They Bombed Oklahoma City* (Tabernáculo del odio: por qué atentaron contra Oklahoma City), (Prescott, Canadá: Voyageur, 1998); Post, J. M. *Leaders and Their Followers in a Dangerous World: The Psychology of Political Behavior* (Líderes y sus seguidores: Psicología del comportamiento político) (Ithaca, NY: Cornell University Press, 2004); Stern, J. *Terror in the Name of God: Why Religious Militants Kill* (Terror en nombre de Dios: por qué matan los militantes religiosos) (Nueva York: HarperCollins, 2003); Tourish, D. y Wohlforth, T. *On the Edge: Political Cults Right and Left* (Al límite: sectas políticas de derecha e izquierda) (Armonk, NY: M.E. Sharpe, 2000).

17. Lalich, J. *The Cadre Ideal: Origins and Development of a Political Cult* (El ideal de los cuadros: Orígenes y formación de una secta política), *Cultic Studies Journal* 9:1 (1992), pp. 28-30.

18. West, L. J. *Persuasive techniques in contemporary cults: A public health approach* (Técnicas persuasivas en las sectas contemporáneas: Un enfoque de salud pública), Cultic Studies Journal, 7(2), p. 128.

19. Sayre, A. *Pastor accused of cultlike sexual activities at church* (Pastor acusado de actividades sexuales propias de una secta en su iglesia), *San Francisco Chronicle,* 17 de junio de 2005, p. W2.

20. Gelman, *An Emotional Moonscape* (Paisaje lunar emocional), p. 54.

Capítulo 15: Hacer progresos mediante la acción

1. Bowen, A. *Journaling for Survivors of Ritual and Severe Childhood Abuse* (Diario para supervivientes de abusos rituales y graves en la infancia), manuscrito no publicado.

2. Ibid.

3. Comunicación personal de Shelly Rosen, L.C.S.W., 21 de junio de 2005.

4. Bentley, J. J. *How to Choose a Therapist: A Checklist* (Cómo elegir un terapeuta: Lista de comprobación), (Cincinnati: Voices In Action, Inc., 1985). Adaptado con permiso.

5. Rosedale, H. *A Report of the National Legal Seminar II, Cultism and the Law* (Informe del II Seminario Jurídico Nacional, Sectarismo y Derecho), septiembre de 1986, en *Cults and Consequences* (Sectas y consecuencias), eds. Rachel Andres y James R. Lane (Los Ángeles: Comisión sobre sectas y misioneros, 1988), pp. 8-7.

6. Ibid. Para consultar una excelente fuente sobre cuestiones legales y una lista de comprobación jurídica útil, véase Herbert Rosedale, *Legal Considerations: Regaining*

Independence and Initiative (Consideraciones jurídicas: recuperar la independencia y la iniciativa) en Langone, ed., *Recovery from Cults* (Recuperación de las secuelas de una experiencia sectaria), pp. 382-395.

7. Kandel, R. F. Litigating the Cult-Related Child Custody Case (Litigios de casos de tutela de menores relacionados con sectas), *Cultic Studies Journal* 5:1 (1988), pp. 122-131.

8. Greene, F. *Litigating Child Custody with Religious Cults*, (Litigios de casos de tutela de menores relacionados con sectas), *Cultic Studies Journal* 6:1 (1989), p. 71.

9. Por ejemplo, véase Lawrence Levy, *Prosecuting an Ex-Cult Member's Undue Influence Suit* (Procesamiento de la demanda por influencia indebida de un ex afiliado a una secta), *Cultic Studies Journal* 7:1 (1990), pp. 15-25; Sara Van Hoey, *Cults in Court* (Sectas ante los tribunales) *Cultic Studies Journal* 8:1 (1991), pp. 61-79.

Capítulo 17: Nacer y crecer en una secta

1. El poema se publicó originalmente en un artículo de la madre de Chazz, Katherine E. Betz, *No Place to Go: Life in a Prison without Bars* (Sin lugar adonde ir: la vida en una prisión sin rejas), *Cultic Studies Journal* 14:1 (1997), pp. 85-105. Chazz cursa ahora su tercer año de universidad en Suiza. Reproducido aquí con permiso.

2. Siskind, A. *Child-Rearing Issues in Totalist Groups* (Problemas de crianza en los grupos totalistas), en Benjamin Zablocki y Thomas Robbins, eds., *Misunderstanding Cults: Searching for Objectivity in a Controversial Field* (Incomprensión del fenómeno sectario: en busca de objetividad en un campo controvertido), (Toronto: University of Toronto Press, 2001), p. 420.

3. Kegan, R. G. *The Child Behind the Mask: Sociopathy as Developmental Delay* (El niño tras la máscara: la sociopatía como retraso del desarrollo), en Reid et al., eds., *Unmasking the Psychopath* (Desenmascarando al psicópata), pp. 45-77.

4. Singer, M. *Cults in Our Midst* (Las sectas en nuestro medio), p. 258.

5. Goldberg, L. *Reflections on Marriage and Children After the Cult* (Reflexiones sobre el matrimonio y los hijos después de una experiencia sectaria), *Cultic Studies Journal* 2:1 (2003), p. 12.

6. Halperin, D. *The Dark Underside: Cultic Misappropriation of Psychiatry and Psychoanalysis* (El lado oscuro: la apropiación indebida de la psiquiatría y el psicoanálisis por parte de sectas), *Cultic Studies Journal* 10:1 (1993), pp. 33-44; Singer et al., *Psychotherapy Cults* (Sectas psicoterapéuticas); Siskind, *Child-Rearing Issues* (Cuestiones relativas a la crianza de los hijos), pp. 415-458.

7. Guest, T. *My Life in Orange* (Mi vida en naranja), (Londres: Granta Books, 2004), p. 59.

8. Kent, *Lustful Prophet* (Profeta lujurioso); Wilkinson, *The Life & Death of the Chosen One* (Vida y muerte del Elegido); Williams, M. *Heaven's Harlots: My Fifteen Years as a Sacred Prostitute in the Children of God Cult* (Rameras del cielo: Mis quince años como prostituta sagrada en la secta Niños de Dios) (Nueva York: William Morrow, 1998).

9. Extractos de una presentación en una conferencia del Jewish Board of Family and Children's Services, Queens, N.Y., octubre de 1989. Reimpreso con autorización.

10. Gaines, M. J. Wilson, M. A. Redican, K. J. y Baffi, C. R. *The Effects of Cult Membership on the Health Status of Adults and Children* (Efectos de la pertenencia a una secta en el estado de salud de adultos y niños), *Health Values: Achieving High Level Wellness* (Valores de salud: Alcanzar un alto nivel de bienestar), 8:2 (1984), pp. 13-17, citado en Langone y Eisenberg, *Children and Cults* (Niños y sectas).

11. Callahan, J. *Couple convicted in daughter's death* (Condenada una pareja por la muerte de su hija), *Chicago Tribune*, 4 de julio de 1992.

12. Clark, R. *Measles abating, but city might still seek inoculations* (El sarampión disminuye, pero la ciudad aún podría solicitar la vacunación), *Philadelphia Inquirer*, 23 de febrero de 1991.

13. Véase, por ejemplo, Katchen, M. *The Rate of Dissociativity and Dissociative Disorders in Former Members of High Demand Religious Movement* (El índice de disociatividad y trastornos disociativos en antiguos integrantes de movimientos religiosos de alta exigencia), tesis doctoral, Universidad de Sydney, Sydney, Australia; Kent, *Lustful Prophet* (El profeta lujurioso); Landa, *Child Abuse in Cults* (El abuso de menores en las sectas); Langone y Eisenberg, *Children and Cults* (Niños y sectas); Markowitz y Halperin, *Cults and Children* (Las sectas y los niños); E. Burke Rochford Jr, *Child Abuse in the Hare Krishna Movement 1971-1986* (Abuso de menores en el movimiento Hare Krishna 1971-1986), ISKCON Communications Journal 6 (1998), pp. 43-69; Siskind, *Child-Rearing in Totalist Groups* (La crianza de menores en grupos totalistas).

14. Perry, B. *Raised in Cults: Brainwashing or Socialization* (Criados en sectas: ¿lavado de cerebro o socialización?), conferencia anual de la Cult Awareness Network, Minneapolis, noviembre de 1993. Véase también Henneberger, *At the Whim of Leader* (A merced de los caprichos del líder); Sara Rimer, *Youngsters Tell of Growing Up Under Koresh* (Los jóvenes cuentan cómo fue su crianza con Koresh), New York Times, 4 de mayo de 1993.

15. Painter, Jr. J. *Seven Ecclesia members plead guilty, sentenced* (Siete integrantes de Ecclesia se declaran culpables y son condenados), *The Oregonian* (Portland), 18 de enero de 1992.

16. Tuchscherer, D. *L. R. Davis guilty of sex crimes* (L.R. David culpable de delitos sexuales), *The News-Sun* (Waukegan, IL), 11-12 de julio de 1992, p. 1.

17. Líder de secta chilena detenido en Argentina," *Mercosur*, 11 de marzo de 2005.

18. Siskind, A. *Child-Rearing Issues in Totalist Groups* (La crianza de menores en grupos totalistas), *Misunderstanding Cults* (Incomprensión del fenómeno sectario), p. 443.

19. Ibid., p. 447.

20. Gelman, D. *Emotional Moonscape* (Paisaje lunar emocional), *Newsweek*. p. 54.

21. Véase, por ejemplo, Lois Kendall, *A Psychological Exploration into the Effects of Former Membership of Extremist Authoritarian Sects* (Exploración psicológica de los efectos de la pertenencia a sectas autoritarias extremistas), tesis de psicología en curso, Buckinghamshire Chilterns University College, Brunel University, High Wycomb, Inglaterra.

22. Herman, J. L. *Trauma and Recovery* (Trauma y recuperación), p. 96.

23. Terr, L. *Too Scared to Cry* (Demasiado aterrado para llorar), (Nueva York: Basic Books, 1990).

24. Fox, B. *A trail of broken minds and bodies* (Un rastro de mentes y cuerpos dañados), Sun Times (Tucson), 26 de enero de 2005; Laurie Goodstein, *Murder and Suicide Have Rejuvenated Sexual Abuse Allegations Against Cult* (El asesinato y el suicidio han reavivado las acusaciones de abusos sexuales contra la secta), New York Times, 15 de enero de 2005; Paul Harris, *Sex cult's messiah turns killer* (El mesías de la secta sexual se convierte en asesino), Observer (Reino Unido), 23 de enero de 2005; Don Lattin, *Murder-suicide case in desert evangelical sex cult* (Caso de asesinato y suicidio en una secta sexual evangélica del desierto), San Francisco Chronicle, 11 de enero de 2005; Don Lattin, *Ex-sect members fear new violence* (Los antiguos integrantes de la secta temen nuevos actos de violencia), San Francisco Chronicle, 17 de enero de 2005; Don Lattin, *Tape shows son of «prophet» declaring war on his mother* (Video muestra al hijo del «profeta» declarando la guerra a su madre), San Francisco Chronicle, 21 de

enero de 2005; Don Lattin, *Kindred tales of suicide follow fragile offspring of the Family* (Historias similares de suicidio siguen a los frágiles descendientes de la Familia), San Francisco Chronicle, 27 de enero de 2005; Don Lattin, *Mixed memories of "The Family"* (Recuerdos dispares de "La Familia"), San Francisco Chronicle, 27 de febrero de 2005; Larry B. Stammer, *Fringe group at center of deaths* (Un grupo marginal en el centro de las muertes), Los Angeles Times, 17 de enero de 2005; Wilkinson, *The Life & Death of the Chosen One* (Vida y muerte del Elegido).

25. Stein, A. *Mothers in Cults: The Influence of Cults on the Relationship of Mothers to Their Children* (Madres en las sectas: La influencia de las sectas en la relación de las madres con sus hijos), Cultic Studies Journal 14:1 (1997), pp. 40-45.

26. Singer, M. T. *Cults, Coercion, and Society* (Sectas, coerción y sociedad), discurso de apertura, conferencia anual de la Cult Awareness Network, Los Ángeles, 5 de noviembre de 1992; Langone y Eisenberg, *Children and Cults* (Niños y sectas), pp. 337-339.

27. Safe Passage Foundation, Children in High Demand Organizations (Niños en organizaciones de alta exigencia), accedido el 11 de junio de 2005. Disponible en www.safepassagefoundation.org.

Capítulo 20: El papel del terapeuta y la voz del paciente, de Shelly Rosen

1. Norcross, J. C. (Eds.) *Psychotherapy Relationships That Work* (Relaciones psicoterapéuticas que dan resultado) (2ª ed.) (Nueva York: Oxford University Press, 2011).

2. Ibid.

3. Luyton, P., Campbell, C., & Fonagy, P. (Feb. 2021). *Rethinking the relationship between attachment and personality disorder.* (Repensar la relación entre apego y trastorno de la personalidad). Current Opinion in Psychology (Opinión actual en psicología), 37, 109-113 (https://doi.org/10.1016/j.copsyc.2020.11.003).

4. Marsh, A. *The Fear Factor: How One Emotion Connects Altruists, Psychopaths and Everyone In-Between* (El factor miedo: Cómo una emoción conecta a altruistas, psicópatas y a todos los que se encuentran en el medio), (Nueva York: Hachette, 2017).

5. Plomin, R. *Blueprint—How DNA Makes Us Who We Are* (Huella: el ADN nos convierte en lo que somos), (Cambridge: MIT Press, 2018).

6. Segal, N. L. *Born Together-Reared Apart: The Landmark Twin Study* (Nacidos juntos, criados separados: El histórico estudio sobre gemelos), (Nueva York: Harvard University Press, 2012).

7. Aron, E. N. *The Highly Sensitive Person: How to Thrive in a World that Overwhelms You* (La persona hipersensible: cómo prosperar en un mundo que te abruma) (Nueva York: Harmony Books, 2016).

8. Marsh, A. *The Fear Factor: How One Emotion Connects Altruists, Psychopaths and Everyone In-Between* (El factor miedo: Cómo una emoción conecta a altruistas, psicópatas y a todos los que se encuentran en el medio), (Nueva York: Hachette, 2017).

9. Herman. J. L. *Trauma and Recovery: The Aftermath of Violence, from Domestic Abuse to Political Terror* (Trauma y recuperación: Las secuelas de la violencia, del maltrato doméstico al terrorismo político), (Nueva York: Basic Books, 1992).

10. Nihenjuis, E. *The Trinity of Trauma: Ignorance, Fragility and Control.* (La trinidad del trauma: ignorancia, fragilidad y control), (Bristol, CT: Vandenhoek & Ruprecht, 2015).

11. Arabi, S. *Why couples' therapy doesn't work for people in abusive relationships with narcissists* (Por qué la terapia de pareja no es efectiva para personas que mantienen relaciones abusivas con narcisistas). Extraído de https://psychcentral.com/blog/recovering-narcissist/2019/09/why-couples-therapy-doesnt-work-for-people-in-abusive-relationships-with-narcissists#1, 28 de septiembre de 2019.

12. Greenberg, E. (6 de abril, de 2019). *Is couples' therapy useful when one partner is a narcissist?* (¿Es útil la terapia de pareja cuando uno de los cónyuges es narcisista?) https://www.psychologytoday.com/us/blog/understanding-narcissism/201904/is-couples-therapy-useful-when-one-partner-is-narcissist.

13. Lalich, J. *Bounded Choice. True Believers and Charismatic Cults* (Opciones limitadas. Verdaderos creyentes y sectas carismáticas), (Berkeley: University of California Press, 2004).

14. Kagan, J. *Three Seductive Ideas* (Tres ideas atractivas) (Nueva York: Harvard University Press, 1998).

15. Harris, J. R. *The Nurture Assumption* (La hipótesis de la cultura de acogida), New York: Free Press, 1998).

16. Cialdini, R. B. *Influence: The Psychology of Persuasion* (Influencia: la psicología de la persuasión), (Nueva York: William Morrow, 1984).

17. Rosen, S. *Take Back Your Life Recovery: Three Kinds of Trauma in Cult Recovery* (Recupera tu vida: Tres tipos de trauma en la recuperación de una experiencia sectaria), [entrega en clase]. Serie de recuperación de TBYL sobre Daño Moral), 2021.

18. Granovetter, M. S. *The strength of weak ties* (La solidez de los vínculos débiles), *American Journal of Sociology*, 1973, 78 (6), pp. 1360-1380.

19. Rosen, S. *Cults: A natural disaster: Looking at cult involvement through a trauma lens* (Sectas: Un desastre natural: La participación en sectas desde el punto de vista del trauma), *International Journal of Cultic Studies*, 5, 12-29, 2014.

20. Rosen, S. *Take Back Your Life Recovery: Three Kinds of Trauma in Cult Recovery* ((Recupera tu vida: Tres tipos de trauma en la recuperación de una experiencia sectaria), [entrega en clase]. Serie de recuperación de TBYL sobre Daño Moral, 2021.

21. https//www.ptsd.va.gov/understand/common/common.adults.asp

22. Rosen, S. (2014). *Cults: A natural disaster: Looking at cult involvement through a trauma lens* (Sectas: Un desastre natural: La participación en sectas desde el punto de vista del trauma)

23. Rosen, S. (2021). *Take Back Your Life Recovery: Three Kinds of Trauma in Cult Recovery* (Recupera tu vida: Tres tipos de trauma en la recuperación de una experiencia sectaria), [entrega en clase]. Serie de recuperación de TBYL sobre Daño Moral), 2021.

24. Courtois, C., & Ford, J. (Eds.). (2009). *Treating Complex Traumatic Stress Disorders. An Evidence-Based Guide* (Tratamiento de los trastornos por estrés traumático complejo. Una guía basada en la evidencia), Nueva York: Guilford Press.

25. Fosha, D. (2013). *A heaven in a wildflower: Self, dissociation, and treatment in the context of the neurobiological core self.* (Un cielo en una flor silvestre: Yo, disociación y tratamiento en el contexto del núcleo neurobiológico del yo), Psychoanalytic Inquiry, 33(5), 496-523, https://doi.org/10.1080/07351690.2013.815067

26. Norcross, J. C. (Eds.). (2011). *Psychotherapy Relationships That Work* (Relaciones psicoterapéuticas que dan resultado) (2ª ed.) (Nueva York: Oxford University Press, 2011).

27. Lalich, J. *Bounded Choice. True Believers and Charismatic Cults* (Opciones limitadas. Verdaderos creyentes y sectas carismáticas), (Berkeley: University of California Press, 2004).

28. Rosen, S. (2014). *Cults: A natural disaster—Looking at cult involvement through a trauma lens* (Sectas: Un desastre natural: La participación en sectas desde el punto de vista del trauma), *International Journal of Cultic Studies, 5,* 12-29.

29. Gopnik, A. (2009). *The Philosophical Baby* (El bebé filosófico), Nueva York: Farrar Straus y Giroux.

Capítulo 21: Sobrevivientes de sectas y el trauma

1. Lalich, J. *Bounded choice: True believers and charismatic cults* (Opciones limitadas. Verdaderos creyentes y sectas carismáticas), (Berkeley: University of California Press, 2004).

Acerca de la autora

La doctora Janja Lalich es catedrática emérita de Sociología y fundadora y directora ejecutiva del *Lalich Center on Cults and Coercion*. Lleva estudiando las sectas y el extremismo desde finales de la década de 1980 y ha presentado ponencias en conferencias nacionales e internacionales, así como para organizaciones de inteligencia de Estados Unidos y otros países. Está reconocida nacional e internacionalmente por su trabajo con y para supervivientes, familias y profesionales, y ha sido testigo experto en casos penales y civiles. Es autora de *Bounded Choice: True Believers and Charismatic Cults* (Opciones limitadas: Verdaderos creyentes y sectas carismáticas); *Escaping Utopia: Growing Up in a Cult, Getting Out, and Starting Over* (Escapar de la utopía: criarse en una secta, salir de ella y empezar de nuevo) (coautora Karla McLaren); coautora, junto con la Dra. Margaret Thaler Singer, psicóloga clínica ya fallecida, de *«Crazy» Therapies: What Are They? Do They Work?* (Terapias «disparatadas»: ¿Qué son? ¿Dan resultado?) y *Cults in Our Midst: The Hidden Menace in Our Everyday Lives* (Las sectas en nuestro medio: la amenaza oculta en nuestra vida cotidiana); y editora invitada de *Special Issue: Women Under the Influence* (Edición especial: Mujeres bajo influencia), (Cultic Studies Journal, Vol. 14, No. 1, 1997). Contacto: www.janjalalich.com

Acerca del Lalich Center on Cults and Coercion

Lalich Center on Cults and Coercion es una organización sin fines de lucro que se creó con el objetivo de convertirse en el recurso de referencia para la educación, la información y los recursos de recuperación relacionados con sectas, control coercitivo, grupos de alto control y relaciones narcisistas y otras relaciones abusivas. Proporcionamos recursos de apoyo y psicoeducación para supervivientes, familiares y amigos de supervivientes, y profesionales de la salud mental y otros profesionales para que puedan servir mejor a la población de supervivientes. Nuestro trabajo se basa en la labor de la fundadora y directora ejecutiva, la Dra. Janja Lalich, que lleva 35 años trabajando en este campo, y se amplía a partir de la misma.

Nuestra misión es proporcionar estos recursos con el objetivo de capacitar a los supervivientes de sectas y relaciones coercitivas para que comprendan mejor lo que les ocurrió y puedan dar sentido a su vida. Lo hacemos a través de talleres, grupos de debate, cursos, consultas, presentaciones y otros encuentros en línea. Otro de nuestros objetivos es cambiar la conversación en torno a las sectas y el abuso sectario trabajando para desestigmatizar a los supervivientes, aumentar el reconocimiento social de la coerción y educar a la población general sobre las sectas y las relaciones y entornos sectarios. Somos reconocidos internacionalmente por colaborar y crear espacios seguros, con una atención compasiva para los supervivientes y sus familias y amigos.

El *Lalich Center* está dirigido por supervivientes y nuestro lema es «¡los supervivientes primero!». Nuestros boletines y anuncios te informarán sobre nuestros servicios y programas.

Visita www.lalichcenter.org para inscribirte o hacer una donación deducible de impuestos.

www.ingramcontent.com/pod-product-compliance
Lightning Source LLC
Chambersburg PA
CBHW020452030426
42337CB00011B/87